云南省哲学社会科学创新团队成果文库

绿色经济发展与政策研究文集

Selected Essays on Green Economy Development and Policies

罗明灿　黄宗煌　赵乐静　主　编
李　谦　李　娅　苏汉邦　副主编

社会科学文献出版社
SOCIAL SCIENCES ACADEMIC PRESS(CHINA)

《云南省哲学社会科学创新团队成果文库》
编辑说明

《云南省哲学社会科学创新团队成果文库》是云南省哲学社会科学创新团队建设中的一个重要项目。编辑出版《云南省哲学社会科学创新团队成果文库》是落实中央、省委关于加强中国特色新型智库建设意见，充分发挥哲学社会科学优秀成果的示范引领作用，为推进哲学社会科学学科体系、学术观点和科研方法创新，为繁荣发展哲学社会科学服务。

云南省哲学社会科学创新团队 2011 年开始立项建设，在整合研究力量和出人才、出成果方面成效显著，产生了一批有学术分量的基础理论研究和应用研究成果，2016 年云南省社会科学界联合会决定组织编辑出版《云南省哲学社会科学创新团队成果文库》。

《云南省哲学社会科学创新团队成果文库》从 2016 年开始编辑出版，拟用 5 年时间集中推出 100 本我省哲学社会科学创新团队研究成果。云南省社科联高度重视此项工作，专门成立了评审委员会，遵循科学、公平、公正、公开的原则，对申报的项目进行了资格审查、初评、终评的遴选工作，按照"坚持正确导向，充分体现马克思主义的立场、观点、方法；具有原创性、开拓性、前沿性，对推动经济社会发展和学科建设意义重大；符合学术规范，学风严谨、文风朴实"的标准，遴选出一批创新团队的优秀成果，根据"统一标识、统一封面、统一版式、统一标准"的总体要求，组织出版，以达到整理、总结、展示、交流，推动学术研究，促进云南社会科学学术建设与繁荣发展的目的。

编委会

2017 年 6 月

本书编委会 （按姓氏音序排序）

崔晓倩　高正忠　顾　洋　洪振义　黄濒仪

黄宗煌　黄颖洁　李坚明　李见发　李　谦

李思聪　李　娅　林唐裕　刘　燕　龙　勤

罗明灿　麦强盛　潘　立　苏汉邦　苏建兰

许素华　曾贤晴　詹满色　赵　璟　赵乐静

前　言

　　《绿色经济发展与政策研究文集》（以下简称《文集》）是由云南省哲学社会科学创新团队——云南林业低碳经济研究创新团队发起编写的以绿色经济发展与政策研究为主题的研究成果的总结，汇集了2013年以来云南林业低碳经济研究创新团队、云南森林资源资产管理及林权制度研究基地、台湾农业与资源经济学会与西南林业大学经济管理学院、云南省社区林业与农村发展学会倡议发起开展的"滇台绿色经济发展与政策论坛"和云南省高校新型智库——云南林业经济研究智库的专题研究成果，是云南省该领域以云南和台湾学者的相关研究成果而集成的首部文集。

　　《文集》由四编组成：绿色增长与碳排放，林业发展与政策，产业发展与政策，国家公园建设与生态旅游。

　　《文集》的第一编是"绿色增长与碳排放"。绿色经济理念在世界各国、各领域的广泛渗透标志着人类已经摒弃传统的经济发展动力——利润最大化，转而形成了绿色经济的崭新价值观——福利最大化。因此，绿色增长在强调经济和环境协调发展的同时，更强调通过改变消费和生产模式完善社会福利，改善人类健康状况，增加就业并解决与此相关的资源分配问题。本编讨论了绿色增长监测指标体系的构建、家庭消费支出变化与二氧化碳排放量之间的关系，从企业和农户两个层面讨论参与减排和增汇意愿的影响因素，最后，为建构与低碳产业有直接利益交集的碳金融体系，探索了如何建构碳货币本位的信用基础及信用体系。

　　《文集》的第二编是"林业发展与政策"。改革开放以来，我国林业进行了一系列改革，包括集体林权制度、国营林场改革、森林保险等。本编的多篇论文对于我国林业改革及其成果评价进行了深入探讨。其中，第一篇以国有林场的森林资源管理为视角，构建国有林场森林资源管理绩效评价指标体系，利用层次分析法和距离函数，对福建省将乐国有林场的森林资源管理绩效进行定量的评价，最后提出相关的对策建议。第二篇构建了林业可持续发展能力的测评指标体系，并收集云南省林业 2003～2012 年的面板数据，使用主成分分析法，通过对经济效益、生态效益、林业投入和社会效益四个主成分的分析，得出云南省林业 93.513% 的可持续发展状况，从而为建设"森林云南"提供政策决策依据。第三篇分析了日本森林政策的变迁与森林补偿政策，其方法、技术及政策体系具有较高的借鉴价值。第四篇以云南省玉溪市作为研究对象，通过实地调查 106 户林农，采用二元 Logistics 模型对农户参与森林火灾保险的意愿进行分析，研究发现，农户的年龄、年均收入、文化程度、职业对林农的森林火灾保险支付意愿有显著影响，为下一步政府和企业更好地开展森林火灾保险提供了理论依据。第五篇基于系统和动态思路，构建了云南省林业现代化评价指标体系，采用 AHP 和综合指数评价了云南省林业现代化水平。第六篇基于云南少数民族大省的实际，基于对 4 个林下经济发展典型案例点实地调研结果及 6 个潜在案例点的问卷调查结果，对云南省发展林下经济进行了 SWOT 分析，并以 29 个少数民族自治县自然禀赋条件为基础，提出各地应因地制宜选择林下经济发展路径。第七篇从森林生态系统类型自然保护区减少正熵流入，实现可持续发展的视角，以云南省大围山国家级（森林生态系统类型）自然保护区为研究对象，分析并验证了 ELECTRE－Ⅱ算法在保护区可持续发展的方案选择中是一种科学有效的定量决策方法。

《文集》的第三编是"产业发展与政策"。国家"十三五"规划指出：十三五期间要围绕结构深度调整、振兴实体经济，推进供给侧结构性改革，加快构建创新能力强、品质服务优、协作紧密、环境友好的现代产业新体系。其重点之一是引导产业转型升级和支持战略性新兴产业发展。特别是提升新兴产业支撑作用，支持生物技术、绿色低碳等领域的产业发展壮大。本部分论文围绕绿色产业发展和产业创新、林业可持续发展和农林复合经营等领域进行探讨。其中，第一篇介绍了台湾生物质能源作物栽植现状，以及当地生物质能源作物关联产业发展的关键问题，具有一定的启示作用。第二篇基于低碳经济视角，从昆明市城市饮用水源区新农村建设中的区位功能特点入手，研究解决昆明市饮用水源功能区低碳经济发展与生态环境相协调的问题及其驱动机制，以寻求低碳经济发展的可持续性路径。第三篇以生态位理论为基础，通过高效合理利用现存生态位、开发潜在生态位和培育市场生态位等措施，构建适宜云南小粒咖啡绿色产业健康发展的生态环境，提升产业核心竞争力。第四篇运用李昂提夫（Wassily Leontief）投入产出模型，建构了能源产业投入产出模型，通过产业关联效果、乘数效果分析，模拟台湾主要能源产业投资建设产生的产业经济效益，并估算其对环境带来的影响。第五篇基于调查问卷探讨民众对能源认知现状，进一步以 Probit 模型探究其影响因素。第六篇在构建20项云南省林业可持续发展评价指标体系的基础上，建立可拓学评价模型，评价云南省林业可持续状况。第七篇利用区位商法和产业集聚指数法，静态与动态相结合，测度了云南省林产业及林业各亚类产业的集群程度。第八篇提出了一种基于 BP 神经网络的农林复合经营模式效益评价及预测的新途径。第九篇从产品创新、服务创新、管理创新、技术创新与流程创新、文化创新方面介绍了台湾稻米产业的创新经营。第十篇简要介绍了台湾推动产业环境管理的历程，分析了台湾推动产业环境管理策略的产业内外部阻力和改善对策，该文章的理念对于我们进行环境科学管理和运作有积极的参考价值。

　　《文集》第四编是"国家公园建设与生态旅游"。国家公园以生态环境、自然资源保护和适度旅游开发为基本策略，是一种能够合理处理生态环境保护与资源开发利用关系的行之有效的保护和管理模式。2015 年 5 月 18 日，国务院批准国家发展改革委《关于 2015 年深化经济体制改革重点工作意见》提出，在 9 个省份开展"国家公园体制试点"，之后发改委同13 个部门发布了《建立国家公园体制试点方案》。对国家公园的研究有利于促进资源的可持续利用。本部分论文围绕滇、台国家公园的建设、低碳旅游、民宿旅游、绿屋顶与环保、减碳效益等领域进行了探索。第一篇论文认为云南省是中国大陆建有国家公园最早最多的省份，在建设过程中存在管理体制、认识误区、基础研究和技术支撑、集体林地权益、从业人员素质等难题，需要及时破解。第二篇论文通过了解游客对于选择台湾三芝区民宿的因素，分析了游客选择入住民宿的动机、游客选择民宿时主要重视的因素、游客对于住宿后的满意度、是否再次选择此间民宿入住以及上述入住民宿的动机、重视的因素、满意度之间的关联性。第三篇论文以"阳明山国家公园"为例，规划理想的国家公园低碳旅游形态。第四篇论文以产业关联波及模型分析中国旅游观光的经济效果。第五篇论文介绍新型 DIY 绿屋顶的开发动机与过程及其环保与减碳效益。第六篇论文选取云南香格里拉普达措国家公园和台湾玉山国家公园作为研究对象，通过选取相关评价指标，对两个国家公园的保护、游憩、科研、教育和社区经济发展功能进行了对比计算，对综合经营效果进行了系统分析。

　　《文集》是以论文汇编的形式呈现，故其主要思路（角度、方法、途径、目的）具体体现在各篇论文的内容中，但是，从角度和目的来看，仍有以下体现：一是所涉及的绿色经济发展与政策的研究，云南和台湾学者分别从各自的实践和政策角度进行了探索；二是希望通过本《文集》的编撰，为相互借鉴和学习提供参考。

目　录

第三编 产业发展与政策

第四编 国家公园建设与生态旅游

第一编

绿色增长与碳排放

台湾绿色成长监测指标建置与评估

李坚明　陈召宜　周轩轩

台北大学

1 前言

国际能源署的最新研究报告指出，大气温室气体（GHG）浓度已达到400ppm 的历史新高，人类已不在 2℃ 的轨道上，全球暖化与气候变迁因应，将是 21 世纪人类追求永续发展的最严峻挑战。[①] 基于此，推动绿色成长已成为全球最佳减缓与调适策略。[②] Reilly 认为绿色成长系指经济成长过程中，以再生资源取代耗竭资源，同时创造就业的现象。至于如何衡量绿色成长，Reilly 认为绿色 GDP 是一个良好的衡量指标，然而，自然资源折耗价值与环境质损价值不易衡量，限制其应用性。[③] Schmalensee 则关心如何选择适当政策，达到绿色成长目标。易言之，如何透过适当政策启动绿色成长新引擎？其认为绿色经济投资，即是绿色成长新引擎，因此，认同UNEP 提出之 2% 绿色投资的政策措施。[④] 韩国是全球最积极推动绿色成长的国家之一，已于 2008 年启动低碳绿色成长策略，是全球第一个明定绿色

---

① IEA, *World Energy Outlook Special Report 2013*（Paris, France: IEA Publications, 2013）.

② UNEP, *Towards a Green Economy: Pathways to Sustainable Development and Poverty Eradication*（France: UNEP Publishing, 2011）; UNEP, *Green Economy: Metrics & Indicators*（Geneva: UNEP Publishing, 2012）.

③ J. Reilly, "Green Growth and the Efficient Use of Natural Resources," *Energy Economics* 34（2012）: 85 – 93.

④ R. Schmalensee, "From 'Green Growth' to Sound Policies: An Overview," *Energy Economics* 34（2012）: 2 – 6.

成长为国家长期发展策略的国家①，同时，也于 2012 年完成其绿色成长监测指针系统。②

由于指针系统具有检视现状、预警未来及政策回馈等功能③，因此，经济合作与发展组织（the Organization for Economic Cooperation and Development, OECD）提出一套"绿色成长监测指针系统"，提供世人检视绿色成长绩效之参考④。依据 OECD 的定义，绿色成长系指促进经济成长与发展的同时，能够兼顾自然资源的质与量，从而能够提供维持人类生活福祉的环境质量⑤。易言之，为实践绿色成长，经济体系必须促进投资与创新，夯实国家竞争力与持续成长力量，以及开创新的经济机会。由此可知，衡量绿色成长，不仅基于关心与维护环境质量，而且更重视所衍生的新成长机会。基于此，绿色成长监测指针包括环境与资源生产力（Environmental and Resource Productivity）、自然资源存量（Natural Resource Stock）、生活环境质量（Environmental Quality of Life）及政策回应与经济机会（Policy Response & Economic Opportunity）等四个构面⑥，这是目前全球最完整的绿色成长监测指针系统（见图 1）。

台湾目前虽然已陆续建置永续发展指标（sustainable development indicator），以及绿色国民所得账（Green GDP）等监测指标，然而，无论永续发展或绿色国民所得账，均以关怀自然资源与环境为主轴，并不是以直接响应气候变迁冲击，及创造未来机会政策思考的指针系统。基于绿色成长已成为 21 世纪全球政府最主要施政工作，因此，建立具有台湾地区特色的绿色成长监测指针系统，不仅与现存自然资源管理指针系统相辅相成，还

---

① S. J. Randall, and B. Yoo, *Korea's Green Growth Strategy: Mitigating Climate Change and Developing New Growth Engines* (France: OECD Publishing, 2011), p. 798.

② Statistics Korea, *Korea's Green Growth Based on OECD* (Korea: Statistics Korea Publishing, 2012).

③ OECD, *Handbook on Constructing Composite Indicators: Methodology and User Guide* (Paris, France: OECD Publishing, 2008).

④ OECD, *Towards Green Growth: A Summary For Policy Makers* (Paris, France: OECD Publishing, 2011).

⑤ OECD, *Towards Green Growth – Monitoring Progress: OECD Indicators* (Paris, France: OECD Publishing, 2011).

⑥ OECD, *Towards Green Growth – Monitoring Progress: OECD Indicators* (Paris, France: OECD Publishing, 2011).

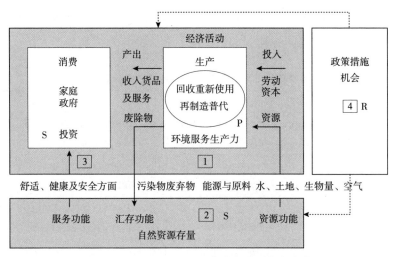

图 1　OECD（2011）绿色成长监测指标架构

资料来源：OECD（2011），*Towards Green Growth – Monitoring Progress*：*OECD Indicators*。

可以强化未来发展机会。爰此，本研究尝试以 OECD（2011）的绿色成长监测指标架构为基础，并参考 OECD（2008）之指标建构方法，并考虑台湾实情，建置具备台湾地区特色的绿色成长监测指针系统。进而，以该指针系统，检视台湾过去的绿色成长绩效，作为提供台湾地区推动绿色经济转型的政策参考依据，这就构成本研究的主要动机。本文内容安排包括，第一节背景与研究动机说明，第二节将详细说明台湾绿色成长指标的建置，第三节评估台湾绿色成长绩效，第四节为本文结语。

2　台湾绿色成长监测指标建构方法与步骤

2.1　复合指标建构与评量步骤与方法

依据 OECD（2008）之《复合指标建构方法手册》[①] 指出，综合指标建置必须依循十大步骤，如表 1 所示。表 1 即成为复合指标建置的标准查验单（check list），本研究完全遵行该十大步骤，进行台湾地区绿色成长

[①]　OECD, *Handbook on Constructing Composite Indicators*：*Methodology and User Guide*（Paris, France：OECD Publishing, 2008）.

复合监测指标的建置，相关步骤查验内容说明，详见表1最后一栏。透过步骤查验，可以确保指标建置的严谨性、客观性与透明性。

表1　指标建置的十大步骤与台湾绿色成长指标建置步骤查验

步　骤	内　容	本研究的做法
步骤一：需具有理论基础	依据相关理论，清楚定义指针系统之意义，例如定义何谓绿色成长	本研究依据 OECD（2011）绿色成长之定义
步骤二：选择适当的数据	确认数据的可获得性与质量，例如数据的来源与形态等	本研究以国家追踪资料为主，具有公信力
步骤三：遗漏数据设算	以可信赖及客观方法，设算遗漏数据，提升数据的完整性	本研究以资料可获得为前提，因此，没有设算遗漏数据的问题
步骤四：多面向分析	选择适当方法学，例如加总及权重等方法学的选择	本研究以主成分方法计算指标权重
步骤五：正规化	调整数据尺度的差异，避免数据尺度差异过大，扭曲计算结果	本研究选择国家永续发展指标的正规化方法
步骤六：选择权重与加总方法	反映不同指标或构面的重要性，且以单一复合指标呈现，可以简化指标的结果，沟通容易	本研究以主成分方法计算权重，并加总为单一综合指数
步骤七：不确定与敏感性分析	确立指针系统的稳定性，提升数据的可使用性	本研究选择不同基准年及权重，进行敏感性分析
步骤八：透过数据解释	以数据表现结果，说明整体绩效	本研究将依据绿色成长评定结果，追踪绩效不佳之指针资料的表现，并说明其绩效不佳的原因
步骤九：与相关数据链接与比较	与相关指针系统链接，强化不同指针系统间的互补性	本研究将建立的绿色成长指标，与绿色 GDP 指标进行比较
步骤十：说明结果	以图示方向呈现结果，有助于结果含意表达与加强印象	本研究将以图示法，呈现绿色成长变化趋势

资料来源：OECD（2008）。

2.2　台湾绿色成长监测指针项目筛选

本研究以 OECD（2011）建构之绿色成长指针项目为基础，再考虑台湾地区实际情况及资料的可取得性，筛选出具台湾特色的绿色成长监测指针项目（见表2）。由表2可知，台湾绿色成长由28项指针项目所构成。

指标筛选说明如下：首先本研究依据资料取得性，合计删除 8 个 OECD
（2011）建议的指针项目，包括：（1）环境与资源生产力构面：需求基础
生产力、需求面物质生产力及水资源生产力三项；（2）自然资源存量构
面：野生动物资源一项指标；（3）政策回应与经济机会：专利申请比例、
国际金融流动占比、环境相关租税及水价与回收成本等四项指标。

表 2 台湾绿色成长监测指标选定

指针项目	台湾资料状况	是否删除	是否有替代指标
环境与资源生产力			
二氧化碳生产基础生产力（GDP/CO$_2$）	根据台湾地区燃料燃烧二氧化碳排放统计与分析（2012）之统计数据做计算	×	×
需求基础生产力（GDP/CO$_2$）	台湾地区无提供相关之统计数据	○	×
能源生产力（GDP/TPES）	以《能源统计手册》（2011）之统计数据与主计处数据做计算	×	×
部门能源密集度	以台湾"经济部能源局"之部门能源消费数据与主计处数据做计算	×	×
再生能源发电占比	以《能源统计手册》（2011）之再生能源占电力供给比例作为此项指标	×	×
需求面物质生产力（GDP/DMC）	台湾地区无提供相关之统计数据	○	×
废弃物密集度与回收率	以垃圾回收率作为替代指标	×	○
营养素流量与平衡	以每公顷农地肥料使用量作为替代指标	×	○
水资源生产力（VA/水资源消费量）	本研究原预期水资源生产力以 GDP 除以水资源消费量作为替代指标。但由于台湾"经济部水利署"未提供2011 年总用水量，而台湾"环保署"只提供非工业用水总量，因此本指标予以删除	○	×
环境服务生产力	台湾地区无提供相关之统计数据	×	×
自然资源存量			
淡水资源	以永续发展指标（2011）的有效水资源作为替代指标	×	○
森林资源	以永续发展指标（2011）的森林面积作为代表指标	×	×

续表

指针项目	台湾资料状况	是否删除	是否有替代指标
自然资源存量			
渔业资源	以渔业产量（扣除远洋产量）作为替代指标	×	○
矿产资源	本研究于此分为能源矿产与非金属矿产两项指标	×	×
土地资源	以开发用地面积比作为代表指标	×	×
土壤资源	以地层下陷面积比例作为替代指标	×	○
野生动物资源	此指针项目以永续发展指标（2011）生物多样性遗传资源及种原保存指标作为代表指标。由于永续发展指标（2011）生物多样性遗传资源及种原保存指标数据年限只有 8 年，因此予以删除	○	×
生活环境质量			
环境诱发的健康影响成本	以面临自然灾害人口数作代表，本研究以受灾害影响人数做计算	×	○
享有污水处理人数	由于台湾享有污水处理人数比例为以户数估算之数值，因此本研究以享有污水处理人数比例作为替代指标	×	○
可持续享有安全饮水人数	以自来水普及率乘以总人口数做计算	×	×
政策回应与经济机会			
研发支出	以台湾地区研究与发展（R&D）之花费占 GDP 的百分比作为替代指标	×	○
专利申请比例	台湾地区无提供相关之统计数据。唯统计发明类别之专利申请项目	○	×
所有部门环境相关创新	以通获环保标章之产品件数统计作为替代指标。用以衡量产品更新状态	×	○
环境财货与劳务生产	环境财货与劳务附加价值以环保支出作为替代数据	×	○
国际金融流动占比	台湾有关方面开发援助比例只有两年数据（2010～2011），且台湾有关方面亦未提供国外绿色投资数据，故此指标项目无适用统计数据	○	×
环境相关租税	目前只搜集到三年之相关数据	○	×
能源税与价格	目前台湾油价资料只搜集到 2005～2011 年，时间趋势较短。因此以历年平均电价作为替代指标	×	○
水价与回收成本	台湾有关方面无提供相关之统计数据	○	×

注："×"代表否；"○"代表是。

资料来源：本研究。

　　然而，基于指针系统的完整性，及反映台湾地区实际情况特性，本研究选择 11 项替代指标，包括：（1）环境与资源生产力构面：以垃圾回收率作为替代废弃物密集度与回收率，以每公顷农地肥料使用量替代营养素流量与平衡；（2）自然资源存量构面：以有效水资源替代淡水资源，以渔业产量（扣除远洋产量）替代渔业资源，以地层下陷面积比例替代土壤资源；（3）生活环境质量：以面临自然灾害人口数作代表，以享有污水处理人数比例替代享有污水处理人数；（4）政策回应与经济机会：以研究与发展（R&D）之花费占 GDP 比例替代研发支出，以通获环保标章产品数替代所有部门环境相关创新，而环境财货与劳务附加价值以环保支出作为替代数据；能源税与价格以历年平均电价替代能源税与价格。

　　综合上述说明可知，本研究建置的指针项目，大致上与 OECD（2011）建议的指针项目相去不远，唯有部分指标以替代性指针方式弥补数据阙如及不足的问题。

2.3　台湾绿色成长监测指标正规化与结果

　　为调整数据规模及偏离值，进行指标指数化时，必须进行指针数据的正规化（normalization）（OECDE，2008）[①]，基于此，本研究以台湾永续发展指针系统黄书礼等采用的"国民生活指标计算方法"进行指标的正规化[②]（正规化程序，详见附件一）。台湾绿色成长监测指标四大构面之正规化及加总结果，详见表 3 至表 6。由表 3 至表 6 可知，所有指标值最后均转换为指数值（以 2002 年为基准年），如果指数值大于 100，表示迈向"绿色成长"，反之，指数值若低于 100，则表示背离"绿色成长"。

　　综合表 3 到表 6 的数据，显示近十年（2002～2011）来，台湾绿色成长趋势如下。

　　（1）环境与资源生产力面向：所有指标之正规化指数，均朝向绿色成长，再生能源发电占比的成长快速，绿色成长趋势最显著。

---

①　OECD, *Handbook on Constructing Composite Indicators*: *Methodology and User Guide*（Paris, France: OECD Publishing, 2008）.

②　黄书礼、叶佳宗、陈伶俐：《检视都市永续发展指针的发展历程与内涵：从指针系统建构到政策评估》，《城市发展研究》2006 年第 1 期。

表3 环境与资源生产力指标正规化指数

年份	二氧化碳生产基础生产力	能源生产力	部门能源密集度	再生能源发电占比	垃圾回收率	每公顷农地肥料使用量
2002	100	100	100	100	100	100
2003	100.7	99.4	100.5	100.6	101.1	101.4
2004	101.5	100.0	101.8	101.7	102.1	100.2
2005	102.4	101.6	102.2	109.0	103.4	101.7
2006	103.2	103.1	103.2	110.4	104.9	100.7
2007	104.1	102.7	105.5	117.2	105.7	101.1
2008	105.4	104.1	105.9	117.2	106.5	103.1
2009	107.1	105.4	107.8	116.3	107.4	102.2
2010	105.7	106.0	108.9	119.4	108.2	102.2
2011	106.7	107.2	108.3	119.1	109.0	102.7

资料来源：本研究。

表4 自然资源存量指标正规化指数

年份	有效水资源	森林面积	渔业产量	非金属矿产	能源矿产	开发用地面积	地层下陷面积
2002	100	100	100	100	100	100.00	100
2003	100.4	102.1	101.3	100.9	98.7	97.5	101.6
2004	102.3	103.4	99.9	101.9	98.1	97.1	102.5
2005	100.3	103.6	99.3	102.9	95.7	95.1	102.8
2006	100.0	102.7	97.3	103.9	95.2	94.5	104.7
2007	99.3	103.1	97.6	105.0	94.4	94.0	105.3
2008	98.9	102.9	97.5	106.2	93.5	93.5	105.2
2009	96.2	103.9	96.0	107.2	92.7	92.7	107.3
2010	96.7	102.9	96.2	108.3	91.9	91.2	106.6
2011	96.5	105.2	97.8	109.4	91.4	91.0	107.3

资料来源：本研究。

表5 生活环境质量指标正规化指数

年份	受灾害影响人数	污水处理率	可享用安全饮用水人数
2002	100.0	100.0	100.0
2003	101.5	103.5	100.3
2004	99.9	106.1	104.3
2005	100.8	109.0	101.2

年份	受灾害影响人数	污水处理率	可享用安全饮用水人数
2006	101.8	114.4	101.6
2007	101.2	118.9	101.9
2008	101.0	123.4	102.3
2009	99.5	128.8	102.5
2010	100.5	133.5	102.6
2011	101.3	138.8	102.9

资料来源：本研究。

表6 政策回应与经济机会指标正规化指数

年份	台湾地区研究与发展之花费占 GDP 的百分比	环保标章核可使用产品数	地区支出占 GDP 比例	平均电价
2002	100.0	100.0	100.0	100.0
2003	101.3	101.8	100.2	99.8
2004	101.8	103.0	98.6	99.3
2005	102.6	103.9	98.2	99.3
2006	103.9	104.6	97.0	100.1
2007	104.5	105.4	96.8	100.9
2008	106.6	106.3	98.0	103.3
2009	108.2	107.4	99.1	107.7
2010	107.8	108.2	96.8	107.8
2011	108.9	109.4	97.3	107.7

资料来源：本研究。

（2）自然资源存量面向：仅有森林面积与非金属矿产两项指标朝向绿色发展，其余四项指标均背离绿色成长，特别是开发用地面积与能源矿产两项指标，持续恶化情况最严重。

（3）生活环境质量面向：所有指标均朝向绿色成长，其中，污水处理率绩效最卓著。

（4）政策回应与经济机会面向：大部分指标均朝向绿色成长，特别是环保标章核可使用产品数及台湾地区研究与发展之花费占 GDP 的百分比，快速迈向绿色成长。然而，地区支出占 GDP 比例则持续下降，背离绿色成长。

2.4 主成分分析法计算权重

本研究为获得综合指数，需要计算与加总各细项指标的权重，爰此，本研究选择主成分分析法（Principal Components Analysis，PCA）。本研究同时选择以 SPSS 2.0 为分析软件，分别针对四组指标群进行主成分分析，再根据各主成分之变异数比例，调整总累积变异数为100%，得到新综合指标。

透过主成分分析法获得的指标权重，加总各构面的综合指数，如表7所示。由表7可以了解台湾近十年（2002～2011）来，绿色成长绩效，说明如下。

（1）环境与资源生产力综合指数呈现迈向绿色成长趋势，其中，再生能源发电占比的快速成长，是最主要的驱动力，此外，垃圾回收率及部门能源密集度两项指标是促进此构面迈向绿色成长的最主要关键因子。

（2）自然资源存量综合呈现背离绿色成长趋势，其中，开发用地面积与能源矿产持续恶化，是造成此面向背离绿色成长的主因。

（3）生活环境质量综合指数呈现迈向绿色成长趋势，其中，污水处理率绩效卓著，是最主要的驱动因子。

（4）政策回应与经济机会综合指数呈现迈向绿色成长趋势，其中，环保标章核可使用产品数及台湾地区研究与发展之花费占 GDP 的百分比成长快速，是最主要的驱动力，然而，地区支出占 GDP 比例持续下降，是抑制此面向迈向绿色成长的负面因子。

表7　主成分分析法之指标构面综合指数

年份	环境与资源生产力	新自然资源存量	新生活环境质量	政策回应与经济机会
2002	100.0	100.0	100.0	100.0
2003	100.6	99.2	102.7	101.0
2004	101.3	98.3	104.2	102.7
2005	103.4	98.5	106.4	103.7
2006	104.3	97.3	110.4	105.4
2007	106.1	97.8	113.4	106.7
2008	107.1	97.6	116.4	108.5
2009	107.8	100.4	119.6	112.0
2010	108.5	97.6	123.2	113.9
2011	109.0	99.8	127.0	114.5

资料来源：本研究。

3 台湾绿色成长复合指数敏感度分析

依据 OECD（2008）指标建置步骤，指标架构必须进行敏感度分析，目的在于查验复合指针系统的顽强性（robustness）。爰此，本研究将以等权重（Equal Weight，EW）方法［另一个 OECD（2008）建议的权重方法］，与本研究之 PCA 方法之权重取得之比较，此外，基准年亦是相当敏感的参数，因此，本研究亦尝试改变基准年，查验其敏感性。

3.1 EW 与 PCA 不同权重方法之综合指数比较

倘若各细项指标给予相同权重，则在等权重情境下，台湾绿色成长综合指数汇整如表 8 与图 2 所示。观察表 8 与图 2 可知，PCA 与 EW 之综合指数变化方式一致，亦即均朝向绿色成长路径，显示本研究建构的绿色成长指标架构，不会受到不同权重方法的影响而产生太大的变异。易言之，本指标架构具顽强性。此外，PCA 方法之综合指数的增长幅度较大，也反映 PCA 方法特性，亦即 PCA 方法会筛选变异较大的变量，并给予较大的权重，易言之，表 8 与图 2 的结果符合先验与理论结果。

表 8 等权重与主成分分析法之指标综合指数比较

年度	环境与资源生产力		新自然资源存量		新生活环境品质		政策回应与经济机会		综合指数	
	EW	PCA	EW	PCA	EW	PCA	EW	PCA	EW	PCA
2002	100.0	100	100.0	100	100.0	100	100.0	100.0	100.0	100.0
2003	100.4	100.6	100.4	99.2	101.7	102.7	100.7	101.0	100.8	101.0
2004	100.7	101.3	100.7	98.3	103.4	104.2	100.7	102.7	101.4	101.8
2005	102.6	103.4	100.0	98.5	103.7	106.4	101.0	103.7	101.8	103.4
2006	103.2	104.3	99.8	97.3	105.9	110.4	101.4	105.4	102.6	104.9
2007	104.7	106.1	99.8	97.8	107.4	113.4	101.9	106.7	103.4	106.8
2008	105.3	107.1	99.7	97.6	108.9	116.4	103.5	108.5	104.3	108.3
2009	105.6	107.8	99.4	100.8	110.2	119.6	105.6	112.0	105.2	111.0
2010	106.5	108.5	99.1	97.6	112.2	123.2	105.2	113.9	105.7	111.9
2011	106.7	109.0	99.8	99.8	114.3	127.0	105.8	114.5	106.7	113.7

资料来源：本研究。

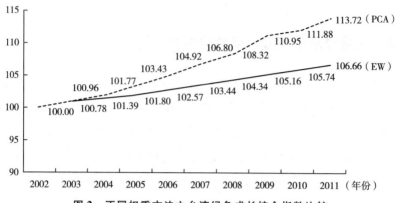

图 2　不同权重方法之台湾绿色成长综合指数比较

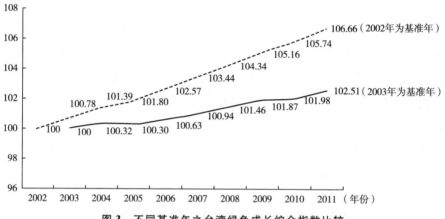

图 3　不同基准年之台湾绿色成长综合指数比较

3.2　改变基准年

本研究的另一个敏感度分析，是改变基准年。本研究将基准年由 2002 年调整至 2003 年，观察整体综合指数的变化。图 3 显示，不同基准年，绿色成长监测指数的变化趋势呈一致性方向。唯以 2002 年为基准年，将呈现较佳的绿色成长趋势，主要原因是 2003 年的综合指数值大于 100.0（2002 年综合指数），因此，相较之下，将呈现较低的绿色成长综合指数。

4　绿色成长综合指数与绿色 GDP 比较

绿色 GDP 亦是评量绿色成长的适宜指标之一，由于台湾已建置绿色

GDP，因此，本文拟进一步比较绿色成长指标与绿色 GDP 对台湾绿色成长绩效检视之差异性。依据 OECD（2008）复合指标建置步骤九（详见表1），建议所建立的新指标架构，应与已建立的近似指针系统进行链接与比较，确认指针系统间的互补性，及政策支持的兼容性。爰此，本研究比较绿色 GDP 指数与绿色成长指数，如图 4 所示，绿色 GDP 综合指数与绿色成长监测综合指数，亦呈现同向变化趋势，易言之，两者具有互补性与兼容性，可以作为检视绿色成长政策绩效的支持系统。

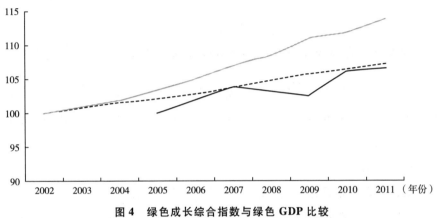

图 4　绿色成长综合指数与绿色 GDP 比较

注：绿色 GDP 资料来自台湾行政主管部门主计处（2013），台湾地区绿色公民所得账编制报告。

5　结语

绿色成长已成为 21 世纪各国施政的目标与愿景，如何检视政府绿色成长绩效，已是各国政府关心的课题。检视 OECD（2011）提出之绿色成长监测指标四大架构（包括环境与资源生产力、自然资源存量、生活环境质量及政策回应与经济机会等四大指标构面）内涵，具有三个特点，其一是与绿色国民所得账的编制很接近；其二是纳入民众的生活质量；其三是具政策回馈架构。虽然台湾已编制"永续发展指标"与"绿色国民所得账"，然而，若比对与 OECD（2011）绿色成长指标架构内容，仍存在差异性。

由于绿色成长监测指标架构具时代意义，不但强调"绿色"，亦重视

"成长",因此,本研究参考 OECD（2011）指标架构,编制台湾绿色成长监测指针系统,进而评估台湾过去十年（2002～2011）绿色成长绩效,评估结果显示,台湾已朝向绿色成长路径发展,唯自然资源存量背离绿色成长,是未来政府绿色施政的着力点。此外,借由敏感性分析（包括不同权重计算与基准年改变）,发现本指针系统具有相当顽强性。此外,透过与绿色 GDP 比较,具有相同发展趋势,显示,台湾绿色成长指针系统与绿色 GDP 具有互补性,可以提升台湾绿色施政的绩效检视能力,及政策多元回馈效果。

附录 1　台湾绿色成长指针资料正规化指数

依据台湾永续发展指针系统（黄书礼等,2006）采用之"国民生活指标计算方法"进行指标的正规化方法,台湾绿色成长指针正规化程序与试算,简述如下。

1. 指数化

假设各领域指标值 $d_{it}(t)$,其中,i 为领域号数,j 为指标号数,t 为年份,一般而言,指标值有两种情况,一为水平值（level）,例如交通工具私有度（辆/万人）;另一为变动率（百分比）,例如工业区利用率（%）及都会区绿敷率（%）等。然而,无论是水平值或变动率,最终均将该指标值转换为指数值形态,$C_{ij}(t)$,其计算公式如下:

$$C_{ij} = \frac{d_{ij}(t) - d_{ij}(t-1)}{(d_{ij}(t) + d_{ij}(t-1))/2} \times 100 \times \delta_{ij} \qquad j = 1,2,\cdots,m，i = 1,2,\cdots,9 \quad (1)$$

$$C_{ij} = [d_{ij}(t) - d_{ij}(t-1)] \times \delta_{ij} \qquad j = 1,2,\cdots,m，i = 1,2,\cdots,9 \quad (2)$$

式（1）与式（2）分别为水平值与比例值的计算公式,其中,δ_{ij} 为调整参数,简言之,将所有指数值转换为"正值",因此,如果指数值为正,则 $\delta_{ij} = 1$,反之,如果指数值为负,则 $\delta_{ij} = -1$。

2. 计算标准化因子 A_{ij}

$$A_{ij} = \frac{\sum_{t=2}^{N} |C_{ij}(t)|}{N-1} \qquad j = 1,2,\cdots,m，i = 1,2,\cdots,9 \quad (3)$$

其中，N 为标准化期间之年数，换言之，A_{ij} 即为 N 年期间之指标值的平均值。

3. 计算标准化指标值 $B_{ij}(t)$

$$B_{ij} = \frac{C_{ij}(t)}{A_{ij}} \qquad j = 1,2,\cdots,m, \quad i = 1,2,\cdots,9$$

将指数化后的指标值，再以 A_{ij} 平减（deflator），获得标准化的指标值。

4. 计算各领域各指标之标准化指数 $S_{ij}(t)$，并选定某一年为基准年（base year），若以 1991 年为基准年，则 $S_{ij}(1991) = 100$：

（1）指标为水平值或指数时

$$S_{ij}(t) = S_{ij}(t-1) \times \frac{200 + B_{ij}(t)}{200 - B_{ij}(y)} \qquad j = 1,2,\cdots,m, \quad i = 1,2,\cdots,9$$

（2）指针为结构比时

$$S_{ij}(t) = S_{ij}(t-1) + B_{ij}(t) \qquad j = 1,2,\cdots,m, \quad i = 1,2,\cdots,9$$

最后需要再将各领域下之指标值，加总为代表该领域的综合指数值 $S_i(t)$：

$$S_{ij}(t) = S_i(t) = \sum_{j=1}^{m_i} S_{ij}(t) \times W_{ij} \qquad j = 1,2,\cdots,m, \quad i = 1,2,\cdots,9$$

其中，W_{ij} 为依据国民生活指标重要性评估调查所获之权数。

5. 综合指标值计算方式

$$S_{ij}(t) = (R) = \sum_{j=1}^{m_i} y_i \times W_i \qquad j = 1,2,\cdots,m, \quad i = 1,2,\cdots,9$$

其中，y_i 为指标变动率；W_i 为指标权重。

6. 综合指标值之绿色成长意义

指标值最后均转换为指数值（目前以 2002 年为基准年），并观察其变化趋势，如果指数值大于 100，表示迈向"绿色成长"，反之，指数值若低于 100，则表示背离"绿色成长"。

基于篇幅限制，本文仅以二氧化碳生产基础生产力指针正规化指数试算为例，如表 9 所示，其余指针项目均可依此方式计算而得。

表 9 二氧化碳生产基础生产力指针正规化结果 (2002 年为基期)

指标群	环境与资源生产力
指针项目	二氧化碳生产基础生产力
分类	现实水平
指标影响面向	正指标

编号: $v_1 - 1$

年份	数值	对称变动率	标准化因子 $\mid C_{ij} \mid$	标准化因子 A_{ij}	标准化变动率	标准化指数 $S_{ij}(t) = S_{ij}(t-1) \times \dfrac{200 + B_{ij}(t)}{200 - B_{ij}(t)}$
2002	26.82	—	—		—	100.00
2003	28.19	4.97	4.97		0.74	100.74
2004	29.68	5.15	5.15		0.76	101.51
2005	31.42	5.69	5.69		0.85	102.38
2006	33.08	5.16	5.16		0.77	103.16
2007	35.02	5.69	5.69	6.74	0.84	104.04
2008	38.29	8.91	8.91		1.32	105.42
2009	42.53	10.51	10.51		1.56	107.08
2010	39.02	-8.61	8.61		-1.28	105.72
2011	41.42	5.96	5.96		0.88	106.66

附录 2 PCA 方法试算环境与资源生产力综合指数

本研究基于篇幅限制,仅以环境与资源生产力面向,呈现 PCA 分析法的过程与结果。其他面向的计算方法相同,不再赘述(有兴趣读者,可向笔者索取)。

本研究利用以 SPSS 2.0 软件,萃取特征值大于 1 者为主成分,环境与资源生产力萃取了 1 个成分,详见表 10,并可获得特征值 (λ_i) 为 5.474,据此,可计算主成分负荷值 (C_{ij}),则见表 11,再利用公式 $W_{ij} = \dfrac{C_{ij}}{\sqrt{\lambda_i}}$,计算出特征向量 ($W_{ij}$),特征向量为主成分之变量组合的转换系数。因此,可以获得环境与资源生产力指针群的主成分各变量所对应的特征向量,详见表 12。

再将环境与资源生产力指针群正规化后的数据,乘上特征向量得到新指针,求得新生产基础生产力之值,详见表 13。由于第一主成分总累积变异数为 91.24%，必须调整总累积变异数成为 100%，即新生产基础生产力之值乘上 $\dfrac{100}{91.24}$，计算出总得点（见表 13），得到新综合指标。再将 2002 年作为基准年，因此，令基准年为 100，其他年度则据此等比例调整，可以获得新环境与资源生产力综合指数（见表 14）。

表 10　各变量之特征值与解释变异量之比例

主成分	初始特征值			平方和负荷量萃取		
	总数	变异数（%）	累计（%）	总数	变异数（%）	累计（%）
第一主成分	5.474	91.240	91.240	5.474	91.240	91.240
第二主成分	5.358	5.966	97.206			
第三主成分	5.083	1.386	98.591			
第四主成分	5.049	.814	99.405			
第五主成分	5.025	.410	99.815			
第六主成分	5.011	.185	100.000			

资料来源：本研究。

表 11　各变量的主成分负荷

指针项目	主成分
生产基础生产力	.984
能源生产力	.971
再生能源发电占比	.978
每公顷农地肥料使用	.967
部门能源密集度	.990
垃圾回收率	.832

资料来源：本研究。

表 12　特征向量

指针项目	主成分
生产基础生产力	0.420363916
能源生产力	0.415204523
部门能源密集度	0.418081120
再生能源发电占比	0.413109511
垃圾回收率	0.423157368
每公顷农地肥料使用	0.355604142

资料来源：本研究。

表 13　新环境与资源生产力主成分得点

年份	生产基础 生产力	能源 生产力	部门能源 密集度	再生能源 发电占比	垃圾 回收率	每公顷农地 肥料使用	主成分
2002	42.04	41.52	41.81	41.31	42.32	35.56	244.55
2003	42.35	41.28	42.01	41.54	42.79	36.04	246.01
2004	42.67	41.55	42.57	42.01	43.20	35.61	247.61
2005	43.04	42.18	42.71	45.03	43.76	36.15	252.87
2006	43.37	42.81	43.15	45.61	44.38	35.80	255.10
2007	43.74	42.63	44.13	48.40	44.73	35.94	259.54
2008	44.32	43.23	44.29	48.40	45.06	36.67	261.97
2009	45.013	43.74	45.09	48.05	45.43	36.32	263.64
2010	44.44	44.01	45.52	49.33	45.77	36.31	265.37
2011	44.84	44.52	45.29	49.21	46.13	36.53	266.51

资料来源：本研究。

表 14　新环境与资源生产力综合指数

年份	总得点	新环境与资源生产力综合指数
2002	268.03	100
2003	269.63	100.60
2004	271.38	101.25
2005	277.15	103.40
2006	279.60	104:32
2007	284.46	106.13
2008	287.12	107.12
2009	288.95	107.80
2010	290.85	108.52
2011	292.09	108.98

资料来源：本研究。

农户参与林业碳汇意愿影响因素分析

——以云南省凤庆县、镇康县为例

苏建兰　王昭琪

西南林业大学经济管理学院

随着气候变化严重影响着经济社会的可持续发展，林业碳汇由此成为一个新兴、热点话题。因为林业碳汇涉及千家万户，农户的参与意愿直接影响林业碳汇是否能顺利开展。通过对已有文献的考察可以发现，研究林业碳汇；主要是从碳汇概念、碳汇市场及碳汇政策等方面，研究农户参与主要从家庭特征、成本收益等方面，但是关于农户参与林业碳汇意愿研究的文章为数不多，而目前国内林业碳汇项目是由政府部门和 NGO 合作做一些试点，农户不是实施主体。为此本文从农户的角度出发研究其参与碳汇意愿，以期激励更多的农户参与碳汇项目，通过产业化的发展模式，借助市场化的交易平台，让农户直接参与到碳汇交易中来，实现农户利益最大化。

1　样本点概况与数据来源

笔者结合"中国碳交易市场构建框架和运行机制"项目，通过与"云南省绿色环境发展基金会"合作，对云南省西南边陲两大自然保护区的管辖县——凤庆和镇康进行了实地调查，样本区域概况如下。

1.1　凤庆县概况

凤庆县位于云南省的西南部，东与巍山县、南涧县相连，是"世界滇红之乡""中国核桃之乡"。全县林业用地面积为 196065.3 公顷，占全县土地总面积的58.96%，其中：有林地面积140007.9公顷，灌木林地面积46881.6公顷，未成林造林面积126公顷，无立木林地面积763公顷，宜林地面积8286.8公顷，森林覆盖率为48.33%。凤庆县依托丰富的森林资源，建造了临沧澜沧江省级自然保护区。

1.2 镇康县概况

镇康县位于云南省西南边陲，南接耿马县，东邻永德县，西与友好邻邦缅甸果敢县接壤，北与保山地区龙陵县隔江相望。全县有林地面积1107.9平方公里，占全县土地总面积的43.72%，森林覆盖率34%，镇康县依据丰富的林业资源，建立了南捧河省级自然保护区。

1.3 数据来源

凤庆县和镇康县实地调研中，在林业碳汇项目实施区域和非实施区域分别选取了4乡镇10村106户、8村100户农户进行走访调查，具体调查样本区域见表1。

本次调查问卷总数为206份，回收有效问卷202份，问卷有效率为98%，有效问卷所提供数据为笔者后续分析的数据来源。

表1 调查样本区明细

调查区	样本县	乡 镇	村	调查问卷数量（份）
项目涉及区	凤庆县	郭大寨乡	团山村	11
			干马村	10
			卡思村	10
		雪山镇	王家寨村	10
			立马村	11
		勐佑镇	新田村	12
			阿里侯村	12
	镇康县	勐捧镇	根基村	10
			象脚水村	9
			岔沟村	11
	小 计			106

调查区	样本县	乡　镇	村	调查问卷数量（份）
非项目涉及区	凤庆县	郭大寨乡	郭大寨村	13
			松 林 村	12
		雪 山 镇	新 民 村	13
			新 化 村	11
		勐 佑 镇	立 达 村	13
			立 平 村	12
	镇康县	勐 捧 镇	勐 捧 村	14
			丫 口 村	12
	小　计			100
合　计				206

2　农户参与意愿及影响因素分析

2.1　农户参与林业碳汇意愿分析

2.1.1　项目区参与意愿

农户参与林业碳汇项目的意愿有两种结果：愿意和不愿意。项目区愿意参与林业碳汇项目的比例占一半，为50%；41.51%的被访问者表达了不参加意愿；8.49%的人员未对此作答（见图1）。调查结果显示，人们愿意参与林业碳汇项目，但参与的意愿不强烈。

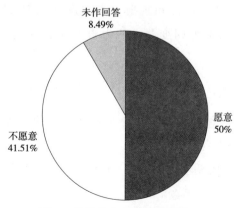

图1　项目区农户参与意愿情况

2.1.2　非项目区参与意愿

在非项目区愿意参与林业碳汇项目的比例占一半，为 50%；43% 的被访者表达了不参加意愿；7% 的被访者对此未作回答（见图 2）。调查结果显示，人们愿意参与林业碳汇项目，但参与的意愿不强烈。

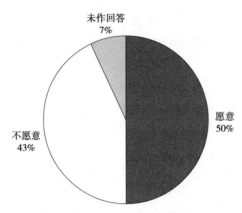

图 2　非项目区农户参与意愿情况

2.2　构建二元 Logistic 回归模型

农户是否愿意参与林业碳汇项目，是一系列因素共同影响的结果。根据经验常识和相关文献，初步认为农户的个人特征、家庭特征、经济环境以及心态等各因素都对农户的参与意愿具有一定的影响。结合调查问卷中的各项具体指标和数据，本文设置了 10 项变量，令 0 = 不愿意，1 = 愿意，以 Y 为因变量，X 为自变量，构建二元 Logistic 回归模型方程：

$$\mathrm{Ln}\left[p/\left(1-p\right)\right] = \beta_0 + \beta_1 X_1 + \beta_2 X_2 + \cdots + \beta_{10} X_{10} + \mu$$

其中，p 是 $Y = 0$ 的概率，$1-p$ 是 $Y = 1$ 的概率，X_1，X_2，$\cdots$，X_{10} 是回归方程中的各个变量，β_0，β_1，β_2，$\cdots$，β_{10} 是待估参数，μ 是扰动项。综合实地调查数据进行分析，各项变量及其具体解释如表 2。

表 2 变量及解释

变 量	指 标	预期影响方向	平均值	标准差
Y = 意愿	0 = 不愿意，1 = 愿意		0.55	0.50
X_1 = 年龄/岁		+ / −	45.66	11.57
X_2 = 文化程度	0 = 文盲，1 = 小学，2 = 初中，3 = 高中及以上	+	1.38	0.73
X_3 = 劳务收入占家庭年收入比例		+	0.11	0.10
X_4 = 家庭劳动力人数/人		+	4.31	0.99
X_5 = 家庭人均年收入/元		+	4600.11	1446.48
X_6 = 林业收入占家庭收入比例		−	0.40	0.14
X_7 = 人均耕地面积		+	1.50	0.81
X_8 = 林地面积		+	12.98	5.52
X_9 = 农户环保意识	0 = 不强烈，1 = 强烈	+	0.51	0.50
X_{10} = 对碳汇林未来经济预期	0 = 不好，1 = 一般，2 = 好	+	0.68	0.69

2.3 分析结果及说明

运用 SPSS 17.0 软件对 206 户农户的各项变量进行二元 Logistic 回归分析，将 Y 作为因变量，将 X_1，X_2，…，X_{10} 作为自变量。分析结果见表 3、表 4、表 5 和表 6。

表 3 模型汇总

步 骤	−2 对数似然值	Cox & Snell R 方	Nagelkerke R 方
1	62.012	0.650	0.869

表 4 方程中的变量

	β	S. E	Wals	df	Sig.	Exp（β）
年龄	0.010	0.031	0.096	1	0.756	1.010
文化程度	1.584	0.605	6.843	1	0.009 **	4.874
劳务收入占家庭年收入比例	4.834	4.008	1.454	1	0.228	125.681
家庭劳动力人数	0.354	0.359	0.968	1	0.325	1.424
家庭人均年收入	0.003	0.001	27.366	1	0.000 **	1.003
林业收入占家庭收入比例	1.306	3.036	0.185	1	0.667	3.690
人均耕地面积	0.171	0.466	0.134	1	0.714	1.186

续表

	β	S. E	Wals	df	Sig.	Exp（β）
林地面积	0.074	0.076	0.959	1	0.328	1.077
农户环保意识	2.000	0.808	6.132	1	0.013**	7.392
对碳汇林未来经济预期	2.461	0.738	11.129	1	0.001**	11.717
常量	-19.945	4.383	20.710	1	0.000	0.000

注：* 表示在5%水平上显著，** 表示在1%水平上显著。

从表3可以看出，Cox & Snell R方统计量和 Nagelkerke R方统计量分别等于0.650和0.869，意味着该模型解释了被解释变量80%以上的变动，说明该模型的拟合优度是比较好的。

表4列出了回归方程的各个待估参数β、标注误差 S. E、Wald 统计量 Wals、自由度 df、显著性 Sig（P值）和发生比例 Exp（β）。

2.4　影响因素分析

从表4可以看出，在10个变量中，有4个变量的系数的 Sig（P值）小于0.05，分别是 X_2（文化程度）、X_5（家庭人均年收入）、X_9（农户环保意识）、X_{10}（对碳汇林未来经济预期），说明这4个变量对农户参与林业碳汇意愿具有显著影响。其余6个变量的系数的 Sig（P值）都大于0.05，所以认为它们对农户的参与意愿的影响不显著。对各变量在农户参与林业碳汇意愿中影响程度的具体解释分析如下。

2.4.1　对显著性指标的分析

（1）文化程度。文化程度对农户参与林业碳汇意愿具有显著性影响。一般来说，人的文化程度越高，对新事物的接受意愿就越强。笔者认为农户的受教育程度越高，就越能理解碳汇林的性质和意义，对参与林业碳汇就具有较强的积极性，参与意愿也就越明显，分析结果也证实了这一点。

（2）家庭人均年收入。家庭人均年收入对参与林业碳汇意愿具有显著性影响。家庭人均年收入越高，农户的生活水平就越高，在满足基本物质生活需求后，就会追求精神生活。实施林业碳汇能保持水土、净化空气、美化环境，所以家庭人均年收入高的农户比较愿意参与林业碳汇。

（3）农户环保意识。农户环保意识对参与林业碳汇意愿具有显著性影响。在愿意参与林业碳汇的农户中，当问到"为什么愿意"时，大多数农户都提到了保护环境（见表5）。由于案例点的生态破坏比较严重，所以大多数农户都愿意保护树木，以防止水土流失、山体滑坡等灾害。

表5　农户环保意识

预　　期	愿意（户）	百分比（%）	不愿意（户）	百分比（%）
好或一般	82	43.16	26	13.68
不　　好	21	11.05	32.11	32.11

（4）对碳汇林未来经济预期。对碳汇林未来经济预期对参与林业碳汇意愿具有显著性影响。觉得碳汇林未来经济状况不差的农户，大都对参与林业碳汇表现出很高的积极性（见表6）。在调查中很多农户表示，参与林业碳汇不仅不用自己投入成本，而且能从中获得较大收益，所以愿意参与其中。

表6　对碳汇林未来经济预期

意　　识	愿意（户）	百分比（%）	不愿意（户）	百分比（%）
强　　烈	63	33.16	24	12.63
不强烈	40	22.58	63	32.63

2.4.2　对不显著性指标的分析

（1）户主年龄。户主年龄对参与林业碳汇意愿影响不显著。一般来说，人的年龄越小，越容易理解和接受新鲜的事物。但根据调查结果来看，户主年龄与是否愿意参与林业碳汇并无关系。本文认为其原因可能在于被调查农户户主的年龄比较大，其思想已经趋于理性，对事物具有较为稳定的态度。

（2）劳务收入占家庭年收入比例。劳务收入占家庭年收入比例对参与林业碳汇意愿影响不显著。对案例点调查的190份问卷分析得知（排除16份未作回答的问卷），劳务收入占家庭收入比例比较低，农户的大部分收入还是来自农业收入，本文认为，在这一因素下，即使是依赖于农业收入的农户，在进行是否参与林业碳汇的决策时，可能也很少去考虑自身对农业收入的依赖程度。

（3）家庭劳动力人数。家庭劳动力人数对参与林业碳汇意愿影响不显著。在设定变量时，我们认为家庭劳动力人数越多，就越愿意投入劳动力从事林业相关的经营活动，表现为对林业碳汇参与意愿的影响方向为正。但是分析结果却没有得到证实。在我们调查中发现，家庭劳动力人数越多的农户就越倾向于外出打工，因为打工的收入远高于从事林业经营活动的收入，所以劳动力人数的多少并没有影响参与林业碳汇的意愿。

（4）林业收入占家庭收入比例。林业收入占家庭收入比例对参与林业碳汇意愿影响不显著。一般来说，林业收入占家庭收入比例越高，农户对林地的经营就越有兴趣。但在本文的 206 份农户调查中，绝大多数农户的林业收入都比较低。本文认为，过低的林业收入使得农户对林地经营缺乏兴趣，这就导致农户不在意自家的林地是否参与林业碳汇。所以林业收入占家庭收入比例对参与林业碳汇意愿未构成显著性影响。

（5）人均耕地面积。人均耕地面积对参与林业碳汇意愿影响不显著。一般来说，人均耕地面积越多，越愿意参与林业碳汇。而实际上分析结果没有得到证实。在调查中发现，有些人均耕地面积多的农户愿意种植收入高的经济林，而不愿参与林业碳汇。有些人均耕地面积少的农户愿意参与林业碳汇是由于可以将剩余的劳动力投入到外出务工，这样可以获得更多的收益，所以人均耕地面积对参与碳汇意愿没有显著性影响。

（6）林地面积。林地面积对参与林业碳汇意愿影响不显著。在实地调查中我们发现，在案例点政府为了保护环境，即使是商品林也不能随意砍伐出售，林地面积的大小与收入没有直接关系，所以林地面积对参与林业碳汇意愿没有显著性影响。

3 影响农民参与林业碳汇项目的深层根源分析

3.1 合理参与机制的缺乏导致各阶段农户参与程度不同

在林业碳汇项目实施过程中，不同的项目农户的参与程度是有差异的，有些项目在实施过程中引入了社区林业参与式发展理念，这类项目农户参与程度较高，但是在大多数情况下，还是采用传统的实施方法，农户的参与程度较低。

3.1.1　规划设计阶段农户处于被动接受状态

在碳汇项目立项阶段，广大农户很难参与其中，只有少数村干部参与相关工作。在项目设计上，主要由项目实施方和林业部门承担，农户的参与主要体现在帮助项目设计人员查看地块，提供相关信息，因此，该阶段社区的参与方式主要是提供信息。

3.1.2　具体实施阶段农户的参与程度低

在项目宣传方面，广大农户只是被动接受宣传信息。在项目实施模式的选择上，多数地方是由林业部门和项目实施方统一规划，农户多是被动接受。在种苗选择方面，农户不能完全凭借自己的意愿去选择，会受到项目实施方要求的制约。在种苗供给方面，出于对苗木质量的考虑，多数地方都是由林业部门统一供苗。在造林以及林木管护方面，为了保证苗木的成活率，多数地方是聘请造林公司来完成，少数地方是由农户自己完成。在兑现补助方面，多数地方是在林业部门统一安排下，农户被动地接受补助。

3.1.3　碳服务交易阶段农户无法参与其中

在碳服务交易方面，农户无法参与其中，完全是由 NGO 组织或项目实施方到市场上参与交易，具体的交易信息农户也无法获知，交易额的具体分配更是无法干预，农户在此阶段完全是被动接受。

3.2　较低的碳汇收入不能吸引农户参与

林地作为农户享有的一项资源，在一定程度上能给农户家庭带来收入。而如今，农户变得越来越理性，他们希望能将林地利用到利益最大化，这就是农户是否愿意参与林业碳汇的重要原因。参与林业碳汇项目的农户获得的直接收益是云南省政府和 TNC 分别给予的每亩 200 元补贴，潜在收益是 30 年后的木材收益。而对同等情况下没有参与林业碳汇项目的农户来说，只是少了 400 元的补贴，但这部分农户可以种植效益比较好的经济作物，不仅周期短，而且能获得很高的收益。

3.3　林业碳汇风险大使农户产生规避行为

根据样本区调查显示，在项目区有 15.2% 的农户认为参与林业碳汇风险大,在非项目区有21.5%的农户认为参与林业碳汇风险大。这部分农户对政策的稳定性、持续性及未来收益的可靠性缺乏信心,对林业碳汇持谨慎态度。他们长期以来形成了传统的行为路径方式,对土地有很强的依赖心理,一时难以改变,土地对他们而言,有社会保障和心理慰藉功能,所以新生的林业碳汇让他们产生规避行为。

4 有效促进农民参与林业碳汇的建议

目前国内林业碳汇项目是由政府部门和NGO组织合作进行试点,农户只是被动地参与其中,并且在参与过程中只能获得少量的补贴,参与碳汇项目并没有由此而过多改善农户的生活水平。因此,应提出相应的政策建议,吸引更多的农户参与其中。

4.1 构建促进农民参与的林业碳汇机制

4.1.1 积极利用农民参与林业碳汇的条件

首先,自2006年我国实行林权制度改革以来,农民拥有了林地使用权和林木产权,激发了农民发展林业产业经营的积极性,有利于提高林业资源利用率和生产率,与此同时,农民具有了自主选择权,这就使得农民参与相关的林业交易更加灵活。

其次,广大农村拥有丰富的劳动力资源,且价格低廉,而林业碳汇在造林、管护、抚育等环节都需要大量的劳动力参与,丰富廉价的劳动力使得农户能够在林业碳汇项目中获得优势。

4.1.2 建立林业碳汇评价机构,准确评估农民资产

林业碳汇评估具有较强的技术性与专业性,由于我国林业碳汇起步较晚,目前我国还没有完善的监测体系与专业的评价机构,因此为保障碳汇交易顺利进行,需要建立了解国内外计量方法、国际规则、碳量评估的专家队伍,从而准确评估农民资产,保障农民经济利益。

4.1.3 构建交易平台,为农民参与林业碳汇提供条件

目前我国的林业碳汇主要由政府部门和NGO合作做一些试点项目,农户既不是实施主体,而且在项目的管护、抚育、交易等方面也很少参与。

因此要构建新型交易平台，通过林业合作社等中介组织将分散的农户聚集起来，然后在相关技术部门的指导下，以农户为实施主体参与项目的造林、管护、监测等环节，然后将监测的碳汇量放到交易平台进行交易，最后将交易额按投工投劳的比例分发给参与农户。

4.1.4 建立农民参与林业碳汇激励制度

为激励农民积极参与林业碳汇，政府应出台相应的优惠政策。一是通过建立中长期低息贷款体系，加大贷款贴息力度减轻贷款方的利息负担；二是农民在从事林业碳汇工作取得的收入无须缴纳税费；三是交易平台要为实施主体的碳汇量设立专项用户，让其享有优先交易权，并对其提供各种优惠政策；四是提供专业的技术团队，免费帮助农民参与林业碳汇工作。

4.1.5 建立林业碳汇监管机制，保障农民参与权益

为降低农户所承担的风险，政府应建立相应的监管机制，一是制定相应的法律法规规范全国的林业碳汇；二是政府设立专门的监管部门对林业碳汇的审批、实施、交易以及国家政策的落实情况进行全程监管；三是设立行业协会，以加强对行业的执业指导，并辅助政府监管部门的工作。

4.2 健全林业碳汇实施和补偿机制，提高农户经营碳汇林的积极性

为保证农户能更好地参与其中，林业碳汇应以农户为实施主体，由林业合作社或林场牵头，将分散的农户聚集起来，共同参与造林、管护、交易等环节，同时政府或 NGO 组织给予相应的技术支持，然后将监测的碳汇量在市场上进行交易，碳汇收益按比例分发给各个农户。与此同时，应通过提高补助标准、实施分类补偿办法、创新工程管理模式、优化工程项目管理体制等措施，健全生态效益补偿机制，提高农户经营碳汇林的积极性。

4.3 开展农户教育培训活动，提高农户对林业碳汇的认知度，降低经营风险

林业碳汇建设是一项社会公益事业，其经营管理需要整个社会的关心

和积极参与。应通过媒体、网络、宣传活动等方式对农户进行生态环境教育,提高农户在生态环境保护方面的受教育水平,培训内容可以涉及碳汇林的重要性、相关的政策法规、对社会经济发展的作用和意义以及碳汇林建设的紧迫性等方面。通过广泛教育,使更多的人了解碳汇林建设和管理的相关内容,并积极地参与其中。

重污染行业上市公司碳会计信息披露的影响因素研究

李　谦　靳梦婕

西南林业大学经济管理学院

披露碳信息是碳减排管理的第一步。在全球发展低碳经济的大背景下，碳排放披露项目（CDP）应运而生，2008 年开始的 CDP 项目也向中国企业发出了问卷调查和披露请求，中国企业的参与积极性和披露质量呈现上升的趋势。全国碳交易市场在 2017 年全面启动，该市场将涵盖近 1 万家企业，覆盖的 6 个工业部门（电力、钢铁、水泥、化工、有色和石化）均为重污染行业。研究重污染行业的碳会计信息披露水平及影响因素对碳减排具有较强的现实意义。首先，有利于政府掌握重污染行业二氧化碳历史排放强度，最终有利于政府在第三方核查后科学合理地制定碳排放权配额。其次，通过碳会计信息披露内部影响因素的研究，有利于政府快速锁定监管和核查的重点。最后，有利于债权人、投资者和社会公众了解重污染企业为碳减排进行的努力和贡献，形成强大的社会压力，促使企业管理者做出有利于经济效益和社会效益的经营决策。

1　文献综述

国外学者对于碳会计信息披露影响因素的研究主要集中在公司规模和公司治理结构等内部方面。Eng 和 Mark 研究结果显示，公司规模与企业环境信息披露水平呈正相关，同时也得出企业负债程度越大，公司披露环境信息水平越低①。Peters 和 Romi 研究得出了公司治理与企业披露温室气体相关的会计信息之间的关系，并且在研究中提出企业设立环境委员会和首席可持续发展官职位会使企业披露碳会计信息更加透明②。外部因素方面，学者们也做了大量研究工作。Stanny 通过对 2006 ~ 2008 年美国标准普尔 500 家企业关于碳排放项目的自愿披露情况研究，得出企业前期碳排放信息披露水平会影响企业当期的碳排放项目披露水平③。Reid 和 Toffel 认为股东决议与强制监管与公司参与 CDP 的倾向正相关④。Chen 和 Jaggi 认为企业独立董事比例与环境会计信息披露水平呈正相关⑤。

　　国内外学者对碳会计领域的研究显示，碳会计主要侧重于对碳排放权的授予、取得或者购买时的会计确认、计量、记录和碳会计信息披露等研究。在碳会计信息披露影响因素的研究方面，国内学者以不同样本进行研究，在公司规模、盈利能力、负债规模、发展能力和公司治理等方面进行了一定的探讨，得出了不同的结论。郑春美、向淳在对沪市 170 家上市公司的实证研究认为规模相对较大的企业会自愿披露更多的环境信息⑥。陈琦、何素帆、苟建华以浙江 52 家上市公司作为研究对象进行实证分析，结果表明企业规模影响其碳会计信息披露水平并呈正相关的结论⑦。阳静、张彦以重污染行业 46 家企业为样本，结果显示企业盈利能力越强就会披露

① L. L. Eng, Y. T. Mark, "Corporate Governance and Voluntary Disclosure," *Journal of Accounting and Public Policy* 22 (2003): 325 – 345.

② G. Peters and A. Romi, "Does the Voluntary Adoption of Corporate Governance Mechanisms Improve Environmental Risk Disclosures? Evidence from Greenhouse Gas Emission Accounting," *Journal of Business Ethics* 11 (2013): 1 – 30.

③ E. Stanny, "Voluntary Disclosures of Emissions by US Firms," *SSRN* 22 (2010): 659 – 682.

④ E. Reid and M. Toffel, "Responding to Public and Private Politics Corporate Disclosure of Climate Change Strategies," *Strategic Management Journal* 30 (2009): 1157 – 1178.

⑤ J. P. Chen, B. Jaggi, "The Association between Independent Nonexecutive Directors Family Control and Financial Disclosures," *Journal of Accounting and Public Policy* 12 (2000): 285 – 310.

⑥ 郑春美、向淳：《我国上市公司环境信息披露影响因素研究实证研究》，《科技进步与对策》2013 年第 6 期。

⑦ 陈琦、何素帆、苟建华：《企业碳会计信息披露影响因素研究——以浙江 52 家上市公司为例》，《生物技术世界》2013 年第 7 期。

更多的碳信息[1]。付浩玥、王军会对 100 家重污染行业企业的研究，发现盈利能力没有通过与环境信息披露水平显著性检验[2]。熊婷、程博分析我国钢铁类上市企业数据，得到了负债程度与碳信息披露呈正相关关系[3]。刘洋、赵伟以山东省的重污染行业企业为研究对象，得出企业负债程度与碳信息披露水平关系不显著[4]。在成长能力的影响方面，张俊瑞、郭慧婷认为公司的成长能力与环境会计信息披露呈负相关关系[5]。简丽霞以 2007~2010 年沪深股市重污染行业和非重污染行业共 341 家上市公司为样本，在参考环境会计信息披露指数基础上和样本企业碳会计信息披露内容基础上，建立碳会计信息披露水平指数，经过多元回归得到公司规模、管理层持股比例和负债水平与碳会计信息披露水平正相关，发展能力与披露水平负相关[6]。

综上所述，我国碳信息披露影响因素领域的研究与北美、西欧的发达国家相比，起步相对较晚，总体研究成果较少，选取不同的样本得到了不同的结论，且在研究上多侧重于碳环境信息披露影响因素的研究，属于环境会计的范畴。而碳会计是环境会计中的一个分支，侧重于节能投资、低碳固定资产、应交环保费、低碳收入、低碳节能奖励、低碳成本等方面的研究，其信息与环境会计信息也存在一定的区别。由于目前国内尚没有统一的碳会计信息披露标准，本文在梳理环境信息披露的相关法律法规与样本企业碳会计有关内容的基础上，建立考量重污染行业碳会计信息披露的参照标准，并研究影响其碳会计信息披露的影响因素。

---

① 阳静、张彦：《上市公司环境信息披露影响因素实证研究》，《会计之友》2008 年第 11 期。

② 付浩玥、王军会：《上市公司环境信息披露的影响因素研究》，《会计之友》2014 年第 29 期。

③ 熊婷、程博：《环境信息披露影响因素分析》，《财会通讯》2013 年第 7 期。

④ 刘洋、赵伟：《企业环境会计信息披露影响因素研究》，《山东农业大学学报》2012 年第 4 期。

⑤ 张俊瑞、郭慧婷：《企业环境会计信息披露影响因素研究——来自中国化工类上市公司的经验数据》，《统计应用研究》2008 年第 5 期。

⑥ 简丽霞：《我国上市公司碳会计信息披露影响因素实证分析》，硕士学位论文，北京交通大学，2012，第 38~39 页。

2 碳会计信息披露的相关要求

碳会计信息披露主要针对企业关于二氧化碳排放等方面的内容，环境会计信息披露不仅包括碳会计信息披露内容，还包括披露环境管理、循环经济、环境投资等相关信息。基于碳会计与环境会计之间的这种关系，由于目前国内针对碳会计信息披露的法律法规几乎没有，本文通过梳理环境信息披露的相关法律法规中与碳会计相关的内容，作为考量重污染行业碳会计信息披露的参照。

目前，国内对环境信息披露的要求主要来自证监会、环保部和证券交易所，会计准则方面暂时缺乏相关规范。根据国内陆续颁布的《公开发行证券的公司信息披露内容与格式准则第 1 号——招股说明书》、《环境信息公开办法（试行）》、《企业环保书编制导则》，以及《深圳证券交易所上市公司社会责任指引》和《上海证券交易所上市公司环境信息披露指引》对环境信息披露的要求，公司年报、社会责任报告和环境报告是目前国内主要披露环境信息的载体，本文从上述相关法规中梳理出碳会计披露的相关内容，主要有：企业面临的相关环保政策法规、企业提出在发展低碳经济方面预计达到的目标、企业在节能减排工作的计划、企业发展低碳经济而进行的技术改造及研发的成果、企业面临的来自气候问题的风险、企业在节能减排工作中固定资产的投入、企业发展低碳经济成果突出获得政府奖励或补助、企业对已取得的减排成果的量化统计九个方面。

3 样本选择与数据来源

本文依据环保部公布的《上市公司环境信息披露指南》（征求意见稿）中指定的重污染行业，结合证券市场对行业的分类，确定火电、钢铁，煤炭、采掘业，化工、石化和纺织，水泥、建材，金属、冶金，造纸、印刷六类为本报告所研究的重污染行业，选取从沪、深两市 A 股上市公司中连续两年披露碳会计信息的公司作为研究样本，并做出以下筛选：（1）剔除 ST、*ST、暂停上市及停市的公司，为避免出现异常的数据。（2）剔除新上市的公司,为保证所选取上市公司数据的稳定性和连贯性。(3)剔除数据缺失的上市公司。经过以上条件的筛选之后,得到了 188 家样本公司,具体行业分布如图 1 所示,研究期间为 2012~2013 年。

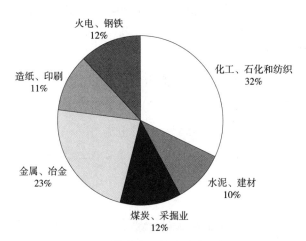

图 1 样本企业行业分布比例

本文数据来源于国泰安数据库和巨潮资讯网,对企业的碳会计信息披露的内容主要是通过手工搜集,从企业的年报、社会责任报告和企业环境报告书中整理获得。

4 研究假设

本文侧重从企业内部寻求影响碳会计信息披露的因素,考虑财务和非财务指标的影响,从企业规模、盈利能力、负债程度、发展能力、公司治理结构五个方面进行分析。

4.1 企业规模

重污染行业企业规模影响其披露碳会计信息。主要基于以下考虑:第一,重污染行业上市公司的规模越大,在企业生产经营活动中消耗的自然资源和排放二氧化碳的量也势必相对更多。因而笔者认为规模越大的重污染企业所受到政府和社会公众等外部的舆论压力就越大。第二,规模较大的企业的结构相对复杂,业务量较大,所以企业的外部相关利益者群体较广泛，为吸引投资者投入资本，规模较大的企业会更主动地向外部披露碳会计信息来树立企业良好的形象、提高企业信誉。因此，本文提出以下假设：

假设1——重污染行业上市公司规模与碳会计信息披露呈正相关关系。

4.2　盈利能力

一方面，盈利能力强的企业有能力投入更多的资金到治理污染和开展节能减排的工作中去。同时，盈利能力强的企业更愿意向外部披露碳会计信息，树立良好的企业形象，以获得外部利益相关者的认同。相反，盈利能力较弱的企业可能把主要精力放在改善企业的经营业绩方面，对低碳改造的意愿和能力不强，碳会计信息披露相对较少。因此，本文提出以下假设：

假设2——重污染行业企业盈利与碳会计信息披露呈正相关关系。

4.3　负债程度

基于委托代理理论，企业管理者会充分发挥财务杠杆的作用使用更多的负债，而企业债权人关注资金的安全，必然要求企业充分披露会计信息。因此，企业披露资金详细支出的可能性更大，包括企业投入节能减排和治理污染环境等方面资金的信息披露。因此，本文提出以下假设：

假设3——重污染行业上市公司的负债程度与碳会计信息披露呈正相关关系。

4.4　发展能力

企业的发展能力指的是企业扩大再生产的能力。在发展低碳经济的背景下，重污染行业是全社会关注的焦点，在节能减排方面取得突破和进展将提高该企业的后续发展能力，而发展能力强的企业向外界充分披露碳会计信息将赢得更多的信赖和支持，产生社会公众对企业发展能力的良好预期，吸引更多的投资者投资。因此，本文提出以下假设：

假设4——重污染行业企业发展能力与碳会计信息披露呈正相关关系。

4.5　公司治理结构

公司治理结构是公司所有权与经营权基于信托责任而形成相互制衡关系的结构性制度安排。完善的治理结构有利于缓解公司管理层和股东之间的利益冲突，也有利于向外部披露可靠的碳会计信息。本文选取独立董事比例指标体现公司的治理结构。基于委托代理理论，如果企业董事会中的独立董事比例高可能促使企业向外部披露更多的碳会计信息。本文提出以下假设：

假设5——重污染行业企业独立董事比例与碳会计信息披露呈正相关关系。

5　重污染行业上市公司碳会计信息披露影响因素的实证分析

5.1　自变量设计

根据上述研究假设，本文的自变量设计如下。

5.1.1　企业规模（SIZE）

本文选取上市样本公司的总资产来表示企业的规模大小。为了减少企业之间总资产的差距过大产生的影响，本文选择总资产对数作为研究的数据，并定义企业规模为变量SIZE。

5.1.2　盈利能力（ROEP）

净资产收益率能充分体现企业运用资产的收益水平。因此，本文选取净资产收益率来代表企业盈利能力，并将其定义为变量ROEP。

5.1.3　负债程度（LEV）

代表企业负债程度的财务指标有资产负债率和产权比例，两者的经济意义是一样的，所以本文在研究中选取资产负债率来代表企业负债程度，并定义为LEV。

5.1.4　发展能力（GROWTH）

本文选择上市样本公司的主营业务收入增长率代表企业的发展能力，并将其定义为变量GROWTH。

5.1.5 公司治理结构（RIND）

本文选择独立董事比例来解释公司治理结构，定义为 RIND。

5.2 因变量设计

本文借鉴国内外学者对于企业环境信息披露影响因素实证研究方法，将被解释变量碳会计信息披露指数定义为 CDI。

根据上文梳理出的相关碳会计信息的披露要求，并结合重污染行业样本企业在年报、社会责任报告、环境报告书中披露的碳会计信息，按照定量与定性两个维度得到重污染行业企业披露碳会计信息的要求共 16 项（见表 1）。考虑到企业披露碳会计信息的全面性及衡量企业披露碳会计信息的整体水平，对 16 项指标均赋予相同的分值（每项 1 分）。用企业实际披露的条目与全部应披露条目的比值作为 CDI。即：

$$CDI = 实际披露条目数之和/总披露条目数$$

表 1　碳会计信息披露条目评分标准

分　类	项目描述	分　值
描述性信息	1. 企业面临的相关环保政策、法规	0，1
	2. 企业响应国家环境政策及相关规定的号召	0，1
	3. 企业承诺低碳生产，减少碳排放	0，1
	4. 企业参与节能减排完成情况评价	0，1
	5. 企业生产经营活动中污染物排放达到国家规定标准	0，1
	6. 企业面临的来自气候问题的风险	0，1
	7. 企业提出在发展低碳经济方面预计达到的目标	0，1
	8. 企业节能减排工作的计划和战略	0，1
量化信息	1. 企业发展低碳经济成果突出获得政府奖励或补助	0，1
	2. 企业参与进行碳排放权交易活动的信息	0，1
	3. 企业参与清洁发展机制项目	0，1
	4. 企业在节能减排工作方面的固定资产的投入	0，1
	5. 企业为发展低碳经济而进行的技术改造及研发的成果	0，1
	6. 企业积极参与发展低碳经济而发生的相关费用	0，1
	7. 企业对已取得的减排成果的量化统计	0，1
	8. 企业发展低碳经济获得的效益	0，1

5.3 模型构建

借鉴国内外学者对企业环境信息披露水平研究，我们对样本公司碳会计信息披露水平影响因素进行实证分析。构建模型如下：

$$CDI = a_0 + a_1 Size + a_2 Roep + a_3 Lev + a_4 Growth + a_5 Rind + a_6 Ceo + e$$

其中 a_0 是常数，$a_1 \sim a_7$ 是自变量的偏回归系数，e 是干扰因子。

5.4 描述性统计分析

5.4.1 因变量描述性统计分析

按照年度划分，对因变量进行描述性统计分析。本文汇总样本公司 2012 ~ 2013 年的碳会计信息披露情况（见表 2）。从披露均值和最大值来看，碳会计信息披露指数总体呈上升趋势。说明我国重污染企业的节能减排意识不断提高，向外部披露碳会计信息的意识不断增强，但标准差呈扩大趋势，说明企业间披露水平的差距在加大。

表 2 CDI 年度描述性统计分析结果

年 份	样本量	最小值	最大值	均 值	标准差
2012	188	.00	.75	.3308	.16434
2013	188	.00	.81	.3900	.18042
合 计	376	.00	.81	.3604	.17486

5.4.2 自变量描述性统计分析

在表 3 中列示了多元回归模型中的自变量描述性统计信息，具体包括企业规模（SIZE）、公司治理结构（RIND）、发展能力（GROWTH）、盈利能力（ROEP）、负债程度（LEV）5 个自变量。

表 3 自变量描述性统计分析结果

影响因素	变 量	代码	样本量	最小值	最大值	均值	标准差
企业规模	总资产相对数	SIZE	188	14.924	26.953	22.357	1.493
公司治理结构	独立董事比例	RIND	188	.00	.67	.3671	.07154

续表

影响因素	变　　量	代码	样本量	最小值	最大值	均值	标准差
发展能力	主营业务收入增长率	GROWTH	188	−62.38	319.49	9.8129	30.762
盈利能力	净资产收益率	ROEP	188	−30.79	56.25	6.9070	8.466
负债程度	资产负债率	LEV	188	1.40	85.48	44.992	19.609

表3中各自变量最大值与最小值之间的差距较大，说明样本数据的多样性和代表性较好，标准差在发展能力和负债程度两因素上较大，说明该两组数据较离散，其均值代表性不强。

5.5　相关性分析

为了多元回归分析结果的正确性，笔者先检验自变量之间是否存在显著的相关性。变量相关性系数检验的结果见表4。

表4　Pearson 相关性系数检验

	企业规模（SIZE）	公司治理结构（RIND）（%）	发展能力（GROWTH）（%）	盈利能力（ROEP）（%）	负债程度（LEV）（%）	碳会计信息披露指数（被解释变量）（CDI）
企业规模（SIZE）	1	.011	−.020	.082	.450**	.204**
		.832	.701	.111	.000	.000
	376	376	376	376	376	376
公司治理结构（RIND）（%）	.011	1	−.053	.036	.003	.103*
	.832		.309	.486	.961	.046
	376	376	376	376	376	376
发展能力（GROWTH）（%）	−.020	−.053	1	.109*	−.010	.096
	.701	.309		.034	.851	.064
	376	376	376	376	376	376
盈利能力（ROEP）（%）	.082	.036	.109*	1	−.163**	−.013
	.111	.486	.034		.002	.799
	376	376	376	376	376	376

续表

	企业规模（SIZE）	公司治理结构（RIND）（%）	发展能力（GROWTH）（%）	盈利能力（ROEP）（%）	负债程度（LEV）（%）	碳会计信息披露指数（被解释变量）（CDI）
负债程度（LEV）（%）	.450 **	.003	-.010	-.163 **	1	.153 **
	.000	.961	.851	.002		.003
	376	376	376	376	376	376
碳会计信息披露指数（被解释变量）（CDI）	.204 **	.103 *	.096	-.013	.153 **	1
	.000	.046	.064	.799	.003	
	376	376	376	376	376	376

注：* 在 0.05 水平（双侧）上显著相关；** 在 .01 水平（双侧）上显著相关。

从表 4 对各变量之间的相关性进行初步分析发现，对于因变量 CDI 而言，企业规模（SIZE）、公司治理结构（RIND）和负债程度（LEV）与因变量在 5% 水平上具有显著相关性，而发展能力（GROWTH）、盈利能力（ROEP）与因变量之间的相关性未通过显著性检验。下面将进一步进行多元回归拟合模型。

5.6　多元回归分析

本文使用 SPSS20.0 软件对样本数据进行处理，采用逐步回归剔除不显著因素，得到最终多元回归模型如下：

$$\hat{CDI} = -0.278 + 0.024SIZE + 0.26_5RIND + 0.01GROWTH$$
$$(-2.004) \quad (4.088) \quad\quad (2.117) \quad\quad (2.093)$$
$$R^2 = .063, \ R_a^2 = .055, \ F = 8.331, \ DW = 1.765$$

以上回归结果显示，该模型 R_a^2 值为 .055，F 值为 8.331，F 值显著性（Sig）为 0.000，显著性水平小于 0.01，说明模型在 0.01 置信水平下通过 F 检验。从回归结果看，企业规模（SIZE）、发展能力（GROWTH）和公司治理结构（RIND）三个影响因素所对应的 t 值在 5% 水平上通过了显著性检验。DW 值位于 [du，4 - du] 之间，表明残差序列不存在自相关性。在多重共线性检验中，所有自变量的方差扩大因子均小于 2，表明该模型各影响因素不存在多重共线性，回归结果具有稳健性。

观察上式，进入模型的三个影响因素与碳会计披露指数之间存在正相关关系，但不同因素的影响程度不一，公司治理结构（RIND）对碳会计信息披露指数的影响最大，而发展能力（GROWTH）的影响最小。

6　结论与建议

（1）基于上文对我国重污染行业上市公司碳会计信息披露影响因素的实证分析，企业规模、发展能力和公司治理结构影响重污染企业披露碳会计信息，且公司治理结构的影响最大。

（2）负债程度和盈利能力不会驱动重污染企业披露碳会计信息。一方面可以在一定程度上说明重污染企业举债进行低碳改造的需求很小，同时该支出可能在企业支出中所占比例较小，债权人对该支出的相关信息关注程度不高，导致信息提供者——重污染企业提供相关信息的动力不足；另一方面，从样本数据看，盈利能力与社会责任履行目前不存在正相关关系，重污染企业对于环境效益关注度较小，表明社会公众对碳会计信息不敏感，未形成对重污染企业披露信息的压力。

基于上述研究结论，笔者认为，提高重污染企业碳会计信息披露水平是我国发展低碳经济的必然要求，还有很长的路要走。从制度建设方面看，首先要尽早出台碳会计信息披露标准，特别是在会计准则中对相关信息披露进行规范，其次应依据相关法规和准则加强外部对碳会计信息披露的监管，例如通过碳会计审计迫使重污染企业披露碳会计信息，最终实现从强制性披露到自愿性披露的过渡。从政策层面看，国家应加大对小规模、发展能力较弱的重污染企业相关信息披露的引导和监督，并在国家相关财政和金融政策上加大倾斜力度，培育重污染行业企业清洁发展的能力，引导企业实施低碳改造，履行社会责任，提高碳会计信息披露水平，接受公众监督；从企业层面看，进一步构建合理的董事会结构，不断完善公司治理，走集约化经营的道路，提高自身发展的竞争力，同时，加强内部控制和内部控制审计，提高碳会计信息披露水平。

碳货币本位的信用基础及信用体系构建探析

潘 立

西南林业大学经济管理学院

1 问题的提出

全球变暖推动了以碳排放及碳汇控制为核心内容的全球气候治理体系的建构。为增强全球应对气候变化的能力，有必要在碳排放领域加强包括货币本位制度在内的全球化治理体系建构力度。2015 年《巴黎协定》是在碳排放领域落实全球化治理体系以应对气候变化的关键一步，它传递出全球将实现绿色低碳、气候适应型和可持续发展的强有力的积极信号，该信号中蕴含的围绕碳排放权的国际博弈具有丰富的政治学意义。隐含在碳排放权国际博弈之下的是围绕"碳排放空间公平分配"议题所展开的发展中国家争取可持续发展权努力与发达国家固化国际发展格局企图之间的生存博弈，是围绕"碳排放"与"碳政治"展开的技术统御权与传统政治统御权之间的权力博弈。国际"碳政治"博弈将传统国际政治体系架构撕裂，并在其中孕育新的国际政治格局。深入把握国际"碳政治"博弈动向并制定针对性应对策略，这对于正处于大国崛起关键期的我国而言具有显著意义。国际金融权在国际政治格局中居于统治地位，而国际货币权则是国际金融权的核心内容，基于碳信用构筑新型国际货币体系的设想正逐步演变为国际金融世界的现实。碳金融体系的建构势必对以主权货币为基础的传统金融体系构成严峻挑战，传统金融体系对碳金融体系的反攻要求碳金融体系建构者推出与该体系相匹配的碳基货币体系，以全新的金融体系来取代与高碳型产业紧密相连的传统金融体系，并以此来保障低碳产业体系的有序成长。碳货币本位制在新金融秩序下的生存空间取决于碳信用基础及其信用规模控制能力。通过夯实碳信用基础及强化其信用规模控制力，可推动以碳货币体系为基础的碳金融体系的构建，从根本上确立低碳产业在全球产业体系中的统御地位。

2 碳货币属性及信用载体厘清

2.1 碳交易之货币属性厘清

从货币本质析出碳交易的货币属性。本质上而言，货币是基于现有市场机制下的商品所有者即商品出售者与购买者在展开交易过程中所使用的交换权契约，它表现为商品所有者与购买者之间互恰式约定，支持该交易达成的基本社会动力是社会成员之间的经济协作关系。从货币之本源内涵来分析碳排放权的货币属性可以发现，碳排放权是基于既有碳汇市场交易机制下的碳汇商品交易双方围绕碳汇交易标的物所达成的碳排放权交易契约，支持该交易达成的基本社会动力是提供碳汇型生态产品者与生产碳排放负外部性的社会成员之间经由交易而达成的经济与生态协作关系。

从契约交易成本析出碳货币存在价值。从达成交易契约的交易成本角度析出基于碳信用型货币的价值。交易契约属性下的货币可以根据具体交易环境和交易内容而呈现差异化的表现形式，从贝壳类货币到贵金属货币，进而演化为近代之纸货币和现代之电子货币。在货币功能上，经由交易者根据历史交易习惯而形成的货币标记符号可以起到交易载体、价值存储、记账单位等功能，而这些功能自然可通过以碳汇信用为基础来展开的货币技术设计的方式来实现。确立碳汇交易契约是否具有货币属性的关键在于该契约可否在市场交换中帮助交易双方顺畅达成价值互补性交易，即交易双方运用以碳信用为基础而建构的碳货币来达成碳汇交易及相关交易所产生的交易成本是否优于基于传统货币来达成相关交易所产生的交易成本。从物物交易阶段来展开分析，碳汇交易双方的交易达成率由交易双方的供需互补水平来决定。当供需双方在碳汇和碳排放权交易过程中，交易双方的标的物价值差异将派生出围绕该交易标的物价值差异来支付相应对价的要求，货币符号的引入有助于标识该交易行为中的交易双方标的物价值差额，且所引入货币符号的类型决定了该交易的效率水平。若使用传统货币来标识碳市场交易所衍生的对价支付行为，将会产生碳交易标的物价值与传统货币价值之间的汇率计量问题，以及由此而引致的碳交易标的物价值与传统货币价值之间汇兑交易成本损失问题。直接使用基于碳信用所构筑的碳货币来标记碳交易标的物价值可有效规避上述汇率计量问题和汇兑交易成本损失问题，由此增进碳交易市场运作效率。

2.2　碳货币之信用载体分析

碳交易指向的碳商品为碳货币提供信用载体。商品交换形态的历史进化过程衍生出今日货币形态，它从历史商品交易过程中的交易标的物属性分离出来而固定的担当一般等价物，以利于交易者达成交易。由于受到交易环境的制约，一般等价物的选取与交易者所处的自然生态环境和社会环境有直接关联，诸如贝类货币、实物货币等商品在不同交易情境下分别承担交易功能。在交易者试图降低交易成本的努力下，出于交易便利性和交易成本控制的要求，一般等价物被固化的由贵金属货币来承担。与人类社会进化相同步，标志着人类社会经济活动强度的市场经济规模日益扩大使得市场经济交易主体对交易行为的标记物的需求也同步扩大，而充当一般等价物的贵金属货币的供给规模难以有效满足市场经济交易主体对交易行为标记物的需求。从一般等价物中抽离其实物属性并基于特定信用基础来标识其货币一般属性，将有助于满足人类社会经济活动扩张及相应的市场交易规模扩大所引致的交易行为对一般等价物的需求。

产权私有化为碳商品的交易提供法律支持。碳交易之商品属性表现为以温室气体排放权作为标记物来度量碳交易活动，由此限定了传统上恣意排放行为的公共产品属性，转而建立了以碳排放为主要内容的碳交易市场体系。碳交易市场体系令传统的公共产品具有了私有物品属性，其产权私有化属性自然派生出碳汇交易资源的稀缺性，继而产生围绕碳汇交易行为的交易需求和交换价值。Wemaere 等认为，"不论排放权的法令或者契约基础是什么，它们终归都是商品"。① 几乎所有碳交易市场的参与者都将碳交易视为能源品类项下的商品，诸如花旗银行和巴克莱投资银行已将碳交易产品及其衍生品纳入其风险投资产品组合中。

3 碳货币的信用供给体系设计

3.1 全球政治背书奠定碳货币信用基础

碳货币的全球流通权力基础在于全球各国和地区为碳货币信用背书。基于《联合国气候变化框架公约》（以下简称《公约》）所达成的《巴黎协定》是依据《公约》目标及其原则，由缔约方大会一致通过的适用于所有国家并具有法律约束力的协定。它以"共同但有区别的责任"为原则系统安排了 2020 年后全球应对气候变化合作行动方案，以确立新减缓机制为内核来重新构筑起控制全球气候所需的资金、技术、能力及信息透明度等相关支撑要素。新减缓机制确定了全球气候控制的战略目标为，"把全球平均温升控制在工业革命前水平以上低于 2℃ 之内，并努力将气温升幅控制在工业革命前水平以上 1.5℃ 之内"。② 为确保该战略目标的有效达成，《协定》要求"尽快达到温室气体排放的全球峰值……在本世纪下半叶实现温室气体源的人为排放与汇的清除之间的平衡"③。《巴黎协定》以坚定的态度向世界传递出"到本世纪下半叶实现全球温室气体净零排放"的鲜明信号，它不仅具有划时代的人类学意义，而且清晰地界定了基于国家背书的碳货币的信用规模稀缺性边界。碳排放总规模的有限性标志着相对于减排目标和减排空间而言的碳交易能且只能通过有序的碳交易行为来实现，这为碳货币的流通奠定有效的信用基础。

---

① M. Wemaere, C. Streck, *Legal Ownership and Nature of Kyoto Units and EU Allowances* (Oxford: Oxford University Press, 2005), p. 44.

② 巢清尘、张永香、高翔:《巴黎协定——全球气候治理的新起点》,《气候变化研究进展》2016 年第 1 期。

③ 高翔:《巴黎协定与国际减缓气候变化合作模式的变迁》,《气候变化研究进展》2016 年第 2 期。

3.2 可测度技术规范碳货币信用总量

可测度技术规范碳货币信用扩张机制运作有效性。碳货币信用规模控制的要点在于对基于碳汇资源的跨时空交易行为所引致的信用扩张过程给予有效控制。碳货币信用扩张的实质是通过碳交易及由碳货币派生出的相关交易所衍生的信贷关系对现实世界资源的重新配置行为。这一信用扩张过程不仅受到碳货币政策的影响，且受到运用碳货币价格工具者调配碳金融市场资源的能力的影响；而规范碳货币对碳金融市场影响力的边界的原动力是碳货币制度的安排。碳信用扩张水平是否有效，取决于碳信用供给规模与实体世界交易性行为对货币信用水平的需求规模匹配度水平。当碳货币信用供给规模与实体世界交易活动对碳货币的信用需求规模不匹配时，将同步产生传统货币世界中频繁暴露出的通货紧缩抑或通货膨胀风险。提升碳货币信用扩张规模与信用需求规模匹配度的要点在于强化对碳货币信用扩张水平的测度能力。碳技术的持续进步已经提供了一定的技术手段来较为精准度量碳排放量及碳汇量数值。碳排放强度计量文献主要涉及两类。一类是使用计量模型做实证计量检验[1]；另一类是运用解析法对碳排放强度的影响因素进行结构分解分析（SDA）和指数分解分析（IDA），其中IDA方法因其良好的统计特征和实证应用价值，逐渐成为该领域重要的研究工具[2]。考虑到碳汇系统是一个复杂的巨系统，其计量值不仅与碳汇资源本身相关联，而且与碳汇资源关联的人类社会生产和生活密切相关，同时亦受到各国法律、政策措施的影响。通过建立以迈阿密（Miami）模型、桑斯维特（Thornthwaite Memorial）模型、筑后（Chikugo）模型为代表的第一性生产力（NPP）法[3]，以陆地碳循环分析为基础建构的生物量碳库分析法[4]可以从不同碳汇

---

[1] 周五七、聂鸣：《中国碳排放强度影响因素的动态计量检验》，《管理科学》2012年第5期。

[2] F. L. Liu, B. W. Ang, "Eight Methods for Decomposing Aggregate Energy – Intensity of Industry," *Applied Energy* 76 (1/3) (2003): 15 – 23.

[3] 周广胜、张新时：《自然植被净第一性生产力模型初探》，《植物生态学报》1995年第3期。

[4] 郭兆迪、胡会峰、李品：《1977—2008年中国森林生物量碳汇的时空变化》，《中国科学：生命科学》2013年第5期。

计量层级来测度碳汇数值，并据此与前述碳排放数值相匹配以建构起碳货币信用基础。

3.3 同质可分技术界定碳货币供给单位

碳货币所具有的同质性和可无条件细分性决定了交易中碳货币供给值匹配需求值的能力，碳货币供求双方的值的匹配性受其同质可分技术的保障。回归到贵金属谋求一般定价物身份的历史轨迹中分析，以金银为代表的贵金属之所以能取代自然物品货币而统御流通领域，其要点在于金属货币天然坚固耐磨、不易腐蚀、生产成本高企和生产效率相对恒定的特点便于使用者存储和携带流通；再者，金属货币具有质地均匀和便于任意分割之特点，使得金属货币可被分割后与交易标的物价值相匹配，从而促进人类社会生活中的一般交易行为的高效达成。首先，碳货币具有高度同质性特征，无论基于碳信用的交易行为所处环境差异性水平如何，碳货币的信用基础即为碳排放行为及碳汇生产行为所引致的客观产品；其次，碳货币的价值则通过碳排放行为及碳汇生产行为所产生的碳产品的生产效率所决定；再次，以碳货币为单位来标识其他产品价值的行为构成了基于碳货币体系的市场价格体系，该市场价格体系中的碳货币计量效力取决于碳排放及碳汇行为的生产效率与用之来标识的交易标的物的生产效率之间的比例，根据此比例亦可决定碳货币与现实世界其他一般等价物之间展开汇兑行为所依据的汇率；最后，高度同质的碳货币信用基础产品具体可表达为一定当量的 CO_2 排放权值或固碳增汇值，这一排放权值或增汇值可被量化为标准计量单位并从技术上被无限细分为具体的交易单位。故碳货币可满足现实世界交易中对货币的规格和质量的量化和评级要求，由此决定碳货币可成为替代既有货币的一般等价物的新型货币[1]。

4 碳货币信用体系建构之壁垒

4.1 碳货币信用体系建构的环境壁垒

碳信用支持的基础货币供给水平的影响因子分析。供给考虑到碳信用

---

[1] 付玉：《我国碳交易市场的建立》，硕士学位论文，南京林业大学，2007。

扩张过程中市场不确定性因子对碳信用规模的影响，碳信用规模控制能力是决定碳货币在现实经济世界流通效能的关键。碳货币的信用规模增加机制与碳金融市场运行环境和信用主体的主观心理变化直接相关①。首先，宏观社会因素对碳货币信用价值的影响。碳金融市场的宏观运行环境影响因素的波动诱发社会成员的价值评估体系变化，进而导致碳信用规模的扩张或紧缩。处于经济繁荣期的社会系统内部投资机会增多及相应的投资收益率水平抬升，从而诱发其成员转变其投资行为，由此衍生出碳货币的投资信用；当宏观经济调控者试图通过扩张消费市场规模来带动经济发展时，社会成员将被诱导出更多的消费行为，由此驱动碳货币来提供相应的消费信用。其次，信用主体主观因素影响碳货币信用价值。信用主体的主观心理变化亦对碳信用支持的基础货币供给水平产生影响。行为金融学的研究结果表明，信用主体易于受周边其他信用主体对信用环境的主观判断的影响，由此产生的"羊群效应"直接导致碳信用供给水平偏离市场真实需求水平②。信用主体的主观判断力的形成是外部信息供给源作用的结果。例如，当政府在推行宽松货币政策时，会对信用主体的决策行为产生持续性影响；信用主体会预期政府的宽松货币政策执行周期，并据此来预先调制该主体的信用行为，从而削弱政府货币政策执行效力。再次，信息供给者对碳货币信用价值的扭曲。媒体对碳信用市场的持续鼓动性宣传会导致市场上碳信用信息供给量偏离真实信用信息供给水平，由此令决策者根据失衡的媒介供给信息来对碳信用价值做出判断，从而扭曲碳信用真实价值。受信用主体的有限理性，以及支持信用主体决策的信息有限性或信息过载性的制约，碳信用主体对碳信用真实的币值评估水平势必偏离市场基于现有碳信用供给水平所给出的碳信用币值定价水平，从而扭曲碳信用市场供求关系，破坏基于碳信用的碳货币市场有序运行机制。

① 王建红、张娜：《信用运行机制概述——信用基础理论研究系列之二》，《商业时代》2012年第9期。

② 蒋学雷、陈敏、吴国富：《中国股市的羊群效应的 ARCH 检验模型与实证分析》，《数学的实践与认识》2003 年第 3 期。

4.2 碳货币信用体系建构的技术壁垒

碳排放和碳汇技术进步速率直接影响碳货币信用的基础资产价值水平。碳货币的信用基础是由碳信用所指向的碳汇产品价值及碳排放控制技术价值所决定。随着碳排放和碳汇技术的持续进步，碳产品价值将会随着技术进步速率而波动，由此威胁到基于碳基资产而衍生出来的碳货币信用体系的稳定性，乃至整个碳金融体系的稳定性。具体而言，若碳排放技术实现重大突破，将导致碳排放成本显著降低，由此降低了碳排放单位对碳汇产品的购入需求水平；考虑到碳汇产品的长生产周期和投资变更难度高的特点，碳汇产品的供给水平在短期内无法迅速调整以适应由碳排放技术的迅猛变化所引致的碳汇需求减少的新要求。由此导致碳汇商品的过度供给问题将产生碳金融世界内的通货膨胀问题。

再者，基于碳货币的国际货币新体系的技术实现障碍。碳货币是对既有国际货币的挑战。当前美元本位制下的国际经济秩序受美国国内政策左右而难以有效提供国际贸易所强烈需要的交易币值稳定性需求。引入碳货币可以为现有国际货币体系提供新的信用基础，增加国际货币的一揽子币值稳定性水平。稳定的国际货币体系依赖于国际性的碳资源公平分配体系，而碳资源的分配非均衡性特点决定了新金融世界中的货币体系基础仍然继承了旧金融世界的负面资产，从而阻止了基于碳货币的国际货币新体系的实现。由于关系到碳排放权的全球分配额谈判一直处于争议中，当前的国际碳排放权的分配方案尚处于区域性实践阶段，其原因在于围绕碳排放权的定价权问题尚未解决，由此影响碳排放权的公平分配问题，进而影响碳货币的国际化推广进度。究其根源，碳货币本位体系的建构并非简单的经济事件，而是关系到支持国际贸易的世界货币铸币权控制问题和铸币税归属问题。如何在不过度侵占既有世界贸易中由铸币权和铸币税所有权人所掌控的利益的同时，将该份利益调整到新的碳基金融体系中进行全球化配置，这是在可预见的将来难以通过和平方式实现的难题。

4.3 碳货币信用体系建构的制度壁垒

在碳信用供给水平偏离市场对基于碳信用的碳货币需求水平的情形

下，碳信用膨胀的危害远较碳信用紧缩的危害大。故此，有必要清晰界定碳信用扩张的合理边界，以有效确保基于碳信用的金融体系的稳定性。在完全竞争市场中的供求双方信用信息均衡分布，交易双方可通过从透明市场中获取合理的市场信息，并根据市场价格与数量工具来有效调控市场信用供给水平。但考虑到传统金融市场的信息不完全性和信息不对称性风险显著降低金融市场的有效性，遑论碳货币市场①。遏制信息不完全和信息不对称性风险对金融市场有效性的威胁的有效手段是通过系列金融制度安排来清晰界定信用扩张的合理边界；具体到碳货币市场而言，通过相关金融制度安排来遏制碳信用基础资产持有者扩张碳信用规模的冲动是一定历史阶段内碳货币市场的必然选择。但由于金融制度的安排的内涵有限性与其所欲达到的对碳货币市场规制的目标的宏大性之间存在难以克服的距离，这种针对治理碳货币市场信息不完全风险而产生的金融制度安排本身又衍生出了碳货币制度的不完全性风险。由于金融制度安排的制定与实施及其效果呈现之间存在显著的时滞效应，这种时滞效应的作用时间及强度的控制是制度设计者无法直接控制的。考虑到碳金融制度的设计者与执行者之间的理念与行为差异性，即便良好的碳金融制度设计亦会在执行过程中受到制度执行者的个人主观因素的影响②。部分碳金融制度执行者在其利己动机的引导下，会采取和制度预期治理目标相背离的执行方案，从而诱发碳金融交易行为偏离碳金融制度预设目标的风险。碳金融制度安排的内生不稳健性导致碳货币价值波动，影响碳信用规模边界值的确定。

---

① 瞿强：《资产价格泡沫与信用扩张》，《金融研究》2005 年第 3 期。

② 易巍：《我国碳金融市场制度变迁的路径选择》，《金融经济（理论版）》2015 年第 1 期。

台湾家庭消费支出变化与二氧化碳排放量之关联

詹满色　　　　　　　胡名雯

台湾海洋大学应用经济研究所　淡江大学产业经济系

1　研究动机及目的

根据台湾能源年报的资料显示，若以部门分类，台湾能源的消费量自家庭部门产生的历年来呈现递增的趋势。以年消费量来看，在 1983 年大约为 3446 千公秉油当量（占总能源消费量的 11.1%），上升至 2013 年的 12280 千公秉油当量（约占总能源消费量的 10.7%）。此数值显示在近 30 年间台湾家庭单位年能源消费量，虽然占总能源消费量的比例变化不大，但量却增长了约 3.56 倍。家庭能源消费量的增加可能起因于台湾的家计单位消费更多的能源来追求更方便的生活形态，但也因而造成对整体环境健康的损害。

文献上以这类思维撰写出来的文章如 Vringer 和 Blok 研究荷兰的家户单位直接及间接的能源需求[1]，Hayami 等则应用日本的投入产出表并产出消费财的 CO_2 排放表[2]。Lenzen 使用澳大利亚的投入产出表分析该国家庭消费所造成的环境账及二氧化碳排放量[3]。Munksgaard 等与 Wier 等和 Shi-

---

[1]　K. D. Vringer and K. Blok, "The Direct and Indirect Energy Requirements of Households in the Netherlands," *Energy Policy* 23 (1995): 893 – 910.

[2]　H. Hayami et al., "The CO_2 Emission Score Table for the Compilation of Household Accounts," *Keio Economic Observatory Review* 8 (1996): 89 – 103.

[3]　M. Lenzen, "The Energy and Greenhouse Gas Cost of Living for Australia during 1993/4," *Energy* 23 (1997): 497 – 516.

nozaki 等则用同样的方法分别估算丹麦及日本家庭单位的环境账[1]。Druck-man 和 Jackson 使用跨区域投入产出分析方法探讨英国家庭消费支出与碳排量之关系，研究结果发现，1994～2004 年的碳排量增加 15%，1990 年初英国曾发生由煤炭转为使用天然气造成家庭支出与碳排量之间脱钩的现象，估计结果显示在支出分类间碳排量最高与最低的分类相差了 64%，尤其在休闲娱乐方面占家庭碳排量超过 1/4，结论为扩张性的家庭生活方式为碳排量增加的显著因子[2]。2010 年 Washizu 和 Nakano 的文章曾指出，日本在过去 40 年间家计单位的能源消耗增加了 5.1 倍，主要原因来自人们追求更方便的生活以及更舒适的居住环境，其使用投入产出模型计算家庭消费行为所产生的二氧化碳量，并探讨人们消耗能源的增加是否能带来相同幅度的效用增加，其结论指出家庭消费行为的改变对环境产生明显的影响，当外食费价格下降，外食费的增加有助于碳排量减少而降低环境负担；当娱乐费价格下降，娱乐的增加致使碳排量增加而加重环境负担[3]。

　　1997 年，联合国成员国签署的《京都议定书》，其主要目的是将大气中的温室气体含量稳定在一个适当的水平，以保证生态系统的平稳适应、食物的安全生产和经济的永续发展。过去为因应极端气候或因二氧化碳排放量增加造成的温室效应及气候暖化，各国均有减少碳排量的措施，如限制厂商生产过程中产生的二氧化碳排量、对能源价格征收碳排税等，而厂商为实施减少碳排量而增加生产成本或使用的能源价格提升之下，造成一般家庭面临生活成本提高的问题，例如：食品价格及能源价格的上升造成

---

① J. Munksgaard et al. , "The Impact of Household Consumption on CO_2 Emissions," *Energy Economics* 22（2000）：423 – 440；M. Wier, M. Lenzen, J. Munksgaard et al. , "Effects of Household Consumption Patterns on CO_2 Requirements," *Economic Systems Research* 13（2001）：259 – 274；M. Shinozaki, S. Nakano and A. Washizu, "Sustainable Consumption: Factor Decomposition Analysis of 1985 – 90 – 95 Linked Environmental Household Accounts Using Input – Output Tables," *Business Journal of PAPAIOS* 13（2005）：40 – 511.

② Angela Druckman and Tim Jackson, "The Carbon Footprint of UK Households 1990 – 2004: A Socio – Economically Disaggregated, Quasi – Regional Input – Output Model," *Ecological Economics* 68（2009）：2066 – 2077.

③ Ayu Washizu and Satoshi Nakano, "On the Environmental Impact of Consumer Lifestyles – Using a Japanese Environmental Input – Output Table and the Linear Expenditure System Demand Function," *Economic Systems Research* 22（2010）：181 – 192.

食品费及水电费的支出增加，进而影响家庭的消费水平。碳排量减少的议题不仅为当代学者、厂商或各国政府必须面对的课题，也是一般家庭消费无法忽略的问题。联合国也在 2002 年提出了"永续消费"（sustainable consumption）的观念，并量化家庭消费活动的环境负荷，因此，谈永续发展，除了一直被重视的永续生产外，永续消费也是不可忽视的一环。

由以上分析可知，家庭消费结构的改变可能影响二氧化碳排放量的多寡，基此，本研究将联结家庭环境账投入产出表产生的碳排量系数表的结果与家庭消费需求函数，以分析台湾家庭消费结构或价格的变化对二氧化碳排放量的影响。本文的资料为台湾家庭收支调查历年原始资料，以 AIDS 需求模型估计各家庭消费品的价格及支出弹性，最后为估算当各消费品的价格产生变动时，二氧化碳排放量增减变化的影响大小。

2 资料来源及研究方法

本研究资料来源为台湾行政主管部门所办的台湾地区家庭收支调查资料，使用 1999 年至 2012 年之家户资料源文件，去除消费资料遗漏者共 171614 笔资料，利用统计软件 SAS 9.3 将资料合并后进行分析。

台湾家庭收支调查之目的在于了解台湾各地区、各职业及所得阶层的家庭之收入支出状况，调查项目包括家庭户口组成、家庭设备及住宅概况、经常性收支（收入、非消费支出与消费支出），以作为学界研究所得、估计民间消费支出及作为编算消费者物价指数权数之依据，更是政府机关制定各项福利政策之依据。其消费支出分为食品饮料、烟酒槟榔、衣着鞋袜、住宅服务、家具设备、医疗保健、交通、通信、休闲、教育、餐厅旅馆及杂项消费等 12 类，本研究合并支出为：在家用餐、外食费、衣着类、家具、水电能源、居住类、交通通信、医疗、教育、娱乐及其他等项。

另外，由 Deaton 和 Muellbauer 利用支出函数推导出的需求函数，称为 AIDS 需求体系。

其中，价格指数为非线性，但 Deaton 和 Muellbauer 认为可以 Stone 价格指数代替，且根据 Anderson 和 Blundell 以概数函数值检定线性近似替代影响的结果甚微。

日本地处东亚，除与台湾位置相近之外，在经济、生活习惯上也有类似之处，本文引用 Nakano 利用投入产出分析法计算日本家庭消费行为与各项支出项目所产生的二氧化碳排放量①，经汇率转换后得到以每千元新台币所排放的二氧化碳（公斤）排放系数。并利用前述之价格及交叉弹性所计算的支出变动，乘上二氧化碳排放量系数即可得到价格变动所造成的碳排放量变动。

3　资料分析

首先从消费者物价指数观察，1999～2012 年各支出项目中，消费者物价指数上涨幅度最大的为医疗类，年平均增长率为 2.26%，其次为在家用餐，年平均增长率为 2.12%，接着为水电能源，年平均增长率为 2.01%，外食费、交通通信及衣着类也分别上涨 1.36%、0.93% 及 0.76%，除了家具年平均增长率为 -0.07% 以外，其他支出项目的物价皆为上涨，总指数年平均增长率为 1.07%。由此可知，近 10 年来物价上涨部分主要来自食品类、水电能源、交通通信及衣着类。就消费份额而言，消费份额为增加的有外食费、水电能源、家具、交通通信及医疗等支出项目，减少的有在家用餐、衣着类、居住类、教育、娱乐及其他等支出项目。其中，在全体家庭消费份额增加最多的前三项依序为医疗 3%、外食费 2.76% 及交通通信 2.46%，减少最多的前三项依序为居住类 2.77%、在家用餐 2.06% 及娱乐 1.4%。

就消费支出来看，表 1 第一栏显示 1999～2012 年台湾家庭单位各消费财的平均消费支出，其中以居住类最多，平均约占家庭消费支出的 21.8%，其次为在家用餐（15.6%），医疗（12.88%）及交通通信（12.51%）。

另外，就家庭消费支出的碳排量系数，如前述，由于台湾目前已知的

---

① Satoshi Nakano，"Input – Output Tables for Environmental Analysis in 2000," *KEO Discussion Paper*（2005）：98.

相关研究及资料阙如，本文考虑台湾人的消费习惯与日本人相似，因此为补足这部分资料的遗缺，本文以 Nakano（2005）日本的碳排量系数转换估算而得，即如表 1 第二栏碳排量系数显示每千元台币二氧化碳排放量的公斤数，其结果显示，平均而言，每千元消费支出中，以水电能源的碳排量最高，其次为交通通信，碳排量系数较低的为居住类及教育等。

最后利用 1999～2012 年各项消费支出与碳排量系数的关系，可估算台湾家庭单位各类消费财之年平均二氧化碳排放量，如表 1 第三栏所示。结果显示台湾家庭单位年消费支出的平均碳排量为 6079.15 公斤，其中以水电能源及交通通信所占比例最高，两者合计占一半以上。在家用餐及外食费的碳排量约占总碳排量的 19.22%。消费支出最高的居住类，其碳排量反而最低。

表 1　台湾家户单位之平均二氧化碳排放量：1999～2012 年

	消费支出		碳排量系数[1]	二氧化碳排放量	
	台币元	%	公斤/千元	公　斤	%
1. 在家用餐	115985	15.59	6.59	764.34	12.57
2. 外食费	66623	8.95	6.07	404.40	6.65
3. 衣着类	25504	3.43	5.59	142.57	2.35
4. 家具	15207	2.04	8.29	126.07	2.07
5. 水电能源	24448	3.29	81.68	1996.91	32.85
6. 居住类	162241	21.80	0.76	123.30	2.03
7. 交通通信	93089	12.51	14.92	1388.89	22.85
8. 医疗	95880	12.88	5.52	529.26	8.71
9. 教育	55223	7.42	3.26	180.03	2.96
10. 娱乐	40627	5.46	6.00	243.76	4.01
11. 其他	49346	6.63	3.64	179.62	2.95
合　计	744173	100.00		6079.15	100.00

注：整理自 Washizu and Nakano（2010）。

4　实证结果与结论

根据 AIDS 需求体系弹性估计结果显示，当食品价格上升时，家庭在家用餐次数会减少，而外食的消费量会增加。在衣着类、家具、水电能源及居住类等支出项目之估计弹性结果显示皆为正常品，透过弹性分析可以观察到：家庭消费支出增加时，用于水电能源消费的增加比例较低，其次为衣着类，再次为居住类，最高为家具。在价格变动部分，当价格上升时，消费减少之比例最高者为家具，其次为水电能源，再次为居住类，最低为衣着类。家庭消费支出增加时，家具类占增加的支出比例较高，但当家具价格上升时，其消费比例却下降最多；另外衣着类较不受支出增加与价格变动之影响。交通通信及教育的弹性结果则显示皆为正常财，即当家庭消费支出增加 1% 时，交通通信及教育的需求增加的比例大于 1%，当价格上升 1% 时，对于交通通信及教育的需求略少于 1%。医疗保健及娱乐部分，当家庭消费支出增加 1% 时，医疗保健及娱乐消费的增加略大于 1%，当价格上升 1% 时，对医疗保健增加的需求略为增加，但是娱乐需求部分呈现增加，说明娱乐对于台湾家庭而言为奢侈品。最后其他支出项目（主要包含：个人用品、金融服务、婚生喜庆丧祭费及社会保障等消费支出）的弹性估计结果显示，当消费支出增加 1% 时，对其他项目的消费会增加 16.6%，当价格上升 1% 时，其他项目的消费会减少 1.84%。

整体而言，消费量与二氧化碳排放量存在正向关系，消费量越大，二氧化碳排放量越高。但从消费经济理论得知，当预算固定时，消费产品间具有互补与替代的关系，且当一产品的价格提高时，其自身消费量下降，消费体系内之其他消费财若具有替代关系，则该替代产品的消费量将增加，互补产品的的消费量亦将下降。一增一减间，对整体二氧化碳排放量的增减则视产品间的交叉弹性而定。

表 2 为价格变动对各项消费支出费之二氧化碳排放量的影响大小，整体而言，当所有 11 项消费品价格均上升 10% 时，与原来平均的总碳排量比较，二氧化碳排放量将下降 4.73%。我们针对表 2 中在家用餐、外食费及水电能源消费等价格变动与碳排量的关系的估算结果分析如下。

当在家用餐价格上涨时，碳排量增加量较多之前三项依序为在家用餐、娱乐及居住类，减少量较多之前三项则依序为交通通信、水电能源及医疗；显示出当在家用餐价格上升时，在家用餐、娱乐及居住类的支出增

表 2 当价格变动 10% 时，各项消费支出之碳排量变化

当各项消费之价格分别上升 10% 时，各项之碳排量变化

	1	2	3	4	5	6	7	8	9	10	11	合计	占各项目（%）	占总碳排量（%）
1. 在家用餐	18.42	-0.27	-2.89	-1.48	-30.67	10.65	-74.66	-4.87	0.61	13.53	-3.99	-75.62	-9.9	-1.24
2. 外食费	-4.28	59.12	10.62	13.64	91.67	-22.44	227.34	-26.58	-10.11	-62.59	6.05	282.45	69.8	4.64
3. 衣着类	-81.40	80.80	8.92	12.47	-19.97	20.10	406.37	-95.09	-13.26	-99.20	-5.23	214.52	1106.9	3.52
4. 家具	-92.68	208.76	25.06	-33.43	-59.38	104.68	-246.73	-45.90	-79.31	-193.43	52.21	-360.15	-29.0	-5.92
5. 水电能源	-51.95	46.76	-1.10	-1.65	-160.55	-3.25	106.11	34.01	-5.82	0.06	1.36	-36.02	-17.8	-0.59
6. 居住类	43.05	-29.65	3.34	8.86	-12.60	-9.24	-21.04	-30.13	6.34	7.06	-0.58	-34.59	-3.8	-0.57
7. 交通通信	-68.31	49.60	11.82	-3.53	42.23	-4.42	24.31	16.68	-6.41	-31.15	1.32	32.13	6.3	0.53
8. 医疗	-15.90	-14.95	-6.66	-1.46	31.17	-12.51	41.46	66.90	1.74	4.47	1.74	95.99	6.7	1.58
9. 教育	-7.12	-34.44	-5.79	-15.97	-41.40	13.44	-94.69	6.58	3.94	12.83	14.91	-147.69	-82.0	-2.43
10. 娱乐	132.33	-188.60	-39.08	-37.22	-6.28	15.29	-413.85	23.72	12.64	299.49	-42.44	-243.99	-100.1	-4.01
11. 其他	-50.38	18.26	-2.24	10.71	4.26	-1.53	22.05	10.86	15.77	-44.36	1.37	-15.24	-8.5	-0.25
合 计												-288.23		-4.73

加，造成这三项的碳排放增加量较其他项目明显，而交通通信、水电能源及医疗的支出减少造成其碳排放量减少，整体上来看，在家用餐的价格上升所造成的净碳排量为负。

若当外食费价格上涨时，全体家庭碳排量增加的前三项依序为交通通信、水电能源及外食费，碳排量减少的前三项为娱乐、医疗及居住类；交通通信及外食费的碳排量增加主要来自支出的增加幅度大于其他项目，水电能源的部分主要为单位碳排量较高造成碳排量增加较多，娱乐、医疗及居住类的碳排量减少主要来自支出减少，尤其在居住类方面的支出减少最多，娱乐支出次之；整体而言，在外食费价格上升后造成净碳排量为增加的情形。

当水电能源价格上涨时，全体家庭碳排量增加的前三项依序为交通通信、外食费及医疗，碳排量减少的前三项为水电能源、在家用餐及教育；整体上来看，水电能源的价格上升所造成的净碳排量为负。

最后，以上分析仅以平均家庭的基准估算而得的结果，但由于不同特征家庭存在不同的家庭消费支出，如夫妻双人家庭与三代同堂家庭消费形态可能有差异，因此消费价格上涨引起的碳排量变化，对不同家庭之间将存在增减不一的现象，这部分也是值得分析的一部分。

联结巴黎协定－台湾气候法制与金融新政

苏汉邦

台湾综合研究院

《联合国气候变化框架公约》（UNFCCC）第 21 届缔约国大会（COP21）2015 年 12 月于法国巴黎举行，会中 195 个国家，占超过 95% 的全球排放量，一致同意控制温室气体排放，以达成 2100 年前全球平均气温上升不超过工业化前 2℃，并努力控制在 1.5℃ 内，并期望 21 世纪下半叶实现温室气体净零排放；同时已开发国家承诺向开发中国家提供每年至少 1000 亿美元应对气候问题[①]，减缓与调适行动并重；且从 2023 年开始，每 5 年对全球减碳进程进行整体盘点，以帮助各国提高目标力度、加强国际合作，实现全球应对气候变化目标。

上述协议旨在推动全球层面的参与，适用于包含中国、美国等已开发经济体及新兴经济体的所有 UNFCCC 缔约方，取代《京都议定书》，并确立各国提交之国家气候目标及其政治或法律效力[②]，建立自愿减碳活动的基础。其次是鼓励实现各国制定的目标，制定时间规划，以便外界监督及系统化审查全球和个别国家的进步。协议正文共计 29 条，包括目标、减缓、调适、损失损害、资金、技术、能力建设、透明度、全球盘点等内容。

尽管这些减量目标仍不足以限制达工业化前的水平 2℃ 以上，但可望控制全球暖化。在碳定价部分，为促进各国采用碳定价机制，德国、挪威、瑞典、瑞士和世界银行宣布将投入 5 亿美元协助推行该机制；而在气

---

① 此项共识被单独放在决议项目，非核心协议，故无约束力。

② 为避免美国遭国会封杀，《巴黎协定》并非完全具有法律约束力的条约。

候金融方面，绿色气候基金（GCF）在本次会议前已募集约100亿美元来自开发中国家和已开发国家的注资承诺，包含向GCF注资或以其他途径展现对国际气候融资的支持。综言之，《巴黎协定》受各界评断为全球应对气候变迁的历史性转折，虽然这只是跨出全球气候新政的第一步，但它依然为各级政府、私营部门及个人释出加强行动力度的信号，驱使全球经济走向清洁能源和提高适应气候变化的能力。

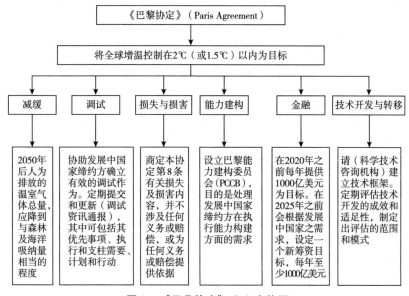

图1　《巴黎协定》之六大构面

资料来源：本文整理。

1　碳定价——价格信号以简御繁的减碳良方

巴黎会议期间，包含世界银行和国际货币基金组织总裁及多国元首在内的各界代表，皆表达透过支持碳定价以减少温室气体排放及促进清洁投资等相关具体减量做法。在碳定价逐渐普遍的现况下，目前已有39个国家层级权限及23个次国家层级权限，共占全球排放量的12%，以及超过19个政府组织和将近90家企业及NGO成立"碳定价领导联盟"（Carbon Pricing Leadership Coalition），旨在全球各地强化与增加碳定价机制。

目前，全球已有超过 40 个国家与 23 个城市或地区实施碳定价制度，占 G20 的 GDP 达 89% 及全球排放量的 22%。推动碳定价的优点主要因碳价格可反映于税费或碳交易许可证上，以价格信号促进市场透明性、一致性及可预测性，提升市场效率及成本效益，并在合乎现实的情况下整合环境可持续性，较法规管制更能降低监管负担，同时使减量的义务负担者与减量的实际执行者间，有更多的转换空间与弹性，可使国家在达成减缓目标时节省大量成本，在排碳收费下改变碳消费行为，进而达成台湾自愿减排效果。相信未来数年内，碳定价机制在全球勠力减碳的背景下，将赋予市场更多的力量，扮演更亮眼的运作角色。

2 气候金融——化零为整，聚合新投资及合作模式

在气候金融部分，截至 2015 年，绿色债券市场的发行量已有了爆炸性的成长，已累积超过 100 亿美元。《巴黎协定》的减碳共识不只向各国政府，而是向包含所有私营部门释出一个清楚的信号：全球投资趋势将朝向永续性的基础建设、能源使用效率、可再生能源和农业；而消费偏好将朝向低碳产品、技术和服务。

《巴黎协定》的资金运用将由 GCF 及全球环境机构（GEF）协助处理，筹措之资金后续将运用在协助发展中国家用于减缓及调适上，由发达国家考虑各减碳策略进行调动。在近期规划中，GEF 提供 200 万美元的初始资金，协助启动形成"气候聚合平台"（Climate Aggregation Platform，CAP），在 2016 年可利用来自不同合作伙伴超过 1 亿美元的资金。

CAP 旨在协助发展中国家建设标准化、低碳能源资产的管道，为这些资产的融资找到低价来源，并开发新且多样化的投资基础。其重要性在于，使发展中国家的金融机构，从银行到小额融资贷款，充分利用其有限的资产负债表来聚合小额贷款和资产，创造可满足机构投资者的大规模需求，包括全球退休基金和保险型的投资产品。考虑绿色债券和永续能源金融领域的最新进展，不论 GCF 或 GEF，气候基金将与私部门合作促进私人投资，增强抵御气候变迁的能力，并催化这类投资发挥作用，以应对气候

和灾害风险。换言之，气候金融在推进绿色产业转型的同时，也为全球超额储蓄与过剩产能，提供一条投资的管道。

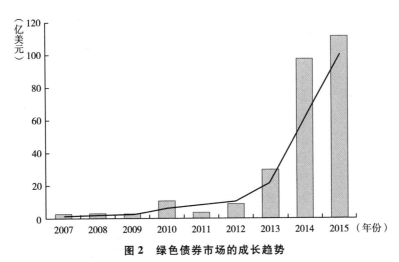

图 2　绿色债券市场的成长趋势

资料来源：本文整理。

3　中美碳排放与碳市场

就个别国家排放量而言，中国与美国 2015 年的温室气体排放量分属前两名，超过全球排放量的 45%，故其执行减碳的计划至关重大。为满足协议要求，美国采取的行动包括：（1）加速推动公共和私人清洁能源创新，承诺五年内研发投资的资金将翻倍；（2）加倍增加 2020 年用于调适的公共财政经费，并透过双边和多边管道，对脆弱国家提供援助减少气候风险的关键领域。

此外，美国国会同意延长太阳能投资税收抵免五年的修正案。目前美国太阳能投资税收抵免额度为 30%，修正至 2022 年调降税收抵免额度，以刺激更多需求。

中国的国家自主决定预期贡献目标包含：（1）2030 年达到排放峰值；（2）单位国内生产总值二氧化碳排放比 2005 年下降 60%～65%；（3）非化石能源占一次能源消费比重达到 20% 左右；（4）森林蓄积量比 2005 年增加 45 亿立方米左右。

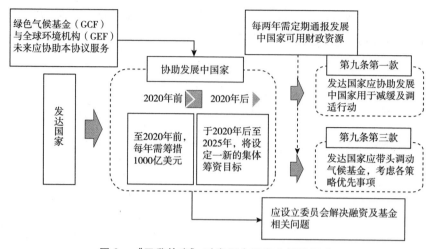

图 3　《巴黎协定》对发展中国家之援助行动

资料来源：本文整理。

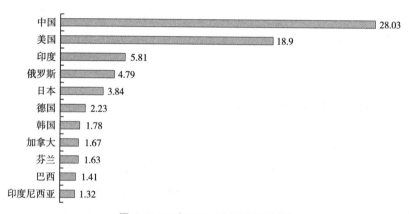

图 4　2015 年 11 国碳排放量排名

资料来源：www.statista.com。

另根据 2015 中国低碳发展报告，在国际减排承诺和国内资源环境双重压力之下，中国于 2011 年底启动了"两省五市"的碳排放权交易试点，并计划于 2017 年启动全国碳交易市场。中国的七个试点数量虽少，但横跨了中国东、中、西部地区，具有国内相当之代表性。而美国对于碳市场的布局，由于国内立法面对国会内部的分歧，致使美国本身的碳交易仍以各州立法为主，其形式类似于中国的试点政策。中、美的碳市场经验，亦为台湾地区日后碳交易"立法"与试行之指标参据。

4　台湾气候法制与金融新政

4.1　台湾因应《巴黎协定》之绿色金融策略

台湾于 9 月 17 日主动提出台湾的 INDC，承诺要将 2030 年的碳排放量降为 2005 年的 20%，彰显台湾善尽共同保护地球环境责任的意愿。《巴黎协定》是台湾未来因应气候变迁行动的依循架构之一，在这样的发展趋势下，台湾正面体认所面对的节能减碳压力，掌握全球朝向绿色金融路径发展时所衍生的产业发展契机，化"节能减碳压力"为"绿色成长动力"，进一步逐步带动经济转型。

要达成向国际社会承诺的 INDC 减量目标，预计台湾的能源消费，必须将原先预估 2016～2030 年平均年成长率 1.8% 降低至 0.3%，同期电力消费也必须由预估 2.4% 抑低至 1.1%。为此，能源结构需大幅调整，绿色技术与绿色产业发展，也势必成为改革关键。就能源结构而言，2014 年火力发电量占比达 76%，再生能源（2%）加上水力（2%）占比为 4%。对此除增加太阳能发电之外，由于台湾绝佳的地理位置，拥有全球排名前 8 的最佳离岸风力资源，更应该积极提供奖励诱因与政策支持，吸引持续投资绿色能源。就绿色产业发展而言，台湾有必要全盘检讨并提出提高绿色产业迎接全球竞争力的能力建置策略，包括资金的募集、良好的投资机制，并促进绿色产业走向全球市场。

台湾依照产业的经济诱因来设计机制政策，鼓励台湾走向绿色能源与产业绿化，以及研发新技术来降低碳排放量。依据 2015 年 7 月发布的《温室气体减量与管理法》（以下简称《温管法》）第 4 条明定台湾 2050 年的长期减碳量目标为 2005 年的 50% 以下，运用具法律约束力的减量策略以及经济工具，来整合跨部会政策以落实环境、经济与地区安全三赢的低碳路径。《温管法》在减量对策方面，包括盘查与登录、效能标准奖励、总量管制与排放交易等。

针对上述减量对策，参酌国际公约及先进国家管制精神，规划三阶段减量策略，逐步建构台湾温室气体减量及管理能力，协助排放源达到实质减量之目的。其三阶段减量策略分别为，第一阶段强制盘查登录及自愿减量，掌握台湾温室气体排放情形；第二阶段效能标准，提供企业改善效能标准之奖励额度及依据，且为减轻产业减量压力；第三阶段总量管制及抵换交易，在提供诱因刺激产业进行减量的同时，减少因减量要求所带来的产业冲击。

台湾 2015 年温室气体清册报告显示，1990～2013 年，以 2007 年温室气体排放量 2.98 亿吨为最高，而在 2008 年与 2009 年有明显下降趋势，其排放量分别为 2.82 亿吨与 2.66 亿吨。2013 年统计显示，当年碳排放量为 2.85 亿吨，虽然比 2009 年高，但是已有逐渐趋于平缓的现象，可见台湾减碳政策之效果。

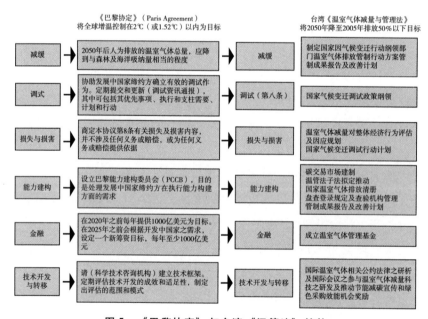

图 5　《巴黎协定》与台湾《温管法》接轨

4.2　台湾绿色金融策略之发展与实际行动

诚如国际上纷纷成立之各种气候基金，台湾在《温管法》规划下，亦即将建置成立"温室气体管理基金"，因应全球气候变迁，制定气候变迁调适策略，降低与管理温室气体排放。基金资金除用于执行减量及调适工作、拍卖配售交易等行政作业所需，并投入以下项目：

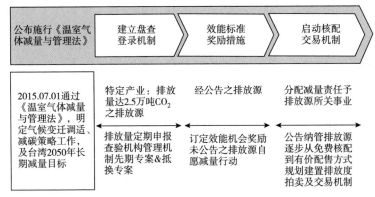

图6　台湾《温管法》之减量对策三阶段步骤

（1）教育倡导、顺应绿色潮流、提高环保意识。

（2）积极辅导及协助企业在减量产业之发展。

（3）加强与环境有关的认证工作，如绿色标识、环境标识及商品碳足迹（Carbon Footprint）标识等。

5　结语

展望未来国际因应温室气体减量之整体策略，绿色金融制度是带动绿色经济的关键因素，无论对台湾当局、金融机构、产业都有不同的影响。台湾有义务完善绿色金融制度，替产业建置安稳的绿色投资环境，吸引资金的注入；金融机构则能以评估出获利所需的基础，指引产业与社会绿色转型的路径，并揭示融资的环境风险；为产业顺利谋得发展绿色投资所需要的资金。

台湾是一个面临气候变迁冲击影响极大的地区，为因应国际永续发展趋势及减缓调适国内的环境变迁问题，逐步建立当地绿色金融制度有其必要性。在政策引领的趋势下，产业面对气候变迁与绿色转型的国际趋势，将面临以下几项重要变革。

（1）碳定价带动使用者付费：《巴黎协定》带动的低碳产业兴起，促使各国愈发重视清净能源及低碳技术，且注重友善环境产品及碳足迹，台湾碳排付费机制将无可避免。

（2）能源使用不再低廉：考虑环境成本，台湾电费有上涨的可能性，例如德国，在发展再生能源的同时，过去 10 年电价上涨幅度近 5 成。

（3）再生能源将逐步取代化石燃料：各国长期对化石燃料业的补贴即将走入历史，随着对《巴黎协定》的共识，再生能源将成为台湾减碳重要手段。

（4）永续发展成为主流：除了供给（技术）面的发展外，消费者不再被动、独钟于廉价商品，逐渐转为对产品的质量及低污染的要求提升；永续发展成为低碳经济的主流。

为此，产业应更积极落实盘查温室气体排放量，在熟悉减量的空间、成本与潜力下建置因应基础；积极参与台湾当局相关政策说明与交流会议，合作促成可接受、可操作、可实现的减量策略。并敦促台湾当局落实绿色金融之推动与改革，增加绿色投资管道，吸引私人部门资金进入绿色产业，加速台湾绿色产业转型，提升竞争力，为台湾之永续发展建立扎实的后盾与基础。

巴黎会议最大的成果，即是全球减量目标与气候金融机制获得共识，且面对此一新协议的通过，可谓全球性因应气候变迁的最高指标。台湾《温室气体减量与管理法》的第 5 条及第 18 条明定未来台湾应推动碳税与碳交易措施，透过碳定价的"价""量"管制来减少碳排放；第 19 条亦载明主管机关应成立温室气体管理基金，以专款专用形式协助全球暖化的减缓与调适工作，上述两者都是通过引入经济诱因，借以改变碳消费行为的手段。

而推动碳定价机制，应参酌世界各国之成果与经验，考虑对民生消费的冲击，谨慎制定税负制度。政策面的革新应与提升产业界的低碳认知并重，并在顾及政策稳定性与一致性，以利厂商与消费者及早建立减碳策略及行为。2015 年通过台湾地区温室气体减量及管理的有关规定，其相关配套措施刻正研议中，借由参考联合国相关审核机制和规范，有效完善台湾配套措施。

面对国际气候金融的重大变革，尽速成立温室气体管理基金，作为扶助台湾转型低碳经济之所需资源，积极投入各项有助于温室气体减量或调适之技术、领域，如：高效能、低排放及相关替代技术与可再生能源、排放监测、教育倡导和其他与温室气体减量及气候变迁调适之相关研究，让台湾在此全球绿色经济与气候变革中，站稳脚步。

第二编

林业发展与政策

国有林场森林资源管理绩效评价
——以福建省将乐国有林场为例

刘　燕　支　玲　　　刘　佳

西南林业大学经济管理学院　华东交通大学国际学院

引　言

　　国有林场在我国森林资源经营管理中发挥着不可替代的作用。截至2012年年底，全国国有林场总数已达4855个，经营面积0.767亿公顷，占我国国土面积的8%，其中林业用地面积0.58亿公顷，森林面积0.45亿公顷，森林蓄积量23.91亿立方米，分别占全国林业用地面积、森林面积和森林总蓄积量的18.96%、23.02%和16.03%。国有林场共有职工75万人，其中在岗48万人，离退休27万人。截至2012年年底，全国国有林场总资产1023.3亿元，其中，流动资产273.1亿元，固定资产和林木资产的非流动资产750.2亿元；总负债427.3亿元，其中流动负债332.9亿元，非流动负债94.4亿元[①]。从资源基础及社会影响来看，国有林场已经成为生态文明建设的主战场。

　　近年来，国有林场评价受到了学界的广泛关注，评价的内容主要集中在以下三个方面。（1）国有林场可持续经营评价。肖化顺等通过建立指标体系对武冈林场森林可持续经营能力进行了模糊综合评价，得出了该林场弱可持续的结论，进而提出了该林场可持续发展的对策[②]。肖前辉对鄂西

　　①　国家林业局：《中国林业发展报告》，中国林业出版社，2013，第94页。

　　②　肖化顺、张贵、曾思齐：《武冈林场森林可持续经营能力模糊综合评价》，《中南林业大学学报》2004年第6期。

国有林场可持续经营评价和调整进行了研究，并以宜昌大老岭林场为例，进行了定性的评价①。冯超等用森林认证的指标体系，评价了黄丰桥国有林场的森林经营状况，并提出了相应的对策建议②。J. T. Xu 等用中国 28 个省份的 5 个不同时期的数据，构建计量模型，分析了决定国有林场森林资源增长的因素和重要的使国有林场偏离可持续经营的影响因素，其结论对国有林场森林资源管理有比较重要的意义③。李红庆、曾思齐等则以广东韶关华溪国有林场为例，构建了包括生物多样性保护指标、森林生态系统的健康活力指标、水土资源保护指标、森林生态系统生产力指标、森林全球碳循环贡献指标、满足社会需求的长期多种社会经济效益指标和法规政策和经济体制指标七大指标构成的林场可持续经营评价总指数④。张震、吕勇等采用模糊综合评价的方法，构建了包括生态环境质量因素、森林生态系统生产力因素、社会经济发展因素和经营管理水平因素 4 个方面的国有林场森林可持续经营评价指标体系⑤。（2）国有林场经济、社会、生态效益评价。陈亚文等构建了生态效益评价体系，评估了青石冈林场 4 种主要森林类型的生态效益⑥。于翠芳等从防风固沙效益、防洪减灾效益、固土保肥效益、涵养水源效益、固碳释氧效益、调节小气候效益和保护生物多样性 7 个指标构建生态效益指标体系⑦。刘一闽等以福建省国有林场为例，运用净现值法和内部收益率法研究林场营林投资经济效益，得出国有林场林业投资有一定的经济效益，但经济效益还是比较低的结

① 肖前辉：《鄂西国有林场森林可持续经营评价和调整研究》，硕士学位论文，中南林学院，2004。

② 冯超、周根苗、易煊等：《森林经营认证评价指标体系的探讨——以黄丰桥国有林场为例》，《内蒙古林业调查设计》2011 年第 4 期。

③ J. T. Xu, R. Tao, G. S. Amacher, "An Empirical Analysis of China's State - owned Forests," *Forest Policy and Economics* 6 (2004): 379 - 390.

④ 李红庆、曾思齐、李太光：《华溪国有林场可持续经营分析与评价》，《中南林学院学报》2006 年第 6 期。

⑤ 张震、吕勇、何龙等：《青石冈国有林场森林可持续经营能力模糊综合评价》，《湖南林业科技》2010 年第 5 期。

⑥ 陈亚文、曾思齐、李东丽等：《湖南省青石冈国有林场生态系统服务功能价值评价》，《湖北林业科技》2010 年第 5 期。

⑦ 于翠芳、石春红：《黑龙江省国有林场综合经济效益评价体系研究》，《经济师》2013 年第 10 期。

论①。于翠芳等通过设计由生态效益、社会效益和经济效益构成的综合经济效益指标来评价黑龙江国有林场②。胡小燕提出通过运用国有资产保值增值率、多种经营利润率等 8 个指标来评价国有林场的经济效益③。（3）国有林场绩效评价。任丽丽等通过对生态型国有林场和商品型国有林场改革的绩效评价构建了包括基础设施、职工的生活质量、社会效益、职工素质和人才建设 4 个方面的综合评价指标体系④。吴明霞则认为国有林场林业专项财政资金的绩效评价工作存在一些问题⑤。赵德义与郑少玲分别对国有林场绩效评价的指标体系进行了探索⑥。

　　近年来，指标或模型评价方法得到了重视，但是国有林场评价研究仍然存在不足或缺陷：就评价方法讲，描述性评价比较普遍，统计分析的水平有待进一步提高，评价指标体系有待进一步完善；就评价内容来说，主要关注国有林场可持续能力评价、国有林场生态、经济、社会效益评价与国有林场绩效评价，没有从森林资源管理视角进行系统考量。国有林场以森林资源为主要生产资料进行经营管理，森林资源管理绩效评价尤为重要。国有森林资源管理的绩效评估是对国有森林资源管理结果的检验，也是对国有森林资源管理过程调控的依据，但无论是在理论上还是在实践上，国有森林资源管理的绩效评价都是一片空白。因此，根据国有林场资源管理的内涵、目的和特点建立国有林场森林资源管理绩效评价指标体系，建立综合评价模型，权重研究与实证分析相结合，是正确、客观评价国有林场森林资源管理绩效，为国有林场改革提供科学决策依据，实现国有林场森林资源可持续管理的必然要求。本文以国有林场的森林资源管理为视角，构建国有林场森林资源管理绩效评价指标体系，利用层次分析法和距离

---

① 刘一闽、雷娜：《福建省国有林场营林投资经济效益评价研究》，《林业经济问题》2010年第 6 期。

② 于翠芳、张明坤：《国有林场生态效益评价指标体系构建》，《学术交流》2013 年第 1 期。

③ 胡小燕：《国有林场经济效益指标体系和经济效益综合指数设置的探讨》，《现代经济信息》2009 年第 6 期。

④ 任丽丽、王爱民：《国有林场改革的绩效评价体系研究》，《理论研究》2007 年第 7 期。

⑤ 吴明霞：《国有林场林业财政专项资金绩效评价现状及问题分析》，《绿色财会》2009 年第 5 期。

⑥ 赵德义：《国有林场绩效评价指标的探索与改革》，《林业财务与会计》2000 年第 7 期；郑少玲：《国有林场绩效评价考核体系研究》，《林业财务与会计》2005 年第 6 期。

函数，对福建省将乐国有林场的森林资源管理绩效进行定量的评价，最后提出相关的对策建议。因此，本文有着重要的理论意义及现实意义。

1 国有林场森林资源管理绩效评价方法

1.1 研究材料及方法

本文研究的数据收集工作是通过点面结合方式完成的。调研组于 2012 年 7 月至 2014 年 1 月先后对云南、贵州、甘肃、陕西、福建五省相关国有林场开展面上调研，发放国有林场森林资源管理绩效评估指标征询表。为了更为直观地了解福建省将乐国有林场森林资源管理现状，掌握基础资料，2013 年 8 月，课题组成员对将乐国有林场进行实地调研工作，采用座谈会、问卷调查、查阅文献，收集有关规划资料、统计资料、森林经营方案、总结材料等取得将乐国有林场评价指标涉及的有关区域经济、社会、环境等方面的资料，作为客观评价国有林场森林资源管理绩效的基本依据。调研组走访了当地林业局、统计局、水文站、乡镇等单位及部门和周边农户。通过专家咨询和实地调研，取得 20 份专家问卷及 32 份国有林场软指标打分问卷。

本文主要采用层次分析法，同时结合实地调查法进行指标的初选。我们通过分析法将度量对象和目标进行细分，在此基础上采用综合法来确定具体统计指标；然后，通过专家咨询法和理论分析法剔除冗余指标，按评价目标的层次把指标进行并归，最终得到国有林场森林资源管理绩效评价的指标体系。

1.2 综合评价模型及指标的量化

在对国有林场森林资源管理绩效进行评价时，采用距离函数模型进行评价符合国有林场管理目标的实际情况。距离函数模型的基本原理是：设评价指标的原始数据对应 n 维空间中的现状坐标点，而参照值（理想值或最优值）对应空间中的目标坐标点，评价模型的核心就是求取坐标的现状点与目标点的综合距离值，并根据综合距离值的大小（距离值越小，说明指标的现状值越接近参照值或理想值，指标越优化）判定国有林场森林资源管理绩效的好坏。

综合距离的计算公式为：

$$F_i(P_i, S_i) = \sum_{i=1}^{n} | w_i E_i - w_i |$$

式中，F_i 为指标实际值与参照值间的综合距离，P_i 为第 i 个指标的实际值，代表该指标的现状水平，S_i 为相应的参照值，代表该指标的目标值或最优值，E_i 为指标数据标准化的数据即水平值，w_i 为权重系数（$\sum_{i=1}^{n} w_i = 1$）。

计算所得的综合距离有一定的等级标准，根据不同距离等级，可以判断国有林场森林资源管理绩效的高低。参照国内外有关研究成果，综合有关专家的意见，结合研究区域的特点及实际情况，设计了 5 个等级标准来评价综合效益状况的程度[①]（见表 1）。

表 1　国有林场森林资源管理绩效评价标准

分　　级	综合距离值 F_i	管理绩效状况
1	$F_i \leqslant 0.15$	很　好
2	$0.15 < F_i \leqslant 0.40$	较　好
3	$0.40 < F_i \leqslant 0.65$	一　般
4	$0.65 < F_i \leqslant 0.80$	较　差
5	$0.80 < F_i \leqslant 1.00$	很　差

为了使各指标能真实地反映国有林场森林资源管理绩效水平，同时也消除各指标量纲不同带来的影响，本文对指标进行标准化处理。具体方法如下：

用 E 表示指标标准化值或水平值，S 表示参照值，P 表示实际值。根据各指标对国有林场森林资源管理目标的影响与作用方向，指标可分为正向指标和逆向指标。因此，在计算中将区别对待，正向指标计算公式为

---

① 刘勇、刘秀华、周佳松：《土地利用规划环境影响层次分析和熵技术评价——以重庆市北碚区为例》，《中国土地科学》2005 年第 2 期；吴大付、张伟、任秀娟等：《我国红壤地区生态农业农户层次可持续性评价》，《中国农业资源与区划》2008 年第 5 期。

$E_i = P_i/S_i$，逆向指标计算公式为 $E_i = S_i/P_i$，若实际值与参照值的符号相反，则 $E_i = 0$，说明该指标与目标值相差甚远，则相应的距离值也就越大，为1。

2 国有林场森林资源管理绩效评价指标体系构建

2.1 森林资源管理基本内涵

森林资源管理是在特定的社会经济制度下，国家根据经济、生态和社会对森林资源的需求对森林资源的培育和利用采取的直接的和间接的调控措施的总和。因此，森林资源管理通常是指各级林业主管部门根据《森林法》的规定，为达到切实保护、合理利用、及时更新、科学培育、永续经营森林资源，提高森林资源的数量与质量，充分发挥森林多种效益，实现林业的可持续发展而采取的行政、经济、法律和工程技术等措施，并相应进行的组织、计划、协调、监督及所建立的工作秩序和制度的总称[1]。

森林资源管理的宗旨在于切实保护、合理利用、及时更新、科学培育森林资源，目的是扩大森林植被，增加森林蓄积量，提高森林质量，确保青山常在，永续利用，充分发挥森林多种效益。

2.2 国有林场森林资源管理绩效评价内容构成

绩效指工作任务达成效率和效果的综合，即工作完成的数量和质量水平。绩效既可以看作是一个过程，也可以看作是该过程产生的结果。绩效评价就是按照国有林场森林资源管理目标设计相应的评价指标体系，根据特定的评价标准，采用特定的评价方法，对林场一定期间的森林资源管理绩效做出客观、公正和科学的综合判断。

国有林场森林资源管理绩效评价指标体系的基本构架应包含森林资源管理系统协调以及内部运作的效率和效果，能够比较系统和全面地评估国有林场森林资源管理的效益。

---

[1] 张敏新:《森林资源管理与资产评估》，中国林业出版社，2000，第3~4页。

2.3　国有林场森林资源管理绩效评价指标体系构建

通过查阅文献和多方面调查，根据国有林场森林资源管理的基本情况，将其森林资源管理绩效评价指标体系分层次（目标层 A、状态层 B、主题层 C、指标层 D），国有林场森林资源管理绩效评价指标体系及各指标权重如表 2 所示。

表 2　国有林场森林资源管理绩效评价指标体系

目标层 A	状态层 B	主题层 C	指标层 D
国有林场森林资源管理绩效评价	森林资源管理过程（B_1）	培育森林资源 C_1	造林面积完成率 D_1
			造林面积年均保存率 D_2
			更新面积占需更新面积的比重 D_3
			低产林改造面积占需要低产林改造面积的百分比 D_4
			森林抚育面积占需要抚育面积比例 D_5
			森林管护面积占需要管护面积的百分比 D_6
		开发利用森林资源 C_2	森林采伐面积占需要采伐面积比例 D_7
			林地利用率 D_8
			实际年伐量与年生长量比例 D_9
			林下资源开发项目面积占林地总面积比例 D_{10}
		维持和保护森林资源 C_3	森林非消耗量占蓄积量比例 D_{11}
			森林病虫害防治率 D_{12}
			林场未流失（或逆转）林地面积占林地面积比例 D_{13}
			林木良种基地面积 D_{14}
		科技兴林 C_4	新品种、新技术、新方法使用和推广面积占有林地面积比例 D_{15}
		森林资源状况 C_5	森林覆盖率 D_{16}
			单位林地面积森林蓄积量 D_{17}
			单位面积林木生长量 D_{18}
			森林活立木蓄积量增长率 D_{19}
			公益林面积比例 D_{20}
			树种结构指数 D_{21}
			林龄结构指数 D_{22}
			混交林占森林总面积比例 D_{23}

续表

目标层 A	状态层 B	主题层 C	指标层 D
国有林场森林资源管理绩效评价	森林资源管理结果（B_2）	生态状况 C_6	林区水土流失治理率 D_{24}
			林区森林单位面积涵养水源量 D_{25}
			林区森林单位面积固碳制氧量 D_{26}
			林区生物多样性丰富度 D_{27}
		经济效益 C_7	林场营业收入增长率 D_{28}
			林业总产值占 GDP 的比重 D_{29}
			第三产业产值占林业总产值比重 D_{30}
			林场职工年均收入水平 D_{31}
			林场职工收入增长率 D_{32}
		社会效益 C_8	提供给当地居民的就业机会 D_{33}
			地方林业建设中的示范或带动作用 D_{34}
			提供科研、教育、旅游、游憩场所的程度 D_{35}

遵循客观性和科学性的原则，将反映各评价指标的影响因子进行遴选收集整理，并确定其科学合理的计算方法或调查方法及量化标准，以便评价指标统一量化，各指标影响因子及计算方法见表 3。

表 3　各评价指标影响因子及计算方法

指标	影响因子	调查或计算方法
D_1	造林面积	报告期造林面积/经营方案计划造林面积
D_2	造林面积保存率	近 3 年造林面积保存率平均数
D_3	更新面积	报告期更新面积/报告期需要更新面积
D_4	低产林改造	报告期低产林改造面积/报告期需要低产林改造面积
D_5	抚育面积	报告期抚育面积/报告期需要抚育面积
D_6	管护面积	森林管护面积/需要管护面积
D_7	采伐面积	森林采伐面积/需要采伐面积
D_8	有林地面积	有林地面积/林地面积
D_9	年伐量、年生长量	实际年伐量/年生长量
D_{10}	林下资源面积、林地面积	林下资源开发项目的面积/林地面积
D_{11}	森林非消耗量、蓄积量	报告期森林非消耗量/报告期蓄积量
D_{12}	病虫害防治、发生面积	森林病虫害防治面积/森林病虫害发生面积
D_{13}	林场未流失林地面积、林地面积	报告期林场未流失（或逆转）林地面积/林地面积

续表

指标	影响因子	调查或计算方法
D_{14}	林木良种面积	林木良种面积
D_{15}	新品种、新技术、新方法推广面积，有林地面积	新品种、新技术、新方法推广面积/有林地面积
D_{16}	森林面积、林场总面积	报告期森林面积/林场总面积
D_{17}	活立木蓄积量、林地面积	报告期活立木蓄积量/报告期林地面积
D_{18}	林木年生长量、森林面积	报告期林木年生长量/森林面积
D_{19}	活立木蓄积量	（报告期活立木蓄积量 – 基期活立木蓄积量）/基期活立木蓄积量
D_{20}	生态公益林面积、森林总面积	生态公益林面积/森林总面积
D_{21}	各种树种面积	Σ｜现有各树种面积/规划后各树种面积比例｜/N
D_{22}	各龄级林木面积	Σ｜各龄级面积百分比/法正林龄级面积百分比｜/N
D_{23}	混交林面积、森林总面积	混交林面积/森林总面积
D_{24}	水土流失面积	报告期水土流失治理面积/报告期水土流失面积
D_{25}	森林涵养水源量（吨/公顷）	报告期林区森林涵养水源量/报告期森林面积
D_{26}	森林固碳制氧量（吨/公顷）	报告期林区森林固碳制氧量/报告期林区森林面积
D_{27}	生物多样性	林场管理人员及职工打分平均
D_{28}	营业收入	（报告期林场营业收入 – 基期林场营业收入）/基期林场营业收入
D_{29}	林业总产值、地区生产总值	报告期林业总产值/报告期当地地区生产总值
D_{30}	第三产业产值、林业总产值	第三产业产值/林业总产值
D_{31}	职工年均收入水平	林场职工年均收入水平
D_{32}	职工收入	报告期林场职工收入增加值/基期林场职工收入
D_{33}	提供的就业机会	林场管理人员及职工打分平均
D_{34}	带动作用	林场管理人员及职工打分平均
D_{35}	科研、教育、旅游、游憩的场所	林场管理人员及职工打分平均

注：表 3 中 $D_1 \sim D_{35}$ 相对应于表 2 中各指标。

3 国有林场森林资源管理绩效评价实证分析——以福建省将乐国有林场为例

3.1 将乐国有林场概况

将乐国有林场所处的将乐县位于福建省西北部，承接泰宁、明溪、邵武、顺昌等县（市）的交通中转，福银高速公路、正在建设的向莆铁路贯穿境内，省道205、206、309线穿城而过，金溪水运直通闽江，地理位置优越。林场地处武夷山支脉，为闽西北低山丘陵地带，平均海拔400～800米，最高海拔1203米，最低海拔140米。年平均气温18.7℃，年平均降水量1669毫米，年平均蒸发量1204毫米，霜日72天，无霜日287天，气候温和，土层深厚，土壤肥沃，土壤以红壤为主，并分布有黄红壤，植被类型主要为常绿针叶林，适宜培育以杉木、马尾松为主的用材林和乡土珍贵树种。

福建省将乐国有林场建场于1958年4月8日，场部设在将乐县水南，距城关1.5公里。经营区分布在9个乡镇，23个行政村。林地主要分布在金溪河两岸和省道延泰公路两侧，经营区内林区公路和林区便道分布密集。与林场经营有关的公路267公里（其中：省道59公里，乡村公路208公里），加上林场自建的林区道路57公里，经营区道路网密度达到46米/公顷，可及度达100%。

林场现有职工76人，其中干部25人（工程技术人员25人：高级职称3人，中级职称14人，初级职称8人），全民制职工35人，全民制合同工20人，集体制工人7人。职工中：护林员21人，一线生产班组5人，检尺员8人。设有综合科、计财科、生产经营科、营林科技科、资源管理科、科研室等6个职能科室及1个森林公园管理办公室，辖水南、明头山、黄潭、万全等4个森林保护站并有25个护林点。

"十一五"期间，造林886.47公顷，抚育间伐400公顷，木材产销年均在16000立方米左右，平均每年实现木材收入845万元。实现年产值397万元，职工年人均收入2万多元。

3.2 指标变量的计算及结果

利用表3中相关公式计算，得出各指标的实际值、参照值和水平值，各指标汇总如表4所示。

表4 各指标变量值汇总

主题层	指标变量	实际值（%）	参照值（%）	水平值
培育森林资源 C_1	造林面积完成率 D_1	142.60	100.00	1.00
	造林面积年均保存率 D_2	90.00	85.00	1.00
	更新面积占需更新面积的比重 D_3	39.00	100.00	0.39
	低产林改造面积占需要低产林改造面积的百分比 D_4	100.00	100.00	1.00
	森林抚育面积占需要抚育面积比例 D_5	118.30	100.00	1.00
	森林管护面积占需要管护面积的百分比 D_6	100.00	100.00	1.00
开发利用森林资源 C_2	森林采伐面积占需要采伐面积比例 D_7	114.50	100.00	1.00
	林地利用率 D_8	86.00	100.00	0.86
	实际年伐量与年生长量比例 D_9	53.80	100.00	0.54
	林下资源开发项目面积占林地总面积比例 D_{10}	0.28	14.30	0.02
维持和保护森林资源 C_3	森林非消耗量占蓄积量比例 D_{11}	98.16	100.00	0.98
	森林病虫害防治率 D_{12}	179.90	100.00	1.00
	林场未流失（或逆转）林地面积占林地面积比例 D_{13}	100.00	100.00	1.00
科技兴林 C_4	林木良种基地面积 D_{14}	682.00	5000.00	0.14
	新品种、新技术、新方法使用和推广面积占有林地面积比例 D_{15}	0.20	0.42	0.48
森林资源状况 C_5	森林覆盖率 D_{16}	89.40	92.90	0.89
	单位林地面积森林蓄积量 D_{17}	12.05	9.792	1.00
	单位面积林木生长量 D_{18}	0.44	0.30	1.00
	森林活立木蓄积量增长率 D_{19}	-1.80	1.92	0.00
	公益林面积比例 D_{20}	8.86	9.43	0.94
	树种结构指数 D_{21}	0.79	1.00	0.79
	林龄结构指数 D_{22}	0.99	1.00	0.99
	混交林占森林总面积比例 D_{23}	52.20	100.00	0.52

主题层	指标变量	实际值（%）	参照值（%）	水平值
生态状况 C_6	林区水土流失治理率 D_{24}	98.00	100.00	0.98
	林区森林单位面积涵养水源量 D_{25}	7302.00	7596.50	0.96
	林区森林单位面积固碳制氧量 D_{26}	92.45	189.83	0.49
	林区生物多样性丰富度 D_{27}	4.00	5.00	0.80
经济效益 C_7	林场营业收入增长率 D_{28}	-5.52	6.63	0.00
	林业总产值占 GDP 的比重 D_{29}	9.69	1.35	1.00
	第三产业产值占林业总产值比重 D_{30}	0	2.35	0.00
	林场职工年均收入水平 D_{31}	49064.00	31661.00	1.00
	林场职工收入增长率 D_{32}	20.15	14.46	1.00
社会效益 C_8	提供给当地居民的就业机会 D_{33}	3.84	5.00	0.77
	地方林业建设中的示范或带动作用 D_{34}	4.38	5.00	0.88
	提供科研、教育、旅游、游憩场所的程度 D_{35}	4.03	5.00	0.81

3.3 指标权重确定

本文评价指标权重的确定采用层次分析法结合专家咨询法进行，采用表1的5级标度法构建各层次的判断矩阵并计算权重。

（1）基于 AHP 法的各层次矩阵的构建及权重计算

为了使层次分析法结构具有客观性，通过对调研资料的分析、将乐国有林场现状调查、周边农户和林业工作者的访谈，同时结合专家的意见，对 A - B 层次构建矩阵（见表5）。

表5　A - B 层次判断矩阵

A	B_1	B_2	W_i
B_1	1	1	0.5
B_2	1	1	0.5
一致性比例 $CR = 0.0000$；对总目标的权重：1.0000			

$\lambda'_{max} = 2.000$，$\lambda_{max} = 2.000$，由于 $\lambda'_{max} = 2.000 \leqslant 2.000$，所以构建的矩阵通过一致性检验，即国有林场森林资源管理绩效中管理过程和管理结果

指标权重分别为 0.5000、0.5000。

　　本文中其他层次矩阵的构建和权重计算可采取上述方法并进行一致性检验，由于涉及的指标因素较多，本文借助层次分析法专用软件 Yaahp0.5.1 进行数据处理，进行各层次权重的计算及一致性检验。B_1 - C，B_2 - C，各层次矩阵权重 W 的计算及一致性检验 CR 结果分别是：0.5000、0.0000，0.5000、0.0000。C_1 - D，C_2 - D，C_3 - D，C_4 - D，C_5 - D，C_6 - D，C_7 - D，C_8 - D 各层次矩阵权重 W 的计算及一致性检验 CR 结果分别是：0.1829、0.0000，0.0976、0.0000，0.0976、0.0000，0.1220、0.0000，0.1904、0.0000，0.1269、0.0000，0.1015、0.0000，0.0812、0.0000。

　　由于 $CR < 0.1$，则认为 B、C、D 中各元素 b_{ij}、c_{ij}、d_{ij} 的估计具有满意的一致性，这时可用求得的 W 作为 n 个目标的权重。

　　（2）各指标权重列表

　　由上述层次分析法软件输出结果可以看出，各层次的判断矩阵均具有满意的一致性，由此可得出构建的矩阵选择较为科学合理，具有可操作性。国有林场森林资源管理绩效评价指标的权重情况如表 6 所示。

表 6　国有林场森林资源管理绩效评价指标权重

指标层 D	权　重
造林面积完成率 D_1	0.0419
造林面积年均保存率 D_2	0.0419
更新面积占需更新面积的比重 D_3	0.0215
低产林改造面积占需要低产林改造面积的百分比 D_4	0.0172
森林抚育面积占需要抚育面积比例 D_5	0.0268
森林管护面积占需要管护面积的百分比 D_6	0.0336
森林采伐面积占需要采伐面积比例 D_7	0.0218
林地利用率 D_8	0.0340
实际年伐量与年生长量比例 D_9	0.0272
林下资源开发项目的面积占林地总面积比例 D_{10}	0.0145
森林非消耗量占蓄积量比例 D_{11}	0.0488
森林病虫害防治率 D_{12}	0.0244
林场未流失（或逆转）林地面积占林地面积比例 D_{13}	0.0244

指标层 D	权　重
林木良种基地面积 D_{14}	0.0732
新品种、新技术、新方法使用和推广面积占有林地面积比例 D_{15}	0.0488
森林覆盖率 D_{16}	0.0300
单位林地面积森林蓄积量 D_{17}	0.0374
单位面积林木生长量 D_{18}	0.0240
森林活立木蓄积量增长率 D_{19}	0.0300
公益林面积比例 D_{20}	0.0153
树种结构指数 D_{21}	0.0192
林龄结构指数 D_{22}	0.0153
混交林占森林总面积比例 D_{23}	0.0192
林区水土流失治理率 D_{24}	0.0317
林区森林单位面积涵养水源量 D_{25}	0.0317
林区森林单位面积固碳制氧量 D_{26}	0.0317
林区生物多样性丰富度 D_{27}	0.0317
林场营业收入增长率 D_{28}	0.0302
林业总产值占 GDP 的比重 D_{29}	0.0155
第三产业产值占林业总产值比重 D_{30}	0.0124
林场职工年均收入水平 D_{31}	0.0242
林场职工收入增长率 D_{32}	0.0193
提供给当地居民的就业机会 D_{33}	0.0271
地方林业建设中的示范或带动作用 D_{34}	0.0271
提供科研、教育、旅游、游憩场所的程度 D_{35}	0.0271

注：表 6 中 $D_1 \sim D_{35}$ 相对相应于表 2 中各指标。

3.4　综合距离值的计算及效益高低的评价

本文应用综合距离函数模型对国有林场森林资源管理绩效进行评价，利用距离值 F_1 对管理过程进行评价、距离值 F_2 对管理结果进行评价、综合距离值 F 对将乐国有林场森林资源管理绩效综合评价，距离值越小，说明指标的现状值越接近参照值或理想值，指标越优化，森林资源管理绩效越好，反之，则相反。利用表 4 的数据，结合综合距离值的计算公式具体距离值计算如下：

（1）管理过程距离值：$F_1(P_i, S_i) = 0.1514$；

（2）管理结果距离值：$F_2(P_i, S_i) = 0.1295$；

（3）国有林场森林资源管理绩效综合距离值：

$$F = \sum_{i=1}^{2} F_i = 0.2809$$

上述评价结果表明将乐国有林场资源管理绩效现状以及各子系统对森林资源管理绩效的影响程度。将乐国有林场森林资源管理绩效综合距离值为0.2809，对比国有林场森林资源管理绩效状况等级表1，0.15＜0.2809＜0.40处于第二个等级，即将乐国有林场森林资源管理绩效处于较好水平。从其管理过程和管理结果分别来看，管理过程的距离值为0.1514，占森林资源管理绩效综合距离值的比例为53.90%；管理结果的距离值为0.1295，占森林资源管理绩效综合距离值的比例为46.10%；可以看出，截至2012年年底，森林资源管理过程和森林资源管理结果都较好，管理结果略好于管理过程，其对总体森林资源管理绩效水平的贡献率相差为7.80%。

4 结论、建议及讨论

4.1 结论

评价结果显示，将乐国有林场在森林资源管理方面取得了较好的效果。但是，在具体指标的测算中也显示出了一些问题：（1）森林活立木蓄积量增长率为－1.82%，导致该指标的距离值为1；（2）林场营业收入增长率为－5.52%，导致该指标的距离值为1；（3）第三产业产值占林业总产值比重为0，导致该指标的距离值为1。这里需要特别指出的是，指标的距离值为1也可能与标准值（或参照值）的选取有一定的关系。活立木蓄积量增长率和林场营业收入增长率的标准值，笔者都是选用三明市或将乐县的相应值作为参照。事实上，笔者也进行了测算，以将乐国有林场森林经营方案中的经营目标为标准值（或参照值），在其森林经营方案中活立木蓄积量增长率和林场营业收入增长率分别为 9.86% 和 − 0.43% ，这与相应指标的实际值 − 1.82% 和 − 5.52% 相比较，其评价结果也一样，距离值也为 1。这些问题也一定程度揭示了将乐国有林场未来森林资源管理绩效的改善方向。

4.2 建议

将乐国有林场由于可造林的林业用地面积有限、政府征占用林地等原因，目前森林面积出现负增长，与此同时森林蓄积量也出现负增长。要实现在面积一定的条件下使林地获得更大的产出，必须建立健全森林可持续经营机制，走内涵式扩大再生产的路子。具体措施如下：（1）大力发展林下经济（林下种植和养殖），提高林地单位面积生产率；（2）积极利用国家政策进行低产林改造，进一步改善森林质量，提高森林质量，提高单位面积活立木蓄积量；（3）调整产业结构，拓宽收入渠道，加快发展第三产业，如森林旅游业。可以依托林场的森林公园，提升旅游服务、科研服务项目，从而增加第三产业在林业总产值中的比值。

4.3 讨论

国有林场森林资源管理绩效评价是从森林资源管理的视角对国有林场管理进行综合评价，其反映了森林资源管理在国有林场管理中的核心地位。本文通过构建相应的指标体系，使用层次分析法对将乐林场森林资源管理绩效进行了综合评价，评价结果较好，结论较为可靠。从评价内容上考虑，森林资源管理绩效评价有广义与狭义之分。广义的森林资源管理绩效评价包括对森林资源管理条件、森林资源管理过程和森林资源管理结果三方面的评价。狭义的森林资源管理绩效评价则是指在一定管理条件下对森林资源管理过程和管理结果的综合评价。笔者认为，若只评价一个特定的林场，其管理条件可视为是一定的，所以本文构建了狭义的森林资源管理绩效评价指标体系。当然，在对若干国有林场评价实践中，我们也可以先对国有林场的森林资源管理条件进行评价，然后再对森林资源管理过程和森林资源管理结果进行综合评价，这样可使国有林场森林资源管理绩效评价结论更为合理。

云南省林业可持续发展能力测评研究

麦强盛　刘　燕　刘德钦　张俊利

西南林业大学经济管理学院

1　绪论

林业是为进行森林经营组织起来的，以进行木材、林产品生产和保护性资源经营并以后者为基础的公益事业和基础产业，要求人们将可持续发展的理念深入到林业建设的制度、政策、法律等各个层面，构建一套全新的可持续发展的政策法律体系，从而实现对森林资源的保护和林业的可持续发展[①]。

据《中国林业统计年鉴》（2012）数据显示，2012 年云南省有林地面积 2476.11 万公顷、人工林面积 1817.73 万公顷、活立木总蓄积量 171216.68 万立方米、森林蓄积量 155380.09 万立方米，森林覆盖率达到 47.5%，各项森林资源指标均居全国前列。然而云南省林业具有资源丰富、分布不均，林产业欠发达等显著特点，即存在学者们所称的"大资源、小产业、低效益"的窘境，突出表现为：林业总产值低、林业经济贡献率低、林业粗放式经营严重、林农增收困难、林地流转不畅、林业从业人员素质偏低等[②]。

为了充分发挥林业在云南经济社会发展、生态文明建设中的重要作用，加快实现从林业资源大省向林业经济强省的跨越，云南省政府于 2009

[①] 麦强盛、刘洪波：《基于宏观审慎的金融监管指标体系构建研究》，《金融教育研究》2011 年第 4 期。

[②] 麦强盛、吕秀芬：《云南省林业产业发展动态研究》，《中国林业经济》2014 年第 2 期。

年12月提出"森林云南"的建设计划。建设"森林云南"是一项庞大的系统工程，既要从国家全局考虑，构建西南绿色屏障，建设完备的森林生态体系，优先发挥林业生态效益；又要坚持以"兴林富民"为目标，建设发达的森林产业体系、繁荣的森林文化体系，兼顾发挥林业经济效益和社会效益，避免重复以资源换经济的落后发展方式，这需要决策者有长远的战略眼光、睿智的举措，使林业三大效益获得平衡。本文构建了林业可持续发展能力的测评指标体系，并收集云南省林业相关数据，尝试使用主成分分析法，通过对各主成分及综合主成分的分析，可以获知云南省林业可持续发展能力逐年变化情况，从而为建设"森林云南"提供政策决策依据。

2 林业可持续发展能力的测评指标体系

借鉴国内外学者测度林业可持续发展能力的思路[①]，本文设计评价指标遵循以下5个原则：（1）客观性，即每一项指标要有一定的科学理论依据。（2）层次性，即指标根据测度目的和功能不同分出层次。（3）可应用性，即指标简便易于收集数据或计算。（4）灵活性，即指标有一定的时效性和变化趋势，反映出林业的动态变化。（5）综合性，即指标体系作为一个有机整体能反映出林业系统主要的本质特征。

本文设计的评价指标体系分为系统层、效益层、状态层和指标层，详

---

① M. D. Korzuhina and G. N. Korovinb，"Model Assessment of Succession Rates according to Forestry Data，" *Contemporary Problems of Ecology* 5（7）（2012）：603 – 611；Shamim Shakur and A. K. Enamul Haque，"An Input – Output Analysis with an Environmentally Adjusted Agricultural and Forestry Sector in Bangladesh，" *Journal of Sustainable Development* 5（2012）：84 – 94；Anna Lawrence and Amy Stewart，"Sustainable Forestry Decisions：On the Interface between Technology and Participation，" *Forestry & Natural – Resource Sciences* 3（2010）：42 – 52；查贵生、李业荣、陆斌：《云南省林业科技进步贡献率的测算与分析》，《广西林业科学》2012年第3期；兰月竹、吕杰：《辽宁林业现代化评价指标体系构建与评价——以辽宁省抚顺市清原满族自治县为例》，《沈阳农业大学学报》（社会科学版）2013年第2期；赵晓丽、耿玉德：《灰色多层次综合评价模型应用研究——基于黑龙江省国有林业企业竞争力评价》，《林业经济》2010年第5期。

见表1（括号中为各个层次指标权重，通过问卷调查和 AHP 法计算获得）。系统层是林业可持续发展能力，指在维护自然生态平衡和生物多样性的前提下，实现林业稳定发展。效益层包括经济效益、生态效益和社会效益，其中林业经济效益是"兴林富民"目标的出发点和落脚点，反映出林业投入与产出的比例关系，有林业经济水平、林业经济结构和林业经济活力三个状态层①。林业经济水平是在一定时期内（一个季度或一年），一个地区林业所生产出全部最终产品和劳务价值，被公认为衡量林业经济效

表1　林业可持续发展能力评价指标体系

系统层	效益层	状态层	指标层	指标标号
林业可持续发展能力	经济效益	林业经济水平	林业总产值（0.8882）	X_{11}
			人均林业产值（0.1118）	X_{12}
		林业经济结构	林业产值占比（0.2336）	X_{21}
			林一产占比（0.1094）	X_{22}
			林二产占比（0.3883）	X_{23}
			林三产占比（0.2687）	X_{24}
		林业经济活力	林业完成投资情况（0.7002）	X_{31}
			林业利用外资情况（0.2998）	X_{32}
	生态效益	林业实际资源	湿地面积（0.0920）	X_{41}
			林地面积（0.3219）	X_{42}
			森林面积（0.3278）	X_{43}
			人工林面积（0.2583）	X_{44}
		林业潜能资源	森林覆盖率（0.0976）	X_{51}
			活立木蓄积量（0.2281）	X_{52}
			森林蓄积量（0.2331）	X_{53}
			人工林蓄积量（0.4412）	X_{54}
	社会效益	林业就业	林业从业人员数（0.3155）	X_{61}
			林业职工平均工资（0.6845）	X_{62}
		林业溢出效益	森林旅游直接带动效益（0.7039）	X_{71}
			社会旅游从业人员（0.2961）	X_{72}

① 麦强盛、吕秀芬：《云南省林业产业发展动态研究》，《中国林业经济》2014年第2期。

益最佳指标，也是评价产生成果重要指标，这里选取了林业总产值和人均林业产值两个指标。林业经济结构指林业产业的构成情况，反映出林业三次产业的协调程度，这里选取了林业产值占比、林一产占比、林二产占比、林三产占比 4 个指标。林业经济活力指林业增长速度及潜力，这里选取了林业完成投资情况、林业利用外资情况 2 个指标。林业生态效益指林业体现出水源涵养、保育土壤、防风固沙、转化太阳能、固定二氧化碳和释放氧气等价值，一般而言林业资源越丰富其生态效益越显著。本文把林业资源分为林业实际资源和林业潜能资源，林业实际资源是确保林业发挥生态功能的自然资源或人工资源，这里设置了湿地面积、林地面积、森林面积、人工林面积 4 个指标；林业潜能资源是林业能获得林产品和非林产品的资源，设置了森林覆盖率、活立木蓄积量、森林蓄积量、人工林蓄积量 4 个指标。林业社会效益指森林可以满足人们精神需求、陶冶情操、提高健康水平，生态旅游还为社会提供大量的就业岗位，使地区人民脱贫致富。本文把林业社会效益分为林业就业、林业溢出效益，分别设置了林业从业人员数、林业职工平均工资、森林旅游直接带动效益、社会旅游从业人员 4 项指标。

3 云南省林业可持续发展能力的测评

为最终计算云南省林业可持续发展能力指数，实现云南省林业的有效测评，本文选取云南省林业 2003～2012 年的面板数据，并对林业三大效益的基本数据进行收集与整理。测评指标体系中的数据主要是通过《中国林业统计年鉴》（2003～2012 年）、《云南统计年鉴》（2003～2012 年）、网络数据库获得，部分数据是通过调研获得。由于篇幅限制，省略原始数据表和标准化数据表（Z 得分法），分析结果如下。

3.1 相关性检验

为了测试所收集的不同变量间的相关性及数据的稳定性，首先对标准化后的数据进行相关性检验。这里选用 Spearman 相关系数，它对原始变量的分布不做硬性要求，适合描述不服从正态分布的变量、总体分布类型未知

表 2　Spearman 相关系数矩阵

	X_{11}	X_{12}	X_{21}	X_{22}	X_{23}	X_{24}	X_{31}	X_{32}	X_{41}	X_{42}	X_{43}	X_{44}	X_{51}	X_{52}	X_{53}	X_{54}	X_{61}	X_{62}	X_{71}	X_{72}
X_{11}	1	1**	.94**	-.35	.25	.78**	.87**	.07	.66*	.04	.91**	.91**	.91**	.70*	.91**	-.83**	0	1**	-.64*	.56
X_{12}	1**	1	.94**	-.35	.25	.78**	.87**	.07	.66*	.04	.91**	.91**	.91**	.70*	.91**	-.83**	-.94**	1**	-.69*	.56
X_{21}	.94**	.94**	1	-.31	.18	.64*	.84**	-.01	.58	.06	.86**	.86**	.86**	.74*	.86**	-.87**	-.79**	.93**	-.62	.59
X_{22}	-.34	-.34	-.3	1	-.97**	-.29	-.22	.11	.32	.47	-.3	-.3	-.3	.03	-.3	.12	.24	-.34	.09	-.07
X_{23}	.24	.24	.18	-.97**	1	.16	.11	-.17	-.4	-.58	.18	.18	.18	-.18	.18	-.03	-.2	.24	-.09	-.07
X_{24}	.78**	.78**	.64**	-.29	.16	1	.69**	.35	.53	.15	.78**	.78**	.784**	.55	.78**	-.56	-.78*	.78**	-.39	.57
X_{31}	.86**	.86**	.84**	-.22	.11	.69*	1	-.23	.64*	.01	.78**	.78**	.78**	.55	.78**	-.89**	-.79**	.86**	-.75*	.47
X_{32}	.06	.06	-.01	.11	-.17	.35	-.23	1	.12	.38	-.02	-.02	-.02	.28	-.02	.22	-.15	.07	.09	.27
X_{41}	.66*	.66*	.58	.32	-.4	.53	.64*	.12	1	.62	.68*	.68*	.68*	.79**	.68*	-.49	-.62	.66*	-.42	.59
X_{42}	.04	.04	.06	.47	-.58	.15	.01	.38	.62	1	.24	.24	.24	.69*	.24	.13	.05	.04	.36	.68**
X_{43}	.90**	.91**	.86**	-.3	.18	.78**	.78**	-.02	.68*	.24	1	1**	1**	.77**	1**	-.74**	-.78**	.90**	-.38	.78*
X_{44}	.90**	.90**	.86**	-.3	.18	.78**	.78**	-.02	.68*	.24	1**	1	1**	.77**	1**	-.74**	-.78**	.90**	-.38	.78*
X_{51}	.90**	.90**	.86**	-.3	.18	.78**	.78**	-.02	.68*	.24	1**	1**	1	.77**	1**	-.74**	-.78**	.90**	-.38	.78*
X_{52}	.70*	.70*	.74*	.03	-.18	.55	.55	.28	.79**	.69*	.77**	.77**	.77**	1	.78**	-.48	-.55	.90**	-.38	.78*
X_{53}	.91**	.91**	.86**	-.3	.18	.78**	.78**	-.02	.68*	.24	1**	1**	.78**	.78**	1	-.74	-.78**	.90**	-.38	.78*
X_{54}	-.83**	-.83**	-.87**	.13	-.03	-.56	-.89**	.22	-.49	.13	-.74*	-.74**	-.74	-.48	-.74	1	.77	-.83*	.754*	-.323
X_{61}	-.99**	-.94**	-.79**	.24	-.2	-.75**	-.79**	-.15	-.62	.05	-.78**	-.78**	-.78**	-.55	-.78**	.77	1	-.93**	.78**	-.45
X_{62}	1	1**	.99**	-.34	.28	.78**	.86**	.06	.66*	.04	.95**	.95**	.95**	.70*	.95**	-.83*	-.93**	1	-.69*	.55
X_{71}	-.69**	-.69**	-.6	.09	-.09	-.39	-.75*	.09	-.42	.36	-.38	-.38	-.38	-.38	-.38	.75*	.78**	-.69*	1	.11
X_{72}	.55	.55	.59	-.07	-.07	.57	.45	.27	.59	.68**	.78**	.70*	.78**	.91**	.70*	-.32	-.45	.55	.11	1

**. Correlation is significant at the 0.01 level（2 - tailed）.

*. Correlation is significant at the 0.05 level（2 - tailed）.

的变量的关联性，适用范围广。从 SPSS18.0 软件输出的相关系数矩阵（见表2），大部分变量之间存在着显著的相关关系（具有较高的置信度），证明所选择的测评指标是合适的，可以进一步做主成分分析。

3.2 共同度分析

SPSS18.0 输出的初始共同度都为 1，提取的共同度取值区间为 [0，1]。一般认为当提取的共同度大于 0.4 时，公因子就能很好地解释该测量指标，即以 0.4 为界限，共同度的值越接近 1，说明该指标与其他指标可测量的共同特质就越多，该指标越适合进行主成分分析；共同度越低，表示该指标不适合进行主成分分析。表 3 显示了各项指标的初始共同度和以主成分法提取主成分后的共同度，从表 3 中可以看出所选取指标提取的共同度都相当高，全部在 0.8 以上，且大部分在 0.9 以上。由此可见，所有指标可测量共同特质比较多，证明所选取的指标是适宜的[①]。

表3 林业可持续发展测评指标的共同度

	Initial	Extraction		Initial	Extraction		Initial	Extraction		Initial	Extraction
X_{11}	1.000	0.992	X_{31}	1.000	0.865	X_{51}	1.000	0.996	X_{71}	1.000	0.974
X_{12}	1.000	0.991	X_{32}	1.000	0.928	X_{52}	1.000	0.961	X_{72}	1.000	0.941
X_{21}	1.000	0.888	X_{41}	1.000	0.994	X_{53}	1.000	0.866			
X_{22}	1.000	0.965	X_{42}	1.000	0.994	X_{54}	1.000	0.971			
X_{23}	1.000	0.954	X_{43}	1.000	0.995	X_{61}	1.000	0.972			
X_{24}	1.000	0.855	X_{44}	1.000	0.946	X_{62}	1.000	0.982			

Extraction method：principal component analysis.

3.3 主成分抽取

方差贡献率是指单个公因子引起的变异占总变异的比例，说明此公因子对因变量的影响力大小；累计方差贡献率是所有公因子引起的变异占总

---

① 麦强盛、刘洪波：《基于宏观审慎的金融监管指标体系构建研究》，《金融教育研究》2011年第 4 期。

变异比例，说明所有公因子对因变量的合计影响力。两者的关系是：各方差贡献率相加和等于累计方差贡献率。一般取累计贡献率达 85% ~ 95% 的特征值。

SPSS18.0 输出以主成分分析法提取主成分的结果（见表 4）。初始特征值为初步提取的主成分，第一列表示各主成分的特征值，第二列表示各主成分的方差贡献率，第三列表示各主成分的累计方差贡献率；提取平方和载入为最后抽取的主成分，各列分别表示为主成分的特征值、所解释变异量及累计解释变异量。

表 4 主成分解释的总方差

Component	Initial Eigenvalues			Extraction Sums of Squared Loadings		
	Total	% of Variance	Cumulative %	Total	% of Variance	Cumulative %
1	18.002	64.294	64.294	18.002	64.294	64.294
2	4.563	16.297	80.591	4.563	16.297	80.591
3	2.179	7.783	88.374	2.179	7.783	88.374
4	1.439	5.140	93.513	1.439	5.140	93.513
5	0.759	2.711	96.225			
6	0.522	1.866	98.091			
7	0.270	0.966	99.057			
8	0.174	0.620	99.676			
9	0.091	0.324	100.000			

分析表 4，SPSS18.0 建议提取 4 个主成分，共可解释 93.513% 的变异量，表明前 4 个主成分基本可以包含这 20 个指标的信息，因此将指标从 20 个降到 4 个，显著地减少了分析问题的难度和复杂性。

特征碎石图（scree plot）提供了因子数目和特征值大小的图形，将每一主成分的特征值按照由高到低的顺序绘制成一条坡线，以表示特征值的变化趋势。如图 1 所示的是关于初始特征值的碎石图，由图可以清楚地看到，第 4 个公因子之后的特征值变化缓慢，进一步验证了选取 4 个主成分是适宜的。

3.4 评价指标分类及各主成分命名

SPSS18.0 输出各变量在主成分上的因子载荷（见表 5），因子载荷是

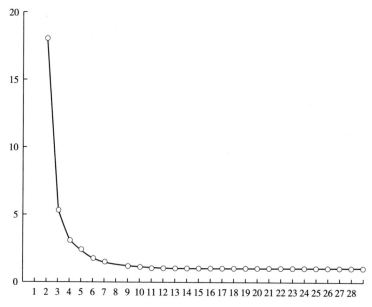

图1　特征碎石图

指标与公因子的相关系数，对于一个指标来说，因子的载荷绝对值越大，该因子与指标的关系则越密切，也就是说越能代表这个指标。基于此，我们可以对林业可持续发展指标分类及主成分命名。

表5　主成分因子载荷矩阵

	主成分			
	1	2	3	4
X_{11}	.960	.182	.184	-.054
X_{12}	.961	.180	.180	-.055
X_{21}	.923	.024	.158	-.105
X_{22}	.932	-.001	-.234	.266
X_{23}	.949	.227	.100	-.141
X_{24}	.930	.107	-.220	.267
X_{31}	.632	.131	.665	-.077
X_{32}	-.708	.164	.630	.046
X_{41}	-.593	.728	-.146	-.249
X_{42}	-.257	.878	-.013	.131
X_{43}	.444	.809	.182	.263

	主成分			
	1	2	3	4
X_{44}	−.179	.669	.248	.009
X_{51}	−.001	.932	−.234	.266
X_{52}	.534	.796	−.040	.161
X_{53}	.561	.669	−.380	−.234
X_{54}	−.281	.922	−.131	.056
X_{61}	−.694	.068	.324	.632
X_{62}	.466	.493	.065	.714
X_{71}	−.738	.034	−.558	.207
X_{72}	−.861	.274	.252	.248

Note：already extracted four principal components.

林业可持续发展指标分类详见表6，对于第一主成分，林业总产值、人均林业产值、林业产值占比、林业第一产业占比、林业第二产业占比、林业第三产业占比，具有较大的因子载荷，这几个指标反映出林业经济成果，因此命名为"经济效益"，其可测评64.294%林业可持续发展状况。第二主成分中，森林覆盖率、森林面积、人工林面积、林地面积、湿地面积、活立木蓄积量、森林蓄积量、人工林蓄积量，具有较大的因子载荷，命名为"生态效益"，可测评16.297%林业可持续发展状况。第三主成分中，林业完成投资情况、林业利用外资情况，具有较大的因子载荷，命名为"林业投入"，可测评7.783%林业可持续发展状况。第四主成分中，林业从业人员数、林业职工平均工资、森林旅游直接带动效益、社会旅游从业人员，具有较大的因子载荷，命名为"社会效益"，可测评5.140%林业可持续发展状况。

表6 评价指标分类

	命名	评价指标	测评程度（%）	特征根
第一主成分	经济效益	林业总产值、人均林业产值、林业产值占比、林业第一产业占比、林业第二产业占比、林业第三产业占比	64.294	18.002

	命名	评价指标	测评程度（%）	特征根
第二主成分	生态效益	森林覆盖率、森林面积、人工林面积、林地面积、湿地面积、活立木蓄积量、森林蓄积量、人工林蓄积量	16.297	4.563
第三主成分	林业投入	林业完成投资情况、林业利用外资情况	7.783	2.179
第四主成分	社会效益	林业从业人员数、林业职工平均工资、森林旅游直接带动效益、社会旅游从业人员	5.140	1.439

3.5 主成分分析

SPSS18.0输出了各个主成分的分值（见表7）。以主成分特征根为权，对4个主成分进行加权综合，可以获得综合主成分分值，即为林业可持续发展能力指数。该指数越高意味着森林综合效益显著，可增加人类福利，实现经济、社会、资源和环境保护协调发展。林业可持续发展能力指数计算公式为：

$$X = \frac{\lambda_1}{\sum\limits_{i=1}^{4} \lambda_i} x_1 + \frac{\lambda_2}{\sum\limits_{i=1}^{4} \lambda_i} x_2 + \frac{\lambda_3}{\sum\limits_{i=1}^{4} \lambda_i} x_3 + \frac{\lambda_4}{\sum\limits_{i=1}^{4} \lambda_i} x_4$$

式中，λ_i 表示主成分的特征根，x_i 表示主成分得分，X 表示林业可持续发展能力指数。

表7 各主成分分值及林业可持续发展能力指数

权重 年份	第一主成分 F_1 0.687545	第二主成分 F_2 0.174273	第三主成分 F_3 0.083222	第四主成分 F_4 0.054959	林业可持续 发展能力指数 F
2003	-1.768468	1.9534257	0.6740325	-0.483769	-0.845965262
2004	-0.898923	-0.186827	0.130944	1.225348	-0.572367668
2005	-0.596468	-1.168022	-0.003493	1.0321662	-0.557217327
2006	-0.422937	-1.311183	0.7459498	0.3461025	-0.438191791
2007	-0.208169	-0.793808	-3.003252	-1.350555	-0.605627465
2008	-0.001573	-0.557628	-0.514713	-1.904741	-0.24578021
2009	0.5436225	0.5630037	-1.575026	0.3240075	0.358612165
2010	0.7600054	0.4911927	-0.914004	0.4925805	0.559146713
2011	0.9416711	0.6730646	-0.295982	0.4976902	0.767459397
2012	1.6512394	0.3367778	2.0526205	-0.17884	1.354987522

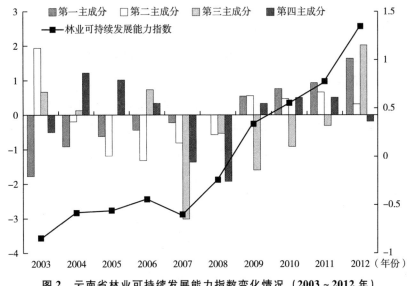

图 2   云南省林业可持续发展能力指数变化情况（2003～2012 年）

第一主成分 F_1 为经济效益，它直观、确切地反映了一个地区林业产业发展的根本水平。由图 2 可以清晰地看到，第一主成分保持了稳定增长势头，对云南省林业的可持续发展起到了显著的推动作用。以 2008 年为分界线，经济效益分值处于一个不断提升、由负转正的过程，说明云南省遵照"生态建设产业化，产业发展生态化"的发展思路，破解林业产业发展难题，实现林业产业跨越式发展。伴随林业总产值大幅发展，林业总产值占全省地区生产总值比重在 2003～2012 年基本持平略有上升，这说明云南省林业产业增长的速度与云南省经济增长的步调是一致的，云南省经济发展的同时推动了云南省林业产业的高速发展，获得可观的经济效益。人均林业产值在这 10 年间不断上升，从最初的人均 332.83 元增加到 1900.73 元，增长了近 6 倍，这一结果与我国经济近 10 年来的快速发展是吻合的。但是原始数据也显示出林业产业结构依然不尽合理（2012 年林业三大产业比例为 7.1：2.4：0.5），林二产和林三产比例偏低，导致云南的森林资源经营仍很粗放，林产品的科技含量较低，林业总产值偏低，势必影响云南省林业的可持续发展能力。

第二主成分 F_2 为生态效益，呈现出 V 形变化，2003 年为生态效益最好的时期，此后逐年下降直至 2006 年降至低谷，虽然近年一直处于提升态势，但是增加不平稳、幅度较小。这说明云南省林业也陷入先进地区曾经发生的"以资源换经济"的怪圈，必须加强森林生态效益补偿，大力造林绿化，保护生态环境。从原始数据看，森林面积和人工林面积逐年增加，保持了明显的森林资源优势。但喜忧参半，林地面积和湿地面积在10年间却有较大起伏，两个指标数据在2006年都降至最低（分别为157994万公顷和47146万公顷），当年湿地面积是峰值年份2007年的22.1%，当年林地面积是峰值年份2003年的10.6%，这可能是生态环境恶化、森林保护不力、以林地置换耕地等原因所致。总之，云南省可谓之林业资源大省，但林业生态效益有弱化趋势，如果对林业资源只开发而不保护、不种植，资源优势转化为经济优势不可维系，将会严重影响云南省林业的可持续发展。

第三主成分 F_3 为林业投入，呈现 W 形曲折变化。2003~2005年稍有下滑之势，2006年呈现上涨之后又转为下跌，2007年滑至最低值，而后连续出现上涨和下跌交替的现象，2012年上升到峰值。可见10年间云南省林业的快速发展与政府的资金扶持息息相关，第三主成分不规律变化与经济发展有密切关系，政府财政收入多，对林业投入力度必然加大，反之亦然。从林业完成投资情况和林业利用外资情况分析，2003~2008年基本呈平稳态势，2008年受金融危机影响，数据急速下跌，而近几年国家或云南省政府对于林业的投入力度不断增加，尤其是2011~2012年更为明显。至2012年，全省累计投入中央和省级林业建设专项资金356亿元，年度投入从2002年的14.7亿元增长到2012年的54.7亿元、年均增长14%，其中仅省级林业产业发展专项资金就由2002年的500万元左右增加到2012年的3亿元左右，增长了近60倍。

第四主成分 F_4 为社会效益，呈现跌宕起伏变化。2003~2006年为倒 V 形，于2004年达到顶峰；2006~2009年为正 V 形，于2008年达到低谷；2009~2011年为平稳上升状态，2011~2012年又开始下滑。这说明林业产生的社会效益是不稳定的，大体随国民经济波动而波动，但未来情况难以准确预测。首先看林业系统职工平均收入不断增加，从2003年的11523元增长到2012年的31741元，增长了1.75倍。同时林业系统从业人员数略微下降，从2003年的59118人减少到2012年的44031人，减少了15087

人。说明伴随林业投入增加，提升了林业科技含量，引入了先进林业机械，提高了林业产值，进而减少职工数量并提高职工收入水平。其次林业发展推动社会发展和进步，社会效益显著，2012 年云南森林旅游直接带动其他产业产值为 5578 亿元，社会旅游从业人员为 66 万人。可见林业发展有助于转移农村剩余劳动力，创造就业岗位，进而推动社会的和谐发展。

综合主成分 F 称为林业可持续发展能力指数，由图 2 所示经过 2007 年的拐点，云南省林业可持续发展能力指数保持一个稳步上升态势。2003 ~ 2007 年该指数为负值，但处于小幅上升，说明云南省政府重视林业发展，政策型推动林业可持续发展。2007 年指数猛然下降，这与美国金融危机爆发有关，金融危机波及全球各国的诸多行业，包括林业也难免受牵连。但 2008 年后指数立即升高，这说明我国虽受到来自金融危机的冲击，但是采取了积极的应对措施，避免国民经济快速下滑，使经济及时复苏。相比沿海发达省份，云南省经济外向依存度并不高，使得林业抗波及能力强。因此经历 2007 年的短暂下滑之后，云南省林业可持续发展能力指数一直持续增长，显示出可喜的增长态势。"十一五""十二五"期间随着退耕还林、林业重点工程的推进，建设森林云南政策的提出，云南省由传统林业向现代林业转变取得瞩目性成就。

4　结论

基于林业三大效益均衡的可持续发展理念，构建 20 项指标的林业可持续发展的测评指标体系，运用主成分分析法归为经济效益、生态效益、林业投入、社会效益等 4 个主成分，共反映云南省林业 93.513% 的可持续发展状况。

分析云南省林业 2003 ~ 2012 年的面板数据，发现第一主成分分值保持了稳定的增长，即林业经济效益增长迅猛，林业经济成为云南省支柱产业。但相比林产业发达省份仍有明显的差距，由于林二产和林三产比例偏低，云南省林业"大资源、小产业、低效益"的窘境短期内难以消解。云南森林资源丰富，生物多样性富集，是我国动植物种类最多的地区，林业用地面积、活立木蓄积量、森林覆盖率和林木绿化率等指标在全国居于前列，使第二主成分发挥出较好的生态效益。但林业生态效益有弱化趋势，须避免"以资源换经济"式经济发展模式，开发森林资源的同时注重生态补偿、造林兴林。云南是一些东南亚国家和我国南方大部分省区的"水塔"，具有重要的生态战略地位，中央和省级林业专项建设资金的巨额投入使第三主成分获得长足发展动力，今后要紧紧围绕"企业增效、林农增收、林业搞活"的总体目标，更好地发挥政策资金的公益性质。

云南地处低纬度高原，森林旅游资源得天独厚，其富聚度居全国首位，森林旅游直接带动其他产业产值显著，但不稳态使得第四主成分呈现跌宕起伏之势。今后应深入挖掘独特的森林生态文化内涵，依托大众旅游及旅游条件较好的森林公园、自然保护区、湿地公园等，加强相关基础设施建设，完善森林旅游管理体制，扩大森林旅游产业规模。

总体分析，云南省林业可持续发展能力指数保持一个稳步上升态势，林业产业将成为带动山区群众脱贫致富的主导产业、建设绿色经济强省的骨干产业、支撑全省经济社会可持续发展的基础产业，建设"森林云南"的重点是健全林业生态体系、优化林业产业结构、增强林业文化体系，化资源优势为效益优势。

日本森林政策变迁与森林补贴政策

洪振义　李见发*

台湾朝阳科技大学财务金融系

1　前言

从 20 世纪 80 年代起面临国际上的市场开放压力，台湾 2002 年加入 WTO 之后这股压力必须转为成员的基本义务，农林业遭受更直接的挑战，农林业政策必须肩负起农产业的发展职责。除此之外，1999 年 9 月 21 日凌晨 1 时 47 分 12 秒，台湾南部发生里氏 7.6 级地震之后的自然环境遭受空前破坏，农林业所面临的问题已经不是单纯的国际市场价格威胁而已，如何扮演维护环境保全，山洪治水等任务也成为农林政策的重要工作。基于此，本研究将以日本的林业补贴制度及山坡地农业政策作为研究分析的对象。

农林业政策相对于其他经济政策的保守，反映日本农业的脆弱性。长期以来，日本参与国际经贸组织的协议，农业经常成为针锋相对的焦点，因为日本农业经不起美、欧等国家的竞争。从 GATT，WTO，FTA 乃至 TPP 的协议，不管任何政党执政对农业的保护都无法置身度外。基于国际经贸的协议，日本政府需要调整农业政策，必须开放农业市场。因应市场的开放造成的农业冲击，一方面需要提升农产品的竞争力，另一方面保障农民的农业收入，战后日本农业政策反映出这样的特征，其中采取农产品

---

*　联系作者：李见发，台湾朝阳科技大学财务金融系副教授，台中市雾峰区吉峰东路 168 号。电子邮箱：jfli@ cyut. edu. tw。

的价格补贴制度，这是长期以来支撑农业发展的重要手段。美、欧各国认为价格补贴政策扭曲了市场价格对农产品的进口造成障碍，日本为了舒缓国际的压力与解决日益严重的农业生产力低落、农地荒废等问题，以直接给付的所得政策取代过去的价格补贴方式，建立日本式的直接给付制度。一开始的直接给付制度是针对一般的农业生产为对象，之后再推展至森林经营的直接给付。

本文涵盖林业补贴制度及山坡地农业政策，前者主要探讨森林经营与木材产业的补贴措施，后者则是论述在山坡地农业经营与农产品的政策。现今的补贴制度与农业政策有其一贯性，但无法忽视过去以来的调整过程，本文将对日本的林业补贴制度及山坡地农业政策做历史性与系统性的讨论，毕竟不同时间点所反映的农业政策是代表当时日本农业处境的因应手段。中国台湾与日本的农业条件相近，发展程度有些落差，从农业政策的考察有助于台湾如何看待目前的农业问题。

日本国土面积（37.78 万平方公里）的 2/3 为森林所覆盖，森林面积为 2510 万公顷。以森林的所有权来分①，私有林面积占 58%，国有林为 31%，公有林为 11%。日本私有林的经营特征为零细的小规模形态，"林家"（拥有山林面积 1 公顷以上的林业农家）私有林面积为 521 万公顷，"林业经营体"（拥有山林面积 3 公顷以上的林业农家且过去 5 年内提出从事林业作业的森林经营计划；接受委托实际从事造林；在过去 1 年内以委托与树木收购从事 200 立方米以上的木头的素材生产等经营体）私有林面积为 518 万公顷。依据 2010 年的世界农林业普查报告，"林家"有 91 万户，其中 9 成的森林保有面积在 10 公顷以下，而"林家"就占了 60%。保有面积在 100 公顷以上只占"林家"数的 0.4%，却占保有面积的 16%。另一方面，"林业经营体"的户数为 14 万个，有 9 成属于个人经营（家族林业经营），其余为法人经营体与地方公共团体或经营区。

经营森林的"林家"聚集成山村，山村地区人口虽占日本总人口的 3%，但是土地面积占全国的 47%，森林面积占全国的 60%。森林不仅存

---

① 私有林为个人、公司、寺庙、合作社等所拥有的森林；国有林为日本林野厅以及其他官厅所管辖的林野；公有林为都道府县、森林整备法人（如林业、造林公司）、市区町村以及财产区等所管辖的林野区域。

在经济利益，也保有环境生态的平衡机能，在森林之中存在众多的山村，这些山村的振兴成为日本农业政策成功与否的关键。

从平野外缘到山陵之间的山坡地约占日本国土面积的70%，约占农业经营面积的40%，是重要的农业生产区域，日本称为"中山间地域"。这些山坡地位于流域的上游地区，这些地区不仅具有农业与农村涵养水源和防洪等多元功能，也担负着下游居民生命财产的"守门员"。因此，日本农业政策在推动时，无法忽视"中间区"农业区域的存在，"直接给付"制度就是明显的例子。

日本农林水产省于2001年修订《森林与林业基本法》，并为了实现森林多功能性之永续发挥目的，于2002年导入《森林整备地域活动支持交付金制度》（简称《森林支持交付金》），这是森林直接给付制度的开始。2009年12月公布了《森林与林业再生战略》之后，陆续检讨了具体实施后于2011年4月修正了一部分《森林与林业基本法》，在法制面更具体化了《森林与林业再生战略》。在执行《森林与林业再生战略》之《森林与林业基本计划》（5年期）则于2011年7月26日开始实施。其中有关森林管理与环境保全补贴（直接给付）制度重点在于创设森林经营计划制度，根据该计划书补贴支持森林的疏伐作业，疏伐产生的木材运出以及集中作业活动所需经费。该制度政策目标为达成森林吸收1300万吨的碳量（2008~2012）及10后（2019年）木材自给率达50%以上。

日本近年来林业补贴制度之执行成果与相关规范值得作为当前中国台湾林业发展面临老龄化、林地利用与木材生产意愿低迷瓶颈时的借镜。另外，日本自2000年开始实施"中间山地区（即我们说的山坡地）等直接给付制度"来支持生产不利地区之山坡地农业生产与兼顾农业之多功能性，并制定相关规范，值得作为当前中国台湾山坡地农业政策中产业发展与土地利用之借镜。

日本生态系学会于2013年5月向自由民主党提出建言，希望具体检讨提升生物多样性保全相关之"多功能性直接给付制度"，并提出相关具体做法。2013年11月农林水产省在内阁府产业竞争力会议农业分科会《农业基本政策的根本改革》决议后已立法并于2015年依法创设"日本型直接给付制度（兼顾环境与生态相关之多功能性给付）"。

本研究之目的是透过搜集整理、参观与实地访问日本之林业行政机关、学术机关、专业团体，有系统了解其林业补贴制度、山坡地农业政策、"日本型直接给付制度（兼顾环境与生态相关之多功能性给付）"之政策，以及其成效与遭遇的问题，作为未来中国台湾政策与法规修正时之参考依据。

2　相关文献

2.1　补助金理论基础

简单而言可以归纳以下两种政策补贴目的最为普遍：

（1）以所得支持，结构调整与所得安定化为目的的直接给付补贴。

（2）多功能发挥，食料安全保障与环境保全为目的的直接给付补贴。

第（1）项为经济发展之初或初期市场开放阶段，各国普遍采取的农业政策。第（2）项则为最近 20 年来，基于环境遭受破坏，全球温室效应所引发的反省，将外部性的思考纳入农业政策中，乃是因为农林业除了生产之外，还兼具环保的功能。从现今日本农林政策的推动内容来看，有逐渐移向第（2）项的趋势，本节将以这一部分为主探讨直接给付的理论基础。

2.1.1　外部经济效果与农林业的补助金

因为农业与林业能够产生环境上的公益性机能，带来外部经济效果，故当台湾相关单位对农林业给予补助金相当于社会的边际成本规模时，将会使个人的边际成本降低，直到最适规模的供给量为止。以林业为例说明外部经济效果与农林业的补助金的关系。

在农业领域的思考上，公益价值可以从两个角度来看，一个是自然生态系"自然"产生的公益价值；另一个是由私人的农林业经营所产生的公益价值，补助金的估算应以后者作为计算基础。因此，直接给付之补助金公式可写成：

直接给付之补助金 = 私有林产生的公益价值之评价额 −

（林业收入 + 直接给付以外的各种补助金 + 租税支出）

2.1.2　外部经济效果与环境补助金（环境直接给付）

矢部光保就农业生产所产生外部经济效果分析环境补助金与环境支付关系，利用图 1 加以说明[①]。

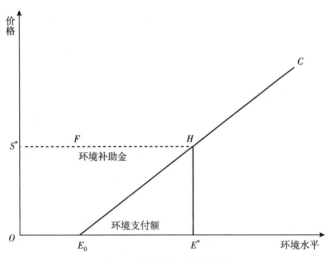

图 1　补助金与环境水平

资料来源：胁本修自（2005）。

纵轴与横轴分别代表价格与环境水平，C 曲线为农林业者为了环境改善所负担的边际成本，即为了追加 1 个单位的环境改善必须损失农产品的收入。当最适环境水平为 E^* 时，为了使农林业生产者能够配合这种生产水平时，将补助金额定在 S^* 即可。总补助金额为四边形 FE_0E^*H 之面积，因改善环境农林业者的费用为 ΔE_0E^*H 面积，所获得的利益为 ΔFE_0H 面积。

2.1.3　森林资源管理与外部经济效果的评价

当评估森林所带来外部经济效果时，有多少是属于森林经营者所创造出来的？多少是属于自然环境所产生的？以森林为例，前者可归类人工林，天然林是为后者，如何区别出来将关系到单位补助金的规模。在此从两个角度来探讨，一为假设人工林与天然林分担相等外部经济效果的机能，而假定只有人工林担任外部经济效果机能，分别以图 2 与图 3 来说明。

[①]　矢部光保：「多面的機能の考え方と費用負担」，載合田素行編著『農業環境政策と環境支払い—欧米と日本の対比—』，農業総合研究所研究叢書，2001，第 15 ~ 47 页．

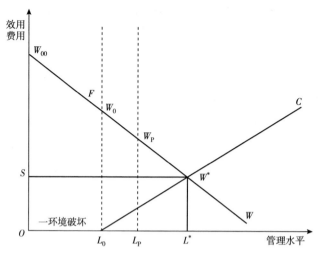

图2　农林业资源管理水平与公益价值（a）

资料来源：胁本修自（2005）。

图2为人工林与天然林具备相等的外部经济效果情况下：当人工林与天然林具备相等的外部经济效果时，为提升环境保全而提供补助金给私人森林经营的所有者，补助金的规模将视人工林的经营面积而定。图2说明了森林管理作业下与公益价值的关系，在推估公部门的补助金规模。曲线C代表为维持森林管理资源水平，森林经营者（或山坡地区农业经营者）所负担的边际成本，即为使得森林资源管理提升1单位经营者必须追加的成本。当在原点O时，表示森林处于不存在的状态，L_0为森林资源管理的基准点，表示不从事任何森林作业的放任状态。L_0的左边意味着"负的"森林管理，可能从事过度开发或放弃造林活动等现象，这种状况比自然放置森林不管更加严重。

现在假设台湾有关部门将森林资源管理水平设定在L_P时的总外部经济效果为四边形$OW_{00}W_PL_P$，因实施森林管理的补贴政策所创造的外部经济的增加规模为四边形$OW_0W_PL_P$。如果是以追求最适水平的森林资源管理水平时，台湾有关部门须透过政策引导经营者将森林资源管理水平达到边际成本曲线C与边际效用曲线W相交于W^*所对应的L^*上，同时以S^*的单位补助价格，台湾有关部门直接给付补助金需要四边形$L_0FW^*L^*$的财政支出。

图3为只有人工林担任外部经济效果情况下：当人工林如果适当管理

可以产生外部经济效果，而天然林无法提供有效改善环境保全时，以图 3
来说明政府的直接给付的补助金政策效果。

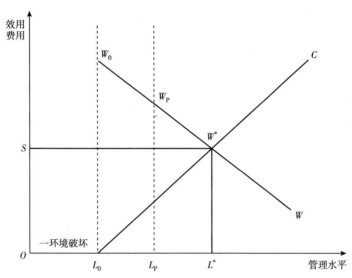

图 3　农林业资源管理水平与公益价值（b）

资料来源：胁本修自（2005）。

此时边际效用曲线为 W，森林管理资源基准点为 W_0，所对应的横轴为
L_0。现假定森林管理水平在 L_P 时，所产生外部经济总效果为四边形
$L_0 W_0 W_P L_P$ 所形成的面积。与图 2 同样，如果政府将政策设定在最适水平
时，会以 S^* 的单位补助价格，达到边际成本曲线 C 与边际效用曲线 W 相
交于 W^* 所对应的 L^* 上，此时政府直接给付补助金需要四边形 $L_0 F W^* L^*$，
森林经营者所付出的环境费用为 $\Delta L_0 W^* L^*$。

基于上述的理论基础，本文研究农林业的直接给付将定位在农林业经
营者所得保障的"生产直接给付"、农林业多功能的"环境直接给付"与
活化地区农林业的"振兴区域直接给付"三种基本精神，这也是日本现在
农林业直接给付制度的内涵，如图 4 所示。

2.2　直接给付的文献

早期日本的直接给付制度最先建立在农业区域，从平原区域农业涵盖
到"中山间区域"的农业生产活动的补贴。"中山间区域"这个名词被广

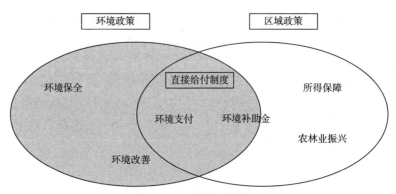

图 4　日本直接给付的定位

泛运用起源于 1988 年的《农业白书》。以地理角度来说，日本"中山间区域"涵盖"中间农业区域"与"山间农业区域"，这两个区域属于"不利农业生产条件"的农地，所以"中山间区域"就是指"不利生产条件"的区域，本计划的山坡地部分涵盖区域范围。而直接给付制度应用在农业直接给付（一般农业区与中山间农业区）、森林整备区域活动之原直接给付、森林直接给付、离岛渔业直接给付等，涵盖多元的农业生产活动，在名称上常以补助金或是直接给付方式称之。

　　农业补贴是世界各国长期以来的重要政策，特别像日本、韩国以及中国台湾地区，因为农业的经营条件不如欧美等国。因此，农业补贴，直接给付制度就是希望改善农民的经济与生产状况。关于这方面的文献，杨明宪、陈郁蕙、陈吉仲以日本稻米补贴政策的调整分析实施的效果，并强调日本的推动经验[①]。陈郁蕙、张宏浩分析限量进口之情况下实施直接给付政策对台湾稻米产业之影响[②]。

　　另外陈郁蕙针对农业直接给付措施指出，区隔不同的情况下实施固定给付与变动给付，稻农户别所得补贴制度中给予长期处于亏损的稻农以固定金额之补贴，即固定给付。如当年度米价下跌时之补贴，即变动给付[③]。

①　杨明宪、陈郁蕙、陈吉仲：《日本稻米补贴政策调整之实施效果与经验》，《农政与农情》2009 年第 23 期。

②　陈郁蕙、张宏浩：《在限量进口之情况下实施直接给付政策对台湾稻米产业之影响》，《农业金融论丛》2002 年第 47 期。

③　陈郁蕙：《理性思考农业直接给付措施》，《农政与农情》2011 年第 12 期。

陈雅惠、陈郁蕙、廖安定、陈启荣在针对台湾稻谷保价收购措施调整的论文中指出，如果政策调整后市场价格跌幅在 15% 内，农民收入仍可维持在目前水平；收入结构中来自政府补贴比例将降低，而政府财政负担将低于目前水平。但是若以产业结构调整作为目标时，应该采纳考虑最低面积、产品质量或最高年龄限制等之稻米直接给付措施①。

而在日本方面的文献当中，佐藤宣子等针对日本 2002 年开始之"森林整备地域活动支持交付金制度"之架构与全国动向，分析了第一期的成果与课题、第二期的变更点与实绩。该研究也举出森林所有者与所有者以外交付金之活用案例。最后，整理了迈向日本型森林直接给付制度之关键论点②。胁本修自将研究重点放在森林资源管理产生的外部经济效果，并检讨日本森林公益机能的评估方法与直接给付制度化③。长谷川宽针对 2002 年导入之日本第一个近似直接给付之森林资源支持交付金制度，透过福冈县为个案研究检讨其效果与课题。该研究发现给付对象及范围不同会依森林所有者结构及林业定位而有差异④。横川洋针对生态系服务（农业与农村多功能性）之机制，回顾了相关环境政策的做法（环境直接给付与适正农业规范 GAP）及比较了日、欧与中国的做法，并分析理论、政策与现状之联结⑤。

平野秀树研究显示，应该评价森林的公益机能，针对森林所发挥各种机能给予适度的补助⑥；饭野靖四认为中山间区域所带来非市场经济的利益，对于获得此利益的民众应收取相对应的金额，返还给居住该区域的相关人员，意味着应该对从事该活动者给予适当补助⑦。堺正纮认为人们对

①　陈雅惠、陈郁蕙、廖安定等：《台湾稻谷保价收购措施调整》，《农业经济半年刊》2007年第 1 期。

②　佐藤宣子：「日本型森林直接支払いに向けて‐支援交付金制度の検証」，日本林业调查会，2010。

③　脇本修自：「森林の公益的機能の評価と直接支払い」，『地域経済研究』，2005。

④　長谷川寛：「林業における直接支払い制度の効果と課題」，九州大学森林政策学研究室卒業論文。

⑤　横川洋：「生态协调的农业形成和环境直接支付——农业环境政策论的接近」，青山社，2011，第 62～312 页。

⑥　平野秀樹：「2020 年日本の森林、木材、山村はこうなる森林化社会がくらし・経済を変える」，全国林業改良普及協会，2003。

⑦　飯野靖四：「中山間地域のへ財政的支援」，農文協，2000。

于从事森林经营业的所有者应该透过税金或公共资金的投入，支持森林的
经营活动①。

合田素行讨论了直接给付、环境支付说明与农业环境政策的关系，
认为直接给付应由纳税人负担支付给农业经营者②。小田切德美也指出中
山间区域的直接给付制度与直接给付政策可作连接农村与都市的桥梁，深
具社会上的意义③。佐藤宣子以支持交付金制度的实际例子说明日本型森
林直接给付制度，强调在森林（林业）分野的直接给付制度引入之必
要性④。

3 日本林业政策与直接给付的补贴制度

3.1 日本林业政策的变化与特质

不同时期日本主要森林政策发展，依其政策特质的不同分别叙述如下。

3.1.1 森林结构改善事业的林业基本法制定（1964～1991）

日本林业结构改善事业是基于 1964 年所制定的《林业基本法》开始
的，以森林组合（合作社）为中心，充实资本设备、改善林地保有地的零
散特质，与改善森林生产基础的脆弱性为目标。

由林业结构改善事业推动森林道路（林道）等生产基础环境、机械设
备等资本装备的高度化，也因此森林组合（合作社）的资本设备大幅
提升。

日本在 1980 年至 1994 年提出新林业结构改善事业，确立国产木材供
给体制，在全国各地广设木材加工设施（制材工厂）与森林组合（合作
社）。

---

① 堺正紘：「森林資源管理の社会化と長期伐採権制度」，『山林』，2003，第 2～9 页。
② 合田素行：「中山間地域等への直接支払と環境保全」，家の光協会，2001。
③ 小田切德美：「中山間直接支払制度と直接支払制度の課題」，『農村と都市をむすぶ』，2004，第 24～34 页；小田切德美：「日本における農村地域政策の新展開」，第 63 回地域農林経済学会大会講演，2013。
④ 佐藤宣子編「日本型森林直接支払いに向けて－支援交付金制度の検証」，『日本林業調査会』，2010。

3.1.2 森林·林业活性化的森林产业管理体系建立 (1991~2000)

由于国际木材价格的长期低迷,1980 年达到最低点,而且持续下跌,日本木材产业逐渐衰退。木材价格低迷的结果,已经达采伐树龄期的森林以致无法提供,造成日本国产木材在市场上只有少量供应。为了改善这种状况,1991 年日本建立森林产业管理体系,是为活化森林/林业的政策。林政单位提出森林、林业活性化的森林产业管理体系是基于过去产业链无法有效结合所提出的政策修正。森林产业管理体系将日本全国分成 158 处的森林计划区或流域,整体推动各区域的森林整备与木材的供给。在每个森林流域成立"森林、林业活性化中心",以森林区域为单位划分上游与下游森林/木材的联结管理。

在森林产业管理体系下,每个森林区域部分民有林或国有林之所有权者,一律整合为同一个管理系统之内,以森林管理、林业生产与木材流通的规模经济为目标。

3.1.3 森林·林业基本法制定 (2001~2003)

2001 年日本为因应 21 世纪的环境变化,制定《森林·林业基本法》,以"发挥森林具有多元的机能"与"林业持续的且健全的发展"作为森林政策的基本理念。

因为每 5 年制定新的"森林、林业基本计划",林业政策能够及时对森林对环境与公益性产生的问题进行调整,这也是继承了林业结构改善事业的新基本法。

3.1.4 国产木材新流通与加工体系的建立 (2004~2006)

经过上述森林政策的推动,即使进入国产木材采伐的期间,但日本林业因收益性低,无法吸引业者投入国产木材的利用,荒废山林状态依然可见。为改善这样的状况,国产木材新流通与加工体系的建立变得很重要。

国产木材新流通与加工体系以过去没有充分使用的劣质材(日本规格的 B 材、A 材)加以利用,建构这些劣质材的流通与加工体系的结合,以组合板形式提高国产木材的利用价值。日本这样的新生产体系使得国产合成或组合板的利用大幅增加,也创造了林业经营者与流通业者的所得。

3.1.5 供需调整的新生产体系的建立 (2007~2010)

为了巩固国产木材新流通与加工体系,供需调整的新生产体系的建立变得更重要。新生产体系选定日本全国 11 处作为推动的模范区域，分别在这些区域设置年产原木消费量数从万立方米到十数万立方米程度的大规模制材所，将稳定供给 A 级木材等级的国产木材直接提供至工厂。在国产新流通与加工体制下的新生产体系，一方面持续推动国产樟树与桧木 B 级木材的利用，另一方面建立 A 级木材大量供给体制。

3.1.6 森林·林业再生计划的制定（2011 年至今）

（1）《森林·林业再生计划》提出的背景

2010 年日本设置"森林·林业再生计划推动本部"，本部之下设置 5 个委员会，之后以"朝向森林、林业再生的改革面貌"实施林业再生计划。

"朝向森林、林业再生的改革面貌"主要针对森林所有者的应尽森林管理者之责任，由国家采取直接支持的政策。所以当森林所有者失去森林经营管理热情时，将由其他能够从事森林管理者经营管理，推动森林密集化的经营，以便进行适当森林成长环境下的采伐。这将有助于国产木材使用在住宅与公共建设上，进而提高 50% 的木材自给率，创造 100 万个就业机会。

（2）《森林·林业再生计划》的主要内容

"朝向森林、林业再生的改革面貌"是针对没有妥善管理森林持续增加的状况下，重新调整新的森林/林业政策。具体做法有：

A. 森林计划制度的重新评估；

B. 加速朝向低成本化的森林道路网络整备；

C. 切适当森林经营管理确实推动的架构整备；

D. 核心林业事业体的教育养成；

E. 建立国产木材需求扩大与效率的加工/流通体制。

（3）《森林·林业再生计划》的特征及目标

《森林·林业再生计划》是以林业收益性提高能够遍及日本全国各区域为施政重点。《森林·林业再生计划》在扩大对日本国产木材需求的同时，也要建立对国产木材的稳定供给。在木材价格低迷的前提下，《森林·林业再生计划》提供林业收益性向上的可能性。为了能够达成这个目标，结合森林所有者、森林组合（合作社）、林业现场的技术人员、木材相关产业的关系者，还有必须与公家行政部门之间形成紧密联系与合作的关系。换言之，《森林·林业再生计划》的目标是追求大规模化、密集化与效率化。

3.2　林业补贴制度：日本型森林直接给付制度

3.2.1　日本森林、林业经营概况与发展

日本 2014 年度"森林整备事业"预算规模为 1243.56 亿日元，私有林预算为 570.95 亿日元，国有林为 672.61 亿日元。在私有林预算当中以对森林事业的补助金最多，共有 318.04 亿日元，森林环境保全整备事业就占了 309.74 亿日元。而森林环境保全整备事业包含育成林整备事业、共生环境整备事业与机能回复整备事业三大部分。

"森林整备事业"是强化日本国土所提出的策略，认为适当森林经营的作业活动对多功能森林机能的持续提升是必要的。于是，在 2013 年 6 月的内阁会议上，在"经济财政营运与改革的基本方针"中特别指出在国土强化的优先级的基础上，提出共具体化的策略方针，并加速推动。另外，妥善利用日本森林资源，持续发挥森林多功能特性，为了能够确立林业为成长产业有建立稳定的木材供给体制的必要。因此除了提出"经济财政营运与改革的基本方针"之外，在《日本再兴战略》当中特别强调必须强化日本农林水产业的竞争力，并建立推动日本农林水产业多功能的发挥机制。在"森林整备事业"当中又以疏伐与林道网络整备最受重视，这两项森林作业活动有助于林业的成长产业化与森林吸收碳量的温室效果对策之推动。

另外，日本在 1965 年的木材自给率为 94.5%，随着经济发展，木材进口的增加与国内森林政策的保护，使得木材自给率逐年下降，目前约为 28% 的水平。

3.2.2　"森林整备事业"的内容

"森林整备事业"主要为疏伐与林道网络整备，分别说明如下。

（1）疏伐的重要性

依据早期的对环境保全的认知，森林必须保护，尽量不要砍伐确保森林的茂盛以涵养水源，长期以来造林政策成为日本重要的森林政策。在森林管理、环境保全的直接给付制度下，希望以扩大森林"面的"整合，依

据自然地理环境推动森林道路网络与木材运出的疏伐，进而降低森林经营的作业成本。图 5 说明了疏伐对森林成长的影响。

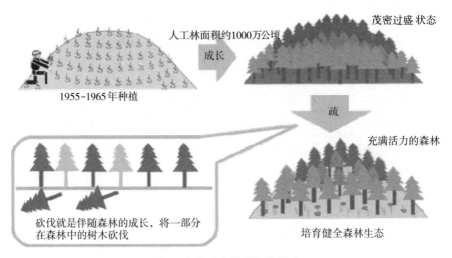

人工林面积约1000万公顷

茂密过盛 状态

成长

1955~1965年种植

疏

充满活力的森林

砍伐就是伴随森林的成长，将一部分在森林中的树木砍伐

培育健全森林生态

图 5　疏伐对森林成长的影响

资料来源：日本农林水产省林野厅。

在直接给付的新支持的作业对象中，60 年生以下（1955～1965 年种植）的林木采取疏伐，以避免茂密过剩的森林状态。采取疏伐的森林作业可以提升森林生态的健全发展，透过对森林中的树木适当的采伐，促进复层林、混交林与天然林的改善等，培育健全森林的生长条件。因此，适当的疏伐就成为日本林业政策推动的方向，并以补贴的方式提升效果。为达成这样的目的，要采取配套措施，其中之一为林道网络整备。

（2）林道网络整备

要实施疏伐需要有顺畅的林道网络整备，透过共同森林经营以达成密集化的效率施工作业，因此参与团体需要提出森林经营作业计划，整备实施森林区域间的林道网络，作业情形如图 6 所示。

3.3　日本型森林直接给付制度导入及其制度的架构

3.3.1　第 1 期森林直接给付制度（2002～2006）

森林直接给付制度导入初期

森林直接给付制度的产生受 2000 年《中山间地区等直接给付制度》

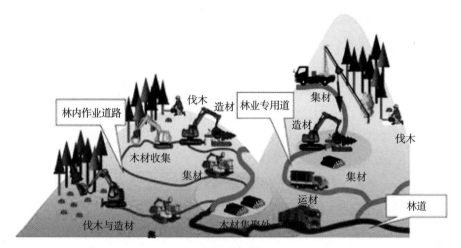

图 6　森林集约化施工作业

资料来源：日本农林水产省林野厅。

的影响，但是森林适用此制度存在一些问题。由于一般农业的直接给付需
具备以下两个条件：①在不利区域生产；②从公共机能的观点来看，造
林、疏伐等林业活动已经实施多项补助措施。这两点使得森林适用于水
田、旱地等农业直接给付制度有其困难。因此，在行政上，森林的支持补
助并没有被定位像一般农业的直接给付，透过以森林资源政策为中心的造
林补助金制度是将造林、除草、疏伐等各项费用，直接给付给森林所有
者，避免双重补助状况。在此时期的森林补助金制度无法像《中间山地区
等直接给付制度》受到重视。森林直接给付主要内容有三点：

A. 计算基础森林面积（依森林种植年数/树种）×给付单价；

B. 自治团体负担比例（地方财政措施）特别统筹分配税款 70%，普
通统筹分配税款 30%；

C. 不可对大企业森林所有的直接给付。

初期的森林直接给付的树龄①限制须为"7 龄级"（35 年生）之前
（团区疏伐等须为 45 年生的"9 龄级"）；不需事前提出森林经营计划，且
不必以搬出伐木作为必要条件，只需森林面积 30 公顷以上整合就能够适用

———————————

①　日本的树龄以每 5 年为一级，例如"1 龄级"是指 1～5 年生的树木，"2 龄级"是指 6～
10 年生的树木。

这个直接给付制度，条件较为宽松。初期的森林直接给付以小规模的分散经营者作为补助对象。

3.3.2 初期森林直接给付制度的组织架构

图 7 为初期森林直接给付制度的组织架构，从图中可知直接给付的条件有：

A. 面积：30 公顷以上的整合；

B. 计划期间为 5 年；

C. 计划策划者可以为森林所有者（个人、团体）、森林合作社、木材生产者、林业工会。

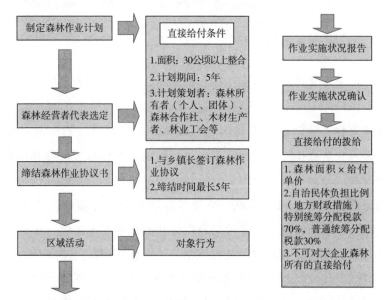

图7 初期森林直接给付制度的组织架构（2002 年）

资料来源：日本农林水产省林野厅。

经过森林经营者代表选定之后，与乡镇长签订森林作业协议，缔结森林作业协议时间最长为 5 年，这段时间实施区域活动，并向市乡镇村报告，并确认有无确实推动协议内容，之后再拨付直接给付金给森林经营者。这些直接给付金是由乡镇村支付以契约所圈定区域的森林面积乘以给付单价。直接给付的交付金是由中央负担 1/2，县以及市乡镇村各自分担 1/4。

由上述的初期森林直接给付制度的概要的特征有三点①：

（1）该制度与森林经营管理计划产生联系作用；

（2）来自多方的支持单位；

（3）展现地方的裁量主义。

3.3.3　第二期森林直接给付制度（2007～2011年前）

自2007年起，日本对森林直接给付做了一些调整，主要有：对象行为的变更，在初期的森林直接给付制度并没有将"森林现况之确认"纳入申请补助的条件内，在第二期的森林直接给付规定上增加了：①森林经营实施区域的明确化作业；②森林步道的整备；③归纳整理结果与请托人的通信联络等；④林业事业体等之森林经营管理的密集化所需的森林情报的收集活动。

重新修正计算基础森林之条件与交付单价，计算基础森林的条件从人工林35年生未满扩充至45年生未满，交付单价从1万日元调降为5000日元。

第二期森林直接给付制度的变更不只是促进森林经营作业计划的确定，而且是经营作业实施的实质化，使所有者以外之主体的森林经营管理得以长期受托化。换言之，第二期森林直接给付制度推动了森林的所有权与经营权的分离。

3.3.4　第三期森林直接给付制度（2012年后）

在2011年之前的森林直接给付制度，森林经营作业由经营者各自实施疏伐作业，并没有采取共同整理疏伐与森林网络密集化措施，经常造成森林作业网络的阻隔，并且因森林的疏伐而产生大量木材的弃置，但是从2012年起有了转变。最大的特征为推动森林经营作业的密集化，透过活用自然地形以促进森林作业网络建置，提高森林疏伐运输过程的顺畅。

2012年起的第三期森林直接给付制度支持的对象需要做好上述①至④项事前准备、调整与资料的制成。森林情报收集，森林调查，森林关系经营者之间的意识形态的整合一致性支活动，参与直接给付制度的森林区域的确认。

---

① 佐藤宣子（2010）：『日本型森林直接支払いに向けて』，日本森林調査會，第21页。

（1）森林经营计划制定与经营作业密集化的条件整备

推动森林经营计划制定与作业密集化之必要作为需要完成既存森林道路网络之简易改良。

（2）支持对象（森林直接给付对象）

想要参与森林所有者，森林合作社（组合），事业经营体等可以成为此制度的支持对象。为了推动森林经营的实施，必须与该区域的市乡镇村长缔结约定。

第三期森林直接给付制度的精神在为改革森林经营的疏伐，依据《森林·林业再生计划》内涵，透过彻底的经营作业实施的密集化与森林道路网络的整备，以降低经营作业之成本，推动与疏伐所带动收入面的提高，确立永续的森林经营。如果顺利推动，日本预定 10 年后，国内木材自给率将达到 50% 的目标，如图 8 所示。

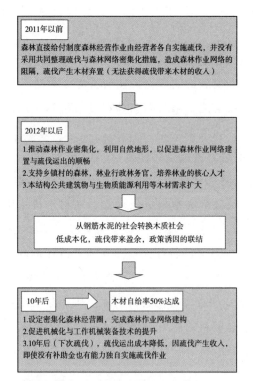

图 8 日本森林管理、环境保全直接给付制度（2011 年以后）
资料来源：日本农林水产省林野厅。

综合上述的内容，这一新制度主要的重点有：

新的《森林经营计划》做成与确认之必要。

为了使参与之森林经营能够产生"面的"联结，森林所有者或是森林经营受托者，关于森林经营作业、森林保护或是道路网络整备等之计划的制定，必须经过市乡镇村长的认定。

"事前计划"的制定与提出。

在实施疏伐，作业道路开通之前，记载实施之预定场所、作业量、林内道路网络状况与计划等事项于"事前计划"之中，制定计划书之后向县政府提出申请。

必须为 5 公顷以上的森林疏伐实施作业面积。

因为参与这个制度需要 5 公顷以上的森林疏伐实施作业面积，视情况而定，集结复数森林所有者之森林，实施森林经营作业的密集化为必要条件之一。

必须 10 米^2/公顷以上的木材搬运之疏伐。

第三期森林直接给付制度需要将 10 米^2/公顷以上的疏伐之木材搬运，虽然可能有一部分无法搬运出去，但只限于疏伐的砍伐弃置。

上述的直接给付制度的推动是希望以森林作业密集化，透过适当森林道路网络的整备与作业的机械化，以有效率的作业降低成本、创造更多的收入。图 9 为 2011 年之后新的森林管理、环境保全直接给付制度。

林业成长产业化的课题（1）：低成本、高效率作业体系的建立；林业成长产业化的课题（2）：专业人才的培育。

另外，日本的森林环境税始于 2003 年，由高知县开始实施。透过地方自治体（都道府县）推动森林整备制度以维持环境正常机能，缓和地球温室效应，地方自治体居民共同负担环境维护费用。一般而言，森林环境税常以"水道课税方式"与"县民税均等方式"课以森林环境税，随费征收较为便利，经过政策倡导之后反弹较小。

3.4　森林疏伐以及森林更新伐的补助金方式

在森林管理、环境保全直接给付制度中，森林经营作业支持项目除了疏伐之外，还涵盖了植栽作业、森林地层面的修整作业（10 年生以

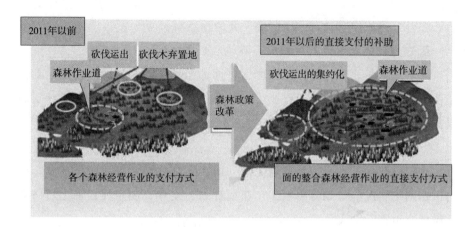

图9 新的《森林管理·环境保全直接支付制度》
资料来源：日本农林水产省林野厅。

下）、林木的修枝作业（30年生以下）、森林倒树的扶正作业（25年生以下）、森林区的更新伐作业（90年生以下）、森林相关的附带设施整备作业与森林作业道路整备作业等，其中以疏伐与更新伐的单位补助金最为主要。

前述说明，日本改变以往森林环境保全的做法，适当的森林疏伐不但可以增加森林所有者的收入，更可以营造森林的成长环境，有助于森林生态的健全化。因此，在疏伐与更新伐之补助金，一般而言运出越多森林的疏伐与更新伐的木材就可以获得更多的补助金。如图10所示。

由图10可知，当木材运出量没有达到一定的数量时，也就是说如果森林经营者没有将森林疏伐与更新伐之后的积材运出，森林经营者将无法取得政府的直接给付。

3.5 日本林业补贴制度组织联系

现阶段日本的森林直接给付制度是以有意愿且真正的森林经营者才能够参与这项制度，也才能获得补助金。而在补助金的流程中，不管在2011年旧制度之前，或2011年之后，皆分为两个阶段，即国家层级的中央（负担51%），地方层级的都道府县（负担17%），森林所有者自己负担一部分，为全部森林之疏伐、道路网络整备等费用的32%，如图11所示。

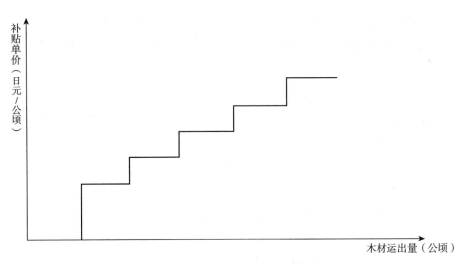

图 10　直接给付补助金与木材运量

资料来源：日本农林水产省林野厅。

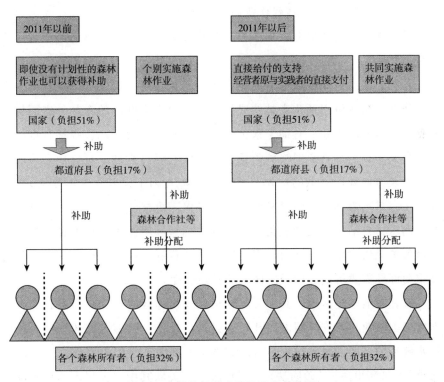

图 11　直接给付制度下补助金的流程

资料来源：农林水产省林野厅。

从图 11 中可知，2011 年补助金的方式为各个森林所有者可以以个别经营作业取得补助，但 2011 年之后必须共同实施森林作业才能够取得国家的补助。

4　总结

日本在森林的直接给付制度初期是以造林补助金方式，针对造林、除草、疏伐等森林经营作业之直接付给森林经营者。而 2011 年后森林补助金的直接给付制度的程序变化重点主要有：

重点 1：《森林经营计划》的制成与认定为必要程序要件。

重点 2：疏伐以及森林作业道路的《事前计划》的制成与认定为必要程序要件。

重点 3：5 公顷以上疏伐作业面积为必要程序要件。

重点 4：10 公顷以上森林面积之疏伐以后，将木材运出为必要程序之要件。

森林直接给付制度以"森林整备事业"为主干，其中又以疏伐列为必要之作业。疏伐可以活化森林的成长环境，建立更健康的森林，进而提升森林涵养水源的效益，有助于水土保持，有利于治山治水。森林直接给付制度另一个重点为林道网络的整备，除了便利森林管理，对疏伐之后的木材，以及方便处理倾倒的树木与枯树，这将有利于提升森林的生态环境。换言之，日本森林直接给付制度不仅可以保障森林经营者之收入，也会提升国内木材自给率，更能强化日本森林管理与环境保护。日本森林管理与环境保护无法由单一直接给付制度就能达成目标，因为还有另一个森林管理重要课题需要解决，即敏感区域的补贴制度。

森林涵盖广泛区域，其中又以补贴保安设施区域存在众多问题，例如保安设施事业与保安林制度的补贴或是损失补偿。敏感区域的管理为治山治水政策的一环，虽然与森林管理制度有密切关系，但是牵涉众多的法律与单位。《河川法》《砂防法》《森林法》等关联其中；河川事业属于国土交通省之水管理·国土保全局；河川事业的砂防事业又属于水管理·国土保全局砂防部所管辖；治山事业则属于农林水产省林野厅所管辖。跨事业与跨部门的管理说明处理敏感区域问题相对复杂，需要各管辖部门的通力合作才能完成。

5　建议

日本的农林业补贴措施与政策的推动过程，对照台湾地区所面临的农林业问题时，提出以下建议：

日本早期（1897年第一次《森林法》制定公布以来）对于天然林或保安林的采伐皆采取较为严格且保守的禁伐政策，认为树木砍伐就是破坏地理环境。然而，随着森林经营观念的改变与国际木材价格的变化，如何提升国产木材的自给率已经成为日本因应未来国内木材市场稳定与环境保护的双赢策略。特别在2012年推动的第三期森林直接给付制度中，疏伐已经成为森林健全经营的必要手段，也是同时兼顾森林经营者的所得保障的稳定策略。

我国台湾地区在1992年对天然林采取全面禁采，每年人工林以及租地造林所采伐的森林不到5万公顷，木材自给率不到1%，台湾森林问题所衍生的将来面对木材供给稳定性问题与环境保护问题更甚于日本。台湾如以日本林业政策为借镜，那么长期以来的观念与政策需要做些调整，必须认真思考适当的森林疏伐之必要性。在日本疏伐作业有配套措施，森林道路网络的整备与作业必须事前提出计划然后实施，适当的疏伐需要考虑区域、方式、状态、种类与目的才能够达到所谓的适当水平，这是台湾可以努力的做法。日本的经验提供我们一个思考，以适当的疏伐与保安设施事业的结合，可以使自然灾害的防备机能与水源涵养机能得到有效的改善，这对目前台湾所处的敏感区域整治的问题提供一个可以考虑的做法。

总之，目前日本的木材自给率约为28%，透过疏伐及林道整备与维护之补助，这样的直接给付制度的设计是希望能带动日本森林产业，进而不需政府补助也能自立为目标。而台湾目前自给率约为1%，如用这套制度，面临几个问题，分别为（1）财政负担问题；（2）时间需要更长；（3）需要全面进行森林普查以作为补助计算基础。这三项问题台湾地区必须先行解决，才能落实森林政策的管理目标。

首先，台湾无法完全适用日本现行的补贴/补偿的计算公式，以目前台湾的财政无法负担庞大的补贴/补偿，虽然尚未估算如果引进日本的补贴方式台湾需要多少金额，但是从补助或是补偿条件来看，是一笔巨大的财政负担。

其次，日本的计算公式分得很细，台湾针对补助或补偿对象在农林业的用途尚未建立准确的数据，无法直接适用计算公式。

最后，关于日本在林业补贴和疏伐上的做法与山坡地的农业管理态度值得台湾地区重新思考是否应采取更积极的行动。妥善且适度的管理不但可以提升环境保护，更是治山治水政策的一部分，同时可以同步发展农业与林业的健全管理。换言之，以往森林禁止采伐与山坡地禁止开发只要适度管理，农林业反而可以正面发展，可以参考日本在这方面的具体做法。

玉溪市林农参与森林火灾保险的意愿分析

黄颖洁　罗明灿

西南林业大学经济管理学院

1 研究背景及意义

我国从 1998 年开始实施天然林保护工程，各地方政府以促进社会经济的可持续发展为宗旨，积极鼓励和支持各地区对天然林的保护，经过各界多年的努力和投资建设，我国的森林资源进入了一个快速增长的时期[①]。

随着近年来旅游业的兴起，森林旅游逐步进入到人们的生活当中，越来越多的人喜欢在森林中徒步旅行或者登山。人类在森林中频繁的活动给森林资源带来了极大的火灾隐患。近年来，全球气候变暖加剧，人类对大自然的资源无止境地索取，严重地破坏了生态的平衡发展，使得生态环境日益脆弱，从而像森林火灾这一类自然灾害也变得难以防范和预测[②]。

玉溪市地处红河和珠江两大水系的上游，是云南省重点生态工程区。境内有国家级重点保护野生植物 34 种、国家珍贵树种 14 种，国家重点保护陆生野生动物 72 种，是众多珍稀物种基因库和珍贵动物的栖息地，生态地位十分重要。实施森林火灾保险，是巩固林业生态建设成果、保护森林资源、促进人与自然和谐发展，维护玉溪国土生态安全的重要保障；也是

---

① 景谦平：《森林资产评估的组织与管理研究》，博士学位论文，中国林业科学研究院，2008。

② 颜晓峰：《生态文明建设与发展方式变革》，《南京政治学院学报》2013 年第 3 期。

国民经济和社会协调发展、农民增收致富、全面建设小康社会、"两个率先"顺利实现的重要保障[1]。

2 玉溪市森林火灾保险的实施现状

2.1 遵循自主自愿的原则进行投保

商品林业经营者投保遵循"自主自愿"的原则，任何单位和个人不得利用行政权力、职务或者职业便利以及其他方式强迫、限制商品林业经营者参加森林火灾保险。对自愿参加森林火灾保险的商品林业经营者，共保联合体应做到应保尽保。商品林投保，可由林农、林业生产经营组织自行投保，也可由林业生产经营组织、村民委员会等单位组织林农投保。由村民委员会和林业生产经营组织等单位组织农民参与投保的，相关保险机构应该订立森林火灾保险合同，与此同时，所制定的投保清单应列明参保人的详细投保信息，由参保人确认后签字。保险机构会在林农投保时将承保情况予以公示，以保证自主自愿投保的顺利进行[2]。

2.2 工作目标和基本要求

（1）工作目标：将森林火灾保险作为森林保险的重要内容之一，通过保费补贴必要的财政支持方式，引导和鼓励林业经营者和承保机构积极参与森林火灾保险，建立健全统一的森林火灾保险体系和保障机制，提高森林防火和应急反应能力，实现生态得保护、林业经营者得实惠和保险业得发展的目标。

（2）基本要求：按照"政府引导，市场运作，自主自愿，协同推进"的基本原则，坚持以政府引导为依托，以林业经营者自主自愿为

① 黄旺生、潘金志：《林业发展与新农村建设若干关系的哲学思考》，《林业经济问题》2012年第2期。
② 邓习金、郭赋英：《江西赣州市森林火灾保险现状与对策》，《江西林业科技》2011年第4期。

基础，以市场化运作为手段，以协同推进为要求，以林业经营者受益
为目的，探索建立森林火灾风险保障体系①。一是坚持"三个兼顾"，
即兼顾林业经营者的交费能力，兼顾政府的补贴能力，兼顾共保联
合体的风险承受能力；二是坚持"两低一保"，即低保额、低保费，
保成本；三是坚持林业经营者能从中受益；四是坚持加强和促进森
林防火工作；五是坚持协调配合，财政、林业、保监、承保公司、
保险经纪公司等部门要做到密切配合，共同做好森林火灾保险相关
工作的衔接与过渡，如投保、查勘、定损、理赔等各个环节的协调
与配合②。

3　玉溪市林农参与森林火灾保险的意愿分析

3.1　数据来源

本研究采用的数据来源于西南林业大学林业调查规划设计研究院 2015
年 5 月至 6 月赴玉溪市的调研数据，本次调研采取分层抽样的方法。玉溪
市辖 8 县 1 区，本次调研走访了 7 个县，在元江和新平两个重点火险区调
查了 80 户，在江川县和华宁县调查了 40 户，合计 120 户。120 份调查问
卷中，有效问卷 106 份，有效问卷率为 88.3%。

3.2　农户购买森林火灾保险的意愿分析

如表 1 所示，有 36 户表示不愿意购买森林火灾保险，占有效受访农户
的 34%。愿意购买保险的有 70 户，占有效受访农户的 66%。这是在没有
任何条件下农户对森林火灾保险的态度，虽然说愿意购买的比例高于不愿
意购买的比例，但是从政府的角度出发，作为一项政策性的保险项目，政
府希望每个人都能参与其中。

---

① 江西省统计局、江西省林业厅：《森林防火能力建设情况》，《江西林业统计年鉴》，2011，
第 367~370 页。
② 桂金玉、邓旋：《森林资源保护与区域经济协调发展的研究》，《湖南林业》2009 年第 3
期。

表1　是否愿意购买保险

单位：户，%

		频率	百分比	有效百分比	累积百分比
有　效	不愿意	36	34.0	34.0	34.0
	愿　意	70	66.0	66.0	100.0
	总　计	106	100.0	100.0	

3.3　模型变量的选择与构建

综合分析各个方面的影响因素，对已收集的数据，利用线性回归分析方法进行分析，所对应的变量见表2，包括性别（X_1）、年龄（X_2）、家庭人口（X_3）、劳动力总数（X_4）、文化程度（X_5）、年均收入（X_6）、有无从事过务农以外的其他职业（X_7）、对森林火灾保险的认知程度（X_8）、对森林火灾保险的需求程度（X_9）、自然灾害给林农业带来的影响（X_{10}）、近五年内有没有自然灾害（X_{11}）、政府给予补贴是否愿意购买森林火灾保险（X_{12}）、是否参加过其他保险（X_{13}）。

表2　模型变量定义及预期方向

变　量	定　义	预期方向
X_1 性别	1＝女，2＝男	
X_2 年龄（岁）	1＝20～30，2＝30～40，3＝40～50，4＝50～60，5＝60以上	＋
X_3 家庭人口（人）	1＝2人以下，2＝2～5人，3＝5人以上	－
X_4 劳动力总数（人）	1＝2个，2＝3个，3＝4个，4＝5个，5＝0个	＋
X_5 文化程度	1＝小学以下，2＝小学，3＝初中，4＝高中，5＝大学，6＝大学以上	＋
X_6 年均收入（万元）	1＝3以下，2＝3～7，3＝7～10，4＝10～15，5＝15以上	＋
X_7 有无从事过务农以外的其他职业	1＝有，2＝没有	－
X_8 对森林火灾保险的认知程度	1＝非常了解，2＝大概了解，3＝完全了解，4＝完全不了解	＋
X_9 对森林火灾保险的需求程度	1＝急需，2＝需要，3＝不需要	＋

续表

变　　量	定　　义	预期方向
X_{10}自然灾害给林农业带来的影响	1 = 有较大影响，2 = 有一定影响，3 = 有较小影响，4 = 没有影响	+
X_{11}近五年内有没有自然灾害	1 = 有，2 = 没有	+
X_{12}政府给予补贴是否愿意购买森林火灾保险	1 = 愿意，2 = 不愿意	+
X_{13}是否参加过其他保险	1 = 参加过，2 = 没参加过	−

3.4　Logistic 模型分析

本文利用 SPSS19.0 软件运用 Logistic 模型进行分析，回归样本数为 106 份。从调查的数据得知，影响农户对森林火灾保险支付意愿的因素可能有以下几个方面：政府补贴、农户家庭经济水平、投保价格、农户面临的风险大小、农户对森林火灾保险的了解程度、农户年龄和农户受教育程度等。但是由于实际调查得不够细致、全面，导致政府补贴额度、农户家庭经济水平的数据不够完整，同时信息不对称等因素无法量化。选定因变量进入模型，剔除不显著的变量（如性别、家庭人口、劳动力总数），最终只选取年龄、文化程度、年均收入、有无从事过务农以外的其他职业、对森林火灾保险的了解程度、自然灾害给林农业带来的影响作为自变量进行回归模型分析。本文分析农户参与森林火灾保险影响因素，因变量为农户对森林火灾保险的购买支付意愿（Z）存在"愿意购买"和"不愿购买"两种结果，所以在这里采用二元逻辑回归（Binary Logistic Regression）进行分析。Logistic 的概率函数形式为：

$$p = \frac{\exp (Z)}{1 + \exp (Z)}$$

Z 是变量 X_1，X_2，$\cdots$，X_n 的线性组合：

$$Z = \beta_0 + \beta_1 X_1 + \beta_2 X_2 + \cdots + \beta_n X_n$$

在 Logistic 回归分析时，要进行 Logit 变换，即：

$$Logit\ (P)\ = \beta + \beta_1 X_1 + \beta_2 X_2 + \cdots + \beta_n X_n + \varepsilon$$

3.5 模型参数估计结果

由表3可以看出，农户家庭年均收入、文化程度、有无从事农业以外的其他职业，对森林火灾保险的了解程度都体现了不同的显著水平。除自然灾害给林农业带来的影响外，其余的解释变量都通过了10%水平的显著性检验，这些因素对农户投保意愿的影响都较为显著。

表 3 参数估计

是否愿意购买保险[a]		B	标准误	Wald	df	显著水平	Exp (B)	Exp (B) 的置信区间95%	
								下限	上限
不愿意	截距	3.598	2.503	2.066	1	.151			
	年龄 = 20 ~ 30	-1.154	1.899	.369	1	.543	.315	.008	13.047
	年龄 = 30 ~ 40	-1.601	1.738	.849	1	.357	.202	.007	6.078
	年龄 = 40 ~ 50	-1.712	1.685	1.032	1	.310	.181	.007	4.910
	年龄 = 50 ~ 60	-.871	1.655	.277	1	.599	.419	.016	10.718
	年龄 = 60 以上	0[b]	.	.	0	.	.	.	.
	年均收入 = 10 万 ~ 15 万元	-2.313	1.628	2.018	1	.155	.099	.004	2.406
	年均收入 = 15 万元以上	-1.331	1.002	1.766	1	.184	.264	.037	1.882
	年均收入 = 3 万 ~ 7 万元	-1.038	.666	2.429	1	.119	.354	.096	1.306
	年均收入 = 3 万元以下	-1.399	1.651	.718	1	.397	.247	.010	6.282
	年均收入 = 7 万 ~ 10 万元	0[b]	.	.	0	.	.	.	.
	文化程度 = 初中	-2.172	1.368	2.521	1	.112	.114	.008	1.664
	文化程度 = 大学	-.631	1.587	.158	1	.691	.532	.024	11.935
	文化程度 = 大专	-2.476	1.845	1.801	1	.180	.084	.002	3.127
	文化程度 = 高中	-1.132	1.426	.630	1	.427	.322	.020	5.275
	文化程度 = 小学	-1.433	1.424	1.012	1	.315	.239	.015	3.893

续表

是否愿意购买保险[a]		B	标准误	Wald	df	显著水平	Exp（B）	Exp（B）的置信区间95%	
								下限	上限
不愿意	文化程度=研究生	20.240	.000	.	1	.	616467440.654	616467440.654	616467440.654
	有无从事过务农以外的其他职业=没有	.242	.722	.113	1	.737	1.274	.310	5.242
	有无从事过务农以外的其他职业=有	0[b]	.	.	0	.	.	.	.
	对森林火灾保险的了解程度=不了解	2.273	1.569	2.100	1	.147	9.713	.449	210.237
	对森林火灾保险的了解程度=大概了解	.322	1.130	.081	1	.775	1.380	.151	12.642
	对森林火灾保险的了解程度=了解一点	1.017	1.400	.527	1	.468	2.765	.178	43.029
	对森林火灾保险的了解程度=完全了解	0[b]	.	.	0	.	.	.	.
	自然灾害给林农业带来的影响=有较大影响	-1.489	.578	6.648	1	.010	.226	.073	.700
	自然灾害给林农业带来的影响=有较小影响	-2.926	1.307	5.012	1	.025	.054	.004	.695
	自然灾害给林农业带来的影响=有一定影响	0[b]	.	.	0	.	.	.	.
	政府给予补贴是否愿意购买=不愿意	19.129	5368.350	.000	1	.997	203124222.002	.000	.
	政府给予补贴是否愿意购买=愿意	0[b]	.	.	0	.	.	.	.

注：a. 参考类别是：C；b. 因为此参数冗余，所以将其设为零。

首先，农户文化程度和家庭年均收入对农户参保意愿影响显著。这说明在其他条件一定的情况下，农户文化程度越高、年均收入越高，农户投保的意愿就越强烈。因为文化程度高的农户对政策性森林火灾保险的优点和政策更加了解，更擅长利用外在的有利因素来分散风险，支持国家政策，因此投保意愿强烈。年均收入高，表明农户主有更多的钱来支持林农业的生产，加大对林业或农业的投资，购买森林火灾保险[①]。

其次，农户对森林火灾保险的了解程度以及有无农业以外的职业对农户参保意愿有很大的影响。农户对森林火灾保险的了解程度越高，参保意愿就越强烈。农户在政府或者保险公司的宣传和鼓励下，对森林火灾保险有所了解之后，同时也明白了给林地投保是规避农业风险最有效的手段，对森林火灾保险保持积极的态度，从而更加愿意购买森林火灾保险[②]。

再次，政府补贴也是影响农户投保的一个重要因素，这说明农户对政府补贴的预期希望很高，只要政府给予一定的补助，超过现有的补贴，达到农民的预期，农户就会购买森林火灾保险。与此同时，自然灾害给林农业带来的影响越大，投保率越高，反之投保率就会下降。

最后，除以上的影响因素外，农户年龄越高，对森林火灾的接受程度不高，因此投保意愿也会降低；如果农户觉得现阶段面临的最大风险是来自市场风险而不是自然灾害，则投保意愿也不高；农户在近几年内有没有遭受自然灾害也会对投保意愿产生影响，如果五年内从来没有遇到自然灾害，或者是发生了自然灾害并没有给农户带来实质性的损失，会使得农户产生侥幸心理，放弃投保；如果近期内发生过自然灾害，而且很频繁，给农户造成了直接的经济损失，则农户购买森林火灾保险的概率就会大大增加[③]。

4　小结

本文对 106 个农户进行调研，对农户的个体属性、农户的经济情况、

---

① 薛薇：《SPSS 统计分析方法及应用》，电子工业出版社，2013，第 232 ~ 233 页。

② 薄悦：《河北省农户农业保险投保意愿影响因素研究》，硕士学位论文，河北经贸大学，2014，第 39 页。

③ 李秀娟：《农户农业保险参保意愿实证分析与对策研究——以河北省邯郸市为例》，硕士学位论文，新疆农业大学，2014，第 42 页。

农户对森林火灾风险的了解程度等几个方面分别进行了描述性统计性分析。通过 Logistic 回归模型得出了影响农户参保意愿的主要影响因素是文化程度、农户对森林火灾保险的了解程度、家庭年均收入和政府对森林火灾保险的补贴力度。因此，从政府角度，应该加大政府补贴力度和对森林火灾保险的宣传力度，争取做到保费由政府统一埋单；从保险公司角度出发，应提高保险公司的服务质量和专业技术水平，包括保险公司应该规范森林火灾保险的具体条款，简化保险的程序，提高经营水平、服务质量以及工作效率，提高赔付率，缩短赔付周期；从农户角度出发，农户应该认真学习森林火灾风险的相关理论，强化风险意识和投保意识。

云南省林业现代化评价指标体系的
构建与实证分析

刘峥晖

西南林业大学经济管理学院

谢彦明

云南财经大学商学院

支 玲

西南林业大学经济管理学院

云南森林资源丰富，全省林业用地面积 0.2437 亿公顷，占全省面积的 64.71%，森林面积 0.182 亿公顷，占林地面积的 73.58%，居全国第 3 位；活立木蓄积量 17.12 亿立方米，林分单位蓄积 105.55 米³/公顷，居全国第 6 位。因此，发展林业具有得天独厚的资源基础。同时在划分的全国 50 个重要生态功能区中占 8%[①]，拥有重要的生态战略地位，而林业的建设和发展对于生态文明的实现具有不可替代的重要作用。所以，无论是突破云南省林业产业"大资源、小产业、低效益"的矛盾，还是实现云南林业"产业发展生态化，生态建设产业化"[②] 的目标，都需要推进林业现代化的建设，而指标体系的构建是评价林业现代化的基础。学者们基于不同的研究视角，针对不同省份或区域构建林业评价指标体系展开实证分析，有些学者建立生态、经济与社会协调发展的林业生态经济社会系统[③]；制定了包

---

① 国家林业局：《中国林业统计年鉴》，中国林业出版社，2013，第 76~85、130~145、167~171、328~331、343~357 页。

② 白成亮：《推进云南现代林业又好又快发展》，《云南林业》2008 年第 2 期。

③ 蒋敏元、王兆君：《以现代林业理论指导林业跨越式发展》，《世界林业研究》2003 年第 1 期。

括林业生态因子、林业产业因子、社会科技因子、森林资源因子 4 个一级指标，18 个二级指标的福建省林业现代化评价指标体系[①]；利用层次分析法，构建了林业资源、林业生态安全、林沙产业、林业发展保障、林业生态文化 5 个模块为一级指标和 39 个二级指标的指标体系，评价鄂尔多斯市现代林业建设的水平[②]；从林业资源、林业生态、林业产业和林业保障体系 4 个方面分析了贵州省林业发展现状[③]。以上的研究在指标体系构建思路、指标选择和研究方法等方面提供了较好的启示，但是现有研究大多基于经济效益、社会效益、生态效益的角度，而鲜有针对云南林业现代化评价的实证研究。基于林业现代化评价指标是一个相互嵌套的、复杂的和动态系统的思路，建立一套科学的评价指标体系不仅可以客观地全面地反映林业现代化建设与产业发展状况，而且可以促进林业现代化全面协调可持续发展[④]。在此基础上进行实证分析，实时跟踪监测云南林业现代化的进程，掌握云南林业现代化建设中的短板，明确云南林业现代化建设的着力点，对于推进云南省林业现代化建设具有重要的意义。

1　材料与方法

1.1　数据来源

研究采用层次分析法（AHP）和综合指数法相结合，对云南省林业现代化的水平做出评价。其中，层次分析法是由美国运筹学家萨蒂提出的关于层次权重决策分析方法，其优点是在解决多个目标时可以将定性分析与定量分析有机地结合起来。综合指数法是用各指标数值乘以相应指标权重后累加计算所得，一是数据的标准化处理，分为趋同化处理和无量化处理；二是标准化数据乘以相应指标的权重，研究数据来自 2005 年、2010

---

① 李宝银：《福建省林业现代化评价指标体系的研究》，《福建林业科技》2004 年第 1 期。

② 任余艳、刘朝霞、赵雨兴等：《鄂尔多斯市林业现代化发展进程评价指标体系与评价方法》，《内蒙古林业科技》2008 年第 2 期。

③ 刘振露：《贵州省林业发展现状与现代林业建设对策》，《农业现代化研究》2012 年第 5 期。

④ 于百川、刘珍秀：《现代林业统计指标体系改革设想》，《林业经济》2009 年第 8 期。

年、2011 年、2012 年和 2013 年《中国统计年鉴》《中国林业统计年鉴》《云南省统计年鉴》，进而确定指标值；三是所有指标值累计相加最终确定综合指标值。

1.2 分析方法

本研究首先基于指标体系构建的原则、框架和思路构建云南省林业现代化指标体系；其次采用 AHP 法确定指标体系中各级指标的权重；最后采用综合指数法计算出云南省林业现代化的综合指数，作为判断和分析云南省林业现代化水平的依据，并据此进行讨论和提出建议。

2 云南省林业现代化评价

2.1 林业现代化指标体系的构建

2.1.1 指标体系的构建原则

第一，科学性与可操作性原则。林业现代化评价质量高低很大程度上取决于其评价指标体系构建的科学性。指标体系的构建主要基于林业经济系统是社会经济系统的子系统，林业投入、林业产出、林业运营是一个动态过程，这一系统思维奠定了该指标体系的科学性。指标体系的设计还要考虑其在实践中的可操作性，构建的指标体系中的指标都来源于《中国统计年鉴》和《中国林业统计年鉴》，为指标数据的获得提供了便利性和可获得性。指标体系的构建应实现理论科学性和现实可能性的统一[①]。第二，稳定性和动态性原则。林业现代化的发展是一个稳定的过程，各项宏观指标的选定不会发生太大的变化，同时现代林业也是一个动态的发展过程，例如不同时期林业发展的主题也不尽相同，由以发展经济为首要任务逐渐变为以生态效益为重，因此评价指标体系的构建应该做出相应的调整，使其更完善，如此指标体系既可反映经济转型的历史特点和现状，又可反映发展趋势。第三，系统性和重要性原则。林业现代化的内涵十分丰富，研

---

① 唐志、郑四渭、程云竹等：《浙江省林业现代化测评方法研究》，《林业经济问题》2003 年第 2 期。

究对象包含很多内容，指标体系的构建从社会经济、林业投入产出及运营这一动态体系入手。同时，指标体系的设计要力求全面反映林业现代化的本质特征，将生态指标贯穿到各项指标中去。但指标之间的相关性不能太强。为了评价林业现代化的发展程度，应选择那些最具有代表性的典型指标[①]。

2.1.2 指标体系的构建思路

林业现代化是传统林业向现代林业转变的过程。研究认为林业现代化的本质是一种基于能力形成、发展和壮大的动态过程，包括林业现代化建设的支撑能力、投入能力、运营能力和产出能力。林业现代化的建设是在社会经济的大背景下进行，林业现代化的发展程度受到整体社会经济发展的制约，决定着林业投入的多少和运营效率的高低，而林业投入和运营效率又决定了林业产出水平。因此，摒弃传统的构建思路，基于社会经济大系统和林业子系统关系以及林业子系统的投入、运营和产出的动态思路构建云南林业现代化指标体系，将林业子系统隶属于经济社会的大系统。总之，林业现代化的进程依托于社会经济的发展，林业投入和运营效率影响着林业产出，同时林业产出又反作用于社会经济，四者是相互制约，相互影响的循环系统（见图1）。

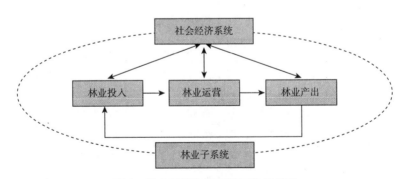

图1 林业现代化指标体系构建思路

2.1.3 指标体系的构建及目标值的确定

基于以上的构建思路和可操作性原则，研究构建了一级指标包括社会经济、林业投入、林业产出、林业运营4个，二级指标包括16个，构成了

---

① 姜传军、吕洁华：《林业资源型城市经济转型评价指标体系研究》，《林业经济》2008年第11期。

云南省林业现代化指标体系。云南省林业现代化评价指标目标值的确定不能一概而论盲目套用其他地区，应结合云南省近几年来林业发展的实际情况，同时着眼云南省林业未来的发展目标而确定。从全国的发展水平上看，云南省林业整体发展较落后，因此在目标值的确定方面，为了更加全面地衡量云南省的发展水平，本研究采用 3 种目标值体系，分别为 2013 年全国范围内包含直辖市指标的目标值 G_1、2013 年全国范围内不包含直辖市指标的目标值 G_2 和 2013 年福建省指标的目标值 G_3。云南省现代林业指标体系、目标值及其来源具体如表 1 所示。

表 1 云南省林业现代化评价指标体系

一级指标	符号	二级指标	符号	单位	G_1 来源	G_2 来源	G_3
社会经济指标	A_1	人均 GDP	B_1	万元	9.9607（天津）	0.7460（江苏）	5.7856
		农村恩格尔系数	B_2	%	30.89（青海）	30.89（青海）	44.17
		城市化水平	B_3	%	89.60（上海）	67.76（广东）	60.77
		二、三产业比重	B_4	%	99.40（上海）	95.25（浙江）	91.10
林业投入指标	A_2	林业固定资产投入	B_5	亿元	809.5281（广西）	809.5281（广西）	5.3194
		森林有害物质发生防治率	B_6	%	100.00（天津）	95.72（山东）	92.49
		林业就业人员数	B_7	万人	40.5581（黑龙江）	40.5581（黑龙江）	2.6680
		林业专业技术人员比例	B_8	%	52.13（浙江）	52.13（浙江）	47.76
林业运营指标	A_3	林业投入产出比例	B_9	%	26.80（广西）	26.80（广西）	0.15
		非公有林地面积比例	B_{10}	%	80.15（广西）	80.15（广西）	68.26
		林业二、三产业比例	B_{11}	%	90.04（上海）	87.68（广东）	81.60
		林业企业就业人员比例	B_{12}	%	82.59（黑龙江）	82.59（黑龙江）	29.10
林业产出指标	A_4	森林覆盖率	B_{13}	%	69.95（福建）	65.95（福建）	65.95
		林业总产值	B_{14}	亿元	5595.3897（广东）	5595.3897（广东）	3609.5326
		林业就业贡献率	B_{15}	%	1.02（黑龙江）	1.02（黑龙江）	0.11
		林业就业人员平均收入水平	B_{16}	万元	8.9844（上海）	6.4166（浙江）	4.5913

　　第一，社会经济指标。社会经济是林业现代化发展的基础，社会经济的发展阶段和水平反映了对林业现代化建设的支撑能力。在此，社会经济指标采用衡量社会经济的宏观指标，具体包括人均 GDP、农村恩格尔系数、城市化水平和二、三产业比重指标。人均 GDP 是判断一个国家（地区）经济运行情况的重要宏观指标。恩格尔系数反映了其生活的富裕程度。城市化水平是衡量城市化发展程度的数量指标，城市化水平 = 城市人口/总体人口 × 100%。

　　第二，林业投入指标。林业投入是加快林业产业发展，加快林业科技进步的关键，直接影响着产出的情况。林业投入指标为科技、人力和资金等投入要素[①]，具体包括林业固定资产投入、森林有害物质发生防治率、林业就业人数和林业专业技术人员比例；林业固定资产投入是指自年初累计完成投资，其中包括国家投资和其他投资。森林有害物质发生防治率[②]，这里的有害物质包括病害、虫害、鼠害和有害植物。森林有害物质发生防治率 = 有害物发生防治面积/森林面积 × 100%。林业专业技术人员比例是指林业站长期职工中技术人员（包括高级、中级）占全部工作人员的比例，林业站的技术人员与林业发展有着紧密的联系，在一定程度上反映了科技人员的投入。

　　第三，林业运营指标。林业运营可以反映林业投入与产出之间的效率关系，此研究主要从投入产出、林权结构、林业产业结构和林业主体结构的视角反映林业系统的运营效率。林业投入产出比 = 林业总产值/固定资产投资完成情况 × 100%，可以有效地反映林业投资效果。非公有林林地面积比例是指除了国有经济林、集体经济林以外的造林面积占全部造林面积的比重，非公有林对林业的资源配比越高，比重就会越大，林地的运营效率也就越高，此指标是从产权制度激励的视角设立的。林业二、三产业比重是第二、三产业占林业总产值的比重[③]，林业的二、三产业与第一产业的运营方式不同，其比重越高，运营的效率越高，创造的社会价值也就

---

①　陈钦、潘辉：《林业现代化评价方法探讨》，《中国林业经济》2006 年第 5 期。

②　吕柳、温作民：《现代林业指标体系框架研究》，《世界林业研究》1997 年第 6 期。

③　兰月竹、吕杰：《辽宁林业现代化评价指标体系构建与评价：以辽宁省抚顺市清原满族自治县为例》，《沈阳农业大学学报》2013 年第 2 期。

越高，此指标从林业内部产业结构的视角构建。林业企业就业人员比例是指整个林业系统中林业企业人员所占的比例，在一定程度上可以反映林业系统结构关系。其中企业是社会价值的主要创造者，其人员比重越大，说明运营效率越高，此指标从林业系统主体结构的视角设立。在一定程度上可以反映林业系统结构关系。

第四，林业产出指标。林业产出是衡量林业发展情况，反映林业各部门经营成果，林业产出的情况直接影响林业现代化的发展进程。林业产出指标包括社会效益、经济效益和生态效益，具体包括森林覆盖率、林业总产值、林业就业贡献率和林业就业平均收入水平。其中，森林覆盖率＝森林面积/土地总面积×100％，主要反映林业的生态贡献；林业总产值反映林业的经济贡献；林业就业贡献率＝林业就业人数/各产业从业总人数×100％，主要反映林业的社会贡献；林业就业人员平均收入是指某地区林业就业系统单位在岗职工年平均工资，是衡量林业现代化社会效益的一个重要指标。上述指标都是衡量林业现代化水平的正指标，指标值越大说明林业现代化的产出水平越高。

2.2　指标权重的确定

本研究采用 AHP 法确定林业现代化指标的权重，它把诸多影响因素自上而下地分解成若干层次。首先要构建层次结构模型，该模型为已经构建的包含两个指标层次的云南省现代林业指标体系，通过采用专家咨询法确定相对重要性程度，引入了评价指标重要性程度标度，这样就使得决策者的判断思维从定性向定量化转变。其次构造判断矩阵 $A = (a_{ij}) m \times n$，要求满足 $a_{ij} > 0$，$a_{ii} = 1$，$a_{ij} = 1/a_{ji}$[1]。在此，研究采用德尔菲法总共咨询 10 位专家，并综合处理分析咨询结果之后得出两两比较的判断矩阵。最后通过计算矩阵的特征值及其正交化特征向量，并进行一致性检验，当 CR < 0.1 时，认为该判断矩阵通过一致性检验，反之则不通过，需要对该判断矩阵加以修正重试[2]，从而得出各指标权重和综合权重。因此，研究以第一层次一级指标

① 王红岩、许雅玺：《基于层次分析法的机场服务质量评价》，《科技和产业》2015 年第 6 期。
② 张颖：《森林文态评价指标体系构建及其实证研究》，《林业经济》2014 年第 11 期。

判断矩阵的构造和权重计算为例，其他二级指标的计算依次类推。一级指标的判断矩阵和权重的计算结果见表2，对于总目标权重最大特征值为4.000，根据计算所得，CI值是0.000，RI值为0.900，CR值为0.000，CR小于0.1，通过一致性检验。同时，根据数据分析发现其中社会经济背景、林业运营2项指标的比重较大。

表2 用简易表格法得出判断矩阵及权重

林业现代化	A_1	A_2	A_3	A_4	ω
A_1	1	2	1	2	0.333
A_2		1	0.5	1	0.167
A_3			1	2	0.333
A_4				1	0.167

同理计算得出二级指标的权重，且均通过一致性检验，然后通过综合权重公式（综合权重＝一级指标权重×二级指标权重）计算得出二级指标的综合权重，具体如表3所示。

表3 综合权重表

一级指标	二级指标	指标类型	ω	ω综
A_1	B_1	正	0.291	0.097
	B_2	负	0.291	0.097
	B_3	正	0.173	0.057
	B_4	正	0.245	0.082
A_2	B_5	正	0.295	0.049
	B_6	正	0.248	0.042
	B_7	正	0.209	0.035
	B_8	正	0.248	0.042
A_3	B_9	正	0.295	0.098
	B_{10}	正	0.248	0.083
	B_{11}	正	0.248	0.083
	B_{12}	正	0.209	0.069
A_4	B_{13}	正	0.337	0.056
	B_{14}	正	0.238	0.039
	B_{15}	正	0.142	0.024
	B_{16}	正	0.283	0.047

2.3 云南林业现代化的定量评价

为便于对云南省林业现代化水平进行纵向比较分析，我们搜集了云南省 2005 年、2010 年、2011 年、2012 年及 2013 年的相应指标数据。在数据标准化处理方面，因为各项指标反映的性质内容不同，作用的方向相反，计量单位不统一，需要对数据标准化（趋同化和无量纲化）[①]，如下：

$$L_i = 1/x_i \tag{1}$$

式中，L_i 为倒数后的指标值（逆指标的趋同化处理），x_i 为某指标的指标值。

$$z_i = \frac{x_i - x_{min}}{x_{max} - x_{min}} \tag{2}$$

式中，z_i、x_i、x_{min} 和 x_{max} 分别为该指标的标准分数、指标值、最小值和最大值。综合指数评价指数模型：

$$y = 100 \times \sum_{i=1}^{n} w_i x_i \tag{3}$$

式中，x_i 为标准化处理后的该项指标值，ω_i 为该项指标的综合权重。根据式（3）和 2005 年、2010 年、2011 年、2012 年、2013 年云南省的相应数据，分别计算出 3 个目标值体系下的一级指标的综合指数和林业现代化发展进程[②]（见表 4）。

表 4 云南省林业现代化指标综合指数

目标值体系		A$_1$	A$_2$	A$_3$	A$_4$	合计
2005 年	G$_1$	4.04	0.12	3.33	0.22	7.71
	G$_2$	4.05	0.12	3.35	0.22	7.74
	G$_3$	0.00	5.29	14.46	2.40	22.15

---

① 曹玉龙、赵璟：《云南省低碳农业综合效益评价》，《现代农业科技》2014 年第 7 期。

② 陈瑾瑜、张文秀：《低碳农业发展的综合评价：以四川省为例》，《经济问题》2015 年第 2 期。

续表

	目标值体系	A₁	A₂	A₃	A₄	合计
2010 年	G₁	3.01	3.96	6.84	2.27	16.08
	G₂	4.09	4.47	6.84	2.59	17.99
	G₃	5.52	12.54	16.31	4.79	39.16
2011 年	G₁	3.37	3.28	6.05	2.56	15.26
	G₂	4.66	3.67	6.06	3.01	17.40
	G₃	6.15	9.37	15.44	5.13	36.09
2012 年	G₁	4.43	4.20	4.85	2.94	16.42
	G₂	5.93	4.70	4.87	3.52	19.02
	G₃	7.03	11.22	10.58	5.92	34.75
2013 年	G₁	5.39	6.48	6.85	3.99	22.71
	G₂	7.07	7.05	6.89	4.76	25.77
	G₃	7.71	12.85	16.54	7.52	44.62
目标值	G₁	33.30	16.80	33.30	16.60	100.00
	G₂	33.30	16.80	33.30	16.60	100.00
	G₃	23.60	8.40	23.50	14.20	69.70

可见，与高、中、低水平的目标值相对应，计算得出的正好是低、中、高的云南省林业现代化水平。由于目标值选择的差异，得出了不同的云南省林业现代化评价值，但整体上呈现了一致性，即相对于目标值 G_1 计算较小的评价值，相对于目标值 G_2 和 G_3 的计算得分也较小，最后结果不在于绝对值而在于其相对值，3 个目标值在明确云南省林业现代化建设中的短板问题具有共通性。因此，研究选择居中水平的目标值 G_2 进行分析。纵向来看，2005 年、2010 年、2011 年、2012 年和 2013 年的综合指标值说明云南省林业现代化水平整体呈现逐步上升的趋势；横向来看，2013 年，云南省林业现代化在社会经济、林业投入、林业运营和林业产出的评价值仅相当于目标值的 21.23%、41.96%、20.69% 和 28.67%，具体的优劣排序分别为林业投入 > 林业产出 > 社会经济 > 林业运营。

社会经济指标 5 年中呈现出平稳上升的趋势，2013 年该指标的 4 个二级指标值分别相当于目标值的 25.88%、12.78%、28.77%、20.49%，具体排序为城市化水平 > 人均 GDP > 二、三产业比重 > 农村恩格尔系数。但是由于云南省的社会经济水平相对落后，人均 GDP 相对于目标值相差悬殊，城市化水平也有待提高。因为林业系统是社会经济系统的子系统，社会经济水平的状况势必会影响林业现代化的发展水平。

林业投入指标的增长率在 4 个一级指标中最为明显，所占目标值比例的优劣排名为森林有害物质发生防治率 > 林业专业技术人员比例 > 林业固定产资投入 > 林业就业人员数。其中森林有害物质发生防治率、林业专业技术人员比例都处于全国前几位。但整体上依然处于平均水平，其中林业固定资产投入很低，林业资金投入不到位，某种程度上会影响林业总产值水平，林业就业人员数很低，说明吸纳的社会就业人员少，因此需要加大资金和人员在林业上的投入。

林业运营指标 5 年的指标值出现了先上升后下降再上升的趋势。总体来说，增长了近 2 倍，但相对林业投入指标和林业产出指标，增长的幅度较小。林业运营指标呈波动状态，说明其在林业现代化发展进程中的作用并不稳定。所占目标值比例的优劣排名为林业企业就业人员比例 > 非公有林地面积比例 > 林业二、三产业比重 > 林业投入产出比。投入产出比这一指标很低，说明了投入与产出之间的效率较低；林业企业就业人员比例低反映了林业企业不发达，对云南林业现代化建设的引领带动作用不强。因此，需要加大运营体系在促进云南林业现代化进程中的作用。

林业产出指标的增长率仅次于林业投入指标，2005～2013 年增幅较大。2013 的指标值分别为 1.77、0.68、0、2.31，其所占目标值比例的优劣排名为林业就业人员平均收入水平 > 森林覆盖率 > 林业总产值 > 林业就业贡献率。林业产出指标呈上升趋势，说明林业产出水平不断在提高，但与目标值相比仍差距较大。其中，林业总产值水平很低，反映林业的产出结果不高，这样会直接影响林业现代化的发展水平，林业就业人员平均收入水平低，其生活质量没有得到很好的改善，不利于有效调动林业工作人员的积极性。

3 研究结论及启示

研究表明，云南省林业现代化的水平呈现出逐年上升的趋势，但整体上林业现代化水平处于起步阶段，一方面在于云南省社会经济发展整体相对落后，缺乏对林业现代化建设的支撑，对林业现代化建设的要素供给和需求拉动不足，针对社会经济系统支撑力不足的瓶颈，云南要抓住"一带一路"战略机遇，加快云南"引进来"和"走出去"的步伐，依托国内外要素和市场资源带动云南林业产业的发展；另一方面在于云南省林业系统中林业运营水平低下，为此要深化林业机制、体制改革，坚持依法治林，积极推进林业职能部门由管理者向服务者的转变，改善林业系统运营的政策环境，提高林业系统的运营效率。总之，云南林业现代化建设中，既要看到纵向比较中云南林业现代化建设的持续发展势头，又要看到横向比较中云南林业现代化建设中的短板和不足。

云南少数民族地区林下经济发展模式研究

李 娅 陈 波

西南林业大学经济管理学院

云南省作为一个边疆、山区、少数民族三位一体的省份，现辖 16 个地（州、市），其中有 8 个少数民族自治州（红河哈尼族彝族自治州、文山壮族苗族自治州、西双版纳傣族自治州、楚雄彝族自治州、大理白族自治州、德宏傣族景颇族自治州、怒江傈僳族自治州、迪庆藏族自治州），共有 129 个县，其中有 29 个系少数民族自治县。全省总面积 39.4 万平方公里，山区、半山区面积占 94%。据第六次人口普查结果，2011 年，全省总人口为 4631 万，其中，少数民族人口数达 1545.18 万，占全省人口总数的 33.37%，是全国少数民族人口数超过千万的 3 个省区（广西、云南、贵州）之一。民族自治地方的土地面积为 27.67 万平方公里，占全省总面积的 70.2%。云南省林业用地占土地总面积的 63%，林地作为山区农户的重要生产资源之一，是当地农户的主要经济收入来源①。

长期以来，少数民族地区，特别是边疆少数民族地区受到传统思想、交通条件、地理位置等因素的影响，经济普遍欠发达。如何较好地改善当地人民的生活条件，破解制约经济发展的诸多难题，是目前以及今后急需解决的重要问题之一。尽管学术界对于云南省少数民族地区文化教育②、

---

① 李娅、韩长志：《云南省核桃产业发展现状及对策分析》，《经济林研究》2012 年第 4 期。
② 黄旭林：《少数民族地区的文化教育探讨——以云南省少数民族地区为例》，《中国水利》2014 年第 2 期。

生态旅游产业①、廉政文化建设②、劳动力就业结构问题③等进行了相关研究，然而，对于少数民族地区林下经济的研究尚未见报道。随着我国集体林权制度改革的逐步深入，国务院于 2012 年 7 月出台了《关于加快林下经济发展的意见》，各地也相继出台了诸多促进林下经济发展的利好政策④。如何提高少数民族地区农民发展林下经济的积极性，从而更好地实现合理利用、充分开发以及有效保护森林资源三位一体目标，更好地实现当地农户经济收入的提高，是摆在各级政府面前急需破解的难题之一。

1　研究目的与方法

1.1　研究目的

近些年，国内学者对我国各地林下经济发展现状进行了归纳总结，如北京⑤、广西⑥、陕西⑦、云南⑧等地；同样，对云南省各地林下经济发展模式以及发展过程中存在的问题也进行了总结分析，如普洱市⑨、西双版纳州⑩、南涧县⑪、墨江县⑫等。目前，云南省一些地区已经开始探索林下

①　徐文霞：《少数民族地区生态旅游产业发展研究——以云南省为例》，《安徽农学通报》2013 年第 24 期。
②　李窎：《云南少数民族地区廉政文化建设研究》，硕士学位论文，大理学院，2012，第 13 ~ 40 页。
③　邹杰：《云南少数民族地区劳动力就业结构问题研究》，硕士学位论文，昆明理工大学，2010，第 34 ~ 56 页。
④　李娅、陈波：《云南省林下经济典型案例研究》，《林业经济》2013 年第 3 期。
⑤　李金海、胡俊、袁定昌：《发展林下经济加快首都新农村建设步伐——关于发展城郊型林下经济的探讨》，《林业经济》2008 年第 7 期。
⑥　韦立权：《广西林下经济发展现状与对策分析》，《广西林业科学》2012 年第 3 期。
⑦　杜德鱼：《陕西省林下经济发展探讨》，《林业资源管理》2013 年第 4 期。
⑧　李娅、陈波：《云南省林下经济典型案例研究》，《林业经济》2013 年第 3 期。
⑨　李荣、杨婧、丁成俊：《基于 SWOT 分析的普洱市林下经济发展研究》，《中国林业经济》2014 年第 1 期。
⑩　宋志勇、杨鸿培：《西双版纳州林下经济调查分析》，《安徽农业科学》2014 年第 7 期。
⑪　刘国枝：《南涧县林下经济发展现状及对策》，《绿色科技》2014 年第 3 期。
⑫　赵春丽：《浅谈墨江县林下经济发展现状及发展模式》，《农民致富之友》2014 年第 4 期。

经济发展道路，总结出林下种植、林下养殖、林下产品采集加工、森林生态旅游等四大类发展模式，同时林下经济发展典型案例点在云南各地逐渐涌现，例如：以丽江市玉龙县为代表的"林下药材种植"模式、以曲靖市宣威市为代表的"林下养殖"模式、以楚雄州南华县为代表的"野生菌促繁"模式以及以昆明市西山区为代表的"乡村生态旅游"模式①。此外，从全省林下经济发展的整体情况来看，普遍存在当地农户参与面窄、林下经济规模较小、产值效益较低、地区发展不均衡等特点②。总体而言，关于云南省林下经济发展的研究成果多停留在林下经济发展现状、模式总结以及存在问题和对策探讨上，客位分析远多于主位思考，造成一些对策并不完全符合当地少数民族的实际需求，不利于当地经济发展；同时，在研究方法上，尚缺乏大样本的量化调查比较，更多的学术成果流于一种现象归纳和经验总结。

因此，本研究以云南省林下经济发展的优势、劣势、机遇与挑战（SWOT）分析为切入点，结合前期对一些典型案例点的调研成果，基于对滇西、滇西北、滇中、滇东南等不同地区农户对林下经济发展的意愿分析结果，以少数民族地区的风俗习惯和整体发展为出发点，探索加快云南省少数民族地区林下经济发展的有效路径，为政府管理部门制定相关政策提供决策依据。

1.2 研究方法及资料收集

采用半结构式访谈法，与云南省林业厅相关部门工作人员进行座谈，并对昆明、楚雄、宣威、大理、丽江等地林业局相关部门工作人员进行访谈，选择云南省林下经济发展的 4 个典型案例点，实地参观以及进行问卷调查；同时，选择了 6 个林下经济潜在发展地区进行农户问卷调查，共获得有效调研问卷 110 份（见表 1）。

---

① 陈波、李雄光、李娅：《云南省林下经济主要发展模式探析——基于对云南省典型案例的调查研究》，《林业经济问题》2014 年第 6 期；李娅、韩长志：《基于农户意愿的云南省林下经济发展路径研究》，第十五届中国科协年会第 19 分会场：中国西部生态林业和民生林业与科技创新学术研讨会，中国贵州贵阳，2013。

② 李娅、陈波：《云南省林下经济典型案例研究》，《林业经济》2013 年第 3 期。

表 1 案例点分布及概况

位于全省地理位置	州（市）	区（县）	自然禀赋及区位优势	主要发展模式*	发展情况	备 注
滇中	昆明市	西山区	植被丰富，交通便利，气候状况良好，山川自然景观独特	森林生态旅游	典型发展区	实地参观，问卷调查
滇中	昆明市	宜良县	国家级风景区，交通便利	森林生态旅游	潜在发展区	问卷调查
滇中	楚雄彝族自治州	南华县	大中山省级自然保护区原始森林，森林资源丰富，野生食用菌交易基地	林下产品采集加工	典型发展区	实地参观，问卷调查
滇东北	曲靖市	宣威市	"云腿"之乡，生猪生产基地	林下养殖	典型发展区	实地参观，问卷调查
滇西	保山市	腾冲县	高黎贡山国家级自然保护区，火山群国家公园，地热资源丰富	林下种植，林下产品采集加工	潜在发展区	问卷调查
滇西	大理白族自治州	云龙县	动植物资源丰富，水资源丰富，特产黑木耳、香菇	林下产品采集加工	潜在发展区	问卷调查
滇西	临沧市	凤庆县	雨热同季和干凉同季，核桃之乡	林下养殖	潜在发展区	问卷调查
滇西北	丽江市	玉龙纳西族自治县	典型的立体气候特征，旅游资源丰富，高原野生羊肚菌、野生天麻	林下种植，森林生态旅游	典型发展区	实地参观，问卷调查
滇西北	丽江市	永胜县	森林茂密，动植物资源丰富	林下种植，林下养殖	潜在发展区	问卷调查
滇东南	文山壮族苗族自治州	广南县	山区县，自然风光优美，人文景观丰富	林下种植，森林生态旅游	潜在发展区	问卷调查

* 各地区林下经济的主要发展模式是依据实地参观、问卷调查汇总所得出的结果。

2 云南省林下经济发展的 SWOT 分析

2.1 优势分析（S）

云南省作为重要的生物多样性丰富地区之一，各地区动植物资源丰富，同时，云南作为传统地道中药生产的重要省份，药材资源非常丰富，有 6559 种，其中药用植物、药用矿物、药用动物分别有 6157 种、372 种和 30 种；独有的药用资源达到 1260 种，位列全国第一[①]。野生植物药材蕴藏量 90 万吨；动物药材蕴藏量 440 吨，全省中药工业总产值占全省医药工业总产值的比重为 70% 以上[②]。野生天麻、三七、云木香、云当归等云南特有中药材，在传统"云贵川广"地区具有明显优势[③]。此外，通过实地调研，位于滇中地区的南华县借助当地有利森林资源，较好地发展了以松茸为代表的林下产品采集加工模式，较好地实现了该县经济的快速发展，为解决当地人就业和提高人民生活水平提供了重要的保障；位于滇东北地区的宣威市，积极拓展林下养殖模式，将原属于濒危野生的动物子代进行林下养殖，成功地实现了动物保护和利用的经济、社会价值。上述独一无二的自然资源和气候条件，为云南省适宜地区开展林下种植、林下养殖等林下经济发展模式提供了重要的资源保障。食用菌、中药材、特色野生动物驯养等林下种植、林下养殖模式，均属于以当地森林、动植物资源和气候条件为依靠的"资源依赖型"林下经济模式，不同地区应根据其各自资源特点，找寻适合本地林下经济发展的种养模式。

同时，根据问卷分析结果，在 110 户调查问卷中，91.3% 的受访者表示非常愿意发展林下经济，而就发展林下经济的意义而言，有 39.4%

---

① 杨静：《云南中药产业对东盟贸易的专利战略初探》，《云南财经大学学报》2010 年第 6 期；刘斯、于克信：《云南中药产业竞争力提升策略研究》，《现代商贸工业》2010 年第 7 期。

② 杨红艳、张俊波：《云南省林下经济现状与发展》，《云南林业》2012 年第 5 期。

③ 王晨、张忠元、张珵、杜丹：《四川中药资源可持续发展的策略探讨》，《中国药业》2013 年第 16 期。

的农户认为其意义主要体现在促进农民增收方面，22.0%的农户认为可以较好地保护森林资源，20.2%的农户认为可以较好地巩固林权改革的成果。上述结果表明，当地农户对发展林下经济具有较为强烈的意愿，这有利于各类林下经济发展模式的推广应用，是林下经济发展的诸多优势之一。

随着社会经济的发展以及人们对休闲娱乐的追求，越来越多的城市居民会利用周末、节假日等到城市周边进行放松心情、休闲娱乐。截止到2004年，全省共有10个国家级风景名胜区、26个国家级森林公园、6个国家级自然保护区以及49个省级风景名胜区、7个省森林公园、43个省级自然保护区①。云南省作为传统的旅游大省，上述国家级、省级风景名胜区为游客提供了重要的资源保障。此外，"七彩云南"的旅游名片使得云南各地发展林下生态旅游具有独特的广告效应。近些年，随着城市近郊及周边农家乐经营模式的异军突起，为久居城市的人们提供了重要的休闲场所。通过对昆明市西山区的实地调研，发现该地已经形成了集团结乡、沙朗乡农家乐多日游，豹子箐、桂皇阁原始森林探险旅游，观赏农业、万亩果园于一体的休闲生态旅游模式以及棋盘山、霞龙潭、欢喜滑草场、大河果园等一批采摘果园型、产品加工型新型乡村旅游模式。

2.2　劣势分析（W）

与平原地区林区相比，云南省林业资源类型具有不同特点，其林下经济的发展模式也不尽相同。以传统的林下经济中的林菌模式为例，平原地区主要是对一些食用菌进行林下种植从而获得收益，而在云南诸多地区实现林菌模式，则包括了天然野生菌的采集以及利用人工方式对菌进行促繁从而获得收益。鉴于野生菌的生长发育多需要一些适合的温度、湿度环境，甚至需要一些特殊的小气候，其产量、品质情况也受到当地气候、雨水、湿度等条件的影响。

---

① 李娅、韩长志：《基于农户意愿的云南省林下经济发展路径研究》，第十五届中国科协年会第19分会场会议论文，中国贵州贵阳，2013。

云南省中药材产业链不够完善，特别是在生产加工、产品销售等环节方面更是突出。在云南，规模较大的药企是云南白药集团股份有限公司以及昆明制药集团股份有限公司，前者在 2012 年实现营业收入 136.87 亿元，而后者年销售额则为 30.16 亿元。尽管如此，在"2012 年度中国医药工业百强企业榜单"中，前 20 位根本找不到云南省药企的名字，而排名最靠前的云南白药集团股份有限公司仅列第 22 位，这表明云南中药材加工企业还有巨大的潜力可以挖掘。中药材种植属于产业链的前端，而位于产业链中端及终端的生产、加工环节的缺位势必影响到前端产业链的健康发展，因此，如何更好地实现中药材产业链向纵深方向发展，有效地促进林下中药材种植的健康发展是当前及今后一段时间内需要解决的诸多问题之一。

同时，根据问卷分析结果，受访农民受教育程度普遍较低，资金实力、技术水平和青壮劳动力都比较欠缺，这在很大程度上制约了林下经济的发展（见图1）。农户对于林下经济的认识相对狭窄，对林下种植、养殖有一定的了解，而对于林下的森林生态旅游、林下产品加工等发展模式则缺乏了解，有待于进一步获得认知。上述结果充分暴露了政府相关职能部门在政策宣传、引导方面尚存在着诸多不足。

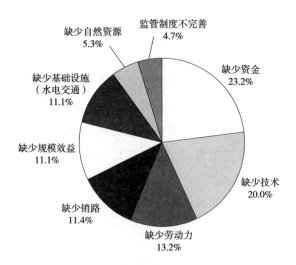

图1　农户发展林下经济面临的困难

此外，云南省发展林下经济受当地经济条件、自然条件、地域环境条件等因素影响较大。尽管旅游业是云南省重要的支柱产业之一，然而，云南省旅行社数量仅为 531 家，居全国第 10 位，在西部地区省份中位居第 3，而相较于其他发达省份，其数量总体而言偏低[1]。同时，云南省部分地区交通条件较差，不利于发展林下生态旅游，部分地区受工业化、商业化、城市化的影响较大，例如滇池、洱海、抚仙湖等著名景区受到的污染，对进一步开发生态旅游造成负面的影响。

2.3　机遇分析（O）

新一轮林权制度改革后，国家层面、省市层面以及地州层面等各级政府部门均出台了一系列促进林下经济发展的政策[2]。特别是，2011 年 10 月 10 日，全国林下经济现场会在广西召开，极大地促进了全国林下经济的进一步发展；2012 年 7 月 30 日，国务院办公厅出台了国办发《关于加快林下经济发展的意见》（〔2012〕42 号），从政策角度为各地在促进林下经济快速发展上提供了重要保障。云南省也于近些年先后出台了诸如《云南省森林资源资产评估暂行管理办法》《云南省林业厅林业产业发展项目管理办法》《云南银行业林权抵押贷款管理暂行办法》《云南省林地管理条例》《云南省林业产业省级龙头企业认定和管理办法》等文件，有力地保障了林业产业发展的规范性。在有利的政策环境和制度条件下，林下经济发展面临着前所未有的机遇。

国家实施的"桥头堡战略"为云南省进一步面向东南亚国家开展诸多贸易往来提供了政策支持，也使云南成为享受众多国家优惠政策的西部省份之一。同时，对于云南进一步推进"兴边富民"工程、实现边疆少数民族脱贫致富奔小康的现实需要，对促进云南经济社会又好又快发展具有非常深远而重大的意义。当然，如此千载难逢的机会也为云南省边疆少数民族地区林下经济的快速发展提供重要机遇。

---

[1]　陈波、李雄光、李娅：《云南省林下经济主要发展模式探析——基于对云南省典型案例的调查研究》，《林业经济问题》2014 年第 6 期。
[2]　李娅、陈波：《云南省林下经济典型案例研究》，《林业经济》2013 年第 3 期。

2.4 挑战分析（T）

无论是林下种植中药材，还是林下食用菌促繁，都会受到当地自然环境条件的影响。自然灾害的发生，则会严重制约当地林下经济的健康、稳定发展。特别是自 2010 年以来，全省连续三年遭遇干旱，使全省人畜饮水困难，并给农业、林业生产造成严重灾难；2013 年，云南多地又遭遇特大暴雨侵袭，昆明等地受灾较为严重，市区多处出现积水现象，城市交通一度瘫痪，严重影响了林下经济相关产品的运输。此外，对于诸如干旱、暴雨等自然灾害，目前尚无较好的应对办法，这就使得林下经济模式中的林下种植、林下养殖以及森林生态旅游会受到不同程度的影响，严重制约着林下经济的稳定发展。

云南省经济发展相对落后，农户经营意识不强且缺乏必要的资金、技术支持，发展林下经济必然需要一个相对漫长的了解和接受过程。如何开展政策引导，从而有效提高农户从事林下生产经营的积极性和创造性；以及如何有效发挥企业、大户示范带动作用，增强农户对于林下经济的投资经营意识、抵御风险意识，是各级政府职能部门面临的巨大挑战。此外，各地发展林下经济也是对当地政府财政资金的一个挑战，广西每年投入 5000 万元支持林下经济发展，而在云南尚无专门扶持林下经济发展的正式文件，也未设立专项资金支持林下经济发展。

3 云南少数民族地区林下经济发展模式选择

根据实地调研结果以及资料收集汇总结果，对云南省 29 个少数民族自治县选择林下经济发展主要模式给出以下建议。

（1）由于云南省生态区位重要，且地形地貌植被独特，很多民族自治县区域内建立了森林公园或自然保护区，为森林生态旅游这一新型林下经济模式的发展创造了有利的基础条件，适宜发展的地区有：石林彝族自治县、寻甸回族彝族自治县、新平彝族傣族自治县、元江哈尼族彝族傣族自治县、巍山彝族回族自治县、玉龙纳西族自治县、宁蒗彝族自治县、屏边

表2 29个少数民族自治县林下经济发展模式选择

州（市）	县	自然禀赋及区位优势	主要发展模式	发展情况	备注
昆明市	石林彝族自治县	植被丰富，气候状况良好、交通便利，典型喀斯特地貌，世界自然遗产，国家5A级旅游景区	森林生态旅游	潜在发展区	实地调研
昆明市	禄劝彝族苗族自治县	野生食用菌种品繁多，畜牧业发展优势	林下产品采集加工，林下养殖	潜在发展区	实地调研
昆明市	寻甸回族彝族自治县	旅游资源丰富，钟灵山国家级森林公园	森林生态旅游	潜在发展区	资料搜集
玉溪市	峨山彝族自治县	丰富的野生动植物资源，气候宜人，交通便利	林下种植	潜在发展区	实地调研
玉溪市	新平彝族傣族自治县	哀牢山国家级自然保护区，磨盘山国家森林公园原始森林	森林生态旅游，林下养殖	潜在发展区	资料搜集
玉溪市	元江哈尼族彝族傣族自治县	元江河谷两岸热带风光，哀牢冷凉山区哈尼梯田	森林生态旅游	潜在发展区	实地调研
大理白族自治州	漾濞彝族自治县	动植物资源丰富，水资源丰富，特产黑木耳、香菇	林下种植	潜在发展区	实地调研
大理白族自治州	南涧彝族自治县	无量山乌骨鸡鸡被列入国家畜禽遗传资源名录	林下养殖	潜在发展区	资料搜集
大理白族自治州	巍山彝族回族自治县	气候温和，物产丰富，国家级历史文化名城，魏宝山国家级森林公园，林业资源较为丰富	林下种植，森林生态旅游	潜在发展区	资料搜集
丽江市	玉龙纳西族自治县	典型的立体气候特征，旅游资源丰富，高原野生羊肚菌、野生天麻	林下种植（林药），森林生态旅游	典型发展区	实地调研
丽江市	宁蒗彝族自治县	生物资源十分丰富，云南省重要的商品牛羊基地县，高原明珠泸沽湖和摩梭母系文化	林下养殖，森林生态旅游	潜在发展区	资料搜集

续表

州（市）	县	自然禀赋及区位优势	主要发展模式	发展情况	备注
红河哈尼族彝族自治州	金平苗族瑶族傣族自治县	国内草果种植面积最大，瑶族草医药丰富	林下种植	潜在发展区	资料搜集
红河哈尼族彝族自治州	河口瑶族自治县	国家一类口岸，雨量充沛，森林资源得天独厚	林下养殖（种桑养蚕）	潜在发展区	资料搜集
红河哈尼族彝族自治州	屏边苗族自治县	大围山国家级自然保护区，云药之乡	森林生态旅游，林下种植	潜在发展区	资料搜集
临沧市	双江拉祜族佤族布朗族傣族自治县	水资源丰富，野生药材丰富	林下产品采集加工	典型发展区	资料搜集
临沧市	耿马傣族佤族自治县	云南民营橡胶生产区，蒸酶茶之乡，土地资源和生物资源丰富	林下产品采集加工	潜在发展区	资料搜集
临沧市	沧源佤族自治县	国家级南滚河自然保护区，丰富的动植物资源	森林生态旅游	潜在发展区	资料搜集
怒江傈僳族自治州	贡山独龙族怒族自治县	高黎贡山国家级自然保护区，野生动植物物种非常丰富	森林生态旅游	潜在发展区	资料搜集
怒江傈僳族自治州	兰坪白族普米族自治县	"三江并流"世界自然遗产地的核心区域，森林资源、生物资源丰富	林下养殖，森林生态旅游	潜在发展区	资料搜集
迪庆藏族自治州	维西傈僳族自治县	"药材之乡"，生物资源、旅游资源丰富	林下种植，森林生态旅游	典型发展区	资料搜集
普洱市	宁洱哈尼族彝族自治县	自然资源丰富，松山自然保护区	森林生态旅游	潜在发展区	资料搜集

续表

州（市）	县	自然禀赋及区位优势	主要发展模式	发展情况	备注
普洱市	墨江哈尼族自治县	雨量充沛，干湿季节分明，动植物资源丰富，墨江国际双胞文化园，云南省墨江北回归线标志园	林下种植	潜在发展区	资料搜集
普洱市	景东彝族自治县	无量山、哀牢山国家级自然保护区，以林产品工业化为主的林产工业体系	森林生态旅游	典型发展区	资料搜集
普洱市	景谷傣族彝族自治县	森林覆盖率达74.7%，建立了以林化、林板、林纸为主的林产工业	林下养殖	潜在发展区	资料搜集
普洱市	镇沅彝族哈尼族拉祜族自治县	生物资源丰富	林下养殖，林下种植	潜在发展区	资料搜集
普洱市	江城哈尼族彝族自治县	森林覆盖率56.17%	林下种植	潜在发展区	资料搜集
普洱市	孟连傣族拉祜族佤族自治县	亚热带湿润气候类型，森林覆盖率为49.7%	林下种植	潜在发展区	资料搜集
普洱市	澜沧拉祜族自治县	南亚热带夏湿冬干山地季风气候，千年古茶树，千年万亩古茶园	森林生态旅游	潜在发展区	资料搜集
普洱市	西盟佤族自治县	亚热带海洋性季风气候，森林覆盖率为57.93%	林下种植	潜在发展区	资料搜集

苗族自治县、沧源佤族自治县、贡山独龙族怒族自治县、兰坪白族普米族自治县、维西傈僳族自治县、宁洱哈尼族彝族自治县、景东彝族自治县、澜沧拉祜族自治县等。

（2）云南很多地区物种资源丰富，湿热条件适宜，适宜发展林下种植这一传统的林下经济模式，诸如：峨山彝族自治县、漾濞彝族自治县、巍山彝族回族自治县、玉龙纳西族自治县、金平苗族瑶族傣族自治县、屏边苗族自治县、维西傈僳族自治县、墨江哈尼族自治县、镇沅彝族哈尼族拉祜族自治县、江城哈尼族彝族自治县、孟连傣族拉祜族佤族自治县、西盟佤族自治县等。

（3）云南省野生菌、野生药材等野生资源丰富的地区可发展林下产品采集加工，林下产品的合理采集与精深加工可为地区经济发展增添活力，适宜的地区有：禄劝彝族苗族自治县、双江拉祜族佤族布朗族傣族自治县、耿马傣族佤族自治县等。

（4）云南野生动物资源丰富，有很多物种是地方特有的，在不破坏森林生态系统稳定的前提下，可选择适宜的品种及适当的地点建立养殖基地，创造经济价值，适合的地区有：禄劝彝族苗族自治县、新平彝族傣族自治县、南涧彝族自治县、宁蒗彝族自治县、河口瑶族自治县、兰坪白族普米族自治县、景谷傣族彝族自治县、镇沅彝族哈尼族拉祜族自治县等。

4 结论与建议

4.1 各地因地制宜选择林下经济发展模式

从云南省林下经济发展的整体现状来看，虽然各地发展积极性较高，但缺乏对产业发展的合理规划，虽然项目类型较多，但多数项目的布局分散且不成规模。云南省少数民族地区众多，且多集中于边疆地区，经济发展极不平衡，在自然禀赋及区位优势等方面具有较大的差异性，各级政府部门在进行林下经济发展模式选择方面，应着眼于当地资源优势，充分尊重农民意愿及当地风俗习惯，合理引导农民因地制宜地选择适合的林下经济模式。发展林下经济不能盲目上项目，只要看到别的地方发展好的项目都要上是绝对不可取的，应结合当地自然条件和市场需求等情况，找准最有优势、前景好的主打项目深入发展下去，打出品牌和名气。林下经济发展模式的选择不能仅靠政府林业部门，也不能单纯依靠专家学者主观猜测，更不能盲目听从于当地群众，应以政府林业部门为主导，以政府相关职能部门（涉及发展改革、财政、公安、工商、水利、农业、扶贫、畜牧、旅游等）为主体，组织相关专家学者在充分调研的基础上，进行深入分析与论证。同时，应以最大限度保护森林生态为根本前提，充分考虑森林资源的生态承载能力，适量、适度、合理发展林下经济。例如，林下种植、林下养殖等林下经济发展模式需依赖一定的地理、气候、环境条件，而对于不具备上述发展条件的地区，可积极依托当地森林资源，充分挖掘民族特色，打造以自然风光和人文景观为一体的旅游经济，着重发展森林生态旅游。

　　林下经济发展与林权制度改革是相辅相成、相互依赖、相互促进的关系，全省境内约一半的林地被划为公益林而受到严格保护，因此，为了更好地实现林下经济快速、健康、有序发展，真正将林改利益还于林农，必须结合当地资源特点，实施林下经济发展模式，从而有助于增加农户收入巩固林改成果。同时，还应看到，目前各级政府在对林下经济的政策宣传、技术推广以及资金支持等方面力度还不够，特别是对于资金方面，限于云南省各级财政的支持能力，不同地区林下经济发展还应充分调动社会力量、吸收社会资金，更好地促进当地林下经济快速发展。

4.2　建立和完善林下经济发展绩效评价体系

　　林下经济发展路径的选择直接关系到后期实施取得的效果，如何更加科学、合理地选择少数民族地区林下经济发展模式？如何循序渐进地按照既定发展模式稳步实施？如何对各地林下经济发展的绩效进行科学评价？诸如此类的问题，考验着各级政府决策部门的智慧，同时，也对学术界提出了更深层的问题。特别是，随着全国各地如火如荼地发展林下经济，能否更好地建立和完善林下经济发展绩效的评价体系，关系到相关部门政绩考核结果的合理性，关系到林下经济未来发展方向的确定以及政策调整的有效性，进一步关系到云南少数民族地区林农生活水平的提高。评价林下经济发展的绩效应从生态效益、经济效益、社会效益等多方面进行全面衡量，从而更好地实现森林生态得保障、经济效益得增长、社会效益得提高的良好局面。

熵减下的森林生态系统类型自然保护区可持续发展方案选择

龙 勤

西南林业大学经济管理学院

减少正熵流，增加负熵流是无生命系统、有生命系统等系统形成动态协同的耗散结构的重要条件。在具体的实践活动中，不同的管理理念与管理方式可能带来的管理结果和管理效果是不同的，这是因为它们在本质上增加或减少的系统熵流不一样。因此，在具有若干实现森林生态系统类型自然保护区可持续发展的方案时，对这些方案择优是必要的。鉴于此，本文提出了熵减下的 ELECTRE－Ⅱ 森林生态系统类型自然保护区可持续发展方案选择算法，旨在为保护区实现可持续发展方案选择提供一种新的科学决策思路，有效降低管理成本。

1 备选方案的属性

假设某几个可持续发展的管理方案实施后，森林生态系统类型自然保护区的可持续发展程度是不同的，那么这就存在一个选择，即能获得最大可持续发展程度的方案为优。为获得某个最优目标的方案选择问题是一个多属性决策问题。在本研究中，根据森林生态系统类型自然保护区的森林资源特点，假设有 7 个备选方案，每个方案必须针对的属性为：生物多样性水平价值（Y_1），碳汇价值（Y_2），旅游价值（Y_3），消费性价值（Y_4），森林生态效益价值（Y_5），教育与科研价值（Y_6），精神价值（Y_7）。这些属性从森林生态系统协同作用与维持耗散结构的角度来说，它们的值越大，说明流入森林生态系统的正熵流越小。

2 方案属性的权重

本文以云南省大围山国家级（森林生态系统类型）自然保护区为研究对象，并以该自然保护区的实际情况为基础做出估计数值（可取整数或分数）。采用 AHP 法对方案属性进行两两比较后量化构成相应的判断矩阵。

判断矩阵如下：

$$D = \begin{bmatrix} 1 & 3 & 6 & 7 & 2 & 5 & 3 \\ 1/3 & 1 & 4 & 5 & 1/2 & 3 & 1 \\ 1/6 & 1/4 & 1 & 2 & 1/5 & 1/3 & 1/4 \\ 1/7 & 1/5 & 1/2 & 1 & 1/6 & 1/4 & 1/5 \\ 1/2 & 2 & 5 & 6 & 1 & 3 & 2 \\ 1/5 & 1/3 & 3 & 4 & 1/3 & 1 & 1/3 \\ 1/3 & 1 & 4 & 5 & 1/2 & 3 & 1 \end{bmatrix}$$

其中 $CI = 0.042$，$RI = 1.320$，求出 $CR = CI/RI = 0.032 < 0.1$，满足矩阵一致性的要求。求出指标权重为：$W = \{w_1, w_2, w_3, w_4, w_5, w_6, w_7\} = \{0.342, 0.146, 0.041, 0.029, 0.221, 0.075, 0.146\}$。

3 优化过程分析

用 $X = \{x_1, x_2, \cdots, x_i, \cdots, x_m\}$（$i = 1, 2, \cdots, m$）表示可供选择的方案集，其中 x_i 表示第 i 个方案。

表1 决策矩阵

	Y_1	Y_2	Y_3	Y_4	Y_5	Y_6	Y_7
方案	max	max	max	min	max	max	max
X_1	850	700	9	0.004	850	160	850
X_2	890	650	7	0.005	910	130	830
X_3	880	750	8	0.006	930	190	820

方案	Y_1	Y_2	Y_3	Y_4	Y_5	Y_6	Y_7
	max	max	max	min	max	max	max
X_4	900	700	7	0.008	900	150	960
X_5	820	580	5	0.004	930	170	760
X_6	870	800	6	0.001	780	140	550
X_7	980	600	8	0.010	900	180	940
X_8	910	570	3	0.001	830	110	950

$Y = \{y_{i1}, y_{i2}, \cdots, y_{ij}, \cdots, y_{in}\}$ $(j = 1, 2, \cdots, n)$ 表示方案 x_i 的第 n 个属性值集合，由 y_{ij} 表示第 i 个方案的第 j 个属性的值。

步骤一：计算标准化决策矩阵。考虑到原来各指标属性值不便于比较，故将每个标准化决策矩阵 R 中的规范化值 r_{ij} 计算为

$$r_{ij} = \frac{y_{ij}}{y_i^{\max}}, \text{或} \ r_{ij} = \frac{y_i^{\min}}{y_{ij}},$$

得到

$$\begin{bmatrix} 0.87 & 0.88 & 1.00 & 0.25 & 0.91 & 0.84 & 0.89 \\ 0.91 & 0.81 & 0.78 & 0.20 & 0.98 & 0.68 & 0.86 \\ 0.90 & 0.94 & 0.89 & 0.17 & 1.00 & 1.00 & 0.85 \\ 0.92 & 0.88 & 0.78 & 0.13 & 0.97 & 0.79 & 1.00 \\ 0.84 & 0.73 & 0.56 & 0.25 & 1.00 & 0.89 & 0.79 \\ 0.89 & 1.00 & 0.67 & 1.00 & 0.84 & 0.74 & 0.57 \\ 1.00 & 0.75 & 0.89 & 0.10 & 0.97 & 0.95 & 0.98 \\ 0.93 & 0.71 & 0.33 & 1.00 & 0.89 & 0.58 & 0.99 \end{bmatrix}$$

使所有的指标属性具有同样单位的向量长度，从而使各种属性值转换为可比较形式。

步骤二：通过和谐性检验和非不和谐性检验对方案进行筛选，删除一些劣的和不可接受的方案，并使以后的计算简化。

首先，构建如下三个集合：$J^+(x_i, x_k) = \{j \mid 1 \leqslant j \leqslant n, y_j(x_i) > y_j(x_k)\}$

$$J^=(x_i, x_k) = \{j \mid 1 \leqslant j \leqslant n, y_j(x_i) = y_j(x_k)\}$$

$$J^-(x_i, x_k) = \{j \mid 1 \leqslant j \leqslant n, y_j(x_i) < y_j(x_k)\}$$

其次，计算和谐指数：

$$I_{ik} = (\sum_{j \in J^+(x_i,x_k)} w_j + \sum_{j \in J^-(x_i,x_k)} w_j) / \sum_{j=1}^{n} w_j , \quad \hat{I}_{ik} = \sum_{j \in J^+(x_i,x_k)} w_j / \sum_{j \in J^-(x_i,x_k)} w_j$$

确定高、中、低三阈值 $\alpha^* = 0.9$、$\alpha^0 = 0.7$、$\alpha^- = 0.6$，即满足 $\alpha^- \ \alpha^0 \ \alpha^* < 1$。对于 (x_2,x_5)，(x_4,x_5)，(x_4,x_8)，(x_7,x_4)，(x_1,x_5)，(x_2,x_6)，(x_3,x_1)，(x_3,x_6)，(x_4,x_1)，(x_4,x_2)，(x_4,x_6)，(x_7,x_1)，(x_7,x_2)，(x_7,x_5)，(x_7,x_6)，(x_7,x_8)，(x_8,x_6)，(x_3,x_5) 方案对均有 $I_{ik} \geq 0.6$，$\hat{I}_{ik} \geq 1$，故通过了和谐性检验。且有 $\alpha^- \ I_{25}, I_{45}, I_{48}, I_{74} \ \alpha^0$；$\alpha^0 \ I_{15}, I_{26}, I_{31}, I_{36}, I_{41}, I_{42}, I_{46}, I_{71}, I_{72}, I_{75}, I_{76}, I_{78}, I_{86} \ \alpha^*$；$I_{35} > 0.9 = \alpha^*$。

最后，对通过和谐性检验的方案对进行非不和谐性检验：

给定 $d_j^0 = 0.3 < d_j^* = 0.6$，定义三个不和谐集：

$$D_j^h = \{(y_{ij}, y_{kj}) \mid y_{kj} - y_{ij} \geq d_j^*, i,k = 1,\cdots,m, i \neq k\}$$
$$D_j^m = \{(y_{ij}, y_{kj}) \mid d_j^* > y_{kj} - y_{ij} \geq d_j^0, i,k = 1,\cdots,m, i \neq k\}$$
$$D_j^l = \{(y_{ij}, y_{kj}) \mid y_{kj} - y_{ij} < d_j^0, i,k = 1,\cdots,m, i \neq k\}$$

其中，由于方案对 (x_3,x_6)，(x_4,x_6)，(x_7,x_6) 和 (x_7,x_8) 有属性 j 存在 $y_{kj} - y_{ij} \geq d_j^* = 0.6$，故未通过非不和谐性检验，其余通过和谐性检验的方案对均通过非不和谐性检验。即有 (y_{3j}, y_{6j})，(y_{4j}, y_{6j})，(y_{7j}, y_{6j})，$(y_{7j}, y_{8j}) \in D_j^h$；$(y_{4j}, y_{8j})$，$(y_{1j}, y_{5j})$，$(y_{2j}, y_{6j})$，$(y_{8j}, y_{6j})$，$(y_{3j}, y_{5j}) \in D_j^m$；$(y_{2j}, y_{5j})$，$(y_{4j}, y_{5j})$，$(y_{7j}, y_{4j})$，$(y_{3j}, y_{1j})$，$(y_{4j}, y_{1j})$，$(y_{4j}, y_{2j})$，$(y_{7j}, y_{1j})$，$(y_{7j}, y_{2j})$，$(y_{7j}, y_{5j}) \in D_j^l$。

步骤三：确定级别高于关系。ELECTRE - II 算法的核心是确定方案间的级别高于关系，并运用级别高于关系从方案中选出某些级别较高的方案。

定义强级别高于关系 O_s 为：$x_i O_s x_k \Leftrightarrow \begin{cases} \hat{I}_{ik} \geq 1, & \text{且} \\ 1) \ I_{ik} \geq \alpha^* \ \text{且} \ (y_{ij}, \ y_{kj}) \in D_j^m \\ \text{或 } 2) \ I_{ik} \geq \alpha^0 \ \text{且} \ (y_{ij}, \ y_{kj}) \in D_j^l \end{cases}$

定义弱级别高于关系 O_w 为：$x_i O_w x_k \Leftrightarrow \begin{cases} \hat{I}_{ik} \geq 1, & \text{且} \\ 1) \ I_{ik} \geq \alpha^0 \ \text{且} \ (y_{ij}, \ y_{kj}) \in D_j^m \\ \text{或 } 2) \ I_{ik} \geq \alpha^- \ \text{且} \ (y_{ij}, \ y_{kj}) \in D_j^l \end{cases}$

由以上步骤三的结果可确定级别高于关系如下，强级别高于关系有：$x_3 O_s x_5$，$x_3 O_s x_1$，$x_4 O_s x_1$，$x_4 O_s x_2$，$x_7 O_s x_1$，$x_7 O_s x_2$，$x_7 O_s x_5$；弱级别高于关系有：$x_2 O_w x_5$，$x_4 O_w x_5$，$x_7 O_w x_4$，$x_1 O_w x_5$，$x_2 O_w x_6$，$x_8 O_w x_6$。

步骤四：构造指向图，对备选方案排序。根据已确定的方案的强级别高于关系和弱级别高于关系即可构造高于关系指向图，利用指向图对方案优劣进行排序。排序分前向排序和反向排序，进而得到平均序。此平均序即为方案最后优劣顺序。

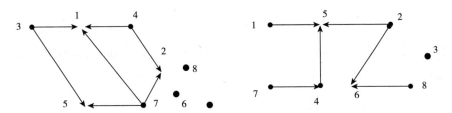

图 1　正向排序的第一次迭代的强图与弱图

正向排序：由图 1 可知强图 G_s^1 和弱图 G_w^1 中的非劣方案集分别为 $C_s^1 = \{3，7，8\}$，$C_w^1 = \{1，2，3，7，8\}$，有 $C^1 = C_s^1 \cap C_w^1 = \{3，7，8\}$，从强图 G_s^1 和弱图 G_w^1 中抹去 C^1 中的方案 x_3，x_7，x_8 及其发出的所有有向枝，剩余的强图和弱图分别记作 G_s^2 和 G_w^2，如图 2 所示。

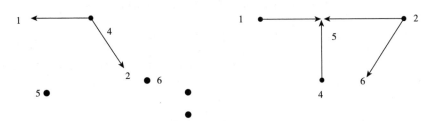

图 2　正向排序的第二次迭代的强图与弱图

由图 2 可知强图 C_s^2 和弱图 C_w^2 中的非劣方案集分别为 $C_s^2 = \{4，5，6\}$，$C_w^2 = \{1，2，4\}$，有 $C^2 = C_s^2 \cap C_w^2 = \{4\}$，从强图 C_s^2 和弱图 C_w^2 中抹去 C^2 中的方案 x_4 及其发出的所有有向枝，剩余的强图和弱图分别记作 C_s^3 和 C_w^3，如图 3 所示。

由图 3 可知强图 C_s^3 和弱图 C_w^3 中的非劣方案集分别为 $C_s^3 = \{1，2，5，$

图 3　正向排序的第三次迭代的强图与弱图

$6\}$，$C_w^3 = \{1, 2\}$，有 $C^3 = C_s^3 \cap C_w^3 = \{1, 2\}$，从强图 G_s^3 和弱图 G_w^3 中抹去 C^3 中的方案 x_1，x_2 及其发出的所有有向枝，剩余的强图和弱图分别记作 C_s^4 和 C_w^4，如图 4 所示。

图 4　正向排序的第四次迭代的强图与弱图

由图 4 可知强图 C_s^4 和弱图 C_w^4 中的非劣方案集分别为 $C_s^4 = \{5, 6\}$，$C_w^4 = \{5, 6\}$，有 $C^4 = \{5, 6\}$。由于 $v'(x_i) = k$，$i \in C^k$，可得各方案的正向排序如表 2 所示。

表 2　正向排序结果

i	1	2	3	4	5	6	7	8
$v'(x_i)$	3	3	1	2	4	4	1	1

反向排序：首先将正向排序的强图 C_s^1 与弱图 C_w^1 中所有有向弧的箭头反向，得到正向排序的镜像，如图 5 所示。

由图 5 可知强图 C_s^1 的镜像和弱图 C_w^1 的镜像中的非劣方案集分别为 $C_s^1 = \{1, 2, 5, 6, 8\}$，$C_w^1 = \{3, 5, 6\}$，有 $C^1 = C_s^1 \cap C_w^1 = \{5, 6\}$，

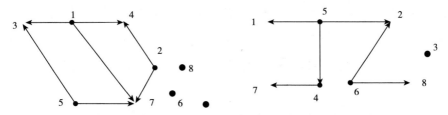

图5　反向排序的第一次迭代强图与弱图

从强图 C_s^1 的镜像和弱图 C_w^1 的镜像中抹去 C^1 中的方案 x_5，x_6 及其发出的所有有向枝，剩余的强图和弱图分别记作 C_s^2 的镜像和 C_w^2 的镜像，如图6所示。

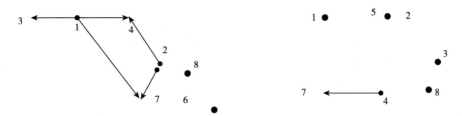

图6　反向排序的第二次迭代强图与弱图

由图6可知强图 C_s^2 的镜像和弱图 C_w^2 的镜像中的非劣方案集分别为 $C_s^2 = \{1, 2, 8\}$，$C_w^2 = \{1, 2, 3, 4, 8\}$，有 $C^2 = C_s^2 \cap C_w^2 = \{1, 2, 8\}$，从强图 C_s^2 的镜像和弱图 C_w^2 的镜像中抹去 C^2 中的方案 x_1，x_2，x_8 及其发出的所有有向枝，剩余的强图和弱图分别记作 C_s^3 的镜像和 C_w^3 的镜像，如图7所示。

图7　反向排序的第三次迭代强图与弱图

由图7可知强图 C_s^3 和弱图 C_w^3 中的非劣方案集分别为 $C_s^3 = \{3, 4, 7\}$，$C_w^3 = \{3, 4\}$，有 $C^3 = C_s^3 \cap C_w^3 = \{3, 4\}$，从强图 C_s^3 和弱图 C_w^3 中抹去 C^3 中的方案 x_3，x_4 及其发出的所有有向枝，剩下的强图和弱图中就只有方案 x_7，所以 $C^4 = \{7\}$。正向排序图得到的正向序 $v'(x_i)$ 序号越

小，方案 x_i 的级别越高，而反向排序图得到的反向序 $v^0 (x_i)$ 越小，方案 x_i 的级别越低。因此，令 $v'' (x_i) = 1 + \max\limits_{x_i \in X} v^0 (x_i) - v^0 (x_i)$，则 $v'' (x_i)$ 与 $v' (x_i)$ 一样，序号越小，方案 x_i 的级别越高，如表3所示。

表3 反向排序结果

i	1	2	3	4	5	6	7	8
$v^0 (x_i)$	2	2	3	3	1	1	4	2
$v'' (x_i)$	3	3	2	2	4	4	1	3

平均序：$\bar{v} (x_i) = \dfrac{v' + v''}{2}$，平均序的序号小者为优。排序结果如表4所示。

表4 排序结果

i	1	2	3	4	5	6	7	8
$\bar{v} (x_i)$	3	3	1.5	2	4	4	1	2

由此即可得到备选方案的优劣排序为 $7O3O$（4，8）O（1，2）O（5，6），即第七种可持续发展方案最优。

4 结语

从森林生态系统类型自然保护区减少正熵流入，实现可持续发展的视角，对其可持续发展方案进行决策分析与优化选择，降低管理成本，提高管理效率是非常具有现实意义的。为了保证保护区管理者在决策过程中的科学有效性，本文分析并验证了 ELECTRE－Ⅱ算法在保护区可持续发展的方案选择中是一种科学有效的定量决策方法。用 ELECTRE－Ⅱ算法确定保护区可持续发展方案的排序，充分利用了这个算法非完全补偿性的特点，排序结果能真实地反映候选方案所对应的实际情况。

第三编

产业发展与政策

台湾生物质能源作物栽植现况

——以蓖麻为例

曾晴贤

台湾清华大学生命科学系教授 清华网络文教基金会董事长

1 缘起

台湾清华网络文教基金会（以下简称本基金会）为了能够持续协助莫拉克风灾灾后重建以及帮助弱势民众的工作，选定生物质能源作物栽植计划，作为本基金会主要工作之一。本计划主要是从 2012 年起，与屏东县政府环境保护局合作，利用已封闭和闲置多年之垃圾掩埋场 12 公顷土地，试验种植生物质能源作物。希望能够将种植生物质能源作物栽培技术公开化、降低信息落差避免农民盲目受骗，同时将试验种植之成果编写成技术手册，以及将育成之种子作为推广生物质能源作物之公益用途。

虽然生物质能源作物的栽植是一件好事，但是在台湾由于信息的落差，某些民间公司打着政府补助栽植能源作物的预公告作为广告、保证农民每年每公顷能够有 4.5 万元（新台币，以下皆同）的补贴，和每公顷有 50 万元的收入等口号吸引农民加入契作，再以贩卖麻风树苗每棵 30～150 元，或是贩卖蓖麻种子 1 颗 1 元的方式，欺骗农民购买麻风树种苗或蓖麻种子。却在卖种苗、种子或是肥料获利之后，不能落实协助农民栽植技术和管理工作，以及以收获之种子质量不佳等理由百般刁难拒绝收购，造成农民时间及金钱的损失，更对政府的补助能源作物政策产生严重误解。然而这些问题都应该有相关单位提供协助，并让各项信息公开明朗化，否则永远无法解决好政策被误解、好作物被误会的问题。这也是本基金会希望能够将相关能源作物栽植技术等信息公开的原因，否则农民受到欺骗的问题永远不能解决。

2　生物质能源作物简介

2.1　国际生物质能源作物关联产业的现况

20 世纪 70 年代石油危机以后，西方国家即开始在植物中寻求替代石油的能源植物——石油植物。生物质能源（biomass）是目前世界上被使用最多的再生能源之一，在未来的能源市场也占有相当重要地位。

受世界石油资源、价格、环保和全球气候变化的影响，20 世纪 70 年代以来，许多国家日益重视生物燃料的发展，并取得了显著的成效。特别是以玉米、大豆为原料的燃料乙醇生产，目前已形成相当规模。然而以植物性的粗原料直接提炼生物质柴油或汽油者，至今都还缺乏可靠的和具有经济价值的生产案例。

但是联合国粮农组织指出，发展生物燃料不应影响到粮食安全问题。在目前粮食供应紧张的情况下，联合国粮农组织建议有关国家不应再用玉米或油料作物来生产生物燃料。亦因此台湾有一些专家学者在利用粮食作物研究生物质能源课题之后，就不再往这方面去推广了。倒是在利用非粮食作物作为生产生物质能源的方向，还是持续在努力当中，只是成效还不是非常显著。究其原因通常可以归纳为大部分的非粮食作物种植的单位产量不高，同时其生产成本仍无法降低，以及转化为生物质能源后的用途简单而售价不高，因此整体的经济效益不理想，有许多种类都是要依靠政府的补贴才能够有诱因。

一般而言，发展生物质能源的产业结构在还没有成熟以前，大都需要依靠政府的补贴来推动相关的政策。例如农委会需要对栽植生物质能源作物的农民给予补贴，台湾"经济部能源局"必须对于炼制生物质能源的化工业者给予补贴，台湾"环保署"必须给予使用生物质能源的消费者给予补贴，如此方能让大家还不熟悉以及尚无法与传统石化原料所生产的能源相抗衡之生物质能源，得到大众的信赖和愿意使用。

2.1.1 粮食作物

在传统农作物当中，举凡高含淀粉或糖类之物种，如玉米、大豆等，大都被广泛利用来作为生物质酒精的原料。而作物种子高含蛋白质或油脂的种类，如大豆、油菜子、葵花子等，则经常被利用来生产生物质柴油。但是因为这些作物原本就被许多人类所食用，因此利用这些作物来发展生物质能源，往往受人诟病。

2.1.2 非粮食作物

一些高产量的非粮食作物，如甘蔗、甜高粱或富含纤维的狼尾草等传统作物，也被广泛利用来作为生物质能源之材料。近年来更广泛推广麻风树或微藻等，来发展生物质能源之用。但是因为栽植的技术正在发展，经济效益还不能确实稳定。

在所有的生物质能源作物当中，蓖麻（*Ricinus communis* L.）应该算是一个相当高价值的种类。蓖麻的利用价值非常高，蓖麻子可以榨油；蓖麻叶可以养蚕；蓖麻茎秆可以制板和造纸；蓖麻根茎叶子均可入药；蓖麻粕营养丰富，是优质有机肥，脱毒后是一种高蛋白饲料。蓖麻子含油量达50%左右，是其他油料作物所不能及的。由于蓖麻油有着特殊的稳定性，在 −18℃不凝固，在500~600℃高温下不变质、不燃烧，因而成为航空、航天最重要的润滑油和汽车刹车油，也是所有油品中唯一可以替代石油的可再生资源，故被称为"石油树"或"油中之王"。蓖麻油含有近90%的蓖麻酸，这一特性使得蓖麻油成为现代化工的重要原料。随着世界石油资源紧缺状况的不断加剧，蓖麻的深加工及能源化利用越来越受人们的关注。

蓖麻油的用途广泛，经济价值高，目前已经成为国际公开交易商品，美国已将之列为8大战略物资之一，市场潜力大，是为有意投入种植者的首要选择。其主要用途包括：

（1）作为生物质柴油，可供车辆或动力机械使用。

（2）高级润滑油、航空液压油与刹车油。蓖麻油有黏度高、酸度低、耐高温、不易氧化、不易凝固等特性，是汽车、船只、飞机、机械设备等所使用的上等润滑油或刹车油。

（3）蓖麻油不溶于汽油，凝固点低，燃点高。蓖麻油的流动性好，精制蓖麻油在 −22°C 时仍可流动，−50°C 急冷后无混浊，是航空和高速机械理想的润滑油及动力皮带的保护油。

（4）特殊纤维以及医药原料，0°C 以下不易凝结，为寒带地区无可替代的润滑油，亦可使用于军事用途；在医药上可提炼抗癌药物、缓泻剂、消炎剂。

（5）纺织、化工及轻工业等部门用蓖麻油为助染剂、润滑剂、增塑剂、乳化剂和制造涂料、油漆、皂类及油墨的原料。

（6）蓖麻油经浓硫酸处理可得到表面活性很好的硫酸酯（俗称土耳其红油）。蓖麻油脱水则可得到具有共轭双键的干性油脂。以不同的氢化条件处理蓖麻油可以得到多种产品，因此蓖麻油广泛应用于各种工业部门，可制作甘油、油墨、香皂、发油、尼龙、塑胶、橡胶、癸二酸、皮革油等。

（7）蓖麻粗油的闪点与燃点相较于化石燃油相对较高，因此较不会有意外燃烧或爆炸之安全问题，消防设施等级较低，设备费用也较便宜。

（8）在农业上可当杀虫剂、肥料、饲料（蓖麻粕含有丰富蛋白质，脱毒后是优质的高蛋白饲料）等。

（9）蓖麻叶可养蚕，蓖麻茎（秆）可制绳索、可造纸、可加工为建材隔板。

总之，蓖麻的确是一种非常有价值的能源作物，但是过往农政单位并不看好这种作物的经济效益，主要是目前的作物生产量还不是很稳定，同时收购价格仍旧过低，农民的经济收益仍然有限之故。

2.1.3 蓖麻之形态特性

栽培种有油用和油、药兼用两种类型。中国栽培品种很多，主要有：有刺中粒种、无刺中粒种、红茎小粒种、白茎小粒种、蜡叶小粒种。均喜高温、不耐霜，而耐碱、耐酸，适应性很强。但幼苗期不耐低温，−1°C 就会受冻死亡。开花期长，花开时散出花粉，主要靠风力和昆虫传粉。蓖麻根系发达，入土深达 2～4 米，侧根平展延伸 2 米左右。茎柔而韧，中空，节节生枝。单株分枝多少与品种和栽培密度有关。多年生蓖麻茎秆粗壮，枝叶繁茂，高可达 5 米以上，茎围 15～20 厘米。茎、叶绿色或紫红色。植株被有白色蜡粉，光滑无毛。叶掌形，有的呈鸡爪形。花单性，总状圆锥花序，穗轴上部着生雌花，花柱红色，下部为雄花。偶有两性花混合排列或只有单生雌花的植株。蒴果有刺，或无刺，3 室，每室 1 粒种子。皮壳光滑硬脆，红至黑褐色，上有浅色花纹。

2.1.4　蓖麻之生长分布

中国自海南至黑龙江北纬 49°以南地区都有分布。以华北、东北生产最多，西北和华东次之，其他各地多为零星种植。中国栽培的蓖麻由印度传入，有 1400 多年的历史。热带地区有半野生状态的多年生蓖麻。台湾地区在日据时代就有大量的推广和利用，但目前除了极少数的栽植之外，大都为野生归化的植株，在全省各地均可发现。

蓖麻被认为是世界性十大油料作物之一，广泛分布于世界各地。主要种植蓖麻的国家和地区有安哥拉、肯尼亚、苏丹、坦桑尼亚、巴西、厄瓜多尔、巴拉圭、中国、印度、印尼、伊朗、泰国、俄罗斯、罗马尼亚等国；主要分布地区有非洲、南美洲、亚洲、欧洲。世界蓖麻子主产国为印度、中国、巴西、泰国、菲律宾、巴基斯坦、俄罗斯和印尼等 8 国，前三国蓖麻子合计占世界总量的 81.2%。

世界蓖麻油的主要进口国是工业发达国家，如法国、美国、德国、英国、荷兰等五国。现在，中国每年需蓖麻油 80 万吨，而可供能力只有 20 万吨，缺口极大。由于蓖麻资源本身的优势和高新技术的利用，许多人认为，蓖麻是一种可再生的"石油"资源和较为理想的替代石油的农作物。

2.2　台湾生物质能源作物关联产业现况

2.2.1　粮食作物

在台湾过往曾经研究推广过的生物质能源作物种类相当多，有玉米、大豆、葵花子、油菜、甜菜等，都有过试验但是并不太成功。

2.2.2　非粮食作物

一些高产量的非粮食作物，如甘蔗、甜高粱或富含纤维的狼尾草等传统作物，也被广泛利用作为生物质能源材料。近年来更广泛推广麻风树、蓖麻或微藻等，来发展生物质能源之用。但是因为栽植的技术正在发展，经济效益还不能确实稳定。麻风树可能是过往最被看好和炒作的非粮食作物用来发展生物质能源之物种，但是除了极少数的推广用栽植之外，还没有实际发现有经济规模的栽植，以及有确实的经济效益分析。然而，在还没有确实的数据之前，就已经被炒作过头，政府与民众都逐渐失去信心。

2.3 台湾生物质能源作物关联产业发展的关键问题

一个产业是否能够正常发展，通常应该由利用面来主导生产面会比较确实，亦即利用的价值是决定生产效益的关键。但是过往一些生物质能源作物的推广，往往反其道而行，炒作者或是推广者往往无法有效地提出利用面的收购价格，或是确实按照其所宣称的保证收购价格来执行，只是空口说白话来欺瞒生产者而已，这应该是台湾目前推广生物质能源作物最重要的关键问题。然而在生产—销售—利用这三个环节里，还是有些值得讨论的问题。

2.3.1 料源生产

台湾原本就是农业极为发达的地区，许多农作物的栽植技术基本上毫无问题。但是毕竟一个新的能源作物有别于一般的粮食作物，所利用的土地或是管理技术也应该有所调整。这方面碍于政府目前还没有正式发布确实的技术手册和推广，农民大都还在摸索当中。然而从民间业者的实际工作经验当中，已经可以看到许多很好的案例，只要能够加以整合和分享，自然可以加速推广料源生产的速度。以蓖麻的栽植为例，本基金会已经和屏东县政府合作，正式利用在高屏溪畔之屏东县旧垃圾场约 12 公顷的土地上，展开大面积的栽植试验。预计在 3 年之内希望可以确实地得到上述的相关栽植技术和经济分析资料。

再者，本基金会也已经与台东地区的农民合作，协助他们在既有的栽植工作上，提升管理技术和做经济效益分析。这些具体的工作项目和成果，都会透过本基金会的网站无条件公开，将可以使得蓖麻的栽植生产技术全面提升，也可以让各单位或是民众了解确实的经济效益。

2.3.2 销售通路

能够让生产者放心的关键乃是其生产成品是否有足够的经济效益，因此了解目前台湾地区主要的农业生产项目之经济效益，是作为比较蓖麻栽植效益的基础。

目前所推广的生物质能源作物，如果是种植麻树的话，则需要等到 3 年之后才陆续有收获，每公顷产量目前只有 1.5 ~ 2 吨，合理售价则可能低于 10 元/公斤，年收益为 1.5 万 ~ 2 万元。然而以过去台湾曾经有过的蓖麻种植经验而言，高产的可以达到 6 ~ 8 吨/公顷，而蓖麻种子的国际期货市场售价则在 18 ~ 24 元/公斤（在地收购价可能稍低），因此年产值可达到 10.8 万 ~ 19.2 万元/公顷，远高于一般的粮食或是能源作物。

由于台湾的地理环境和气候，相当适合蓖麻的生长，尤其是一些非良质农田（山坡地、丘陵地或是旱地）。虽然台湾属于台风暴雨多发的地方，对于一些高茎作物的威胁较大，但是蓖麻生长期相对短，只要 75 ~ 120 天就可以结果收获，每年可以有三获。对于水资源的需求并不高，极适合在一些非粮食作物生产的较低等农地种植，耕作管理和病虫害等问题都远低于一般的农作物，耕作人力和肥料农药成本也较低，再者因为不可以使用除草剂等问题，对于土地的友善度也较高。以目前的栽植经验而言，已经非常成功地用简单的方法加以植株矮化，以及简易、高效能的收获方式，可以发展机械管理和采收等方法，因此在生产成本方面较一般的作物要低。不需要过高的生产管理技术就可以达到相当高的单位产量，适合一般的农民栽植。收获之后的保存也相当容易，运输方便也容易加工。然而过往主要因为后端的制油销售机制没有建立完善，导致整个产业链还无法形成。

2.3.3　加工与利用

台湾民间虽然有一些小规模的蓖麻加工生产，但是还不足以应付产业发展的需求。目前许多蓖麻油或是蓖麻副产品的生产，都是靠进口原料为之。蓖麻油目前的国际行情还是相当好，甚至其副产品（如蓖麻粕）都还有油价 1/4 左右的行情，因此整体而言利用价值非常高。以台湾的纺织产业而言，许多高强度的尼龙都必须添加蓖麻油所炼制的癸二酸，但是这些癸二酸必须从德国等地进口。所以如果能够在台湾进行相关的深加工，自然对于相关产业有很大的帮助。然而因为台湾还没有一个足以吸收岛内自我原料生产的大规模加工厂，以致空有生产的项目在推广，却没有办法收购和销售，也缺乏利用方面的发展，殊为可惜！

从上述的分析当中，不难看出这项产业的经济效益。但是是否适合在台湾地狭人稠的高人力费用和特殊的亚热带岛屿型气候环境下栽植,很少有确实可以参考的资料。因为过往在这方面的研究基础仍然有限,加上实际栽植成功的案例又乏善可陈,因此不仅仅各级政府裹足不前,民众也缺乏信心,以致相关的发展受到极严重的阻碍。

过往虽然一些小规模的生物质能源作物栽培计划,由于经验不足和管理不善的原因,往往无法得到预期的效果,因此让大家更加缺乏信心。然而在近些年里,不仅仅生产条件不见得比台湾好的其他地区,也都竞相发展生物质能源作物栽培的大规模生产。最近有一些台湾民间人士,在极为艰困的环境之下所做的试验,已经在生产效率上有相当不错的成绩,因此再给推动生物质能源作物的希望注入一剂强心针。

基于低碳经济视角的昆明市城市饮用水源区可持续发展对策研究

赵 璟

西南林业大学经济管理学院

1 引言

1.1 研究背景

低碳经济是以低能耗、低排放、低污染、高效益为特征的新的发展模式，其实质是提高能源利用效率和创建清洁能源结构，其核心是技术创新、制度创新和发展观的转变。低碳经济水平的高低影响到一国或一个区域的能源的高效利用与否以及可持续发展水平。2009 年的哥本哈根会议明确了发展低碳社会、低碳经济、低碳环境、低碳技术已经成为整个社会未来发展的必然趋势。发展低碳经济意味要降低能源的消耗，减少二氧化碳的排放，充分利用可再生能源，实现低污染、低耗能、高利用，实现经济、社会、环境等方面均衡发展。

昆明是全国 14 个严重缺水的城市之一。对城市发展而言，过去我们更多着眼于直接影响发展速度和交通条件的区位因素，近年来，作为城市可持续发展的硬约束因素的水资源的研究，日益受到重视，并以城市水源重点生态功能区的建设和保护加以保障。城市水资源影响着城市发展的规模，尤其是城市饮用水资源和水环境，直接影响城市生活质量。因此，水资源环境质量，尤其是水源区的保护，是影响人类生存、社会进步和经济发展的生命线，是实现可持续发展的重要物质保障。

目前，国内外学者对城市饮用水源区的发展研究重点放在面源污染、生态环境、人口容量等问题，从低碳经济角度将该区域的经济、社会、环境联系起来对其进行综合评价的研究成果并不多见。本研究基于低碳经济视角，从昆明市城市饮用水源区新农村建设中的区位功能特点入手，研究解决昆明市饮用水源功能区低碳经济发展与生态环境相协调的问题及其驱动机制，以寻求低碳经济发展的可持续性路径。

1.2 研究意义

城市饮用水源区是我国新农村建设中生态、社会、经济的聚焦点。长期以来为保证水资源足量供给、减缓水源污染，我国划分了大量水源保护区，并对产业选择、生产布局和环境保护等做出了严格规定，给保护区内的经济社会发展带来很大负面影响，造成当地居民的持续贫困，形成一种独特的"水源保护区贫困"现象。昆明市水源保护区作为昆明重要的饮用水源地，同样存以上问题。从水源保护区来看，昆明市水源保护区的生态补偿已纳入补偿重点，但水源保护区大部分地区经济实力还比较落后，在其他发展中也相对其他地区慢，现阶段应用最多的也是经济补偿手段，如何解决水源保护区低碳经济发展与资源保护之间的矛盾，已成为亟待解决的问题。如何综合反映城市饮用水源区低碳经济的发展水平，建立城市饮用水源低碳经济评估系统对该地区今后低碳经济模式的选择及可持续发展具有重要的现实意义。

研究昆明市城市饮用水源区的可持续性发展，可促进水源区生态、社会、经济的和谐及协调发展。城市饮用水源区相对其他农村地区在新农村建设过程中的实施低碳经济发展模式尤为重要。为此，在全面推进城市饮用水源区新农村建设的过程中，减少农业生产的温室气体排放，发展低碳经济，系统实施饮用水源区低碳农业发展路径，探寻城市饮用水源区可持续经济发展模式，可为实现饮用水源区当地农业及社会经济的协调发展提供预警。

2 昆明市城市饮用水源区可持续性发展的突出问题

通过对昆明市松华坝饮用水源区的实地调查，采取 AHP 分析方法，对其低碳经济发展水平做了整体评估。目标层是松华坝水源区低碳经济水平，中间层是由实现目标所必需的 4 大系统（社会发展、经济发展、环境发展、技术发展）所构成，最低层为方案层的细分，由 26 个指标构成。通过构建模型并分析评价，4 个中间层的评价指标权重由大到小依次为：经济发展（0.3792）、技术发展（0.3284）、环境发展（0.1713）、社会发展（0.1211）；在 26 个分准则层指标中，人均纯收入（0.0759）、第三产业占 GDP 比重（0.0687）、农作物秸秆综合利用率（0.0574）和生活垃圾无害化处理率（0.0671）、财政支农资金占财政支出的比重（0.0622）等 5 个指标所占权重较大。其研究结论是近五年松华坝水源区新农村建设中的低碳经济水平在缓慢提高，在准则层中，经济发展和技术发展对低碳经济水平影响程度最大，在分准则层中，人均纯收入和第三产业比重对低碳经济水平影响最大，其次是生活垃圾无害化处理率、农作物秸秆综合利用率以及节能技术投入等指标。其最突出的问题有以下几个方面。

2.1　农民人均收入偏低，可持续发展能力偏低

松华坝水源区经济比较落后，发展缓慢，而通过 AHP 可以得出经济发展对松华坝水源区在新农村建设中的低碳经济水平影响是最大的。对松华坝水源区的低碳经济评价影响最大的是人均纯收入。通过在农村的社会经济指标中，人均纯收入是非常重要的一个指标。生存和发展是昆明市城市农村所面临的非常重要的一个问题，涉及一个国家和地区的稳定和长治久安。如松华坝水源区的阿子营镇，近几年由于在水源保护区实行"控花限菜"及烤烟"双控"政策，对产业发展控制严格，百合产业被取缔，核桃产业刚起步，一时无法见到经济效益，替代产业一时无法培育，农民增收步伐放慢，发展与保护矛盾突出。受松华坝水源区保护的限制，阿子营镇、滇源镇、松华乡的一个共同点是在经济结构中以第一产业为主，工业产业难以落地，第三产业发展缓慢，而第一产业单纯是小麦、玉米，农村劳动力技能不高、增收渠道有限，乡财政和村组集体经济比较薄弱，再加上人们抵抗自然灾害的能力较弱，这就必然影响到农民的收入。目前，松华坝水源区人均年收入仅为 2300 元左右，远低于昆明市其他非水源保护的乡镇。通过对松华坝水源保护区农户的问卷调查，并对农户的生计资本进

行测算和分析可以得出以下结论：总体来看，松华坝水源保护区农户生计资本的总量还是处于相对较低的水平，水源保护区农户的自然资本、人力资本、社会资本、物质资本和金融资本的 5 种生计资本总水平极不平衡，特别是人力资本、金融资本、社会资本等对家庭生计发挥至关重要作用的因素水平较低，可持续生计策略受到影响和制约；传统的"粗放型"农业发展方式必然影响到当地农民收入，影响到一个区域的经济发展，最终影响到该区域的低碳经济发展水平。

2.2 人口与经济、社会和环境间的矛盾日益突出

农民面临的主要问题是生计可持续性差、再就业困难、社会保障缺失。主要表现在失地农民的失业率高、获得非农就业岗位的机会严重不足；再就业质量差，收入低，社会保障不足；再就业的稳定性差。现有的城镇社会保障体系没有覆盖失地农民，专门为失地农民设计的基本生活保障水平低，且仅仅处于起步阶段；多数失地农民的生活水平有不同程度的下降，并且有限的征地补偿款难以支持未来的长久生计。研究中发现松华坝水源区近 5 年的人口自然增长率一直在 10‰以上，没有控制在所要求的6.5‰以内。在较高的人口自然增长率的情况下，其城镇化进程较慢，人均纯收入过低，碳排放量在增加。另外，由于农业人口约占 95%，以传统的种植、养殖业为主，造成了一定的污染，所以对环境也会产生负面影响。如此高的人口自然增长率一方面会给社会、经济和环境发展带来压力；另一方面人口的多少也必然影响着新农村建设的步伐。因为区域人口过多，过度消耗资源，造成资源匮乏；因为区域人口过多，污染严重，生态环境惨遭破坏；因为区域人口过多，社会发展难以负荷，因此，人口容量的问题也成为区域众多问题的焦点。

2.3 基础设施建设相对滞后

松华坝水源区由于受交通条件、自然环境和水源保护区管理规定的限制，其社会经济发展一直处于落后的水平。如阿子营镇村民不仅收入低，而且文化教育、卫生设施等与本县其他地方相比也相对落后。因财力匮乏，新农村项目建设难以开展，村组集体经济薄弱，基础设施建设资金严

重不足。对农田水利工程建设、社会公益事业、公共设施的投入严重不足，路、水、电等基础设施建设严重滞后，全乡镇目前仍有60%的自然村饮水困难，40%的自然村行路难。

2.4 农村面源污染严重

由于在城市饮用水源区农民创收渠道少，农业生产方式落后，为改善生活条件，一些群众仍然采取"高化肥、高农药"的传统农作物种植方式，另外农村生活污水、垃圾、畜禽粪便、秸秆等废物直接排入补给水源，致使水源区水质氮、磷等污染物含量上升，水质恶化。近5年的农作物秸秆综合利用率、生活垃圾无害化处理率以及集镇生活污水处理率和化肥使用减少率都在提高，但是整体来说仍然对环境造成了一定污染，影响到环境发展、影响到该区域的低碳经济水平。

2.5 森林结构单一，水土流失严重

虽然近些年森林面积在不断扩大，森林覆盖率较高，但大都是人工林，天然林比例较少，单一的森林结构，较低的林分质量不足以发挥生态循环功能，不足以起到涵养水源和保持水土的功能。虽然4个乡镇一直在尽力通过实施"农改林"政策、改进技术实施控释肥、实施"三池一改"、提高秸秆综合利用率、加大集镇污水处理设备投资等各种方式，但是水源区轻度的水土流失率仍占较大比重。

2.6 技术投入不足，部分农民对发展低碳经济认识不足

AHP分析法的研究结论得出，技术发展对于松华坝水源区在新农村建设中的低碳经济水平影响程度是排在第二位的，所以说，在新农村建设中，技术投入的多少对当地的低碳经济发展水平起着举足轻重的作用。政府对引进技术投入不足，包括对新的污水处理设备、科学种植、农民科普知识的教育、农业技术培训等方面。通过调查发现，有相当一部分农民对发展低碳经济的重要性认识不到位，有的认识很肤浅，在生产生活中不能运用低碳经济理论指导实践，有的认为发展低碳经济为时尚早，没有紧迫感；有的农民认为发展低碳经济，政府是主体，是政府的事情，显得漠不

关心；部分农村干部对低碳经济的具体要求如何实施不甚了解，有的怕牺牲局部利益，工作不够积极主动。

2.7 发展低碳经济政策保障不健全

完善的法律法规体系是发展农村低碳经济的有力保证，能够对政府、企业、社会团体和公民个人在低碳经济中的权利、责任和义务进行明确界定，对人们的思想和行为起到重要的引导和制约作用。但是就目前的现实来看，我国立法工作相对落后，针对低碳经济发展的专门的法律法规尚未形成，还没有建立起全国统一的相关法律法规体系，低碳经济法律法规只是在全国少数经济发达的城市进行试点，但这些法规多是针对城市低碳经济，关于农村低碳经济发展的就更少了。法律法规的不完善、不明确成为当下制约城市饮用水源区农村低碳经济发展的重要影响因素。

3 对策建议

本研究结合昆明市城市饮用水源区的实际，提出以下可持续发展的政策建议。

3.1 发展绿色产业，加快农业经济结构调整和升级

建议由市政府相关部门牵头，研究制定饮用水源保护区产业发展政策，逐步建立水源区绿色生态农业示范区。

（1）积极发展人工生态林，提高水源区森林碳汇能力

由森林、湿地、草地形成一个巨大的碳汇主体，通过光合作用，吸收空气中的二氧化碳。森林是一种仅次于煤炭、石油、天然气的第四大战略性能源资源，而且具有可再生、可降解的特点，在调整能源消费结构中占有重要地位。目前，政府将水库正常水位线沿地表外延 200 米的水域和陆域内；冷水河、牧羊河河道上口线两侧沿地表外延 100 米的区域设为水源区一级保护区，这些土地已经向农户收租。在一级保护区内止耕禁养，恢复生态。因此应尽快完成农改林工程，建设永久性生态林，提高森林覆盖率，使生态林更好地发挥固碳释氧、净化空气，防止水土流失的功效。在

水源区周围要不断加大永久性生态林、湿地面积和经济林的种植面积，继续实施农改林政策，从而有效地防止水土流失，起到净化空气、储存碳汇、调节温度、改善环境的功能。

（2）发展经果林和水源涵养林，提高当地农民的收入水平

要使水源区在保护中寻得可持续发展的能力，就必须在二级保护区（为一级保护区外沿 1500 米的区域）重点发展经果林和水源涵养林，如高山生态梨、丰产早熟核桃基地、绿化苗木基地、蓝莓种植基地及其他特色经济林果基地，为水源区转型发展、跨越发展和科学发展提供强大的产业支撑，以提高当地农民的收入。

（3）建立有机产品示范基地

可根据自己的区域特点和优势，建立有机蔬菜等食品生产基地、生态农产品供应基地，目前好宝有机蔬菜基地的建立就是一个良好的示范。

3.2　加大生态补偿，提高农民收入水平

目前，松华坝水源区生态补偿的主要方式为现金补偿，而补偿途径是补偿到政府及相关部门，直接补偿到农民的很少。自"农改林"政策实施以后，松华坝水源区附近的土地被收回，对于收租的土地，正常情况下农户每亩每年可收入 2000~2500 元，而地租每亩每年仅收入 720 元。农民的收入得不到保障，大大降低了保护水源区的积极性。目前的补偿机制并不能使居民将外部补偿转化为自我积累能力和自我发展能力，也不能使居民因补偿而做到"因保护生态资源而富"。所以，通过加大居民的政策补偿、现金补偿、技术补偿等方式有利于提高农民收入，增强农民保护水源区的积极性。

3.3　协调城镇化与低碳化

随着水源区人口数量的不断增加，社会、经济和环境的压力也在不断加大。一个低碳经济发展的城镇要随着产业结构、能源结构和消费结构的调整而调整。人口数量的增加、城镇化进程的加快也必然会改变一个地区的能源、产业和消费，最终影响到该地区的低碳经济发展。因此，要协调城镇化与低碳化两者间的关系，就必须提高能源利用效率，实现节能减排。

（1）可以充分利用可再生能源与新能源，如太阳能、发展农村沼气等，发展循环经济。

（2）在交通方面，限制机动车量，发展生态旅游业。由于4个乡镇均处于松华坝行政保护区内，所以在所设的旅游景点修一条供人们步行或骑车的通道，限制机动车的出入，从而为社会、经济、环境创造了价值，协调了城镇化与低碳经济的发展。

3.4 减小污染源，发展循环经济

松华坝水源区是昆明市人口供水的主要来源之一，4个乡镇污染物的控制直接影响到整个昆明市的供水问题。形成污染的因素有化肥、农药、秸秆、牲畜的粪便、生活污水、家禽的饲养、垃圾等，其中，化肥、农药的低效率使用是形成面源污染的主要因素。对于这些污染源，可以通过以下方式处理。

（1）减少化肥、农药的使用量。不合理的耕作方式、过度放牧和破坏植被等，导致大范围的水土流失。土壤侵蚀带走了大量的有机质和氮、磷、钾等养分，使土层越来越薄、越来越贫瘠，直接导致耕地面积的减少，肥力的下降。应加大测土配方施肥、控释肥技术、生物农药、生物有机肥的推广使用力度，降低农业面源污染。

（2）提高秸秆综合利用率，循环利用养殖业所产生的粪便，变废物为资源。

在水源区周围，秸秆资源以水稻、玉米秸秆、烤烟和蔬菜茎叶为主。秸秆主要有以下几种利用方式。

首先，可以秸秆还田，避免焚烧。秸秆还田是指通过机械将秸秆粉碎并覆盖于地表层面，再利用机械将其埋于深厚的土壤中。秸秆还田之后可以增加土壤的有机物质、提高土壤活性和肥力，从而提高农作物产量。

其次，可以作为养殖业的饲料。直接用豆糠、麦草糠加配合饲料饲养猪、牛、羊等家畜或者通过青贮、微贮、揉搓丝化等处理，把秸秆转化为优质饲料，用于饲养草食牲畜。

再次，可以作为再生能源利用。包括直接用作秸秆沼气、秸秆气化、固化成型和炭化。所谓秸秆气化是指通过热解气化将低值的秸秆资源转化

为高值的燃气，提高了农村居民生活用能质量和效率，方便了农民群众生活。秸秆固化成型是在机械设备的压力作用下，将秸秆压缩为成型燃料，可以替代木柴、原煤、燃气等燃料，广泛用于取暖、生活炉灶、锅炉、生物质发电厂等，是高效利用秸秆资源的有效途径。

最后，利用沼气处理粪便。处理后所形成的沼渣进行还田，沼液可以用来养猪、养鱼等。另外，通过立体种植和养殖农业，实现大农业间的共生，这样农业资源在更大程度上得到了高效利用。

综上，要大力推进"一池三改"政策，太阳能、液化气、沼气和卫生旱厕的使用率和利用率要不断提高。

3.5　加大污水处理设备投资，推广低碳技术

对一些对环境污染较大的养殖业要全面关闭搬迁，坚决禁养，要加大政府投资力度，建成零污染、零排放的养殖场。要加大对集镇污水处理设备的投资，实现节能减排。通过实施全面禁牧，可以有效地减少畜禽的污染。

农村节能低碳，应该以低碳技术推广为重点，构建农村节约型生产和生活方式。应立足在以下几个方面：推进农业机械节能低碳，更新淘汰部分老旧农业机械、高能耗老旧装备；推进耕作制度节能低碳，建立高效的耕作制度，大力推广"保护性耕作"，发展高附加值生态农业；推进畜禽养殖节能低碳，推广集约、高效、生态畜禽养殖技术，降低饲料和能源消耗；推进农村生活节能低碳，推广应用保温、省地、隔热新型建筑材料，发展节能低碳型住房等。

3.6　完善法律法规，提高农村居民环保意识

减少污染源、保护水源区是一项长期而艰巨的任务，需要政府的引导和群众的支持和配合。由于受水源区的限制，农民的收入受到了影响，而松华坝水源区又是一个非常重要的水资源供应区，所以政府需要向群众做好宣传工作，让群众理解保护生态环境的重要性，对于私挖乱采、污染水源的不法分子要严惩不贷。要加大对农村群众的宣传和教育力度，尤其是加强对当前我国环境和资源危机的现实情况的宣传，让农村群众了解形势

的严峻性、发展低碳经济的重要性，从而逐步培养农村群众的环境保护意识、低碳意识，逐渐认同和支持农村低碳经济的发展，并在日常生活和生产中提高个人的低碳意识。立法者应进行深入而广泛的调研，对农村发展低碳经济的实际情况、未来的发展趋势等进行系统研究，力求制定的法律能够贴近农村现实；各级政府应在法律文件的指导下，尽快完善统一的行政法规以及相关的制度体系，以此作为农村低碳经济行政执法的依据和指导，做到有法可依、有法必依，并促进农村低碳经济发展的法制化、规范化和高效化。

基于生态位的云南小粒咖啡
绿色产业发展策略研究

赵　璟　文　兰

西南林业大学经济管理学院

小粒种咖啡是世界主要栽植品种，主要分布在北纬 28°至南纬 38°之间的热带、亚热带高海拔地区；云南省热区土地面积占全省土地总面积的 1/5，具有悠久的种植历史和独特的自然地理环境条件，小粒咖啡种植面积和产量均占全国的 98%，是我国小粒咖啡主产区。① 所产咖啡质量好，单产高，成本低，使得小粒咖啡成为云南省热区一大可持续发展的绿色产业和创汇农产品，具有很强的市场竞争力。但是，由于产业化程度不高，企业绿色生产意识不到位，市场宣传薄弱等问题，资源优势并未能有效转化为经济优势和市场优势，严重阻碍了云南小粒咖啡绿色产业的进一步发展。本研究以生态位理论为基础，通过高效合理利用现存生态位、开发潜在生态位和培育市场生态位等措施，构建适宜云南小粒咖啡绿色产业健康发展的生态环境，提升产业核心竞争力。

1　生态位 、 产业生态位、 市场生态位内涵

1.1　生态位

生态位是一个重要而抽象的生态学概念，起源于 1894 年美国学者

---

①　李荣福、李亚男、罗坤：《浅析云南咖啡产业的现状与发展策略》，《农业科技管理》2011年第 5 期。

Streere 的鸟类物种分离研究①，并最早于 1910 年由 R. H. Johnson 在生态学论述中首次使用。生态位理论是生物学中研究生物体之间的竞争性、生物对环境的适应性、生态系统的多样性和稳定性等问题的重要范畴。生态位就是指一个物种在生态系统中，其占据的时间、空间位置及其与相关物种之间的功能地位和作用，以及与栖息、食物、天敌等众多环境因子的关系。与生态位理论相关的两个重要概念是生态位宽度和生态位重叠，前者指被一个物种所利用的各种不同资源的总和；后者指当两个及以上物种利用同一资源或共同占有其他环境因素时出现的生态位重叠现象，与物种竞争密切相关。② 目前该理论广泛应用于种群进化、种间关系、群落结构和环境梯度的分析研究，并渗透到经济、管理、营销和品牌等应用领域。已演绎发展出产业生态位、市场生态位、空间生态位、营养生态位和多维生态位等多种分类。

1.2 产业生态位

随着生态位理论在生物学界的广泛应用，基于竞争排除原理的生态位理论受到管理研究领域各学者的极大关注，国内学者推动了生态学与产业及企业研究的进一步融合，运用生态位理论研究经济社会市场竞争和产业生存环境等系统问题。与生物界相似，产业生态位是指特定产业在整体产业经济循环系统中，在特定时期与其他相关产业在互动过程中所形成或具备的相对地位、产业功能与产业价值。产业生态位是一个动态的概念，是产业适应经济社会环境的结果而不是原因，其进化符合生物进化的一般模式：学习—适应—变异—选择。反映了某一产业在经济社会环境中的自然资源、社会资源、经济资源、企业资源等产业生态因子所形成的梯度上的位置，还反映产业在市场生存中的物资、资金、人力、技术和信息流动过程中扮演的角色。一般产业生态位受时间、市场位置、可用资源和企业生存环境 4 个因素变量决定。③

---

① 许峰、秦晓楠、张明伟等：《生态位理论视角下区域城市旅游品牌系统构建研究——以山东省会都市圈为例》，《旅游学刊》2013 年第 9 期。
② 李荣福、李亚男、罗坤：《浅析云南咖啡产业的现状与发展策略》，《农业科技管理》2011 年第 5 期。
③ 张健：《企业市场生态位理论研究——以电信产业为例》，《西南民族大学学报》（人文社会科学版）2013 年第 1 期。

1.3 市场生态位

企业的产品在刚开始进入某个特定市场时，往往没有竞争对手，形成原始生态位或竞争前生态位或虚生态位。但是，只要市场是开放的、均衡的，很快就会有其他竞争者大举进入该市场，形成生态位元的部分重叠。但随着市场份额的相对缩小，竞争就会日趋激烈。现代企业在竞争中不再是"单赢"，或是"双赢"和"多赢"，而是更高层次的竞争与合作。竞争的各方都乐意利用尚未有对手竞争的资源转移到不与其物种发生重叠的生态位去，或尽量在少重叠的生态位中生存发展。错开市场生态位的主要途径是利用自身的优势形成自己的特点，各自形成自己的特色，使自己的生态位不与同行重叠，在市场得到最大利润。

2 云南小粒咖啡绿色产业发展现状分析

绿色产业是指在合理利用生态环境的基础上，积极采用清洁、无害或低害的生产技术和工艺，大力降低原材料和能源消耗，实现少投入、高产出、低污染、高效益的产业。绿色产业是市场化和生态化有机结合的经济，也是一种充分体现自然资源价值和生态价值的产业。① 进入 21 世纪以后，以保护环境和发展生态经济为目的的绿色革命正在全球兴起，具有促进社会经济可持续发展特征的绿色产品，已经逐渐成为一种消费时尚，企业也开始将发展绿色产业与开发绿色产品作为获取经济利益和抢占市场份额的重要途径。绿色产业在市场发展过程中，主要会受到自然资源、政策法规、消费者需求、企业经济效益、资金与技术、产业发展结构和社会价值观等因素的影响。云南小粒咖啡产业是依托生态资源环境发展起来的绿色产业。云南省是我国第一咖啡大省，种植小粒种咖啡历史悠久，自然环境和地理条件优越，出产的咖啡粒质优、醇香、略带果酸味，为发展云南小粒咖啡绿色产业提供了强有力的自然资源优势。由此发展出了德宏后谷、保山云潞、临沧凌丰等一批实力雄厚的咖啡生产绿色企业。2011 年，

---

① 于成学：《大连绿色产业发展对策分析》，《大连民族学院学报》2012 年第 2 期。

随着《云南省咖啡产业发展规划（2010—2020年）》出台，鼓励云南小粒咖啡产业走生态化、特色化绿色产业发展道路，这为云南小粒咖啡绿色产业发展提供了政策支持。目前，云南省拥有100余家大中型咖啡加工企业，较出名的有"后谷""云潞""凌丰""景兰"和"北归"等品牌。其中，德宏后谷咖啡公司是全国咖啡行业中唯一的国家级重点龙头企业①，"后谷"品牌于2013年成为我国咖啡全产业链企业中唯一获得中国驰名商标的品牌。初步形成了云南小粒咖啡绿色产业发展的生态群落。同时，随着我国社会经济消费水平不断提高，咖啡逐渐成为现代社会的消费时尚。云南市场咖啡消费量年增长速度在10%～15%，预计到2020年，中国有望成为世界上最大的咖啡消费国，消费空间潜力无限。② 但是，优越的自然资源和广阔的市场需求并没有充分转化为经济优势，原料供应型的发展模式严重阻碍了云南小粒咖啡绿色产业的可持续发展，主要存在以下几个方面的问题。

2.1 产业规模小

虽然云南从事咖啡种植、生产、加工、收购的个体及企业有很多，但是整个云南小粒咖啡绿色产业发展规模较小。一方面，受文化教育程度低和地方经济能力薄弱的影响，咖啡种植多为小农分散式经营，以一家一户或小规模咖啡园为主，在种植过程中任意缩短咖啡株距，盲目扩大种植面积，过量施用农药造成土地污染，单一发展卡蒂姆商业品种，种子栽培技术推广困难，咖啡豆采摘分离缺少规章制度，鲜果质量良莠不齐。原料基地小而分散的情况造成咖啡种植规模不足，很难获得足够的原料市场份额。另一方面，云南咖啡初加工企业超过250家，但是大中型咖啡加工企业只有100余家，其中深加工企业实力雄厚的主要有后谷、云潞、凌丰、北归等一定规模的企业，与国外雀巢、麦斯威尔等名企相比，产业规模差距甚远。云南咖啡产业化经营的龙头企业数量少、规模小而分散、组织化

---

① 周灿、田子义、李茂林：《云南德宏后谷咖啡生态旅游的可行性分析》，《经济研究导刊》2010年第34期。
② 黄家雄、吕玉兰、罗心平等：《我国咖啡发展形势及对策》，《中国热带农业》2014年第1期。

程度低，缺乏雄厚的实力，不能有效地、大范围地把种植者、生产者、加工者、销售者和消费者紧密联系起来，形成一个发达和完善的"生产—加工—销售"体系①，离绿色产业健康发展的要求还有很大差距。

2.2 产品附加值低

由于云南省部分咖啡主产地如施甸县、龙陵县、澜沧县、宁洱县和沧源县等皆属于贫困县区，经济相对落后，导致咖啡产业投入不足，生产基础实施条件差，主要表现在科研经费缺少，资金投入不足，生产技术和管理条件落后，科技成果转化率低，咖啡栽培技术措施标准难以创新，病虫害监控防治困难，产品开发能力薄弱。大部分咖啡企业仍处在初加工环节，精深加工能力滞后，全省只有德宏后谷咖啡公司已建成13000吨的即溶咖啡生产线，大部分企业在咖啡因等有效成分的提取上仍属空白。整个产业发展缺少自主创新，研发能力较弱，加之大部分咖啡企业是民营企业，人才短缺，加工工艺简单，设备原始落后，原料浪费现象严重，产品农残超标，环境污染治理成本费用高，导致产品附加价值低，整个咖啡产业链发展缓慢，与咖啡产业相关联的产业发展滞后，对咖啡食品、咖啡饮料、咖啡药用、咖啡果皮以及咖啡生态旅游、咖啡庄园、咖啡包装制品等的开发较少，咖啡附加产品少，潜在市场占有率不足，没有形成高效、规模的咖啡全产业链。②

2.3 市场培育认知程度低

多年来，各级政府、咖啡企业和种植户对国内消费市场和销售渠道的培育重视不够，竞争认知程度低下。云南咖啡以原料出口为主，与下游加工配套不足，如在2012~2013年采收季，云南咖啡总产量为8.2万吨，但其中出口就占5万多吨，而2012年国内咖啡消费总量已增加到13万吨，说明云南咖啡原料供应型的发展模式阻碍了国内市场份额的扩大。目前，国内相关部门虽然建立了一定规模的咖啡专业信息发布网络，比如云南咖

---

① 周艳飞、陈治华：《运转产业链加快云南咖啡产业发展》，《中国热带农业》2010年第5期。
② 王湘琪：《普洱市咖啡产业发展的 SWOT 分析》，《中国热带农业》2011年第2期。

啡协会网站、淘宝后谷咖啡旗舰店等，但是，由于市场认知程度和投入精力滞后，信息发布主体与信息接收主题的衔接不畅通，分散的种植户、生产者不注重积极获取国内外最新的咖啡市场动态信息，咖啡网页信息公布和更新速度较慢，市场宣传途径和方式不到位等问题普遍存在，难以把握市场消费者的需求动向。另外，云南小粒咖啡的外贸出口、销售等一直依赖雀巢、星巴克、意利等公司，销售队伍非专业性、投机性强，在国内主要通过大型超市、网店等途径开展产品销售，产品销售渠道单一，专业性不强，阻碍了云南小粒咖啡绿色产业开拓潜在市场环境。

2.4 产业竞争力弱

尽管云南小粒咖啡质量可媲美世界级蓝山咖啡，但本地企业加工销售产品的原料多来自次级豆子，产品结构不合理，优质产品、名优产品、有机产品和无公害产品较少。同时，由于小规模生产企业标准化意识淡薄，生产过程缺乏相应技术规范，无标生产或有标不依生产造成咖啡产品质量参差不齐的现象广泛存在，导致国内市场上出售的云南咖啡产品形象低质低价，市场竞争力弱小。加之，雀巢、星巴克、麦斯威尔等国外知名咖啡公司是云南小粒咖啡原料豆的主要收购商，其凭借雄厚的资金实力、技术能力、产品质量、品牌形象和广阔的市场营销渠道，迅速占据了中国咖啡市场80%以上的份额，这在一定程度上对云南小粒咖啡产业的市场竞争形成了打压态势。总体来看，云南小粒咖啡品牌建设落后，现有品牌的资产利用率不高，缺少国际性大品牌，难以给消费者留下深刻印象。目前在市场流通的小粒咖啡品牌主要有"后谷""北归""椰佳""捷品"等，但仍无法与"雀巢"等国际知名咖啡品牌相提并论，并且由于品牌管理混乱，同牌咖啡产品质量和市场价位不一等现象普遍存在，云南小粒咖啡整体产业市场竞争力不强。

3 基于生态位的云南小粒咖啡产业发展思路和策略

云南小粒咖啡绿色产业的进一步发展主要受到自然和市场两个方面因素的影响，为了解决上述几方面存在的问题，促进云南小粒咖啡绿色产业在协调企业市场经济效益和自然资源、环境的基础上健康发展，本研究依据生态位理论，从自然环境和市场环境整体、系统、协调发展角度出发，从高效合理利用现存生态位、开发潜在生态位、培育市场生态位三个方面提出以下思路和策略，培育良好生态环境，以提升云南小粒咖啡绿色产业发展的核心竞争力。

3.1 高效合理利用现存生态位

随着商业市场竞争程度日趋激烈，资源的稀缺性加剧了产业生态学范畴内的恶性竞争，企业管理领域提出了绿色、经济、环保、可持续的产业发展战略，以期尽可能发挥稀缺资源的利用效能，发挥现存生态位的优势。[①] 当前，云南省独特的地理气候环境和优越的原料资源，是云南小粒咖啡绿色产业在发展过程中所拥有的最具优势的自然资源生态位。

为了能够高效合理地利用现存生态位，云南小粒咖啡绿色产业发展必须提高种植者和生产者的生态意识。一方面，增加政府投资和财政扶持，加强种植者绿色、生态、可持续发展的认识教育，建立新型育种基地，进行引种试验，推广综合栽培技术，优化小粒咖啡品种结构，注重生态养护，减少咖啡栽培、种植、采摘过程中对土壤、气候、环境的破坏与污染。提升政府相关政策法规的引导作用，建立咖啡鲜豆最低保护价机制和咖啡产业风险基金，加快云南小粒咖啡种植基地和原料基地建设，发展规模化种植经营，逐步转变原料供应型的经济发展模式，保证云南咖啡企业自身发展具有较为充足的资源生存空间，限制国外咖啡企业为争夺原料而带来的不良竞争。另一方面，产业内部应加强企业间的组织链管理，进一步着力培育云南咖啡龙头企业，加快产业内部整合，在自愿原则下联合组建咖啡绿色产业集团，将分散的农户、专业协会、合作社、相关科研院所、加工企业等组织起来，提升资源利用效率，实现整合资源、统一竞争，促进云南咖啡产业规模化、集团化发展，强化现存生态位。通过利益共享、平等协商等原则，保证云南咖啡绿色产业内部资源共享、规模化发

---

① 焦子伟、郭岩彬、孟凡乔等：《论生态资源丰富经济欠发达地区绿色产业发展战略——以新疆伊犁河谷地区为例》，《中国农业资源与区划》2011年第2期。

展，加强自身现存生态位的边缘地带，减少与国外咖啡企业在自然资源生态位的重叠，以保障云南咖啡产业自身绿色、生态、良性发展。

3.2 开发潜在生态位

由于云南小粒咖啡绿色产业的生态系统整体尚处在初级发展阶段，生态位分化不完全，因此存在大量的潜在生态位。开发潜在生态位可以有两种途径：一是通过实施错位经营战略，分化现有生态位；二是通过技术创新，拓展现有生态位。当前，云南小粒咖啡绿色产业在发展过程中，产品同质化现象比较严重，导致原料恶性竞争和市场重叠现象严重，对现有产业生态位利用不均衡。因此，云南咖啡企业之间可以通过多渠道筹集资金，积极争取国家相关资金扶持、银行贷款、招商引资等，合力开发咖啡绿色产业，有效调整产业结构，通过实施错位经营战略，即基于自身基础条件，彼此相互沟通交流，通过考察竞争对手的产品和服务策略，对市场进行细分，选择自身企业独特的发展策略和行为，确定目标市场和产品定位，占领产业内不同的细分市场，争取新的已存在却未被利用的生态位，可以有效减少资源的浪费，避免"两败俱伤"的结果。另一方面，云南咖啡产业主要以饮料和食品生产为主，产业深加工潜力很大。因此，通过依靠科技进步，加快产业绿色技术研发，提升企业自主创新能力，加强绿色化、标准化生产管理，利用新技术、新工艺全面推进清洁生产，强化生产加工过程中的污染治理，积极生产"安全、节能、无公害"的绿色商品，实行绿色包装，争取 ISO14000 国际标准认证[1]，有助于提高咖啡产品质量，减少环境污染。同时，加强云南咖啡加工企业绿色生态文化建设，提高员工绿色、环保生产意识，加快发展精深加工生产线，积极研发、生产新的咖啡产品，延长咖啡食品、咖啡果醋、咖啡保健品、咖啡医药、咖啡精品庄园、咖啡生态旅游等全产业链发展，提升产品附加值，增加企业经济效益，从而扩大原有生态位范围，依靠价值创新将潜在生态位转化为现实生态位。

---

① 陈丽琳：《绿色农业产业化产品开发的问题与对策》，《湖北植保》2011 年第 3 期。

3.3　培育市场生态位

满足顾客需要是培育产业生态环境的核心。绿色产业的未来竞争优势是来自于以客户为中心的组织，满足顾客需求和维系顾客关系的能力是衡量绿色产业竞争力的主要指标。云南小粒咖啡绿色产业的产品只有在市场上占据较大的市场份额，才能保证产业内部取得良好的绿色利润。当前，我国咖啡市场发展速度快、消费潜力大，年轻消费群体拥有较强的咖啡文化意识和消费需求。因此，云南小粒咖啡绿色产业的发展，要加强对政府、农户、企业、销售者的市场认知培育，通过普及本土咖啡知识和传播小粒咖啡文化，加强对国内市场的消费引导，端正消费者对本土咖啡产品绿色、环保、安全、健康的价值观，扩大市场消费需求。而面对多变的市场需求趋势，绿色产业发展必须创造品牌产品，品牌就是质量，就是安全，就是效益，就是竞争力和生命力。云南小粒咖啡绿色产业的高效发展离不开优良品牌的规范建设，云南咖啡加工企业要在"后谷""北归""凌丰"等国内咖啡品牌建设的带动下，加快建立健全咖啡品牌建设管理机制，完善品牌注册和代理，集中力量做大品牌，发挥品牌集群的市场效应。[①] 同时，加快建立市场信息服务中心，完善信息预测、传递和反馈网络，通过网络媒体、电视、移动客户端等途径扩大市场宣传。积极拓展销售渠道，针对不同消费群体，寻找咖啡吧、自动咖啡机、连锁门店、移动支付界面等新的咖啡营销模式，利用消费者口碑式宣传，扩大市场知名度，从而占据有利的市场生态位。

总之，生态位理论在云南小粒咖啡绿色产业发展过程中具有十分重要的实践意义。在依靠优越的地理气候条件和资源优势的基础上，云南以小粒咖啡为主导的绿色产业发展必须转变原料供应型的经济模式，高效合理利用现存生态位；通过技术研发和自主创新，扩大产业规模，发展精深加工，增加产品附加值，从而开发潜在生态位；通过提升国内市场认知培育程度，加快自主咖啡品牌建设，扩大市场宣传和营销渠道，提高市场知名度，培育市场生态位，必将提升产业核心竞争力。

---

① 赵丽霞、李霞：《农产品营销品牌建设问题探析》，《农业经济》2013 年第 6 期。

能源产业发展对台湾经济及
环境效益影响分析

林唐裕　　曾禹杰　　陈曾裕

台湾综合研究院研一所

1　前言

台湾自产能源相当匮乏，逾98%能源仰赖进口供应，极易遭受国际能源情势变迁而影响供应稳定性，积极发展自主化之能源产业，减少对进口能源之需求，实为当务之急。此外，能源在台湾的经济活动中处于关键地位，若供应不足，除对社会造成经济损失之外，亦将影响厂商的投资意愿，进而埋下长期经济成长的负面因素。因此，倘能全盘了解能源产业发展对台湾经济、产业与环境之影响，将有助于后续探讨其发展所需具备之法治规范的发展环境，以兼顾未来台湾经济发展、电力稳定供应及环境保护之均衡发展，此乃本文之研究缘起。

本文旨在探讨能源产业发展对台湾经济、产业与环境之影响，其中能源产业范畴包括传统能源供应产业及新兴能源科技产业。传统能源供应产业包括石油炼制品制造业、焦炭及其他煤制品制造业、燃气供应业、电力及蒸气供应业等；而新兴能源科技产业系依据资料之可获得性及其完备程度，筛选出6项产业，分别为风机产业、太阳能电池及其模块、燃料电池产业、LED产业、生物质柴油产业及ESCO产业，以利进行后续各项研究工作。本文运用李昂提夫（W. Leontief）所提之投入产出模型（I/O），建构一个能源产业投入产出模型，透过产业关联效果、乘数效果分析，模拟主要能源产业投资建设所诱发之产业经济效益，并推估其对环境（如能源消费、二氧化碳）所带来之影响。最后，综合评估主要能源产业对台湾经济、产业与环境之影响性。

2　台湾经济发展、能源消费、CO_2排放现况分析

2.1　经济发展

台湾实质生产毛额由 2000 年的新台币 9170116 百万元成长至 2015 年的 15630916 百万元，15 年间年均成长率为 3.62%，而 2015 年经济成长率为 0.75%，较 2014 年的 3.92% 降低 3.17 个百分点。其中，上半年经济成长率为 2.26%，下半年因全球景气复苏力道不振，电子产品去库存速度仍缓，受原油等持续下跌的影响，商品出口表现不佳，经济成长率下降为 -0.66%。

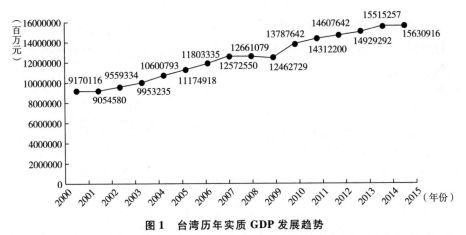

图 1　台湾历年实质 GDP 发展趋势

资料来源：1. 台湾行政当局主计总处（2016），历年台湾各业生产与平减指数；2. 笔者绘制。

在三级产业结构方面，2000 年服务业占比高达 70.4%，其次为工业（27.1%）及农业（2.5%），到 2015 年，服务业占比降至 63.4%，仍为各部门之冠，唯工业占比提高至 35.0%，农业占比则降至 1.6%，显示过去 15 年台湾经济成长仍由工业为首引领带动，如图 2 所示。

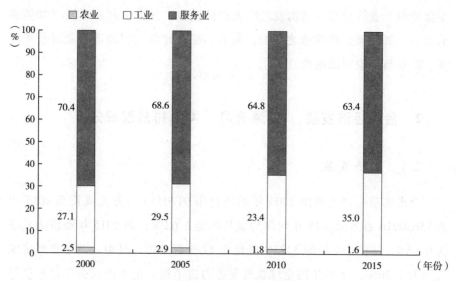

图 2　台湾三级产业结构变化情形

资料来源：1. 台湾行政当局主计总处（2016），历年台湾各业生产与平减指数；2. 笔者绘制。

2.2　能源消费

台湾能源消费由 2000 年的 86486.3 千公秉油当量成长至 2015 年的 115029.4 千公秉油当量，15 年间年均成长率为 1.92%。历年能源消费量详如图 3 所示。

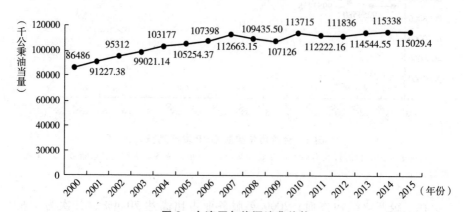

图 3　台湾历年能源消费趋势

资料来源：1. 台湾"经济部能源局"（2016）；2. 笔者绘制。

在各部门能源消费结构方面，2000 年工业部门占比高达 39.93%，为各部门之冠，其次依序为运输部门（14.49%）、住宅部门（12.42%）、服务业部门

（11.41%）、非能源消费（润滑油、柏油、溶剂油）（10.94%）、能源部门自用
（9.19%），农业部门仅占1.61%。到2015年，工业部门能源消费占比略降至
37.08%，仍为各部门之冠，唯非能源消费占比提高至21.79%，仅次于工业部
门，其次依序为运输部门（11.90%）、服务业部门（11.03%）、住宅部门
（10.69%）、能源部门自用（6.59）、农业部门降至0.91%，如图4所示。

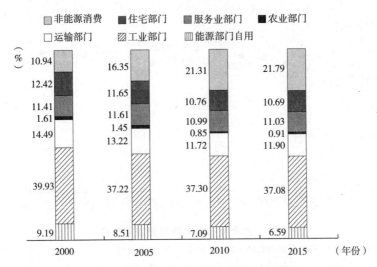

图4　台湾部门别能源消费结构变化情形

资料来源：1. 台湾"经济部能源局"（2016）；2. 笔者绘制。

　　台湾能源效率近年持续改善，自2001年能源密集度的最高点10.08升
油当量/千元，至2015年已降至7.36升油当量/千元，年平均变动率为 −
1.64%，历年能源密集度详如图5所示。

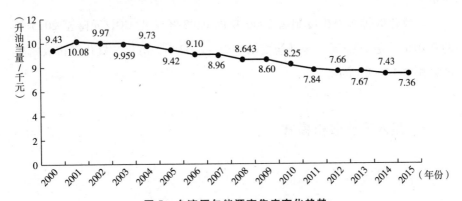

图5　台湾历年能源密集度变化趋势

资料来源：1. 台湾"经济部能源局"（2016）；2. 笔者绘制。

2.3 CO₂排放

台湾二氧化碳排放量由 2000 年的 209364 千吨成长至 2015 年的 250710 千吨，15 年间年均成长率为 1.21%，历年二氧化碳排放量详如图 6 所示。

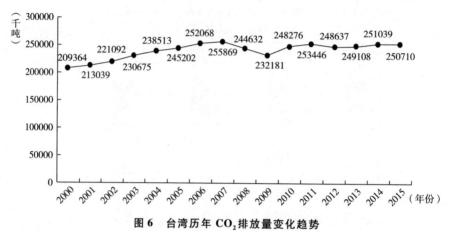

图 6 台湾历年 CO₂排放量变化趋势

资料来源：1. 台湾"经济部能源局"（2016）；2. 笔者绘制。

在各部门二氧化碳排放结构方面，工业部门占比为各部门之冠，2014 年占比为 48.30%，其次依序为运输部门（14.23%）、服务业部门（13.12%）、住宅部门（12.62%）、能源部门（10.63%），农业部门占比仅为 1.10%，2000 年至 2014 年间各部门排放结构变化不大之下，如图 7 所示。

二氧化碳排放密集度则由 2000 年的 0.0228 千克 CO₂/元降至 2015 年的 0.016 千克 CO₂/元，年平均变动率为 -2.33%，历年二氧化碳排放密集度详如图 17 - 8 所示。

3 投入产出分析模式

3.1 理论基础

投入产出模型（Input - output model）又可称为产业关联模型（Inter -

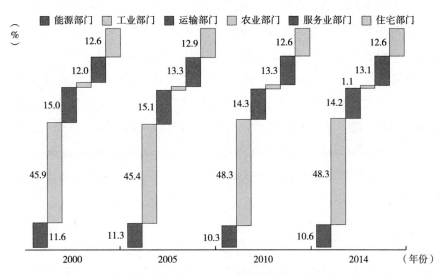

图 7　台湾部门别 CO_2 排放结构变化情形

资料来源：1. 台湾"经济部能源局"（2016）；2. 笔者绘制。

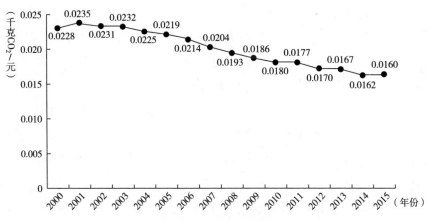

图 8　台湾历年 CO_2 排放密集度变化趋势

资料来源：1. 台湾"经济部能源局"（2016）；2. 笔者绘制。

industry model），是由经济学者李昂提夫（W. Leontief）所提出的一种总体经济分析方法，系以一般均衡理论为基础，并运用多元一次联立方程式加以运算的计量分析方法。其基本架构由国民所得的支出面、生产面及所得面组合而成，用以呈现国家在某一期间内的经济活动总成果，并以矩阵显示各项产业间的投入产出相互关系，可分析为当最终需求改变时，对该经济体系产生的影响，在经济计划之研拟、分析产业结构或订定企业经营策略的应用相当有帮助。为便于分析，经常使用以下三项假设：（1）均质假设，假设各产业的产品皆属于同质的，且一产业仅生产一种产品；（2）固定比例假设，生产一单位产品的生产要素比例固定不变，代表投入生产要素的不可替代性；（3）固定系数假设，生产要素的投入量与总产出量之关系为固定不变。主要包括投入产出表（Input – output table）、投入系数表（Input coefficient table）及逆矩阵系数表（Inversed matrix coefficients）三部分。（本文因篇幅限制将投入产出表、投入系数表、逆矩阵系数表呈现于附件。）

3.2 产业关联效果

投入产出模型的关联效果分析常用来认定产业之定位（属于领导产业、关键产业等），以作为投资发展策略之佐证，期望当投资该项产业时能同时带动其他产业之发展。产业关联分析中有两种效果可解释各种产业间的交互关联程度。

产业关联程度表 $(I - A)^{-1}$ 可分析产业部门间之相互关联程度。表中某一纵行内之每一元素，表示对该部门之最终需要增加（或减少）一单位时，各列部门受直接、间接影响必须增产（或减产）之数量；而表中某一横列内之每一元素，系表示对每一行部门之最终需要增加（或减少）一单位时，该列部门受直接、间接影响必须增加（或减少）供应之数量。利用上述定义，可分别计算某一部门之感应度、影响度及关联效果。

另外，此一产业关联矩阵又可将关联效果区分为向前（forward）与向后（backward）关联两种。向前关联效果则是指当所有产品都增加一单位最终需求或产量时，i 产品必须增产以满足各部门对中间投入量的需求，此一增产总效果即为向前关联效果［如（式1），表示 i 产业的向前关联程度］；向后关联效果是指当 j 产品增加一单位最终需求时，经济体系总产出的变化量。意即在 j 产品增加一单位最终需求时，用于生产 j 产品的中间投入量也将增加生产，此一增产总效果即为向后关联效果［如（式2），表示 j 产业的向后关联程度］。

直接关联效果为由投入系数矩阵的元素得知，直接及间接关联效果则是由逆矩阵系数矩阵中的元素表示，因此，衡量向前及向后关联程度最简单的方式是分别采用李昂提夫逆矩阵的某列或某行元素之加总，如（式14）及（式15）。

$$\mathrm{FL}_i = \sum_{j=1}^{n=1} b_{ij} \qquad (式1)$$

$$\mathrm{BL}_j = \sum_{i=1}^{n=1} b_{ij} \qquad (式2)$$

（式1）与（式2）代表各产业对全体产业所引发的绝对产量效果，若进一步将向前关联与向后关联效果加以标准化，则能衡量各产业间的相对产量效果，向前关联效果标准化后称为感应度，向后关联效果标准化后则称为影响度。

3.2.1 感应度

（式3）为 i 产业的向前关联指数，亦称为感应度指数，等号右边的分子表示逆矩阵的第 i 列元素之和，分母则表示为逆矩阵各列元素和的平均。当该数值大于1时，表示 i 产业的向前关联效果比全体部门的平均水平来得高，相反，当该数值小于1时，则代表 i 产业的向前关联效果小于全体部门的平均水平。

$$\mathrm{RFL}_i = \frac{\sum_{j=1}^{n} b_{ij}}{\frac{1}{n}\sum_{i=1}^{n}\sum_{j=1}^{n} b_{ij}} \qquad (式3)$$

3.2.2 影响度

（式4）为 j 产业的向后关联指数，亦称为影响度指数，等号右边的分子表示逆矩阵的第 j 行元素之和，分母则表示为逆矩阵各列元素和的平均。当该数值大于1时，表示 j 产业的向后关联效果比全体部门的平均水平来得高，相反，当该数值小于1时，则代表 j 产业的向后关联效果小于全体部门的平均水平。

$$\mathrm{RBL}_j = \frac{\sum_{i=1}^{n} b_{ij}}{\frac{1}{n}\sum_{i=1}^{n}\sum_{j=1}^{n} b_{ij}} \qquad (式4)$$

3.3 乘数效果分析

投入产出分析法的另一重点为产业影响分析,产业影响分析为衡量当最终需要增加(或减少)时对整个经济体系总产量的变动量,评估此变动量通常是采用乘数分析(multipliers analysis),或可称为影响或冲击分析(impacts analysis),目前在经济学、能源及环境方面皆有所应用。在经济学方面的衡量是采用产出乘数(output multipliers)、就业乘数(employment multipliers)及所得乘数(income multipliers);而在能源及环境方面的衡量,则是以能源乘数及二氧化碳乘数分析能源使用、环境污染与经济结构之关系。以下就此五种乘数分别作介绍,皆是透过李昂提夫逆矩阵做延伸所衡量的效果,所以皆有考虑直接和间接产出效果,如(式5)。

$$乘数效果 = 直接 + 间接效果 \qquad (式5)$$

3.3.1 产出乘数

在投入产出分析中,通常会先求得产出乘数后(以产出乘数为基础进行其他乘数分析)才进行其他乘数效果的计算,据前述理论基础可知,当最终需要发生变动时,可使用逆矩阵系数表求得各产业的产出变动量,如(式6)所示,产出效果包含直接及间接产出效果。ΔX 为最终需要变动所引发的产出变动量(为产出效果矢量),$[I-A]-1$ 为李昂提夫逆矩阵,ΔY 为最终需要变动量(为最终需要矢量)。

$$\Delta X = [I-A]-1\Delta Y \qquad (式6)$$

3.3.2 就业乘数

假设各产业部门的每单位生产所需的劳动投入即为就业系数(L = 劳动/产出),此为直接就业乘数,就业乘数则如(式7)所示,ΔL 为总就业变动量(为就业效果矢量),包含直接和间接效果,L^* 为就业系数矢量。

$$\Delta L = L^*[I-A]-1\Delta Y \qquad (式7)$$

3.3.3 所得乘数

所得乘数系将最终需要变动的总产出效果转换成家庭部门的所得(或劳动报酬)变动,同样包含直接加间接所得效果,转换方式必须利用劳动报酬系数(Ahi = 劳动报酬/产出)将产出效果予以转换,如(式8)所示，ΔW 为最终需要变动所引发的所得变动量（为所得效果矢量），$A^* hi$ 为劳动报酬系数矢量。

$$\Delta V = A * hi \left[I - A \right] - 1 \Delta Y \qquad\qquad (式 8)$$

3.3.4 能源乘数

假设各产业部门的每单位生产所需的能源投入即为能源系数（$E =$ 能源投入量/产出），则能源乘数如（式 9）所示，ΔE 为总能源投入变动量，包含直接和间接效果，E^* 为能源系数矢量。

$$\Delta E = E^* \left[I - A \right] - 1 \Delta Y \qquad\qquad (式 9)$$

3.3.5 二氧化碳乘数

假设各产业部门的每单位生产所产生的二氧化碳排放量即为二氧化碳系数（$P =$ 二氧化碳排放量/产出），则二氧化碳乘数效果如（式 10）所示，ΔP 为总二氧化碳排放变动量，包含直接及间接效果，P^* 为二氧化碳系数矢量。

$$\Delta P = P^* \left[I - A \right] - 1 \Delta Y \qquad\qquad (式 10)$$

4 能源产业投入产出模型之建置

本文所需投入产出资料（Input – Output 以下以 IO 简称之）以台湾产业关联表为基础，透过能源平衡表之部门整并处理，结合两者建立本文之 35 部门传统投入产出表及量值混合投入产出表，进而产生模型所需之投入产出系数、中间投入、最终需求、单位附加价值率、能源投入系数等数据。

4.1 35 部门产业关联表部门整并说明

台湾现行产业关联表产业分类中并无细分到主要新兴能源科技产业。台湾现行产业关联表产业分类仅有 526 部门分类中提及太阳能电池及其模块及 LED 产业，但仅包括中间投入，中间需求部门分类仅有 166 部门，故无法采用。为解决产业关联表分类上之局限问题，本文拟参考台湾科技主管部门 2011 年度《经济、能源与环境（3E）政策评估模型之功能扩充、维护与应用计划（1/2）》报告的产业链价格组成调查成果，并配合现行产业关联表加以分摊。

本文所探讨之能源产业范畴主要包括传统能源供应产业及新兴能源科技产业，传统能源供应产业包括电力供应业、燃气供应业、石油炼制品制造业、焦炭及其他煤制品制造业等。而在新兴能源科技产业方面，主要依据资料之可获得性及其完备程度，筛选出 6 项产业，分别为风机产业、太阳能电池及其模块、燃料电池产业、LED 产业、生物质柴油产业及 ESCO 产业。

参考上述报告产业链价格组成调查成果，取得中间投入及中间需求占比信息，并配合利用台湾公告最新版 2011 年产业关联表 166 部门产品交易表、2011 年能源平衡表，建立本文包含新兴能源产业之 35 部门产业关联表。建立步骤详述如下。

4.1.1　步骤一：新兴能源科技产业之产业关联表部门建立

以下以风机产业为例，说明如何参采 2011 年台湾科技主管部门研究报告调查结果，并配合现行 166 部门产品交易表，分摊出新兴能源科技产业之产业关联表。图 9 系说明如何从既有部门中分摊出风机产业中间投入栏。

步骤 1 系用以计算风机产业中间投入组成部门别及其金额，由 2011 年台湾科技主管部门研究报告中可知，风机产业中间投入的生产材料主要有叶片、风机本体、发电机、控制器、变流器、电池、塔架、电线电缆八大类产品项目，配合 2011 年台湾风机产业产值及中间投入占比，可分摊之生产材料别中间投入金额，参考其生产材料主要产业分类，对应台湾 2011 年产业关联表部门分类（例如发电机、变流器归入"发电、输电及配电设备"）可归纳出风机产业之中间投入部门及其金额。

步骤 2 则说明如何由"玻璃及其制品"部门投入栏中拆解出"风机产业玻璃及其制品"部门。其方法系以"风机产业玻璃及其制品"中间投入占"玻璃及其制品"中间投入合计之占比乘"玻璃及其制品"部门投入栏；换言之，每项中间投入均分配相同占比至风机产业。

步骤 3 则说明将所有风机产业相关中间投入栏（如"风机产业玻璃及其制品""风机产业铝""风机产业钢铁初级制品"等）加总后，可得到风机产业中间投入栏。其余新兴能源科技产业则比照风机产业之分摊流程进行分摊。

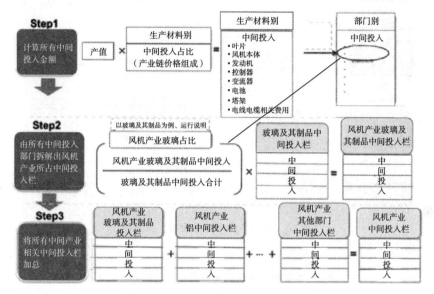

图9　风机产业中间投入栏分摊流程

说明：笔者绘制。

完成新兴能源科技产业中间投入栏分摊后，接着需进行中间需求列的分摊。图10系说明如何从既有部门中分摊出风机产业中间需求列。步骤4说明如何计算风机产业所有中间投入金额。其中间需求主要有"公共工程"及"发电、输电及配电设备"两部门。由于目前风机产业隐含其中间投入部门中，故需由中间投入部分共同负担中间需求金额。步骤5说明如何计算"玻璃及其制品"需分摊之中间投入金额。步骤6则将步骤5计算结果分配至"公共工程"及"发电、输电及配电设备"两部门，此时已完成"风机产业玻璃及其制品"中间需求列之建置。步骤7则是透过计算其余风机产业中间投入部门之中间需求列后，并将所有风机产业相关中间需求列加总，得到风机产业中间需求列。其余新兴能源科技产业则比照风机产业之分摊流程进行分摊，最后将完成所有新兴能源科技产业之产业关联表部门之建置。

本文新兴能源产业之产业相关占比组成详见表1。

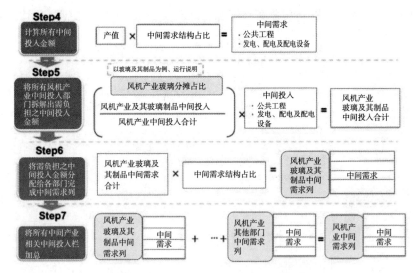

图 10　风机产业中间需求列分摊流程

说明：笔者绘制。

表 1　本文新兴能源产业之产业关联表组成占比

单位：%

产业别	中间投入组成占比	中间需求组成占比
风机产业	铝及铝制品：15.0 玻璃及其制品：2.8 钢铁初级制品：26.7 发电、输电及配电设备：19.2 量测导航、控制设备及钟表：9.1 其他电力设备：23.1 电线、电缆及配线器材4	公共工程：90.0 制造业：10.0
太阳能光电产业	硅原料：56.5 晶棒：8.5 导电浆料：13.0 化学原料：3.9 EVA胶膜：3.2 铝框：3.8 模块背板：3.4 直流接线箱：2.7 玻璃：3.1 镀锡铜焊带：1.9	光电材料及组件：8.75 通信传播设备：3.16 精密机械：1.95 发电输电及配电设备：0.03 电线电缆及配线器材：0.11 其他电机器材：0.06 汽车：1.12 其他房屋工程：14.12 公共工程：19.29 其他营造工程：9.73 研究发展服务：29.25 医疗保健服务：11.31 其他修理服务：1.12

续表

产业别	中间投入组成占比	中间需要组成占比
燃料电池产业	量测、导航、控制设备及钟表：30.9 电池：2.0 其他电力设备：49.8 通用机械：17.3	发电、输电及配电设备：66.5 机车：33.5
LED 产业	前端制程：3.4 磊晶：8.2 基板：8.8 荧光粉：14.9 后端制程：64.7	光电材料及组件：75.76 其他电子零组件：4.89 测量、导航及控制设备：3.36 照明设备：2.99 通信传播设备：2.34 其他电机器材：2.06 印刷电路板组件：1.79 计算机产品：1.63 研究发展服务：1.31 汽车：1.22
生质柴油产业	动植物油脂及副产品：62.5 基本化学材料：22.0 电力及蒸汽：2.4 废弃物清除、处理：2.4 其他陆上运输：10.7	石油炼制品：100
ESCO 产业	金属容器：38.2 通用机械：15.3 照明设备：3.3 计算机系统设计服务：4.6 电线、电缆及配线器材1.9： 光电材料及组件：2.5 发电、输电及配电设备：15.2 家用电器：1.3 量测、导航、控制设备及钟表：17.6	纸及纸制品业：7.9 石油制造业：0.9 化学材料制造业：6.0 塑料制造业：40.5 橡胶制造业：5.9 化学制造业：11.8 非金属矿物制造业：13.8 金属基本工业：13.3

　　资料来源：1. 台湾科技主管部门（2011）、《经济、能源与环境（3E）政策评估模型之功能扩充、维护与应用计划（1/2）》，能源科技计划；2. 笔者整理。

4.1.2　步骤二：本文35部门之产业关联表部门建立

　　本文利用台湾行政当局主计处编撰之2011年产业关联表为代表台湾整体经济活动之基础数据，将2011年台湾地区166部门产业关联表之台湾产品交易表与同年度台湾能源平衡表进行部门拆解、分类与整合，整并为35

个部门，其中分为 25 个非能源部门、4 个传统能源部门与 6 个新兴能源部门，相关部门对照如表 2 所示。①

非能源部门之 25 部门别整并依表 2 部门合并对照可得，能源部门因本文拆解合并为石油炼制品制造业部门、焦炭及其他煤制品制造业部门、燃气供应业部门、电力及蒸汽供应业部门，处理过程涉及依能源平衡表估算自产能源比例，依该比例摊提整并产业关联表中各对应部门，最终获得 35 个部门别之产业关联表。

表 2　35 个部门对照

本文部门分类		产业关联表部门分类		能源平衡表部门分类	
编号	部门别	编号	部门别	编号	部门别
1	农、林、渔、牧业	001 ~ 011	稻谷、渔产等	80	农业部门
2	矿业及土石采取业（不含煤、油及气）	013 ~ 014	沙、石及黏土和其他矿产及土石	36	矿业及土石采取业（不含煤、油及气）
3	食品饮料及烟草业	015 ~ 030	屠宰生肉，副产品及烟	37	食品饮料及烟草业
4	纺织成衣及服饰业	031 ~ 039	棉、毛、丝麻到纺织服饰品	38	纺织成衣及服饰业
5	皮革及毛皮业	040 ~ 042	皮革到其他皮革制品	39	皮革及毛皮业
6	木竹及家具业	043 ~ 045、105、106	制材到木竹藤制品非金属家具，金属家具	40	木竹及家具业
7	纸浆、纸及纸制品业	046、047	纸浆及纸、纸制品	41	纸浆、纸及纸制品业
8	印刷业	048	印刷及数据储存媒体复制	42	印刷业
9	化学材料制造业	051 ~ 057	基本化学材料，其他人造纤维	44	化学材料制造业
10	化学制品制造业	058 ~ 062	农药、环境用药及医疗药品	51	化学制品制造业

① 台湾行政当局主计总处：《产业关联表编制报告 - 2011 年》，2012。http：//www. stat. gov. tw/public/data/dgbas03/bs6/BOOK100/100％E5％B9％B4％E7％B7％A8％E8％A3％BD％E5％A0％B1％E5％91％8A. pdf，最后访问日期：2015 年 12 月 10 日。

续表

本文部门分类		产业关联表部门分类		能源平衡表部门分类	
编号	部门别	编号	部门别	编号	部门别
11	橡胶制品制造业	063	橡胶制品	52	橡胶制品制造业
12	塑料制品制造业	064	塑料制品	53	塑料制品制造业
13	非金属矿物制品制造业	065~069	玻璃及其制品,其他非金属矿物制品	54	非金属矿物制品制造业
14	金属基本工业	070~073	生铁及粗钢,其他金属	59	金属基本工业
15	金属制品制造业	074~078	金属手工具及模具,其他金属制品	63	金属制品制造业
16	电子零组件、计算机、电子产品及光学制品制造业	079~090	半导体,辐射及医学设备,光学仪器	65、68	计算机通信及视听电子产品制造业,精密光学医疗器材,钟表制造业
17	电力,机械设备制造业	091~099	发电、输电及配电设备到通用机械	64	机械设备制造业
18	运输工具制造业	100~104	汽车到其他运输工具	67	运输工具制造业
19	其他制造业	107~109	娱乐用品到产业用机械设备修配及安装	69、72	其他工业制品制造工业、其他
20	用水供应及水污染整治业	112~116	自来水,污染整治服务	70	用水供应业
21	营造业	117~120	住宅工程及其他营造工程	71	营造业
22	服务业(不包括运输及仓储业、电信业、计算机系统设计、数据处理及信息供应服务业)	121~123、131~135、139~166	批发零售,住宿及餐饮,传播服务,金融保险等	83	服务部门
23	运输及仓储业	124~130	轨道车辆运输,邮政快递服务	73	运输部门
24	电信业	136	电信服务	无	本文摊提
25	计算机系统设计、数据处理及信息供应服务业	137~138	计算机系统设计服务、数据处理及信息供应服务	无	本文摊提
26	风机产业	无	本文摊提建立	无	本文摊提建立

本文部门分类		产业关联表部门分类		能源平衡表部门分类	
编号	部门别	编号	部门别	编号	部门别
27	太阳能电池及其模块	无	本文摊提建立	无	本文摊提建立
28	燃料电池产业	无	本文摊提建立	无	本文摊提建立
29	LED 产业	无	本文摊提建立	无	本文摊提建立
30	生物质柴油产业	无	本文摊提建立	无	本文摊提建立
31	ESCO 产业	无	本文摊提建立	无	本文摊提建立
32	石油炼制品制造业	049、012 摊提	石油炼制品、原油及天然气矿产摊提	26、27	油气矿业（比例摊提）、炼油厂
33	焦炭及其他煤制品制造业	050	焦炭及其他煤制品	23 到 25	煤矿业到高炉工场
34	燃气供应业	012 摊提、111	原油及天然气矿产摊提、燃气	26、31	油气矿业（比例摊提）、气体燃料供应业
35	电力及蒸汽供应业	110	电力及蒸汽	15 到 1828 到 30	公用发电厂到自用气电共生厂发电厂到气电共生厂

说明：笔者整理。

4.1.3 步骤三：本文 35 部门之量值混合产业关联表部门建立

利用上述方法将台湾 2011 年之 166 部门 IO 表整并为本文 35 部门 IO 表，此步骤则依文献回顾内容，将仅以货币单位计量之 IO 表转为可表现能源实际耗用情形之量值混合 IO 表，分别可分为非能源部门对非能源部门（A1）、非能源部门对能源部门（A2）、能源部门对非能源部门（A3）以及能源部门对能源部门（A4），概念简表如图 11 所示。建立步骤说明如下：

货币单位数据处理（A1、A2 部门）

A1 部分为非能源部门对非能源部门之投入产出关系，其数据透过 166 部门产业关联表直接整并取得。A2 部分为非能源部门对能源部门之投入产出关系，其数据同样由 166 部门产业关联表取得，但需依上段部门整并方式摊提整并。

需求部门　　　给及部门			中间需求部门（Z）		...	最终需求（Y）	...	台湾总产值（X）
			非能源部门	能源部门				
中间投入部门	非能源部门（货币单位）	1到31部门	A1	A2	+	Y1	=	X2
	能源部门（热值单位）	33到34部门	A3	A4	+	Y2	=	X2
原始投入	货币单位		B1	B2				

图 11　35 部门量值混合 IO 表

说明：笔者绘制。

热值单位数据处理（A3、A4 部门）

表 3　能源部门中间需求与最终需求摊提比例

能源部门	中间需求（百万元）	最终需求（百万元）	台湾生产总值（百万元）	摊提比例	
				中间需求（%）	最终需求（%）
石油炼制品	715608	543226	1258833	56.85	43.15
焦炭及其他煤制品	77420	230	77650	99.70	0.30
燃气	53071	26635	79706	66.58	33.42
电力	578874	95312	674186	85.86	14.14

资料来源：1. 台湾行政当局主计总处：《台湾 2011 年产业关联表》，2015；2. 笔者整理。

透过上述步骤，即产出本文 2011 年台湾 35 部门量值混合 IO 表。

4.2　就业系数资料之估计

本文各行业的就业系数系以就业量与台湾生产总值的比值估算。本文就业量之资料系依据台湾行政当局主计总处统计专区中"就业、失业统计"项"时间数列统计表"之"就业者 - 按行业分"统计表取得 2011 年各行业就业人数统计，并对照本文根据 2011 年台湾产品交易表所编列之

35 部门能源产业投入产出表之国内各业生产总值,即可估计出就业系数。[①]

由于前述台湾行政当局主计总处统计行业分类中,并无对应新兴能源科技产业之行业别,故新兴能源科技产业就业量将透过引用其他数据或者从既有 35 个部门行业中摊提获得。其中,太阳光电、LED 照明及风力发电之就业人数系引用 2014 年"绿色能源产业跃升计划"数据,太阳光电 22920 人、LED 照明 33740 人、风力发电 750 人。另外,ESCO 产业则参考《远见》杂志 2009 年 12 月号,取 3000 人。至于燃料电池产业与生物质柴油产业则分别采用其他电力设备制造业与石油炼制品制造业之就业人数中配合燃料电池产业中间投入合计占其他电力设备制造业中间投入合计比重,以及生物质柴油产业中间投入合计占石油炼制品制造业中间投入合计比重,摊提得出就业人数。

4.3 所得系数资料之估计

本文前述即说明选用所得系数之狭义定义,即为劳动报酬系数,此为劳动报酬与台湾生产总额的比值。劳动报酬在交易表中属于原始投入一部分,而由于本文选用台湾产品交易表,并无原始投入项目,于是本文将 2011 年之生产者价格交易表(C.I.F)中的劳动报酬对应本文之 35 个部门模型劳动报酬系数。

由于新兴能源科技产业并非产业关联表既有行业别,故其劳动报酬需自既有行业中摊提,摊提过程需引用前述所计算之 35 个部门产业关联表中新兴能源科技产业中间投入金额。新兴能源科技产业劳动报酬之摊提方式主要先依据中间投入所使用之其他特定行业别中间投入金额占该特定行业本身中间投入总额之占比。据此占比乘上该特定行业别劳动报酬,即可得到特定行业劳动报酬分摊金额。最后,将新兴能源科技产业所有中间投入涉及之行业别劳动报酬分摊金额加总,即可得出特定新兴能源科技产业之劳动报酬。由于新兴能源科技产业之劳动报酬系取自于既有产业关联表中其他特定行业,故其需自该特定行业中扣除劳动报酬,以避免重复计算。

---

① 台湾行政当局主计总处:《产业关联表编制报告 – 2011 年》,2012。http://www.stat.gov.tw/public/data/dgbas03/bs6/BOOK100/100% E5% B9% B4% E7% B7% A8% E8% A3% BD% E5% A0% B1% E5% 91% 8A. pdf,最后访问日期:2015 年 12 月 10 日

4.4　能源系数资料之估计

能源投入系数是为能源投入量与 GDP 总额的比值计算。换言之，透过本文量值混合产业关联表各业别能源投入量（A3 与 A4 部分）除以台湾生产总额即可计算而得。

4.5　二氧化碳系数资料之估计

各产业的二氧化碳排放系数为二氧化碳排放量与台湾生产总额的比值。本文计算之环境面二氧化碳排放仅针对能源使用所产生之二氧化碳排放量加以处理，而能源使用之二氧化碳又分为燃烧燃料（初级能源使用）所产生的直接排放以及用电所使用之间接排放，由于本文部门分类将电力独立为一部门，故计算其他部门之排放时仅就其使用燃料所造成之排放作为部门排放，电力部门考虑因发电机对于燃料类型有不同需求而有不同碳排，本文将对其细致处理。因此，环境层面二氧化碳排放数据分为燃料别二氧化碳排放系数、最终消费部门之燃料耗用量、部门别单位产值之二氧化碳排放量以及二氧化碳限制四大项，兹分述如下。

参考台湾环保主管部门有关当局温室气体登录平台之温室气体排放系数管理表，计算各化石燃料之二氧化碳排放量系参考 IPCC1996 年、2001 年与 2006 年公告之方法与碳排放系数，其估算方法可分为六大步骤，详细步骤如下。

步骤一：以原始单位估计台湾燃料消费量。每种初级能源之消费量以下列公式计算，若为次级能源，则式中不加自产量：

台湾燃料消费量 = 自产量 + 进口量 - 出口量 - 国际航运使用量 - 存货变动量

步骤二：依据各类燃料之热含量，将消费量转成能源单位（TJ）。

步骤三：乘上各种燃料之碳排放因子（Carbon Emission Factor，CEF），求得各种燃料消费之碳含量（Carbon Content）。

步骤四：针对非能源使用之燃料扣除碳储存部分（Carbon Stored），得碳排放净量。

步骤五：乘上碳氧化率（Fraction of Carbon Oxidized，FCO），扣除因燃

烧不完全而未氧化部分，计算至此即为实际碳排放总量。

步骤六：将实际碳排放量乘上 44/12（二氧化碳对碳的分子重量比值），最后即可求得二氧化碳排放量。

本文能源别分为煤及煤制品、油品以及天然气，步骤三参考温室气体排放系数管理表 6.0.1 版之数据，且因本文燃料皆为燃料使用故省略步骤四，直接乘上步骤四之碳氧化率，最后以步骤六处理分子转换即可得本文七类燃料之二氧化碳排放系数，为求与能源平衡窗体位一致，本文二氧化碳排放系数单位为 $tCO_2/107kcal$，详见表 4；另参照台湾"经济部能源局"公告之电力排放系数资料，2011 年台湾电力排放系数为 0.536 公斤二氧化碳/度。

表 4　本文二氧化碳排放系数推估过程

变数能源别	碳排放系数	碳排放系数	碳氧化率	碳/二氧化碳转换比例	二氧化碳排放系数
单位	（tC/TJ[①]）	（tC/10^7 kcal）	％	CO_2/C	tCO$_2$/10^7 kcal
计算式	a	b = a * 4186. 8 * 10^{-12} * 10^7	c	d	e = b * c * d
煤及煤制品	25. 8	1. 0801944	1	44/12	3. 9607128
油品	18. 9	0. 7913052	1	44/12	2. 9014524
天然气	15. 3	0. 6405804	1	44/12	2. 3487948

注：①1TJ = 10^12J；J = 4186. 8 cal。

资料来源：台湾环保主管部门，2015；说明：本表为笔者整理。

透过上述二氧化碳排放系数与本文建立之 35 个部门量值混合产业关联表，即可计算出台湾各产业之中间投入二氧化碳排放资料。

5　产业关联效果实证分析

5.1　能源产业之产业关联效果分析

5.1.1　向前关联效果与感应度分析

感应度较高之产业代表其产品大多为中间原料或服务，表示其商品用来作为其他产业之原料使用，属于支持型产业。观察能源产业之感应度，可以发现属传统能源供应产业石油炼制品制造业与电力及蒸气供应业是少数感应度大于1的能源产业，而新兴能源科技产业感应度均小于1，显示其在整个经济体系中的向前关联程度及感应度偏低。

能源产业各业中感应度最高者为石油炼制品制造业，其次为电力及蒸汽供应业，然而同属传统能源供应产业的燃气供应业和焦炭及其他煤制品制造业排名已低于产业平均水平，而新兴能源科技产业几乎均是全体产业中排名靠后端之产业。显示新兴能源科技产业所提供服务的中间需要率较低。由上分析也可看出石油炼制品制造业、电力及蒸汽供应业易随着其他产业部门发展而扩张，为发展其他产业不可缺少之行业。

5.1.2 向后关联效果与影响度分析

影响度较高的产业代表其产品的中间投入率较高，代表其使用来自其他产业生产的原料较多，属于能刺激其他产业的部门。检视能源产业的影响度，可以发现新兴能源科技产业普遍在影响度上有较佳的表现，除ESCO产业外，其余新兴能源科技产业的影响度均大于1。而传统能源供应产业之影响度反而均小于1，显示其在整个经济体系中的向后关联程度及影响度偏低。

能源产业各业中影响度最高的为生物质柴油产业，其次为风机产业、太阳能电池及其模块、燃料电池产业、LED产业及ESCO产业等，显示上述产业的发展极易带动其他产业之发展。而传统能源供应产业各业别几乎均是全体产业中排名靠后之产业，显示刻意强调发展能源供应产业并不易带动其他产业部门发展，但随着其他产业的发展，能源供应产业则是不可或缺的。

表5 2011年台湾主要能源产业之产业关联效果

能源产业	向前关联效果	向后关联效果	感应度	感应度排名	影响度	影响度排名
风机产业	1.0004	2.1986	0.5509	35	1.2107	3
太阳能电池及其模块	1.0022	2.0288	0.5519	33	1.1172	9
燃料电池产业	1.0006	1.9635	0.5510	34	1.0813	13
LED产业	1.0198	1.8351	0.5616	31	1.0105	19
生物质柴油产业	1.0022	2.4718	0.5519	32	1.3612	1
ESCO产业	1.0239	1.6663	0.5639	30	0.9176	25
石油炼制品制造业	2.7373	1.1866	1.5074	4	0.6535	35

能源产业	向前关联效果	向后关联效果	感应度	感应度排名	影响度	影响度排名
焦炭及其他煤制品制造业	1.2390	1.1901	0.6823	23	0.6554	34
燃气供应业	1.2455	1.4493	0.6859	22	0.7981	30
电力及蒸汽供应业	2.3698	1.3341	1.3050	5	0.7347	33

说明：本表为笔者计算整理。

5.1.3 总关联程度及产业关联形态分析

总关联程度即为感应度及影响度之加总，由此可知该产业对其他上下游产业的总供需效果程度，如表6所示。能源产业各业中，以石油炼制品制造业的总关联程度最高，电力及蒸汽供应业次之，两业别总关联程度均大于2，相对较能刺激及支持整体经济之发展。其余各业别之总关联程度均介于1~2之间，排名偏于整体部门后段，表示其对各产业的直接影响或受其他产业影响程度相对不大。

表6 2011年台湾主要能源产业之总关联程度及排名

能源产业	总关联程度	排名
风机产业	1.7617	22
太阳能电池及其模块	1.6691	24
燃料电池产业	1.6322	25
LED 产业	1.5721	28
生物质柴油产业	1.9131	15
ESCO 产业	1.4815	33
石油炼制品制造业	2.1608	7
焦炭及其他煤制品制造业	1.3377	35
燃气供应业	1.4840	32
电力及蒸汽供应业	2.0396	10

说明：本表由为笔者计算整理。

产业关联形态图将整体产业划分为四类，在形态图中分属于四个象限，以影响度及感应度的平均值1作为划分基准，共分为第Ⅰ区、第Ⅱ区、第Ⅲ区及第Ⅳ区，说明如表7所示。

表 7　产业关联形态图象限划分标准及意义

	第 I 区（关键性产业）	第 II 区	第 III 区	第 IV 区
感应度	>1	>1	<1	<1
影响度	>1	<1	<1	>1
意义	可刺激其他产业发展之产业；其他产业发展时不可或缺之产业	较容易随其他产业的发展而随之被动之产业	不易带动其他产业发展；不易因其他产业发展而随之影响	不易受其他产业影响；易刺激其他产业发展

说明：本表由笔者整理。

　　经过本文之估算后，由图 12 可发现本文所探讨之能源产业并无属第 I
区之业别。依总关联程度大小排序，属于第 II 区之产业依序有石油炼制品
制造业、电力及蒸汽供应业。此区之行业感应度高，影响度低，易随其他
产业部门发展而跟着起飞，大多为发展其他产业部门所不可或缺之行业。
属于第 III 区之产业依序有燃气供应业、ESCO 产业、焦炭及其他煤制品制
造业，此区之行业感应度及影响度均低，既不易带动其他产业部门起飞，
也不易因其他产业部门发展而受影响，为连锁效果最低的行业。属于第 IV
区之产业依序有生物质柴油产业、风机产业、太阳能电池及其模块、燃料
电池产业、LED 产业，位于此区之行业感应度低，影响度高，不易受其他
产业部门发展的影响，但极易带动其他产业部门的发展。

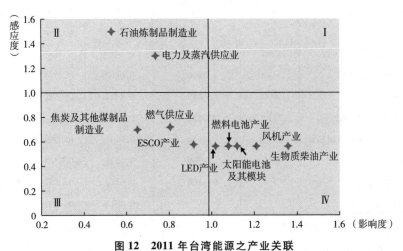

图 12　2011 年台湾能源之产业关联

说明：本图为笔者绘制。

5.2　能源产业乘数效果分析

产业乘数其内涵为产业关联分析中的影响度，以下分别陈述就业、所得、能源使用及二氧化碳排放效果。

5.2.1　就业效果分析

能源产业的就业系数与就业乘数之推算结果列于表8。就业系数为该产业每生产一单位产品所需投入的劳动力，即为直接就业效果。间接乘数为该产业向后关联诱发相关产业的就业效果。就业乘数为表示最终需要增加一单位时所需投入的劳动力，检视能源产业之就业乘数，可以看出能源产业中以 ESCO 产业所需劳动力投入最高，其就业乘数亦属最高。其余行业如燃料电池产业、LED 产业及生物质柴油产业等就业乘数均高于平均值，可带来高的就业效果。属于传统能源供应产业之各业别之就业乘数均明显低于平均水平，较不具带动就业之效果。

表8　2011年能源产业之就业乘数

单位：人/百万元

行业别	2011 年就业人数（人）	2011 年台湾生产毛额	直接就业效果	间接就业效果	就业乘数
风机产业	750	8530	0.0879	0.2398	0.3278
太阳能电池及其模块	22920	126163	0.1817	0.2281	0.4097
燃料电池产业	126	370	0.3393	0.2360	0.5752
LED 产业	33740	95924	0.3517	0.1865	0.5382
生物质柴油产业	87	1000	0.0867	0.4395	0.5262
ESCO 产业	3000	6650	0.4511	0.1580	0.6091
石油炼制品制造业	17521	1258833	0.0139	0.0264	0.0403
焦炭及其他煤制品制造业	1113	77650	0.0143	0.0284	0.0427
燃气供应业	4026	79706	0.0505	0.0505	0.1010
电力及蒸汽供应业	24974	674186	0.0370	0.0522	0.0892
35 部门之平均值			0.2915	0.2007	0.4923

说明：本表为笔者整理计算。

5.2.2　所得效果分析

所得系数即代表直接所得效果。由表9可知能源产业之所得系数及所得乘数之数值，检视所得系数可知，太阳能电池及其模块每百万元新台币产值能创造约 17 万~18 万元之薪资所得，然而其余能源产业之系数均低于总体平均系数值，可发现新兴能源科技产业相对而言较接近平均所得系数，但传统能源供应产业之平均所得系数则明显偏低，显示能源产业多属于直接所得效果中等或偏低之产业部门。间接所得乘数为该产业向后关联诱发相关产业的所得效果，能源产业中，以生物质柴油产业最容易诱发相关产业的间接劳动报酬效果。

所得乘数数值越高表示对整体经济体系的所得贡献率越高。能源产业各业别中的所得乘数以生物质柴油产业为最大，显示透过产业关联效果，导致其所得乘数超过所得系数最高的太阳能电池及其模块。而太阳能电池及其模块与风机产业是剩下少数所得乘数高于总产值之平均值的行业，其余行业均小于平均值，显示出能源产业所创造的所得效果相对不高。

表 9　2011 年能源产业之所得乘数

单位：百万元

行业别	2011 年劳动报酬	2011 年台湾生产毛额	直接所得效果	间接所得效果	所得乘数
风机产业	1092	8530	0.1280	0.1656	0.2937
太阳能电池及其模块	22260	126163	0.1764	0.1524	0.3288
燃料电池产业	42	370	0.1138	0.1535	0.2673
LED 产业	13697	95924	0.1428	0.1243	0.2671
生物质柴油产业	100	1000	0.1002	0.2817	0.3818
ESCO 产业	739	6650	0.1111	0.1079	0.2190
石油炼制品制造业	19104	1258833	0.0152	0.0202	0.0354
焦炭及其他煤制品制造业	6300	77650	0.0811	0.0247	0.1058
燃气供应业	3608	79706	0.0453	0.0404	0.0856
电力及蒸汽供应业	38606	674186	0.0573	0.0414	0.0987
35 部门之平均值			0.1496	0.1322	0.2817

资料来源：本表为笔者整理计算。

5.2.3　能源使用效果分析

能源乘数即指产业最终需要增加一单位时，此产业的直接及间接耗用的能源投入量；能源乘数越高则表示该产业的能源效益越低。能源乘数之高低排序与能源系数相近，以燃气供应业为最高，表示燃气供应业因为最终需要变动一单位得投入 33×10^7 千卡单位之能源使用；传统能源供应产业大致上乘数高于新兴能源科技产业，唯该业别中石油炼制品制造业之乘数特别低，甚至低于产业平均值。而风机产业随着间接能源效果高于其他能源产业，导致其乘数亦高于产业平均水平，属新兴能源科技产业中乘数最高的产业。

表 10 2011 年能源产业之能源乘数

单位：10^7 千卡/百万元

行业别	2011 年能源消费量	2011 年台湾生产毛额	直接能源效果	间接能源效果	能源乘数
风机产业	15875	8530	1.8610	6.9274	8.7884
太阳能电池及其模块	141986	126163	1.1254	2.4158	3.5412
燃料电池产业	125	370	0.3371	3.2875	3.6246
LED 产业	87371	95924	0.9108	1.9635	2.8743
生物质柴油产业	2743	1000	2.7436	3.0316	5.7751
ESCO 产业	2299	6650	0.3457	3.1437	3.4894
石油炼制品制造业	2605168	1258833	2.0695	0.6514	2.7210
焦炭及其他煤制品制造业	1892263	77650	24.3691	1.8676	26.2368
燃气供应业	2234319	79706	28.0319	5.4022	33.4341
电力及蒸汽供应业	5985027	674186	8.8774	1.8390	10.7165
35 部门之平均值			3.1837	2.8641	6.0478

说明：本表为笔者整理计算。

5.2.4 二氧化碳排放效果分析

二氧化碳排放乘数即指产业最终需要增加一单位时，此产业的直接及间接排放的二氧化碳量；二氧化碳乘数越高则表示该产业的污染排放程度就越高。二氧化碳排放乘数之高低排序与二氧化碳排放系数相近，以焦炭及其他煤制品制造业最高，最终需要变动一单位得排放 105 吨二氧化碳；传统能源供应产业大致上乘数高于新兴能源科技产业，唯该业别中石油炼制品制造业之乘数特别低，甚至低于产业平均值。而风机产业随着间接能源效果高于其他能源产业，导致其乘数亦高于产业平均水平，属新兴能源科技产业中乘数最高的产业。

表 11　2011 年能源产业之二氧化碳排放乘数

单位：tCO_2/百万元

行业别	2011 年二氧化碳排放量	2011 年台湾生产毛额	直接二氧化碳排放效果	间接二氧化碳排放效果	二氧化碳排放乘数
风机产业	67329	8530	7.8932	28.1067	35.9999
太阳能电池及其模块	756128	126163	5.9933	10.0901	16.0833
燃料电池产业	652	370	1.7616	13.4728	15.2344
LED 产业	465280	95924	4.8505	8.2053	13.0558
生物质柴油产业	12164	1000	12.1680	12.6304	24.7984
ESCO 产业	10385	6650	1.5616	12.7697	14.3314
石油炼制品制造业	10552110	1258833	8.3825	2.7323	11.1148
焦炭及其他煤制品制造业	7533831	77650	97.0230	7.5225	104.5454
燃气供应业	5403828	79706	67.7967	14.1982	81.9949
电力及蒸汽供应业	27168983	674186	40.2990	7.8432	48.1421
35 部门之平均值			11.9864	11.5179	23.5043

资料来源：本文计算。

6　结论

6.1　产业发展面向

　　由前述感应度、影响度及产业关联形态分析可知，能源产业中并无感应度及影响度均大于 1 的行业，故能源产业中并无经济发展中最为关键性的行业。尽管如此，还是可以明显看出传统能源供应产业与新兴能源科技产业两类产业特性之差异。一般而言，传统能源供应产业应是产业发展所不可或缺的中间投入。结果显示，石油炼制品制造业、电力及蒸汽供应业两行业感应度均大于 1，而影响度均小于 1。可合理预期的是，若台湾缺乏油品或电力等能源供应，产业将受到严重冲击。但焦炭及其他煤制品制造业与燃气供应业的感应度却超乎预期小于 1，隐含的意义为整体产业对于煤炭与天然气之中间投入需要之强度不如油品与电力。另外，新兴能源科技产业中除 ESCO 产业之外，均属于感应度小于 1，而影响度大于 1 之行业，显示从带动台湾经济发展的角度而言，大力推动新兴能源科技产业对于带动台湾其他产业部门发展有极大帮助。

根据前述影响度的排名，前几名的行业，包括生物质柴油产业、风机产业、太阳能电池及其模块等，推论与这些行业中间投入率有关联。一般而言，个别产业部门中间投入率愈大者，表示该产业部门生产所需耗用的中间产品成本较高，如制造业产品；至于中间投入率较小者，则多属服务及初级产品。表12列出了台湾主要能源产业中间投入率。结果显示，中间投入率高低与影响度排名有密切相关，例如影响度最高的生物质柴油产业同时也是中间投入率最高的行业，达85.03%。而影响度最低的石油炼制品制造业同时也是中间投入率最低的行业，仅13.65%。

表 12   2011 年台湾主要能源产业中间投入率

单位:%

能源产业	中间投入率
风机产业	64.94
太阳能电池及其模块	64.44
燃料电池产业	55.00
LED 产业	52.15
生物质柴油产业	85.03
ESCO 产业	37.21
石油炼制品制造业	13.65
焦炭及其他煤制品制造业	14.06
燃气供应业	33.01
电力及蒸汽供应业	24.21

资料来源：本表为笔者计算整理。

6.2 就业与所得面向

ESCO 产业、燃料电池产业、LED 产业、生物质柴油产业等行业之就业乘数高于全体产业之平均水平，显示推动新兴能源科技产业对于带动就业量有一定程度之贡献。相较之下，属于传统能源供应产业之各业别就业乘数明显低于平均水平，较不具带动就业之效果，推论其较偏向资本或技术密集产业。

生物质柴油产业、太阳能电池及其模块与风机产业等行业之所得乘数高于全体产业之平均水平，显示推动新兴能源科技产业对于带动劳动报酬有一定程度之贡献。相较之下，属于传统能源供应产业之各业别所得乘数明显低于平均水平，较不具带动劳动报酬之效果。

6.3 环境面向

焦炭及其他煤制品制造业、燃气供应业、电力及蒸汽供应业及风机产业等行业之能源乘数高于全体产业之平均水平，显示整体而言，传统能源供应产业之发展（除石油炼制品制造业外）所需投入能源量偏高，能源效益偏低，属于高耗能部门。相较之下，新兴能源科技产业（除风机产业外）之能源乘数均明显低于平均水平，较具能源效益。

焦炭及其他煤制品制造业、燃气供应业、电力及蒸汽供应业及风机产业等行业之二氧化碳排放乘数高于全体产业之平均水平，显示整体而言，传统能源供应产业之发展（除石油炼制品制造业外）二氧化碳排放量偏高，属于高污染部门。相较之下，新兴能源科技产业（除风机产业及生物质柴油产业外）之二氧化碳排放乘数明显低于平均水平，对环境面之影响较轻微。

6.4 综合评析

以下综合整理本文各面向分析之综合比较，针对所属面向表现优于整体产业平均水平者，标示"◎"，其中感应度与影响度大于1者，表现优异。就业效益与所得效益系指就业乘数与所得乘数高于产业平均水平者。能源使用效益与 CO_2 排放效益系选择能源乘数及 CO_2 排放乘数低于产业平均水平者（详见表13）。

结果显示太阳能电池及其模块、燃料电池产业、LED产业、生物质柴油产业等行业同时在四个方面表现优异，属于值得投资发展之行业；ESCO产业及石油炼制品制造业则同时在三个方面表现优异；风机产业在两个方面表现优异；电力及蒸汽供应业仅在一个方面表现优异；最后焦炭及其他煤制品制造业及燃气供应业并无任何表现优于平均水平。

表 13　台湾主要能源产业各面向综合比较

行业别	感应度	影响度	就业效益	所得效益	能源使用效益	CO_2排放效益
风机产业		◎		◎		
太阳能电池及其模块		◎		◎	◎	◎
燃料电池产业		◎	◎		◎	◎
LED 产业		◎	◎		◎	◎
生物质柴油产业		◎	◎	◎	◎	
ESCO 产业			◎		◎	◎
石油炼制品制造业	◎				◎	◎
焦炭及其他煤制品制造业						
燃气供应业						
电力及蒸汽供应业	◎					

说明：本表为笔者整理。

民众对于能源知识与关心程度之研究

崔晓倩 *　　　　　　陈盈岑

台湾中正大学经济学系　　台湾中正大学国际经济研究所

1　前言

由于天然资源的匮乏，台湾的能源供给高达 99% 仰赖进口，如图 1 所示。高度的经济发展必须消耗大量能源，若说现代经济的发展与规模，完全取决于能源的使用与运用技术的进步也不为过。从许多迹象中不难看出，不仅政府部门成立诸多相关单位针对能源议题进行探讨，民间智库也是终年不停地举办各种观摩会、研讨会，希望吸取海外经验，便可知能源是经济发展的原动力，能源议题对于当地发展具有决定性的影响，其影响之巨亦可见一斑。然而，近年由于民众的环保意识提高、对于核能的疑虑日深，民众大多皆深知发展多元的新能源产业实为当务之急，除了可提供下一波经济发展的新动力外，也能降低对进口能源之依存度，并进一步提升台湾的能源安全。

不过较为明显的是，台湾民众虽然知道能源议题攸关经济发展，但普遍说来，其参与性远远不够。究其原因可能是因为对于一般大众来说，能源常是一个抽象的概念，虽在日常生活中经常耳闻且频繁使用，但一旦论及能源的现况、发展及趋势，一般民众则显得陌生而产生距离。更由于台湾在能源产业上的长期补贴政策，导致民众对于能源成本的无感，也就不难理解为何电价调高是必行的趋势，但电价合理化的政策却一直无法推动了。

事实上，台湾相关当局也认知能源教育的重要，明白唯有提供民众知晓

---
* 联系作者：崔晓倩，台湾中正大学经济学系教授，ecdhct@ ccu. edu. tw。

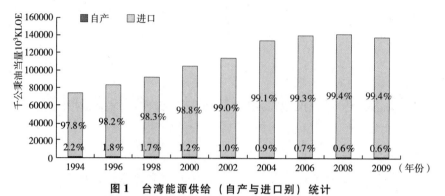

图1　台湾能源供给（自产与进口别）统计
资料来源：台湾"经济部能源局"。

更多的能源相关知识，才能改变民众对于能源议题的态度，也才能进一步在能源议题或改革上获得民众的参与以及支持。《能源报导》月刊就是在这样的背景之下产生的刊物，这本自1993年起，由"经济部能源局"委托台湾经济研究院制作的月刊，将刊物定位在具亲和力、非学术性之大众化刊物，成为能源教育倡导的重要渠道。相关当局希望借此吸引民众阅读、扩大传播层面与传播效果，作为能源教育与能源知识倡导的基础，并成为政府与社会大众对于能源议题交流的渠道。不过，诚如前述，民众对于能源相关知识或认知的程度高低，会影响其对于能源议题的支持与否。台湾民众对于能源相关议题的普遍认知程度如何，或许是影响相关政策推动的关键因素之一，尤其在核能发电方向面临检讨、电价必须适度合理调整的台湾，了解民众对于能源相关知识的认知程度，或许是相当重要的第一步。

台湾为推广减碳节能迈向零碳社会，利用衣食住行育乐各方面，以多样化及生活化方式透过个人、家庭、小区、企业及政府一起参与，达到全民减碳的目标；台湾的自然资源不足，环境承载有限，能源政策应将有限资源作有效率的使用，开发对环境友善的洁净能源，与确保持续稳定的能源供应。能源使用形式的多样化，可减缓能源危机，在考虑各种能源的替代性时，应考虑蕴藏量可用很久，且容易被人利用，净能量是正值能量供应地距离使用地不能过远，且应不会造成太多环境污染及生态破坏，现代社会在交通运输上，特别仰赖石油，但石油资源数量越来越少，所以很多国家考虑到用煤来取代石油，但煤在开采、提炼、运输以及燃烧过程中都会产生严重的环境污染及环境破坏，而且煤的全球蕴藏量虽然很多，但

2/3～3/4的储量集中在中国及独联体国家，在战略上西方国家也不敢将能源太仰赖这些国家。

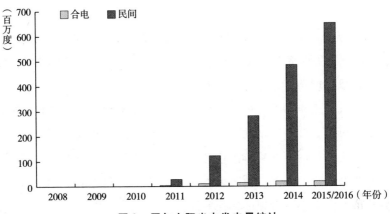

图 2　历年太阳光电发电量统计

资料来源：台湾电力公司全球信息网。

　　台湾地区因为日照充足具备良好的太阳光发电条件，因此太阳光发电实为最具发展潜力的再生能源，故我们可用太阳能取代核能，亦为兼顾环保、生态之洁净发电方式，如图 2 所示，自 2011～2015 年太阳光电发电量逐年上升，为了解决能源匮乏的问题，所以有开发替代能源的必要性。至于太阳能是否 10 倍造价，目前全世界最贵是 6 美元/瓦，最便宜是 3 美元/瓦，就算用最贵的 6 美元，太阳能要取代核四也才 4860 亿美元，而最便宜甚至比核四还便宜（2430 亿美元比 3100 亿美元），太阳能是越来越便宜，5 年内可以达到每瓦 2 美元，所以太阳能将渐渐地取代核能。

　　鉴此，本研究希望探讨民众对能源认知之现状，并进一步解析个人背景如性别、年龄、教育程度、居住地等人口变项是否对于能源议题之认知程度会有所影响。我们深知，能源教育的目的乃是希望能提高民众对能源的参与意愿，进而提升能源认知度并落实小区与学校之能源教育，借此推广使用替代能源，以达节能减碳之目的。透过了解民众对于能源认知的现况，便可知晓日后若要提升民众的参与或得到民众的支持，我们的努力方向为何。①

---

① 本研究所使用的数据来自台湾"经济部能源局"委托台湾综合研究院于 2014 年所进行的《民众能源认知调查报告》，问卷内容以及相关统计可参考本文附录，或台湾"经济部能源局"网站 http：//2014energy. tw/03. 1030908－03. pdf。

2 现况分析

台湾"经济部能源局"指出，全台湾能源高度依赖进口，进口能源依存度由 1994 年的 97.8% 增至 2009 年的 99.4%，其中为能源供给主力的石油，其进口依存度历年来更是一直在 99% 以上，随着人类社会的进步，对于能源的需求也逐年攀升，但全球能源的蕴藏量有限，截至 2007 年年底，估计煤炭可再开采 133 年，原油可开采 41.6 年，天然气可开采 60.3 年，其中原油与天然气的可开采年限已相当迫切，而煤炭的储藏量虽然相对较丰富，但仍有用完的一天，何况燃烧过后产生的二氧化碳，加速全球温室效应恶化，为国际必须重视的环保问题。

近年来，随着国际管制温室气体的议题备受重视，民众环保意识亦逐渐提升，燃烧化石燃料所造成的环境污染及兴建核能发电厂的争议，使得政府与民间都必须思考，在现有能源供应技术下，能源使用的环保问题，因此推广清洁能源及研发再生能源使用技术，亦为台湾能源发展的重要政策方针。

在全球传统能源逐渐耗竭、能源价格波动及温室气体减量的国际情势下，再加上台湾能源 99% 以上均需依赖进口，必须透过政策以确保台湾能源之使用能兼顾能源效率与环保，然而非再生能源的有限性及因庞大利益易受操控，且传统石化能源不可避免的带来严重的环境问题，所以开发其他替代性能源的必要及迫切，因应国际情势的油价波动，台湾最近开始实施波动油价，油价一调涨物价也随之而涨，将会冲击整个台湾地区的政治、经济、社会体系。

由图 3 显示，台湾地区住宅电价为全球第三低，中国其他省份因电价间交叉补贴，所以住宅平均电价低于台湾地区，而墨西哥却因政府补贴住宅用电，所以住宅平均电价也低于台湾地区。

由图 4 可知，平均电价较台湾地区为低之国家或地区有美国：因矿产资源十分丰沛，所以供电成本相对较低；挪威：因拥有丰富的水电资源，相较于 99% 的能源须仰赖进口的台湾，供电成本自然较低；韩国：天然资源虽并不充裕，唯其发电结构配比中，成本较低的核能发电占

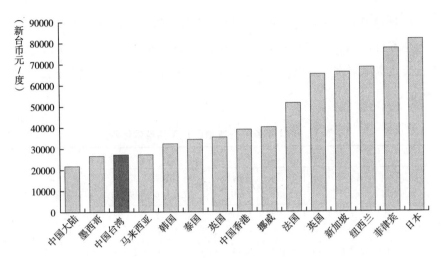

图3 全球各国住宅平均电价一览

说明：1. 台币对美元换算汇率为1美元=29.614台币（2012年平均汇率）；

2. 中国大陆为2010年数据，马来西亚为2011年资料，其他国家为2012年数据。

资料来源：台湾电力公司全球信息网。

29%（台湾仅18%），高成本油气发电占27%（台湾为33%），供电成本相对较低。

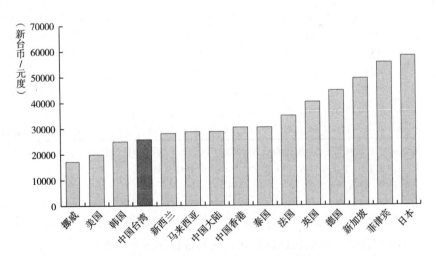

图4 全球各国工业平均电价一览

注：1. 台币对美元换算汇率为1美元=29.614台币（2012年平均汇率）；

2. 中国大陆为2010年数据，马来西亚为2011年资料，其他国家为2012年数据。

资料来源：台湾电力公司全球信息网。

电业对于电价之订定首重反映供电成本，各国平均电价主要仍取决于各国是否自产能源、发电能源结构配比及政府是否管制之差异，一般而言，天然资源丰富、发电能源配比佳或电价受管制的国家电价较低，如表1所示。

表1　2012年各国（或地区）平均电价比较

	住宅用电						工业用电				
排名	国别（或地区）	新台币元/度	排名	国别（或地区）	新台币元/度	排名	国别（或地区）	新台币元/度	排名	国别（或地区）	新台币元/度
1	中国大陆**	2.2202	18	匈牙利	6.0459	1	挪　威	1.7045	18	法　国	3.4449
2	墨西哥	2.6710	19	瑞　士	6.0460	2	美　国	1.9835	19	比利时	3.7493
3	中国台湾	2.7189	20	卢森堡	6.1968	3	韩　国	2.4513	20	智　利	3.7520
4	马来西亚*	2.7596	21	英　国	6.5370	4	中国台湾	2.5218	21	瑞　士	3.8569
5	韩　国	3.2535	22	新加坡	6.6115	5	瑞　典	2.6414	22	匈牙利	3.8962
6	泰　国	3.4152	23	瑞　典	6.6324	6	新西兰	2.7937	23	希　腊	3.9606
7	美　国	3.5191	24	新西兰	6.8632	7	马来西亚*	2.8699	24	英　国	3.9733
8	中国香港	3.8964	25	荷　兰	7.0552	8	中国大陆**	2.8870	25	捷　克	4.2903
9	挪　威	4.0270	26	比利时	7.4016	9	中国香港	3.0123	26	葡萄牙	4.3622
10	以色列	4.4832	27	葡萄牙	7.7194	10	泰　国	3.0502	27	西班牙*	4.3833
11	法　国	5.1755	28	菲律宾	7.7476	11	芬　兰	3.0766	28	土耳其	4.3894
12	希　腊	5.3461	29	爱尔兰	8.0053	12	丹　麦	3.0842	29	德　国	4.4040
13	土耳其	5.4711	30	日　本	8.1959	13	以色列	3.1892	30	爱尔兰	4.5959
14	智　利	5.4899	31	意大利	8.5407	14	荷　兰	3.2431	31	新加坡	4.9065
15	波　兰	5.6524	32	西班牙*	8.7010	15	卢森堡	3.3078	32	菲律宾	5.4883
16	芬　兰	5.7708	33	德　国	10.0318	16	波　兰	3.3934	33	日　本	5.7530
17	捷　克	5.8916	34	丹　麦	11.3548	17	墨西哥	3.3979	34	意大利	8.6409

说明：1. 台币对美元换算汇率为1美元＝29.614台币（2012年平均汇率）。
　　　2. * 注记者为2011年资料，** 注记者为2010年资料。
资料来源：国际能源总署。

为反映成本、杜绝浪费，以及台湾能源之前途与发展，未来必须设计一套和油价类似之制度化计算公式，使其价位能逐渐合理化。

台湾地区除自产能源贫乏外，近年来受到国际燃料价格大涨及洁净能源结构配比增加的影响，供电成本自然比天然资源丰沛的国家为高；唯受政府照顾民生经济政策的影响，电价未能合理反映供电成本，导致平均电价反低于煤或天然气资源丰富的德国、英国、荷兰、波兰以及核能发电占比高之法国等自产能源丰沛或发电结构较佳的国家。

3 资料说明

本研究采用台湾"经济部能源局"于 2014 年 6 月 18 ~ 22 日进行"民众能源认知调查报告"民意调查,调查对象为台湾地区年满 18 岁以上民众,采用电话访问方法,并使用计算机辅助电话访问系统(Computer Assisted Telephone Interview,CATI)进行调查,问卷内容包含"对台湾能源供给现况的认知""对能源价格变动的认知""对电力系统的认知""对各类能源特性的认知""能源知识取得来源""对台湾能源会议的看法",以及受访者基本数据(性别、年龄、教育程度、居住地区)等①,共计 19 大题,请参见附件一,市话采地区分层随机抽样法;手机采随机拨号法,电话及手机各访问完成 600 份有效样本(电话访问男性 293 份、女性 307 份;手机访问男性 347 份、女性 253 份),共计 1200 份;在 95% 的信心水平下,抽样误差在正负 4 个百分点以内。

表 2 民众对于能源认知程度及其意涵

单位:%

分类	问题	正确认知度	意涵
量化区间选项	1. 台湾能源依赖进口比例	18.4	82% 民众不清楚台湾能源供给情势严峻程度(90% 以上依赖进口)
	2. 国际原油价格上涨倍数	41.7	民众对国际原油价格上涨倍数正确认知仅 4 成,影响国际能源价格对台湾冲击的认知
	3. 台湾汽油价格上涨倍数	10.6	53.1% 民众误认台湾涨幅超过 1 倍,较国际(0.3 ~ 0.6 倍)高,另有 20% 不知道涨幅,显示民众误认台湾能源价格已过高或无此认知
	4. 台湾核能发电量占整体发电量比例	14.3	29.7% 民众认知核电占比较实际低,30.4% 认知核电占比较实际高,另 25.7% 民众不知道,显示民众认知分歧
	5. 台湾尖峰用电与最低用电差异倍数	29.4	显示民众不知道因应尖峰需要,需准备较多电厂,故误认电厂过度投资,或台湾备用容量率过高无缺电风险

---

① 台湾"经济部能源局":《民众能源认知调查报告》,2014,4http://2014energy.tw/ 03.1030908 - 03.pdf,最后访问日期:2016 年 4 月 15 日。

续表

分类	问题	正确认知度	意涵
量化区间选项	6. 台湾基载电力发电方式（可复选）	核能68；燃煤54.8	有36.8%民众认为再生能源可做成基载，显示民众对现阶段稳定供电之再生能源发展有过度期待
	7. 兴建火力发电厂时程	26.6	30.4%低估兴建所需时程、25.6%不知道，可能隐含误认电力发现短缺时，可短时间透过电厂增建解决
	8. 台湾太阳能发电时间限制	16.9	55.5%民众高估太阳能可发电时间，误认或高估再生能源稳定供电能力及替代基载电力角色
	9. 台湾发电成本最高的发电方式	太阳光电22.1	目前台湾最贵发电方式为太阳光电正确认知低，显示多数民众对于各项能源发电成本不清楚，影响民众对能源选择之代价及相关风险认知

资料来源：台湾"经济部能源局"。

表3为该问卷，民众对于能源认知的初步统计结果中，以及其所代表的意涵。从统计结果观之，民众对于能源认知普遍较低。如多数民众（超过八成）并不清楚台湾能源供给多依赖进口。尤其值得注意的是，民众大多知道台湾的基载电力发电方式多仰赖核能与燃煤，但对于比例上能够正确认知核能发电占整体发电量比例的民众，只有14.3%。但这份问卷也针对民众是否关心能源议题，以及是否会参加能源相关的活动，结果发现民众的意愿皆不高（Q13. 是否关心能源议题 – 民众关心度总计76.1%，Q14. 是否愿意参加相关活动 – 民众愿意参与程度29.2%）。由此可见，民众对台湾面临能源认知普遍认知程度不足，无法体认台湾处于能源匮乏的困境。虽然认为关心能源议题，但显然相关的能源知识程度低、参与意愿也不高。

因此，为进一步了解民众对能源认知之现况，本研究利用问卷之题项分析个人背景变项在能源认知层面的相关情形，希望在日后提升民众能源认知的教育基础上，提供一些看法。本研究首先以叙述统计呈现各项基本资料的分布情形，并进一步透过以卡方独立性检定与probit模型，分析探讨不同性别、教育程度、地区、年龄对台湾能源依赖进口等能源认知，是否有相关之情形。资料采用2014年台湾"经济部能源局"问卷调查中之部分题项进行相关研究，例如"依赖进口"的问项，若选择70%至未满90%和选择90%以上者均称为认知程度高，而选择其他选项者称之为认知程度低。① 地区则归纳为 4 大区，选择 1～6 项归为北部、选择 7～13 项为中部、选择 14～16 项为南部、选择 17～22 项为东部 + 离岛。表 3 为变量分类与说明。

表 3　人口变量与衡量方法一览

	类别说明与衡量方法
人口变数	
地区	东部 + 离岛 = 2 北部 = 3 中部 = 4 南部 = 5
年龄	18～29 岁 = 1、30～39 岁 = 2 40～49 岁 = 3、50～59 岁 = 4 60 岁及以上 = 5
教育程度	初中及以下 = 1、高中（职）= 2 专科 = 3、大学 = 4 硕士及以上 = 5
性别	男生 = 1、女生 = 2
能源认知变数	
Q1. 依赖进口	认知程度低 = 0（未满 30%、30%～未满 50%、50%～未满 70%、不知道及拒答） 认知程度高 = 1（70%～未满 90%、90%及以上）
Q2-1. 汽油上涨倍数	认知程度低 = 0（未满 0.3 倍、1 倍以上、不知道、拒答） 认知程度高 = 1（0.3 倍～未满 0.6 倍、0.6 倍～未满 1 倍）
Q3. 发电量占比	认知程度低 = 0（未满 5%、20%以上、不知道、拒答） 认知程度高 = 1（10%～未满 15%、15%～未满 20%）
Q8. 太阳能发电时间	认知程度低 = 0（未满 10%、30%～未满 40%、40%及以上、不知道、拒答） 认知程度高 = 1（10%～未满 20%、20%～未满 30%）
Q10. 发电成本	认知程度低 = 0（煤炭、天然气、核能、风力、不知道及拒答） 认知程度高 = 1（太阳能）
能源态度变量	
Q13. 能源关心度	不太关心、非常不关心、不知道及拒答 = 0 非常关心、还算关心 = 1

① 台湾"经济部能源局"：《民众能源认知调查报告》，2014，http：//2014energy. tw/03. 1030908 - 03. pdf，最后访问日期：2016 年 4 月 15 日。

4 实证结果

表 4 叙述统计采用平均数及标准偏差，分析民众对能源认知之现况。

表 4 叙述统计

	最小值	最大值	平均数	标准偏差
依赖进口	1.00	2.00	1.5767	.49429
汽油上涨倍数	1.00	2.00	1.7333	.44240
发电量占比	1.00	2.00	1.7100	.45395
太阳能发电时间	1.00	2.00	1.6700	.47041
发电成本	1.00	2.00	1.7792	.41498
是否关心能源	1.00	2.00	1.2400	.42726
性别	1.00	2.00	1.4667	.49910
年龄	1.00	5.00	2.8058	1.42238
教育程度	1.00	5.00	2.9442	1.25261
地区	2.00	5.00	3.7283	.87092

资料来源：台湾"经济部能源局"原始 data 资料。

表 5 以次数分配及百分比来表示研究对象各项基本数据的分布情形；为了解不同个人背景变项的研究对象在能源认知上的差异情形，以卡方检定与 probit 分析探讨不同性别、教育程度、地区、年龄对台湾能源依赖进口等变项在能源认知上是否有差异情形。

依据两变项的值计算百分比，将所研究的变项做成相关的列联表，即交叉分析结果，呈现卡方独立性检定具显著性的交叉列联表，依人口变项与各题项进行直列或横列交叉分析，以了解民众的能源认知度。表 6 至表 10 为民众对于各个能源认知变量与人口变项之间的关系，本研究首先透过卡方检定，来观察这些人口变量是否会影响民众的认知程度。

表 5　原始资料次数分配

单位:%

变　　数	选　项	次　　数	百分比
性别			
	男生	640	53.3
	女生	560	46.7
年龄（岁）			
	18 ~ 29	296	24.7
	30 ~ 39	262	21.8
	40 ~ 39	223	18.6
	50 ~ 59	217	18.1
	60 岁及以上	202	16.8
教育程度			
	初中程度	175	14.6
	高中程度	344	28.7
	大专程度	161	13.4
	大学程度	413	34.4
	硕士及以上程度	107	8.9
地区			
	东部 + 离岛	41	3.4
	北部	539	44.9
	中部	325	27.1
	南部	295	24.6
是否关心能源议题			
	关心	912	76
	不关心	288	24

说明：总数据的样本数为 1200 笔。本研究自行理整。

　　由表 6 卡方检定之结果显示，民众对能源依赖进口有显著效果，代表民众都很关心，但对于哪个地区的人比较关心却无显著差异；表 7 可知汽油上涨倍数与表 8 核能发电占比方面，年龄与教育程度都有显著差异，但在性别、地区与是否关心能源议题却无显著差异；而表 9 太阳能发电时间限制则年龄与教育程度均有显著性，在性别、地区与关心能源方面却无显著关系；从表 10 得知年龄、教育程度与地区均有显著性，而性别与关心能源议题并无显著效果。由卡方检定结果来看，教育程度变项均有明显之显著差异，可见教育程度与能源认知息息相关。

表 6 人口变项与能源依赖进口之卡方检定

	认知程度高	认知程度低	
性别			N = 1200
男生	312 (26.0%)	28 (27.3%)	DF = 1
女生	196 (16.3%)	364 (30.3%)	$\chi^2 = 23.130$ ***
年龄（岁）			
18 ~ 29	133 (11.1%)	163 (13.6%)	N = 1200
30 ~ 39	104 (8.7%)	158 (13.2%)	DF = 4
40 ~ 39	107 (8.9%)	116 (9.7%)	$\chi^2 = 6.275$
50 ~ 59	86 (7.2%)	131 (10.9%)	
60 岁及以上	78 (6.5%)	124 (10.3%)	
教育程度			
初中程度	33 (2.8%)	142 (11.8%)	N = 1200
高中程度	143 (11.9%)	201 (16.8%)	DF = 4
大专程度	70 (5.8%)	91 (7.6%)	$\chi^2 = 53.525$ ***
大学程度	209 (17.4%)	204 (17.0%)	
硕士及以上程度	53 (4.4%)	54 (4.5%)	
地区			
东部 + 离岛	21 (1.8%)	20 (1.7%)	N = 1200
北部	233 (19.4%)	306 (25.5%)	DF = 3
中部	124 (10.3%)	201 (16.8%)	$\chi^2 = 4.192$
南部	130 (10.8)	165 (13.8%)	
是否关心能源			
关心	408 (34.0%)	504 (42.0%)	N = 1200
不关心	100 (8.3%)	188 (15.7%)	DF = 1
			$\chi^2 = 8.992$ **

说明：1. N 为有效分析样本数；DF 为自由度；χ^2 为 chi - square。

2. * p < .05 ；** < .01 ；*** p < .001 显著水平采双侧检定。

资料来源：本研究自行整理。

表7　人口变项与汽油价格上涨倍数之卡方检定

	认知程度高	认知程度低	
性别			N = 1200
男生	173（14.4%）	467（38.9%）	DF = 1
女生	147（12.3%）	413（34.4%）	$\chi^2 = 0.093$
年龄（岁）			
18 ~ 29	101（8.4%）	195（16.3%）	N = 1200
30 ~ 39	69（5.8%）	193（16.1%）	DF = 4
40 ~ 39	58（4.8%）	165（13.8%）	$\chi^2 = 13.318$ **
50 ~ 59	49（4.1%）	168（14.0%）	
60 岁及以上	43（3.6%）	159（13.3%）	
教育程度			
初中程度	29（2.4%）	146（12.2%）	N = 1200
高中程度	84（7.0%）	260（21.7%）	DF = 4
大专程度	37（3.1%）	124（10.3%）	$\chi^2 = 20.845$ ***
大学程度	134（11.2%）	279（23.3%）	
硕士及以上程度	36（3.0%）	71（5.9%）	
地区			
东部 + 离岛	12（1.0%）	29（2.4%）	N = 1200
北部	155（12.9%）	384（32.0%）	DF = 3
中部	76（6.3%）	249（20.8%）	$\chi^2 = 3.185$
南部	77（6.4%）	218（18.2%）	
是否关心能源			
关心	251（20.9%）	661（55.1%）	N = 1200
不关心	69（5.8%）	219（18.3%）	DF = 1
			$\chi^2 = 1.421$

说明：1. N 为有效分析样本数；DF 为自由度；χ^2 为 chi – square。

2. * p < .05；** < .01；*** p < .001 显著水平采双侧检定。

此表本研究自行整理。

表 8 人口变项与核能发电占比之卡方检定

	认知程度高	认知程度低	
性别			N = 1200
男生	209 (17.4%)	431 (35.9%)	DF = 1
女生	139 (11.6%)	421 (35.1%)	χ^2 = 8.904 **
年龄（岁）			N = 1200
18 ~ 29	100 (8.3%)	196 (16.3%)	
30 ~ 39	84 (7.0%)	178 (14.8%)	DF = 4
40 ~ 39	64 (5.3%)	159 (13.3%)	χ^2 = 10.082 *
50 ~ 59	54 (4.5%)	163 (13.6%)	
60 岁及以上	46 (3.8%)	156 (13.0%)	
教育程度			N = 1200
初中程度	17 (1.4%)	158 (13.2%)	
高中程度	86 (7.2%)	258 (21.5%)	DF = 4
大专程度	51 (4.3%)	110 (9.2%)	χ^2 = 52.523 ***
大学程度	152 (12.7%)	261 (21.8%)	
硕士及以上程度	42 (3.5%)	65 (5.4%)	
地区			N = 1200
东部 + 离岛	13 (1.1%)	28 (2.3%)	
北部	171 (14.3%)	368 (30.7%)	DF = 3
中部	81 (6.8%)	244 (20.3%)	χ^2 = 4.821
南部	83 (6.9%)	212 (17.7%)	
是否关心能源			N = 1200
关心	274 (22.8%)	638 (53.2%)	
不关心	74 (6.2%)	214 (17.8%)	DF = 1
			χ^2 = 2.011

说明：1. N 为有效分析样本数；DF 为自由度；χ^2 为 chi – square。

2. ＊p < .05 ；＊＊ < .01；＊＊＊ p < .001 显著水平采双侧检定。

此表本研究自行整理。

表9　人口变项与太阳能发电时间之卡方检定

	认知程度高	认知程度低	
性别			N = 1200
男生	197（16.4%）	443（36.9%）	DF = 1
女生	199（16.6%）	361（30.1%）	χ^2 = 3.054
年龄（岁）			N = 1200
18~29	117（9.8%）	179（14.9）	
30~39	96（8.0%）	166（13.8%）	DF = 4
40~39	79（6.6%）	144（12.0%）	χ^2 = 21.190***
50~59	50（4.2%）	167（13.9%）	
60岁及以上	54（4.5%）	148（12.3%）	
教育程度			N = 1200
初中程度	40（3.3%）	135（11.3%）	
高中程度	109（9.1%）	235（19.6%）	DF = 4
大专程度	53（4.4%）	108（9.0%）	χ^2 = 12.838**
大学程度	153（12.8%）	260（21.7%）	
硕士及以上程度	41（3.4%）	66（5.5%）	
地区			N = 1200
东部+离岛	11（0.9%）	30（2.5%）	
北部	190（15.8%）	349（29.1%）	DF = 3
中部	106（8.8%）	219（18.3%）	χ^2 = 3.031
南部	89（7.4%）	206（17.2%）	
关心能源议题			N = 1200
关心	303（25.3%）	609（50.8%）	
不关心	93（7.8%）	195（16.3%）	DF = 1
			χ^2 = 0.086

说明：1. N为有效分析样本数；DF为自由度；χ^2为chi-square；

2. * p<.05 ；** < .01；***p< .001显著水平采双侧检定。

此表本研究自行整理。

表 10　人口变项与发电成本之卡方检定

	认知程度高	认知程度低	
性别			N = 1200
男生	142（11.8%）	498（41.5%）	DF = 1
女生	123（10.3%）	437（36.4%）	$\chi^2 = 0.009$
年龄（岁）			N = 1200
18 ~ 29	93（7.8%）	203（16.9%）	DF = 4
30 ~ 39	67（5.6%）	195（16.3%）	
40 ~ 39	42（3.5%）	181（15.1%）	$\chi^2 = 31.371$ ***
50 ~ 59	37（3.1%）	180（15.0%）	
60 岁及以上	26（2.2%）	176（14.7%）	
教育程度			N = 1200
初中程度	23（1.9%）	152（12.7%）	DF = 4
高中程度	62（5.2%）	282（23.5%）	
大专程度	34（2.8%）	127（10.6%）	$\chi^2 = 23.440$ ***
大学程度	112（9.3%）	301（25.1%）	
硕士及以上程度	34（2.8%）	73（6.1%）	
地区			N = 1200
东部 + 离岛	11（0.9%）	30（2.5%）	DF = 3
北部	135（11.3%）	404（33.7%）	
中部	48（4.0%）	277（23.1%）	$\chi^2 = 14.067$ **
南部	71（5.9%）	224（18.7%）	
关心能源议题			N = 1200
关心	206（17.2%）	706（58.8%）	DF = 1
不关心	59（4.9%）	229（19.1%）	$\chi^2 = 0.562$

说明：1. N 为有效分析样本数；DF 为自由度；χ^2 为 chi - square；

2. * p < .05 ；** < .01；*** p < .001 显著水平采双侧检定。

此表本研究自行整理。

除独立性检定外，本研究续以 probit 模型进一步分析人口变项对于民众能源认知程度的影响效果，并利用变量的交乘项来检视其交互作用为何。如关心能源议题与年纪的交互作用即以 C×AGE 来表示，借此探讨这两个变量对于民众能源认知的影响程度。又，C×NORTH 则代表关心能源议题与北部地区居民的交互作用，C×HIGH 则代表关心能源议题且为高中学历者的效果。表 11 至表 15 为分析结果。

表 11 为民众对于"能源依赖进口"部分的认知分析。从分析结果观之，首先，性别变量之系数为 0.32，且为显著；可知相较女性而言，男性对于能源依赖进口的相关认知是较高的。其次，在"关不关心能源方面的议题"方面，这个解释变量呈现显著的负向关系（-0.593），显示越关心能源方面议题的民众，其对于能源依赖进口比例之认知越低。最后，由于本研究的目的之一，就是希望了解民众在能源议题的"关心"与"认知"之间的关系，因此，模型中进一步考虑个人特征与对于能源议题关心程度之交互作用，希望针对民众的能源认知程度能有更进一步的了解。

在民众对于能源的关心程度以及年龄的交互作用上，分析结果并无显著效果。民众对于"能源的关心程度以及居住地"的交互作用上则显示显著的负向关系，分别是北部的 -0.499、中部的 -0.512 以及南部的 -0.406；这意味着"越关心能源议题却对能源依赖进口的认知越低"的状况，相较于东部和离岛地区民众，西部地区（包括北、中、南等三区）的民众是较不明显的。至于在民众对于能源的关心程度以及学历的交互作用上则为显著的正向关系（高中、专科、大学以及研究所分别为 0.690、0.719、0.982 以及 1.024），这表示相较于初中以下程度的民众而言，学历较高者在"越关心能源议题却对能源依赖进口的认知越低"是更为明显的。

表 11 能源依赖进口比例之 probit 模型分析结果

Variable	Coefficient	Std. Error
SEX	0.320 ***	0.075
CARE	-0.593 ***	0.083
C×AGE3	-0.225	0.129

Variable	Coefficient	Std. Error
C × AGE4	0.097	0.132
C × AGE5	0.044	0.134
C × AGE6	0.212	0.139
C × NORTH	− 0.499 ***	0.155
C × MIDDLE	− 0.512 ***	0.160
C × SOUTH	− 0.406 * *	0.161
C × HIGH	0.690 ***	0.137
C × COLLEGE	0.719 ***	0.163
C × UNIVERSITY	0.982 ***	0.144
C × MASTER	1.024 ***	0.187

说明：* 、** 以及 *** 分别代表采双侧检定之下显著水平 p < .05、p < .01 以及 p < .001。

　　表 12 为民众对于"汽油上涨倍数"部分的认知分析。从分析结果观之，首先，性别变量之系数为 0.014，不显著；可知相较女性而言，男性对于能源汽油上涨倍数的相关认知是较低的。其次，在"关不关心能源方面的议题"方面，这个解释变量呈现显著的负向关系（−0.707），显示越关心能源方面议题的民众，其对于能源汽油上涨倍数之认知越低。最后，由于本研究的目的之一，就是希望了解民众在能源议题的"关心"与"认知"之间的关系，因此，模型中进一步考虑个人特征与对于能源议题关心程度之交互作用，希望针对民众的能源认知程度能有更进一步的了解。

　　在民众对于能源的关心程度以及年龄的交互作用上，分析结果并无显著效果。民众对于"能源的关心程度以及居住地"的交互作用上除了北部人之外，中部人与南部人则显示显著的负向关系，分别是中部的 − 0.095 以及南部的 − 0.042；这意味着"越关心能源议题却对能源汽油上涨倍数的认知越低"的状况，相较于东部和离岛地区民众，西部地区（包括中、南等二区）的民众是较不严重的。至于在民众对于能源的关心程度以及学历的交互作用上则为显著的正向关系（高中、专科、大学以及研究所分别为 0.218、0.124、0.388 以及 0.365），这表示相较于初中以下程度的民众而言，学历较高者在"越关心能源议题却对能源汽油上涨倍数的认知越低"是更为明显的。

表 12　汽油上涨倍数之 probit 模型分析结果

Variable	Coefficient	Std. Error
SEX	0.014	0.079
CARE	– 0.707 ***	0.088
C × AGE3	– 0.139	0.133
C × AGE4	– 0.103	0.137
C × AGE5	– 0.259	0.140
C × AGE6	– 0.173	0.146
C × NORTH	0.025	0.161
C × MIDDLE	– 0.095	0.167
C × SOUTH	– 0.042	0.168
C × HIGH	0.218	0.144
C × COLLEGE	0.124	0.172
C × UNIVERSITY	0.388 **	0.148
C × MASTER	0.365	0.190

说明：＊、＊＊以及＊＊＊分别代表采双侧检定之下显著水平 p ＜.05、p ＜.01 以及 p ＜.001。

表 13 为民众对于"核能发电占比"部分的认知分析。从分析结果观之，首先，性别变量之系数为 0.206，且为显著；可知相较女性而言，男性对于能源核能发电占比的相关认知是较高的。其次，在"关不关心能源方面的议题"方面，这个解释变量呈现显著的负向关系（– 0.801），显示越关心能源方面议题的民众，其对于能源核能发电占比之认知越低。最后，由于本研究的目的之一，就是希望了解民众在能源议题的"关心"与"认知"之间的关系，因此，模型中进一步考虑个人特征与对于能源议题关心程度之交互作用，希望针对民众的能源认知程度能有更进一步的了解。

在民众对于能源的关心程度以及年龄的交互作用上，分析结果并无显著效果。民众对于"能源的关心程度以及居住地"的交互作用上则显示显著的负向关系，分别是北部的 – 0.322、中部的 – 0.430 以及南部的 – 0.458；这意味着"越关心能源议题却对能源核能发电占比的认知越低"的状况，相较于东部和离岛地区民众，西部地区（包括北、中、南等三区）的民众是较不严重的。至于在民众对于能源的关心程度以及学历的交

互作用上则为显著的正向关系（高中、专科、大学以及研究所分别为
0.458、0.699、0.795 以及 0.776），这表示相较于初中以下程度的民众而
言，学历较高者在"越关心能源议题却对能源核能发电占比的认知越低"
是更为明显的。

表 13　核能发电占比之 probit 模型分析结果

Variable	Coefficient	Std. Error
SEX	0.206 **	0.079
CARE	−0.801 ***	0.088
C × AGE3	−0.070	0.132
C × AGE4	−0.084	0.136
C × AGE5	−0.113	0.139
C × AGE6	−0.043	0.145
C × NORTH	−0.322 *	0.162
C × MIDDLE	−0.430 **	0.168
C × SOUTH	−0.458 **	0.169
C × HIGH	0.458 **	0.148
C × COLLEGE	0.699 ***	0.171
C × UNIVERSITY	0.795 ***	0.152
C × MASTER	0.776 ***	0.193

说明：*、** 以及 *** 分别代表采双侧检定之下显著水平 $p < .05$、$p < .01$ 以及 $p < .001$。

表 14 为民众对于"太阳能发电时间"部分的认知分析。从分析结果
观之，首先，性别变量之系数为 −0.151，为负向关系且有显著效果；可知
相较女性于而言，男性对于太阳能发电时间的相关认知是较低的。其次，
在"关不关心能源方面的议题"方面，这个解释变量呈现显著的负向关系
（−0.404），显示越关心能源方面议题的民众，其对于太阳能发电时间之
认知愈低。最后，由于本研究的目的之一，就是希望了解民众在能源议题
的"关心"与"认知"之间的关系，因此，模型中进一步考虑个人特征与
对于能源议题关心程度之交互作用，希望针对民众的能源认知程度能有更
进一步的了解。

在民众对于能源的关心程度以及年龄的交互作用上，分析结果均为负

向关系，且 50~59 岁及 60 岁及以上更为显著效果，系数分别为 -0.482
与 -0.277，代表此年龄层的民众对太阳能发电时间的认知是较低的；民众
对于"能源的关心程度以及居住地"的交互作用上除了南部人系数为
-0.063 呈现负向关系之外，北部人与中部人则无明显的显著差异，这则可
代表南部人对于太阳能发电时间的认知较为不足，但相较于东部和离岛地
区民众，南部人的民众是较不严重的。至于在民众对于能源的关心程度以
及学历的交互作用上则为显著的正向关系（高中、专科、大学以及研究所
分别为 0.243、0.269、0.203 以及 0.250），这表示相较于初中以下程度的
民众而言，学历较高者在"越关心能源议题却对能源太阳能发电时间的认
知越低"是更为明显的。

表 14 太阳能发电时间之 probit 模型分析结果

Variable	Coefficient	Std. Error
SEX	-0.151*	0.076
CARE	-0.404***	0.083
C×AGE3	-0.052	0.129
C×AGE4	-0.124	0.132
C×AGE5	-0.482***	0.139
C×AGE6	-0.277*	0.143
C×NORTH	0.064	0.158
C×MIDDLE	0.066	0.162
C×SOUTH	-0.063	0.165
C×HIGH	0.243	0.138
C×COLLEGE	0.269	0.163
C×UNIVERSITY	0.203	0.145
C×MASTER	0.250	0.188

说明：*、** 以及 *** 分别代表采双侧检定之下显著水平 $p<.05$、$p<.01$ 以及 $p<.001$。

表 15 为民众对于"发电成本"部分的认知分析。从分析结果观之，
首先，性别变量之系数为 -0.006，且不显著；可知相较女性而言，男性对
于能源发电成本的相关认知是较低的。其次，在"关不关心能源方面的议
题"方面，这个解释变量呈现显著的负向关系（-0.795），显示越关心能
源方面议题的民众，其对于能源发电成本之认知越低。最后，由于本研究

的目的之一，就是希望了解民众在能源议题的"关心"与"认知"之间的关系，因此，模型中进一步考虑个人特征与对于能源议题关心程度之交互作用，希望针对民众的能源认知程度能有更进一步的了解。

在民众对于能源的关心程度以及年龄的交互作用上，分析结果均为负向关系且有显著效果（30~39岁、40~49岁、50~59岁、60岁及以上分别为 - 0.156、- 0.439、- 0.407、- 0.473），相较于 18~29 岁之年龄层是较不严重的，代表越年轻认知越低；民众对于"能源的关心程度以及居住地"的交互作用上均无明确的显著差异性，至于在民众对于能源的关心程度以及学历的交互作用上则为显著的正向关系（高中、专科、大学以及研究所分别为 0.205、0.350、0.378 以及 0.603），这表示相较于初中以下程度的民众而言，学历较高者在"越关心能源议题却对能源发电成本的认知越低"是更为明显的。

表 15　发电成本之 probit 模型分析结果

Variable	Coefficient	Std. Error
SEX	- 0.006	0.083
CARE	- 0.795 ***	0.090
C × AGE3	- 0.156	0.136
C × AGE4	- 0.439 **	0.145
C × AGE5	- 0.407 **	0.148
C × AGE6	- 0.473 **	0.160
C × NORTH	0.080	0.173
C × MIDDLE	- 0.290	0.183
C × SOUTH	0.112	0.179
C × HIGH	0.205	0.159
C × COLLEGE	0.350 *	0.183
C × UNIVERSITY	0.378 *	0.162
C × MASTER	0.603 * *	0.202

说明：*、** 以及 *** 分别代表采双侧检定之下显著水平 $p < .05$、$p < .01$ 以及 $p < .001$。

5　结论

本研究经分析之结果发现，男性对能源的认知高于女性，而年纪越轻能源认知的程度越低，东部与离岛地区的民众则显示出越关心能源但认知却越低。在教育程度方面则显示，教育程度与能源认知具高度相关，可知教育程度与能源认知具有相当程度之关联；唯学历越高反而认知越低，或可加强落实高学历者的能源教育以提高其能源认知。综观言之，台湾民众虽然都相当关心能源议题，但对于能源认知程度却是不足，这是非常矛盾的现象。或许足以说明民众的能源关心的"态度"并非立基于"认知"之上，而是相当浅薄的从众的一种行为。建议有关当局可透过加强能源教育来提高民众的关心程度，进而提高能源认知度，产生良性循环。

由于台湾电力事业的高度寡占，整个能源及电价合理化决策，主要依赖技术官员与台电的评估，一般民众极少有参与的机会，也造成政策推动时的政治与社会冲突，所以如何在治理架构中落实民主决策理念良好的公共沟通，逐步形成社会共识是主要关键，也影响电价调涨政策之正当性与社会大众接受度。本研究经分析之结果发现，不论何种教育程度均有显著差异，可见教育程度与能源认知息息相关，建议可加强落实推广小区与学校之能源教育，以提高民众对能源认知之正确性。相信经过积极的能源教育之后，民众对于能源认知与能源态度有更进一步了解之后，日后在推动如电价合理化政策时才会获得谅解与支持。

附 录

您好：

我们是台湾"经济部能源局"委托的访问员，目前正在进行一项民众对台湾能源了解情形的访问。耽误您几分钟的时间，问您几个简单的问题，谢谢！

请问您是否年满18岁？

（是→开始访问。）

（否→请问家中有年满18岁以上的家人，可以接受访问，请他接听电话。）

Q1. 台湾自己生产的能源很少，不管石油、煤炭、天然气，都需要靠进口。就您所知，台湾能源有多少比例依赖进口？

□（1）未满 30%

□（2）30%～未满 50%

□（3）50%～未满 70%

□（4）70%～未满 90%

□（5）90% 以上

□（6）不知道

□（7）拒答

Q2. 近 10 年来，国际能源价格的变动很大，像原油，因为蕴藏量有限，所以价格呈现上涨的趋势。就您所知近 10 年来，国际原油价格上涨几倍？

□（1）未满 1 倍

□（2）1 ～1.5 倍

□（3）1.5 ～2 倍

□（4）2 倍以上

□（5）不知道

□（6）拒答

Q2－1. 就您所知近 10 年台湾汽油价格上涨几倍？

□（1）未满 0.3 倍

□（2）0.3 倍～未满 0.6 倍

□（3）0.6 倍～未满 1 倍

□（4）1 倍以上

□（5）不知道

□（6）拒答

Q3. 台湾主要的发电方式包括：火力发电、核能发电以及再生能源（例如太阳能、风力发电等等）。其中，火力发电量大约占了 76%，就您所知核能发电量大概占多少？

□（1）未满 5%

□（2）5%～未满 10%

□（3）10%～未满 15%

□（4）15%～未满 20%

☐（5）20％以上

☐（6）不知道

☐（7）拒答

Q4. 就您所知台湾一般家庭平均用电量，最近 5 年（2006 年至 2010 年）比起 5 ~ 10 年前（2001 年至 2005 年），何者比较高？

☐（1）近 5 年较高

☐（2）二者相近

☐（3）5 ~ 10 年前较高

☐（4）不知道

☐（5）拒答

Q5. 台湾一年中的用电量有高有低，会受到如：季节、白天或晚上、假日或非假日而有所变动，就您所知台湾用电量的最高峰，大概是用电量最低时的几倍？

☐（1）未满 1 倍

☐（2）1 倍 ~ 未满 2 倍

☐（3）2 倍 ~ 未满 3 倍

☐（4）3 倍以上

☐（5）不知道

☐（6）拒答

Q6. 为了要满足最低的基本用电需求，电力公司通常会选择：稳定、便宜的发电方式来满足这些需求。就您所知台湾的基本用电主要是靠哪几种发电方式？（可复选，逐一提示）

☐（1）燃煤发电

☐（2）燃气发电（天然气）

☐（3）核能发电

☐（4）再生能源发电

☐（5）不知道

☐（6）拒答

Q7. 就您所知，一般情况下，盖一座火力发电厂从规划设计、环境影响评估到可以供电，通常需要多少时间？

☐ （1） 2 年内

☐ （2） 3 ~ 5 年

☐ （3） 6 ~ 10 年

☐ （4） 10 年以上

☐ （5） 不知道

☐ （6） 拒答

Q8. 利用再生能源发电有自然条件的限制，例如，太阳能发电，会受到有多少天是晴天、有多少时刻晒得到太阳等限制。就您所知，在台湾太阳能发电，一年当中可以发电的时间大约占全年的平均比例是多少？

☐ （1） 未满 10%

☐ （2） 10% ~ 未满 20%

☐ （3） 20% ~ 未满 30%

☐ （4） 30% ~ 未满 40%

☐ （5） 40% 以上

☐ （6） 不知道

☐ （7） 拒答

Q9. 欧洲大陆各国土地相连，可以透过管线输送的方式，向有生产天然气的国家进口。台湾要靠船运进口经过液化，缩小体积的天然气。就您所知，管线天然气与液化天然气哪一种比较贵？

☐ （1） 管线天然气比较贵

☐ （2） 二者价格相近

☐ （3） 液化天然气比较贵

☐ （4） 不知道

☐ （5） 拒答

Q10. 就您所知台湾目前主要发电方式中，哪一种最贵？

☐ （1） 煤炭发电

☐ （2） 燃气发电

☐ （3） 核能发电

☐ （4） 太阳光（能）发电

☐ （5） 风力发电

□（6）不知道

□（7）拒答

Q11. 二氧化碳排放被视为是造成全球暖化的主要原因，就您所知台湾现有的各种发电方式中，哪两种的二氧化碳排放量最低？（可复选，最多选二项）

□（1）煤炭发电

□（2）天然气发电

□（3）核能发电

□（4）再生能源发电

□（5）不知道

□（6）拒答

Q12. 请问您对所知道的能源知识中，认为那些来源的说法最可信？（可复选）

□（1）政府网站或文宣资料

□（2）报纸

□（3）学校课本

□（4）电视新闻或政论节目

□（5）网络

□（6）刊物

□（7）其他（请说明＿＿＿＿＿＿＿＿＿＿）

□（8）拒答

Q13. 请问您觉得自己关不关心能源方面的议题？

□（1）非常关心

□（2）还算关心

□（3）不太关心

□（4）非常不关心

□（5）不知道

□（6）拒答

Q14. 政府宣布近期将召开台湾地区能源会议，请问您愿不愿意参加可能会举办的相关活动，来表达自己的看法？

□（1）愿意（续答 Q15）

□（2）不愿意（跳答 Q16）

□（3）不一定（跳答 Q16）

□（4）拒答（跳答 Q16）

Q15. 如果台湾地区能源会议计划要邀请民众一起参与讨论，请问您希望用哪些方式参加？（可复选，逐一提示）

□（1）受邀去指定的地点参加会议

□（2）参加居住地村里所举办的活动

□（3）透过网络平台参加讨论（网站留言、聊天室、社群）

□（4）透过问卷调查（电话访问和面访）表达意见

□（5）其他方式（请说明_____）

□（6）拒答

Q16. 请问您的居住县市？

□（01）基隆市□（02）新北市□（03）台北市

□（04）桃园县□（05）新竹县

□（06）新竹市□（07）苗栗县□（08）台中市

□（09）彰化县□（10）南投县

□（11）云林县□（12）嘉义县□（13）嘉义市

□（14）台南市□（15）高雄市

□（16）屏东县□（17）宜兰县□（18）花莲县

□（19）台东县□（20）澎湖县

□（21）金门县□（22）连江县

Q17. 请问您的年龄？

□（1）18～29 岁

□（2）30～39 岁

□（3）40～49 岁

□（4）50～59 岁

□（5）60 岁及以上

□（6）拒答

Q18. 请问您的教育程度？

☐（1）初中及以下

☐（2）高中（职）

☐（3）专科

☐（4）大学

☐（5）硕士及以上

☐（6）拒答

Q19. 性别：（请访员直接勾选）

☐（1）男

☐（2）女

基于可拓学方法的云南省林业
可持续发展评价

麦强盛 黄 源

西南林业大学经济管理学院

伴随全球经济的快速发展，资源短缺与环境破坏成为人们关注的重大问题，林业作为经济与环境的重要组成部分，其可持续发展问题成为人们关注的焦点。国内对林业可持续发展研究可以分为理论、实证两种学术方向，关于林业可持续发展理论的讨论，主要是结合生态文明建设，系统论述林业可持续发展的含义。由于林业是横跨三大产业的综合性产业，近年来学术界更多趋向于设计可持续发展的评价指标，运用某种数学模型（方法）进行实证研究，如主成分分析法①、灰色关联度模型②、DEA 模型③等，每种模型各在一定条件下得出了有益的结论，丰富了林业可持续发展的评价研究。

可拓学是以广东工业大学蔡文研究员为首的我国学者的原创研究方法，它用形式化的模型，研究事物拓展的可能性和开拓创新的规律与方法，并用于处理矛盾问题，是一种新型定量分析工具④，并在各种研究领

---

① 麦强盛、刘燕、刘德钦等：《云南省林业可持续发展能力测评研究》，《林业经济问题》2014 年第 5 期。

② 尚旭东、支玲、陈方：《基于灰色动态关联分析的云南省林业产业结构的研究》，《广东农业科学》2011 年第 2 期。

③ 高晶、麦强盛：《基于 DEA 方法的云南省林业可持续发展能力评价》，《林业经济问题》2014 年第 3 期。

④ 杨春燕、蔡文：《可拓工程》，科学出版社，2007。

域中广泛运用，如对岩质边坡稳定性①、贮木场火险等级②、建筑业可持续发展③、城市轨道交通④等的研究，都获得了良好的研究效果。在本研究中引入可拓学方法，对云南省林业进行可持续发展评价，从而为林业可持续发展评价提供新的思路。

1　研究方法与评价指标体系

1.1　可拓学方法介绍

可拓学的理论框架是物元理论和可拓数学。物元也称基元，是以事物 N 为对象，C 为特征，N 关于 C 的量值 V 构成的有序三元组，可表示为 $R = \{N, C, V\}$，三者是组成物元的基本要素⑤。

1.1.1　经典域的确定

根据可拓学理论，经典域物元 R_{ot} 可表示为：

$$R_{ot} = (N_{ot}, C_l, X_{otl}) = \begin{bmatrix} N_{ot} & C_1 & X_ot_1 \\ & C_2 & X_ot_2 \\ & M & M \\ & C_N & X_otN \end{bmatrix} = \begin{bmatrix} N_{ot} & C_1 & <a_{ot1}, b_{ot1}> \\ & C_2 & <a_{ot2}, b_{ot2}> \\ & M & M \\ & C_N & a_{otn}, b_{otn}> \end{bmatrix} \quad (1)$$

式中：N_{ot} 表示评价林业可持续发展所分的等级（如 $t = 1$，2，3，4，5）；C_l（$l = 1$，2，$\cdots$，n）表示影响 N_{ot} 的评价指标；X_{otl} 表示经典域每个等级中指标 C_l 的取值范围，即 $<a_{otl}, b_{otl}>$。

---

① 王新民、康虔、秦建春等：《层次分析法——可拓学模型在岩质边坡稳定性安全评价中的应用》，《中南大学学报》（自然科学版）2013 年第 6 期。

② 耿志伟、薛伟：《基于可拓层次分析法的东北林区贮木场火险等级评价研究》，《中国安全生产科学技术》2013 年第 10 期。

③ 光辉、赵尘、杨培红：《基于改进物元可拓模型的建筑业可持续发展综合评价》，《森林工程》2014 年第 2 期。

④ 王进、喻珍：《城市轨道交通次生环境影响可拓综合评价》，《中南大学学报》（自然科学版）2007 年第 5 期。

⑤ Wen Cal, "Extension Theory and Its Application ," *Chinese Science Bulletin*, 44 (1999): 1538 – 1548.

1.1.2 节域的确定

根据可拓学理论，节域物元 R_p 可表示为：

$$R_p = (N_p, C_l, X_{pl}) = \begin{bmatrix} (N_p & C_1, X_{p1}) \\ & C_2 & X_{p2} \\ & M & M \\ & C_N & X_{pn} \end{bmatrix} = \begin{bmatrix} N_p & C_1 & <a_{p1}, b_{p1}> \\ & C_2 & <a_{p2}, b_{p2}> \\ & M & M \\ & C_N & a_{pn}, b_{pn}> \end{bmatrix} \quad (2)$$

式中：N_p 表示林业可持续发展；C_l 表示影响林业可持续发展的 n 个评价指标；X_{pl} 表示节域中评价指标 C_l 的取值范围，即节域范围 $<a_{pl}, b_{pl}>$。

1.1.3 待评物元的确定

利用可拓学物元的定义和林业可持续发展评价指标，则待评物元可表示为：

$$R_i = (N_j, C_i, X_i) = \begin{bmatrix} (N_i & C_1, X_1) \\ & C_2 & X_2 \\ & M & M \\ & C_N & X_n \end{bmatrix} \quad (3)$$

式中：N_j 是云南省林业在 j 年的可持续发展能力（$j = 1$ 时，N_1 表示 2012 年云南省林业可持续发展能力；$j = 2$ 时，N_2 表示 2013 年云南省林业可持续发展能力），X_i 表示在 j 年时关于特征 C_i 的取值。

1.1.4 计算关联度

在整个评价中选取最优点在 $x_o = b_{ot}$ 的初等关联函数，关联度函数表达式如下：

$$K_t(x_i) = \begin{cases} \dfrac{\rho(x_i, x_o, X_{ot})}{a_{ot} - b_{ot}}, & \text{当 } x_i \in X_{ot} \text{ 时} \\[3mm] \dfrac{\rho(x_i, x_o, X_{ot})}{\rho(x_i, x_{pl}) - \rho(x_i, x_{ot})}, & \text{当 } x_i \notin X_{ot} \text{ 时} \end{cases} \quad (4)$$

式中：$X_{ot} = <a_{ot}, b_{ot}>$，即经典域；$X_{pl} = <a_{pl}, b_{pl}>$，即节域，并且 $X_{ot} \subset X_{pl}$。

$$\rho(x_i, b_{ot}, X_{ot}) = \begin{cases} a_{ot} - x_i, & x_i < b_{ot} \\ b_z, & x_i = b_{ot} \\ x_i - b_{ot}, & x_i > b_{ot} \end{cases} \tag{5}$$

$$b_z = \rho(b, b, X_{ot}) = \begin{cases} 0, b \notin X_o \\ a - b, & b \in X \\ 0 \otimes (a - b), & b \notin X_o \text{ 且 } b \in X \end{cases} \tag{6}$$

$$\rho(x_i, x_{pl}) = \left| x_i - \frac{a_{pl} + b_{pl}}{2} \right| - \frac{b_{pl} - a_{pl}}{2} \tag{7}$$

$$\rho(x_i, x_{ot}) = \left| x_i - \frac{a_{ot} + b_{ot}}{2} \right| - \frac{b_{ot} - a_{ot}}{2} \tag{8}$$

评价对象 N_j 的综合关联度为：

$$K_t(N_j) = \sum_{i=1}^{n} w_i k_{ti}(x_i) \quad (t = 1,2,3,4,5; j = 1,2; i = 1,2,3,\cdots,20) \tag{9}$$

式中：wi 为评价指标的权重，且 $\sum_{i=1}^{n} w_i = 1$。

1.1.5　计算待评对象的评价等级

求出待评对象 N_j 关于评价等级的综合关联度 K_t (N_j) 后，若

$$K_{to}(N_j) = \max\{K_t(N_j) \mid (t = 1,2,3,4,5)\} > 0 \tag{10}$$

则可定性判断 N_j 属于等级 to；若对一切 t，有 K_t (N_j) ≤0，表示林业可持续发展的等级不在所划分的各等级内，应该重新调整特征参数，按式（4）~式（8）重新计算。

1.2　评价指标体系

设计评价指标体系遵循 5 个原则：分层性，根据功能和测度目的把指标体系分为不同层次；客观性，每项指标有一定的科学理论依据；灵活性，指标能反映林业的动态变化；应用性，指标简便容易收集数据或计算；综合性，指标体系能反映出林业主要的本质特征。

评价指标体系分为目标层、准则层、一级指标层和二级指标层，各个层次的指标权重通过 AHP 法计算获得（见表 1）。目标层是在维护生物多样性和自然生态平衡的基础上，实现林业可持续发展。目标层包括经济效

益、生态效益、社会效益三项准则层。经济效益是"兴林富民"目标的出发点和落脚点，表现出林业投入与产出的比例关系，在本研究中设置林业经济水平、林业经济结构、林业经济活力三项一级指标层；生态效益体现出林业的土壤保育、涵养水源、固沙防风、固定二氧化碳和释放氧气等生态价值，在本研究中设置林业实际资源和林业潜能资源两项一级指标层；社会效益体现出满足精神需求、提高幸福感指数、扩大就业岗位，在本研究中设置林业就业和林业溢出效益两项一级指标层。

表1　云南省林业可持续发展评价指标及其权重

目标层	准则层	权重	一级指标层	权重	二级指标层	权重
林业可持续发展	经济效益	0.546	林业经济水平	0.335	林业总产值	0.2978
					人均林产值	0.0372
			林业经济结构	0.146	林产值占比	0.0704
					林一产占比 *	0.0188
					林二产占比	0.0372
					林三产占比	0.0196
			林业经济活力	0.065	林业完成投资情况	0.0473
					林业利用外资情况	0.0177
	生态效益	0.345	林业实际资源	0.049	湿地面积	0.0047
					林地面积	0.0229
					森林面积	0.0136
					人工林面积	0.0078
			林业潜能资源	0.296	森林覆盖率	0.0127
					活立木蓄积量	0.0841
					森林蓄积量	0.0536
					人工林蓄积量	0.1456
	社会效益	0.109	林业就业	0.014	林业从业人员数	0.0047
					林业职工平均工资	0.0093
			林业溢出效益	0.095	森林旅游直接带动效益	0.0159
					社会旅游从业人员	0.0791

注：* 表示为负向指标（负向指标是抑制林业可持续发展），其他为正向指标（正向指标是促进林业可持续发展）。

1.3 数据无量纲化处理

由于在本研究中，正向指标要求越大越好，负向指标要求越小越好，且评价指标具有不同的量纲和量纲单位，所以按下式进行无量纲化处理：

对于正向指标的处理：

$$x_{ji} = \begin{cases} x_{ji}^{'} = 0 & (x_{ji} \leqslant a_{pl}) \\ x_{ji}^{'} = \dfrac{xi - a_{pl}}{b_{pl} - a_{pl}}(a_{pl} \leqslant x_{ji} \leqslant b_{pl}) \\ x_{ji}^{'} = 1 & (x_{ji} \leqslant b_{pl}) \end{cases} \tag{11}$$

对于负向指标的处理：

$$x_{ji} = \begin{cases} x_{ji}^{'} = 0 & (x_{ji} \geqslant a_{pl}) \\ x_{ji}^{'} = \dfrac{x_i - a_{pl}}{b_{pl} - a_{pl}}(b_{pl} \leqslant x_{ji} \leqslant a_{pl}) \\ x_{ji}^{'} = 1 & (x_{ji} \leqslant b_{pl}) \end{cases} \tag{12}$$

式中：x_{ji} 是指标原值，$x_{ji}^{'}$ 是指标处理值，处理后的指标数值都是越大越好。

2 云南省林业可持续发展评价实证研究

下面对云南省林业可持续发展评价指标的量值进行无量纲化处理，构造经典域物元、节域物元，并形成待评价物元。根据可拓理论的关联函数，计算待评物元的关联度，并最终得出定性和定量相结合的评价结果。

2.1 数据的收集

可拓计算中采用的基础数据来自《云南统计年鉴》（2003—2013 年）、《中国林业统计年鉴》（2003—2013 年）中的相关统计数据，对于年鉴上或统计局资料中未统计的部分数据采用了问卷调查或调研的方法获得。

以 2003～2011 年各年各评价指标的算术平均值为指标的基准值，记作 a_{pl}（l = 1，2，…，20），以 2018 年各指标的规划值为评价的目标值，记作

b_{pl}。由于篇幅所限，不列出原始数据。

2.2 评价指标的无量纲化

对2012年、2013年的林业数据进行无量纲化处理，处理后每个指标的取值范围在［0，1］中，处理后云南省林业各指标规范值如表2所示。

表2 2012年和2013年指标规范值

指 标	2012 年	2013 年
林业总产值	0.502643	0.781034
人均林产值	0.500680	0.776650
林产值占比	0.441263	0.868292
林一产占比 *	0.437313	0.883717
林二产占比	0.415655	0.996308
林三产占比	0.475074	0.686289
林业完成投资情况	0.381600	0.106219
林业利用外资情况	0.032258	0.274194
湿地面积	0.268574	0.216288
林地面积	0.174690	0.258194
森林面积	0.357846	0.528641
人工林面积	0.300987	0.754640
森林覆盖率	0.413095	0.611077
活立木蓄积量	0.314951	0.730715
森林蓄积量	0.321593	0.708239
人工林蓄积量	0.242326	0.904449
林业从业人员数	0.486630	0.556826
林业职工平均工资	0.488537	0.713296
森林旅游直接带动效益	0.268895	0.268895
社会旅游从业人员	0.757193	0.770514

注：*为负向指标，其他为正向指标。

2.3 关联函数的计算

关于林业可持续发展的评价标准，参考张继义等在2001年提出的林业可持续发展标准，结合云南省林业实际情况，共分为5个等级，即完全不可持续、基本不可持续、弱可持续、基本可持续、强可持续,在可拓学中分别对应为 I（0，0.3）、II（0.3，0.5）、III（0.5，0.7）、IV（0.7，0.8）、V（0.8，1.0）[①]。在本研究中 I（$t=1$）、II（$t=2$）、III（$t=3$）、IV（$t=4$）、V（$t=5$）分别表示评价林业可持续发展所分的第 I、第 II、第 III、第 IV、第 V 等级。

2.3.1 计算各指标关于每个等级的关联度

运用式（4）~式（8）计算 2012 年、2013 年指标关于各评价等级的关联度,计算结果如表 3 所示。

表 3 云南省林业可持续发展评价指标关联度

指　标	2012 年					2013 年				
	I（$t=1$）	II（$t=2$）	III（$t=3$）	IV（$t=4$）	V（$t=5$）	I（$t=1$）	II（$t=2$）	III（$t=3$）	IV（$t=4$）	V（$t=5$）
林业总产值	-0.214	-0.121	0.737	-0.085	-0.111	-0.332	-0.287	-0.279	0.596	-0.024
人均林产值	-0.027	-0.015	0.093	-0.011	-0.014	-0.041	-0.035	-0.034	0.074	-0.004
林产值占比	-0.053	0.135	-0.008	-0.026	-0.032	-0.087	-0.080	-0.086	-0.059	0.022
林一产占比*	-0.014	0.035	-0.002	-0.007	-0.009	-0.024	-0.022	-0.024	-0.017	0.003
林二产占比	-0.029	0.062	-0.006	-0.015	-0.018	-0.053	-0.052	-0.062	-0.055	0.000
林三产占比	-0.014	0.044	-0.001	-0.006	-0.008	-0.019	-0.015	0.029	-0.001	-0.005
林业完成投资情况	-0.039	0.071	-0.011	-0.022	-0.025	0.000	-0.031	-0.037	-0.040	-0.041
林业利用外资情况	0.000	-0.016	-0.017	-0.017	-0.017	0.015	-0.002	-0.008	-0.011	-0.012
湿地面积	0.004	0.000	-0.002	-0.003	-0.003	0.002	-0.001	-0.003	-0.003	-0.003
林地面积	0.004	-0.010	-0.015	-0.017	-0.018	0.017	-0.003	-0.011	-0.014	-0.016
森林面积	-0.012	0.020	-0.004	-0.007	-0.008	-0.010	-0.006	0.030	-0.004	-0.005
人工林面积	-0.008	0.012	-0.003	-0.004	-0.005	-0.008	-0.007	0.007	0.016	-0.001
森林覆盖率	-0.010	0.021	-0.002	-0.005	-0.006	-0.011	-0.008	0.019	-0.002	-0.004
活立木蓄积量	-0.080	0.126	-0.031	-0.046	-0.051	-0.088	-0.072	-0.065	0.201	-0.017
森林蓄积量	-0.050	0.080	-0.019	-0.029	-0.032	-0.054	-0.044	-0.037	0.152	-0.013
人工林蓄积量	0.090	-0.028	-0.075	-0.095	-0.101	-0.188	-0.176	-0.196	-0.149	0.000
林业从业人员数	-0.003	0.011	0.000	-0.001	-0.002	-0.004	-0.002	0.009	-0.001	-0.002

[①] 张继义、陈玉琪：《河西灌区持续林业测度指标体系》，《东北林业大学学报》2001 年第 6 期，第 24~28 页。

续表

指　标	2012 年					2013 年				
	I ($t=1$)	II ($t=2$)	III ($t=3$)	IV ($t=4$)	V ($t=5$)	I ($t=1$)	II ($t=2$)	III ($t=3$)	IV ($t=4$)	V ($t=5$)
林业职工平均工资	-0.007	0.022	0.000	-0.003	-0.004	-0.009	-0.008	-0.007	0.025	-0.002
森林旅游直接带动效益	0.013	-0.002	-0.007	-0.010	-0.011	0.013	-0.002	-0.007	-0.010	-0.011
社会旅游从业人员	-0.086	-0.072	-0.068	0.158	-0.012	-0.087	-0.074	-0.071	0.158	-0.013

注：* 表示为负向指标，其他为正向指标。

2.3.2　计算待评价对象关于每个等级的综合关联度

根据公式（4）～式（9）计算 2012 年、2013 年评价对象关于等级的综合关联度，计算结果如表 4 所示。

表 4　云南省林业可持续发展评价等级关联度

N	$K_t(N)$				
	$K_1(N)$	$K_2(N)$	$K_3(N)$	$K_4(N)$	$K_5(N)$
2012 年	-0.06038	0.01913	0.13509	-0.04005	-0.04994
2013 年	-0.11805	-0.10525	-0.09943	0.13223	-0.00941

按公式（10）的评定准则，对于 2012 年云南省林业可持续发展能力 $\max\{K_t(N)\mid(t=1,2,3,4,5)\}=K_3(N)=0.13509$；对于 2013 年云南省林业可持续发展能力 $\max\{K_t(N)\mid(t=1,2,3,4,5)\}=K_4(N)=0.13223$。表明 2012 年云南省林业可持续发展属于"弱可持续"，2013 年云南省林业可持续发展属于"基本可持续"。

2.4　结果分析

2.4.1　经济效益指标分析

从林业经济水平看，云南省林业总产值和人均林业产值的关联度从 2012 年的 III 级升为 2013 年的 IV 级，说明云南省政府对林业的扶持成效卓著，使林业经济水平快速提高，奠定了云南省林业可持续发展升级的基础。

从林业经济结构看，林产值占比、林一产占比和林二产占比的关联度从Ⅱ级上升到Ⅴ级，林三产占比的关联度从Ⅱ级升到Ⅲ级，说明林业经济结构已经呈现调整与优化的可喜趋势，表明云南省林业有长足的发展后劲。

从林业经济活力看，林业完成投资情况的关联度从Ⅱ级降到Ⅰ级，林业利用外资情况的关联度有所增加，但仍处于Ⅰ级，说明林业投资减少，吸引外资能力不足，势必影响云南省林业经济效益的进一步增加。

2.4.2　生态效益指标分析

在林业实际资源方面，云南省湿地面积和林地面积的关联度都处于Ⅰ级，说明湿地面积和林地面积有所降低，可能是森林保护不力、生态环境恶化、以林地置换耕地等原因导致。森林面积的关联度从Ⅱ级升到Ⅲ级，人工林面积的关联度从Ⅱ级升到Ⅳ级，说明森林面积和人工林面积的增加，提高了林业的实际资源。

在林业潜能资源方面，云南省森林覆盖率的关联度从Ⅱ级升到Ⅲ级，活立木蓄积量和森林蓄积量的关联度从Ⅱ级升到Ⅳ级，人工林蓄积量的关联度从Ⅰ级升到Ⅴ级，保持了明显的林业潜能资源优势。

2.4.3　社会效益指标分析

林业从业人员数的关联度从Ⅱ级上升到Ⅲ级，林业职工平均工资的关联度从Ⅱ级上升到Ⅳ级，社会旅游从业人员的关联度处于Ⅳ级，说明林业促进了就业，而且从业人员数量的增加、工资的提高，反过来又有利于林业可持续发展。森林旅游直接带动效益的关联度处于Ⅳ级，说明森林旅游既能满足人们精神需求，又推进了第三产业的发展。

2.4.4　整体评价分析

按照云南省林业可持续发展的5级划分，2012年属于"弱可持续"，2013年则属于"基本可持续"。云南省经济对外依存度不高，林业受外界因素影响小，"十一五"和"十二五"期间推进退耕还林和林业重点工程，提出建设森林云南政策，在这些政策影响下，云南省林业取得了一定的成就。云南省政府对林业非常重视，利用政策推动林业发展，促进云南省林业向"强可持续"迈进。

3 结语

结合可拓学理论，从林业经济效益、林业社会效益、林业生态效益三个方面构建 20 项指标体系，建立云南省林业可持续发展评价模型，计算出云南省林业 2012 年处于"弱可持续"状态，2013 年处于"基本可持续"状态。从指标分析结果看，经济效益和生态效益有明显提升，社会效益小幅提升。云南省林业总产值快速增加，但是和广东、山东等林业强省还有较大差距；产业结构进行了调整，但仍不合理，第一产业所占比例过高；林业潜能资源增加，但湿地面积和林地面积却有所下降；林业的发展带动了就业，林业职工平均工资也有所提高，但就业人员的数量和工资与其他林业强省相比还是有差距；林业完成投资的数量在下降，林业吸引外资能力不强。因此需继续扶持林业产业，调整林业产业结构，充分利用林业资源，带动就业，全面促进经济、生态、社会效益的提升，促进云南省林业向"强可持续"状态奋进。

云南省林业产业集群测度实证研究

刘　燕　陈泳君

西南林业大学经济管理学院

引　言

林业产业集群是指在一定地理区域内各林业生产、流通、服务企业与相关机构和部门之间有机结合所形成的经济聚合体，是一个由生产要素系统、服务要素系统和环境要素系统组成的相互依赖、竞争与合作、共生共存的组织生态系统。林业产业集群可以为群内企业提供良好的社会资本水平，促进生产技术创新从而促进林业生产效率的提高。"十一五"以来，中央政府多次提出培养和壮大林业产业集群，2007 年出台的《林业产业政策要点》中明确指出要促进林产品精深加工产业集群的发展；2009 年出台的《林业产业振兴规划（2010—2012 年）》中又进一步明确了 10 大林业特色产业集群。此后，《国家林业局 2013 年工作要点》中又继续强化了这一观点，把林业产业集群的培育工作推向了高潮。[①]

关于产业集群理论最早可以追溯到马歇尔的外部规模经济理论[②]与韦伯企业的区位选择理论。[③] 此外，保罗·克鲁格曼和迈克尔·波特等人也对产业集群进行了研究，1998 年迈克尔·波特不仅从竞争理论的角度分析研究了产业集群问题，而且进一步提出了"钻石模型"，并利用"钻石模型"对产业集群的形成条件及国家竞争优势进行了分析。[④] 20 世纪 80 年代

---

① 尹剑锋：《黑龙江国有林区林业产业集群绩效研究》，博士学位论文，东北林业大学，2013。
② Marshall, *Principles of Economies*, Macmillan, London, 18th Edition Published, 1920.
③ 江淑文·阿尔弗雷德：《韦伯的工业区位理论述评》，《台声》2005 年，第 1 ~ 22 页。
④ 迈克尔·波特：《国家竞争优势》，李明轩、邱如美译，华夏出版社，2002。

涌现出来的"新工业区"理论更是把产业集群的外部性上升到一个更高的高度，认为集聚的公司可以通过域内合作和共同的行动来获取额外的好处，史密茨称之为"集体效率"①。林业产业集群有利地提高林业产业的竞争力，逐渐成为林业产业研究领域中一个新兴研究领域。② 国内林业产业集群的研究主要集中在林业产业集群的概念、林业产业集群形成的条件、林业产业集群意义与必要性、各地区林业产业集群发展对策以及林业产业集群测度等方面。姜伟军较早提出浙江应该培育林业产业集群以提高林业产业竞争力③，实现林业可持续发展；张占贞分析了山东省林业产业集群成长能力影响因素并进行了实证分析④；张占贞、洪燕真、戴永务用区位商系数法和产业集聚指数法，从静态和动态相结合的角度，识别和判断山东省和福建省林业产业集群的发展水平，并结合林业产业集群发展的实际进行了实证分析⑤。王玉芳和江雪、王香花、张伟婷等都基于区位商法分别测度了黑龙江省和山西省的林业产业集群的水平，并提出了林业产业集群发展的建议⑥。王玉芳和王雪东、王颖曼和贾利等人研究了黑龙江省林业产业集群发展的对策⑦。近年来，也有学者开始关注林业产业集群的绩效

---

① 施昌奎：《产业集群的成因与作用——以北京顺义汽车产业集群为例》，《城市问题》2006 年第 6 期，第 35 ~ 40 页。

② 尹剑锋、王兆君：《国外林业产业集群研究综述》，《世界林业研究》2013 年第 5 期，第 8 ~ 12 页。

③ 姜伟军：《浙江林业产业集群的培育与发展研究》，《林业经济》2007 年第 5 期，第 54 ~ 57 页；石大立、叶玉琴：《以产业集群发展提升林业经济竞争力——福建莆田案例分析》，《林业经济》2007 年第 7 期，第 35 ~ 38 页；陈益民、张智光：《试论区域林业产业集群培育与林业循环发展模式构建》，《林业经济》2008 年第 3 期，第 28 ~ 30 页；黄蓓、王瑜：《林业产业集群竞争力研究》，《中国人口·资源与环境》2011 年第 S1 期，第 554 ~ 557 页。

④ 张占贞：《山东省林业产业集群成长能力影响因素实证分析》，《林业经济问题》2013 年第 4 期，第 312 ~ 318 页。

⑤ 张占贞、王兆君：《山东省林业产业集群识别实证研究》，《林业经济》2010 年第 7 期，第 90 ~ 94 页；洪燕真、戴永务：《福建林业产业集群测度实证研究》，《林业经济》2014 年第 5 期，第 84 ~ 89 页。

⑥ 王玉芳、江雪：《基于区位商法的黑龙江省林业产业集群的测度》，《林业经济问题》2012 年第 6 期，第 498 ~ 503 页；王香花、张伟婷、苏彩平：《基于区位商法与集中度的山西省林业产业集群测度》，《林业经济》2015 年第 10 期。

⑦ 王玉芳、王雪东：《黑龙江省林业产业集群发展对策研究》，《特区经济》2012 年第 6 期，第 234 ~ 236 页；王颖曼、贾利：《黑龙江省林业产业集群发展策略研究》，《中国农学通报》2014 年第 32 期，第 60 ~ 65 页。

与效应①。目前林业产业集群的研究区域主要集中在东北国有林区和南方集体林区林产业发达省份，鲜有研究涉及云南这样森林资源丰富，但产业不发达的西南林区的林业产业集群。云南省具有丰富的森林资源，2014 年云南省林地面积为 2501.04 万公顷，占全国林地面积的 8%；森林面积为 1914.19 万公顷，占全国森林面积的 9.2%；人工林 414.11 万公顷，占全国的 6%；天然林 1335.98 万公顷，占全国的 11%；森林覆盖率为 50.03%，全国排名第 7；活立木总蓄积量为 187514.27 万米^3，占全国的 11.4%；森林蓄积量为 169309.19 万米^3，占全国的 11.2%。② 云南省是全国重点林区之一，生物多样性富集，在全国划分的 50 个重要生态功能区中，云南占 8%。但是云南的资源优势还没有转变为竞争优势，2014 年云南林业总产值占全国林业总产值的比重仅为 2.46%，这与其森林资源严重不匹配。林业产业集群化发展是改变云南省"大资源、小产业"局面的重要举措，林业产业集群化发展是建设我国面向西南开放的生态屏障的需要，夯实少数民族边境地区的经济基础的需要。本文旨在利用现有产业集群测度的方法，测度云南省及各地州的林业产业集群的水平，发现产业集群中存在的问题，以期提出云南省产业集群化发展的对策建议。

1 产业集群测度的方法与数据选取

1.1 产业集群测度方法的选择

目前，学术界认同的产业集群测算方法有标准差系数法、产业集中率法、赫芬达尔—赫希曼指数法、空间基尼系数法和区位商法。本文主要采用区位商法和产业集聚指数法对云南省林业产业集群进行测度。

区位商（Location quotient）又称区域专业化率，通常认为是指一个地

---

① 尹剑锋：《黑龙江国有林区林业产业集群绩效研究》，博士学位论文，东北林业大学，2013，第 69~91 页；洪燕真、戴永务：《林业产业集群企业网络结构与创新绩效的关系——基于福建林业产业集群的调查数据》，《林业科学》2015 年第 11 期，第 103~112 页；王战男：《吉林省林业产业集群效应研究》，硕士学位论文，北京林业大学，2011。

② 国家林业局：《中国林业统计年鉴（2014）》，中国林业出版社，2015，第 2 页。

区特定部门的产值在该地区总产值中所占的比重，与该部门产值在全国总产值中所占比重的比率。它可明确地计算出某一地区、某一时段的现状优势产业，对未来优势产业的规划具有一定指导意义[1]。区位商较常用的识别方法主要是产值区位商和就业区位商。计算公式为：

$$LQ = (E_{ij}/E_i) / (E_{kj}/E_k)$$

其中，E 表示产值或从业人员人数，i 表示某地区，k 表示某地区所在国家，j 表示某产业，E_{ij} 表示某地区某产业的产值或某地区某产业的从业人员数，E_i 表示某地区总产值，E_{kj} 表示 k 国家 j 产业的产值，E_k 表示 k 国家的生产总产值。区位商的计算结果以 1 为临界点分为三种情况：区位商大于 1，则该产业是地区的专业化部门；区位商越大，专业化水平越高；若区位商小于或等于 1，则该产业是自给性部门[2]。

产业集聚指数法。产业集聚指数是分析区域产业集聚的动态指标。假定在考察周期 [0, t] 内，有 m 个地区 n 个产业，j 地区产业 i 在期初和期末的产值分别为 q_{ij0} 和 q_{ijt}，$S_{ijt} = \sqrt[t]{\dfrac{q_{ijt}}{q_{ij0}}} - 1$，则 j 地区 i 产业在考察期内的产业集聚指数为：$A_{ijt} = S_{ijt}/S_{it}$。其中，S_{ijt} 为 j 地区 i 产业在 [0, t] 内产值的几何平均增长率，S_{it} 为全国产业 i 在 [0, t] 期内产值的几何平均增长率。当 $S_{it} \geq 0$ 时，表示产业 i 在全国都处于成长阶段，若 $A_{ijt} \geq 1$，则表示 j 地区 i 产业发展的速度超过全国平均增长速度，j 地区的产业 i 有一定的比较优势和产业集聚的趋势；若 $0 \leq A_{ijt} \leq 1$，则表示 j 地区的产业 i 虽然有所增长，但增长速度低于全国平均增长速度；若 $A_{ijt} < 0$，表示地区 j 的 i 产业已出现萎缩，产业 i 向其他地方集聚。当 $S_{it} < 0$，表示产业 i 在全国出现衰退，若 $A_{ijt} < 0$，则表示产业 i 在 j 地区仍然在增长，该地区的 i 产业仍存在比较优势，该产业仍然向 j 地区集聚；若 $A_{ijt} > 0$，则表示产业 i 在 j 地区也出现

---

[1] 程选：《我国地区比较优势研究》，中国计划出版社，2001，第 19~27 页。

[2] 张占贞、王兆君：《山东省林业产业集群识别实证研究》，《林业经济》2010 年第 7 期，第 90~94 页；洪燕真、戴永务：《福建林业产业集群测度实证研究》，《林业经济》2014 年第 5 期，第 84~89 页；刘彬：《江苏省制造业产业集群分布及其经济效应分析》，博士学位论文，南京航空航天大学，2006；毛加强、王陪珈：《基于区位商法的陕西产业集群识别与检验》，《兰州大学学报》（社会科学版）2007 年第 6 期，第 134~137 页。

了衰退①②。

1.2 数据的选取

本文的原始数据主要来源于《中国林业统计年鉴》（2003～2014）、《中国统计年鉴》（2004～2015）、《云南省统计年鉴》（2004～2015）以及各省统计年鉴。若无特殊说明，本文数据均来自以上统计年鉴。

2 云南省林业产业集群测度实证分析

2.1 云南省林业产业集群水平与全国其他省份的比较

2003～2014年，海南的林业产业产值平均区位商值最大，说明海南的林业产业集群化程度最高，区域比较优势最明显；而天津的平均区位商值最小，说明天津的林业产业集群程度非常低，林业产业集群化发展处于劣势地位。同时，海南、福建、广西、江西、吉林、湖南、云南、浙江、黑龙江、四川、新疆、安徽、贵州13个省份的平均区位商值大于1，说明这13个省份的林业产业集群化程度达到了专业化水平，而其余省份的区位商值均小于1，没有达到专业化水平。云南省的平均区位商值为1.4686，在全国排名第7，由此可知云南省的林业产业集群化发展较好，具有明显的区域比较优势（见表1）。

表1　2003～2014年全国各省区林业产业总产值平均区位商排名

地　区	区位商	排　名	地　区	区位商	排　名	地　区	区位商	排　名
海　南	3.0615	1	吉　林	1.5198	5	黑龙江	1.2019	9
福　建	2.4594	2	湖　南	1.4736	6	四　川	1.1946	10
广　西	2.2391	3	云　南	1.4686	7	新　疆	1.1683	11
江　西	2.1587	4	浙　江	1.4281	8	安　徽	1.1440	12

---

① 洪燕真、戴永务：《福建林业产业集群测度实证研究》，《林业经济》2014年第5期，第84～89页。

② 梁东：《产业集群定量测度方法轨迹分析》，《科技进步与对策》2006年第12期，第64～66页。

续表

地 区	区位商	排 名	地 区	区位商	排 名	地 区	区位商	排 名
贵 州	1.1236	13	江 苏	0.7619	20	山 西	0.4012	27
广 东	0.9698	14	甘 肃	0.6990	21	北 京	0.1875	28
湖 北	0.9343	15	重 庆	0.6619	22	上 海	0.1630	29
山 东	0.9250	16	陕 西	0.6558	23	青 海	0.1526	30
辽 宁	0.8495	17	河 南	0.6185	24	天 津	0.0384	31
河 北	0.8037	18	西 藏	0.6173	25			
宁 夏	0.7702	19	内蒙古	0.5049	26			

再从就业区位商来看，2003～2014年，黑龙江的林业产业从业人员平均区位商值最大，说明黑龙江的林业产业劳动力最集中，而上海的平均区位商值最小，说明上海的林业产业劳动力集中度最低。同时，黑龙江、内蒙古、吉林、青海、宁夏、甘肃、江西、新疆、西藏9个省份的平均区位商值大于1，说明这9个省份的林业产业劳动力水平高于全国平均水平，而其余省份的区位商值均小于1，说明其余省份的林业产业劳动力集中度低，没有达到全国平均水平。云南省的平均区位商值为0.9932，在全国排名第10，由此可知云南省的林业产业集群化发展劳动力集中度较低，略低于全国平均水平（见表2）。

表2　2003～2014年全国各省区林业产业从业人员平均区位商排名

地 区	区位商	排 名	地 区	区位商	排 名	地 区	区位商	排 名
黑龙江	9.2705	1	贵 州	0.9498	12	广 东	0.3471	23
内蒙古	5.6943	2	广 西	0.9476	13	安 徽	0.3453	24
吉 林	5.3776	3	海 南	0.9211	14	重 庆	0.2925	25
青 海	1.7693	4	北 京	0.8981	15	河 南	0.2728	26
宁 夏	1.6457	5	山 西	0.7969	16	山 东	0.2481	27
甘 肃	1.4170	6	福 建	0.7499	17	江 苏	0.2391	28
江 西	1.3816	7	湖 南	0.7214	18	浙 江	0.2038	29
新 疆	1.3369	8	四 川	0.6853	19	天 津	0.0827	30
西 藏	1.0851	9	辽 宁	0.6063	20	上 海	0.0755	31
云 南	0.9932	10	湖 北	0.4821	21			
陕 西	0.9850	11	河 北	0.3670	22			

2.2　云南省林业产业区位商测度

2.2.1　云南省林业产业产值区位商测度

表3　2003～2014年云南省林业产业产值区位商

年份	云南省林业总产值占云南省地区生产总值的比重 Q_1（E_{ij}/E_i）	全国林业总产值占国内生产总值的比重 Q_2（E_{kj}/E_k）	产值区位商 LQ（Q_1/Q_2）
2003	0.0585	0.0432	1.3530
2004	0.0616	0.0411	1.4976
2005	0.0685	0.0428	1.6010
2006	0.0732	0.0462	1.5833
2007	0.0743	0.0455	1.6343
2008	0.0704	0.0440	1.5987
2009	0.0745	0.0479	1.5565
2010	0.0796	0.0521	1.5266
2011	0.0775	0.0587	1.3211
2012	0.0859	0.0684	1.2553
2013	0.0999	0.0751	1.3296
2014	0.1038	0.0790	1.3142

由表3可知，2003～2014年，云南省林业产业产值区位商 LQ 均大于1，说明云南省林业产业集群化发展具有明显的区域比较优势，且集中度超过了全国平均水平，林业要素向云南集聚。云南省的林业产业产值区位商 LQ 一直存在不同程度的波动，2003～2005年，云南省林业产业产值区位商 LQ 一直在上升，2006年相对于2005年有所下降，2007年又有所上升，但2008～2012年云南省林业产业产值区位商 LQ 一直在下降，到2013年有一定的上升，2014年相对于2013年又有所下降，但一直以来无论怎样波动，其值都大于1.25，高于全国平均水平，说明云南省林业产业的专业化程度较高，区域比较优势越来越明显（见图1）。

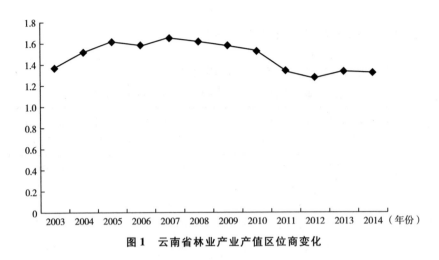

图1 云南省林业产业产值区位商变化

2.2.2 云南省林业产业就业区位商测度

表4 2003~2014年云南省林业产业就业区位商

年 份	云南省林业产业从业人员占 全省从业人员比重 Q_3	全国林业产业从业人员占 全国从业人员比重 Q_4	就业区位商 LQ (Q_3/Q_4)
2003	0.0025	0.0022	1.1363
2004	0.0023	0.0021	1.0952
2005	0.0022	0.0020	1.1000
2006	0.0021	0.0020	1.0500
2007	0.0020	0.0019	1.0526
2008	0.0018	0.0018	1.0000
2009	0.0018	0.0018	1.0000
2010	0.0018	0.0018	1.0000
2011	0.0016	0.0018	0.8888
2012	0.0015	0.0017	0.8823
2013	0.0015	0.0017	0.8823
2014	0.0014	0.0016	0.8750

由表 4 可知，2003~2014 年，云南省林业产业从业人员占全省从业人员比重 Q_3 和全国林业产业从业人员占全国从业人员比重 Q_4 都在 0.0014~0.0025 之间。2003~2009 年，云南省林业产业就业区位商值大于 1，这显示出林业产业在云南省雇佣的劳动力比例明显高于全国水平，林业产业集群规模的优势比较明显。但 2010 年以后，云南省林业产业就业区位商值一直小于 1，说明云南省林业产业劳动力水平低于全国平均水平，林业产业集群规模的优势没能继续保持（见图 2）。

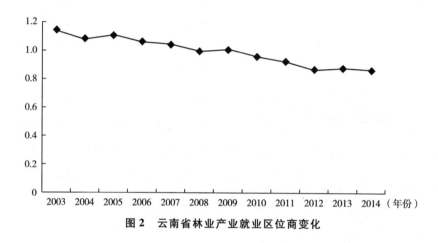

图 2 云南省林业产业就业区位商变化

2.3 云南省林业三次产业区位商测度

前面的分析结果显示出云南省林业产业整体上集群化发展具有较好的态势。但对于任何一个集群来说，其核心产业的发展对整个产业集群的发展有着决定性的作用，因此，在前面分析的基础上，对云南省林业三次产业进行分析，找出产业集群发展的结构变化，从而为产业集群化发展的结构优化提供参考。

表 5 2003~2014 年云南省林业三次产业产值区位商

年 份	林业第一产业产值区位商 LQ_1（Q_{11}/Q_{21}）	林业第二产业产值区位商 LQ_2（Q_{12}/Q_{22}）	林业第三产业产值区位商 LQ_3（Q_{13}/Q_{23}）
2003	1.4095	0.4146	0.2066
2004	1.3243	0.5775	0.5977

续表

年 份	林业第一产业产值区位商 LQ_1（Q_{11}/Q_{21}）	林业第二产业产值区位商 LQ_2（Q_{12}/Q_{22}）	林业第三产业产值区位商 LQ_3（Q_{13}/Q_{23}）
2005	1.3726	0.6301	0.4596
2006	1.6233	0.5152	0.4429
2007	1.6948	0.4450	0.4707
2008	1.6785	0.4658	0.4532
2009	1.8558	0.3951	0.4135
2010	1.8917	0.4122	0.5264
2011	2.0258	0.4143	0.4507
2012	2.0295	0.4553	0.4231
2013	1.9193	0.5245	0.4675
2014	1.8834	0.5312	0.5631

　　云南省林业第一产业产值区位商一直在 1.32～2.03 之间变动，说明云南省林业第一产业的集群化发展程度较高，具有明显的区域比较优势，专业化程度较高，其发展加快了云南省林业产业集群化发展的速度，可以作为云南省林业产业的主导产业来发展；而第二、第三产业的区位商值均小于 1，说明第二、第三产业的集群化发展水平低于全国平均水平，其区域比较处于劣势地位，专业化程度较低。总的来说，云南省林业第二、第三产业集群化发展程度不理想（见表5）。

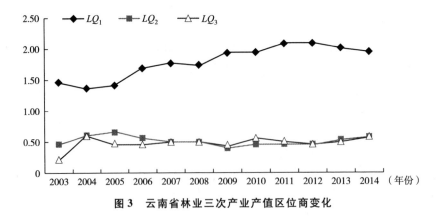

图3　云南省林业三次产业产值区位商变化

　　2003～2014 年，云南省林业第一产业产值区位商值 LQ_1 一直大于 1，且呈稳步上升的态势，说明云南省林业第一产业的集群化发展具有较高的专业化水平。而第二、第三产业的区位商值 LQ_2、LQ_3 一直小于1，且整体上并没有表现出明显的上升趋势，说明第二、第三产业的专业化水平低于全国平均水平，第一产业与第二、第三产业之间的差距越来越大。目前云南省产业发展水平较低，以第一产业为主，第二、第三产业发展还有待加强。

2.4 云南省林业产业内各产业区位商测度

表6 2003～2014年云南省林业产业集群内各行业区位商值

产 业	2003年	2004年	2005年	2006年	2007年	2008年	2009年	2010年	2011年	2012年	2013年	2014年	平均	A_{ijt}
第一产业：林木的培育和种植	1.00	0.87	0.85	0.76	0.80	1.22	1.19	1.19	1.14	1.01	0.44	0.48	0.91	0.21
木材采运和竹材采运	1.93	1.95	1.90	1.92	1.88	1.86	2.00	1.95	2.00	2.30	2.06	1.90	1.97	0.99
经济林产品的种植与采集	3.48	3.32	3.86	1.73	1.92	1.85	2.11	2.14	2.53	2.64	2.52	2.52	2.55	0.88
其中：茶、桑、果产业	1.44	1.29	1.41	1.36	1.58	1.51	1.65	1.49	1.92	2.34	—	—	1.60	1.38
花卉及其他观赏植物种植	1.12	1.15	1.12	0.76	1.80	1.48	0.98	1.50	0.96	1.18	0.95	1.00	1.17	0.93
陆生野生动物繁育和利用	—	—	—	0.38	0.17	0.16	0.69	0.66	0.75	0.34	0.51	0.49	0.46	1.09
第二产业：木材加工及木、竹、藤、棕、苇制品	0.38	0.48	0.66	0.50	0.38	0.43	0.37	0.40	0.34	0.37	0.39	0.46	0.43	1.10
其中：木、竹、藤家具制造	0.05	0.08	0.32	0.29	0.21	0.15	0.03	0.04	0.03	0.24	0.18	0.24	0.15	1.68
林产化学品制造	2.83	1.16	1.88	2.31	1.43	1.59	2.22	3.77	3.00	2.62	3.50	2.95	2.44	1.02
木质工艺品和木质文教体育用品制造	—	—	—	0.04	0.00	0.02	0.03	0.02	0.02	0.10	0.19	0.05	2.35
非木质林产品加工制造业	0.00	1.14	0.99	0.46	0.67	0.55	0.53	0.64	0.74	1.08	1.12	1.29	0.77	4.72
木、竹、苇浆造纸和纸制品	0.74	1.09	0.48	0.27	0.28	0.25	0.22	0.12	0.09	0.14	0.13	0.07	0.32	0.28
第三产业：林业旅游与休闲服务	—	—	—	0.39	0.51	0.42	0.36	0.46	0.39	0.33	0.39	0.38	0.40	0.94
林业生态服务	—	—	—	—	0.14	0.15	0.52	0.16	0.30	0.37	0.34	0.28	1.54

产　业	2003年	2004年	2005年	2006年	2007年	2008年	2009年	2010年	2011年	2012年	2013年	2014年	平均	A_{ijt}
林业专业技术服务	—	—	—	0.93	0.90	0.71	1.51	1.52	1.97	1.03	0.89	1.21	1.18	1.09
林业公共管理及其他组织服务	0.07	0.28	0.41	0.23	0.57	0.81	0.52	0.82	0.70	0.77	0.82	1.30	0.61	2.40
补充：竹产业	—	—	—	—	0.22	0.26	0.24	0.24	0.22	0.25	0.17	0.16	0.22	0.61
油茶产业	—	—	—	—	—	—	0.25	0.28	0.34	0.25	0.23	0.15	0.25	0.66
林下经济	—	—	—	—	—	—	—	—	0.36	0.53	1.15	1.31	0.84	2.44

注：表中"—"表示该年无数据；2003~2012 年林木的培育和种植归入林木育种和育苗计算。

由表 6 可知，2003~2014 年，经济林产品的种植与采集，木材采运和竹材采运，林产化学品制造，茶、桑、果产业的区位商值每年均大于1，高于全国平均水平，具有明显的区域比较优势，说明云南省这四个产业专业化水平很高，已经形成了明显的产业集群现象，集群效应很明显；花卉及其他观赏植物种植、林业专业技术服务的总产值区位商平均值大于1，说明这两个行业具有较明显的区域比较优势，专业化程度较高；林木的培育和种植有一定的波动，其平均区位商值为 0.91，具有一定的竞争力上的优势；对于新兴的林下经济产业、林业生态服务业以及非木质林产品加工制造业、林业公共管理及其他组织服务业的产业区位商值呈现出较明显的上升趋势，说明这几个行业具有较好的发展前景；而竹产业，木材加工及木、竹、藤、棕、苇制品，木质工艺品和木质文教体育用品制造，木、竹、苇浆造纸和纸制品，陆生野生动物繁育和利用，木、竹、藤家具制造，林业旅游与休闲服务业的产值区位商均小1，且无上升趋势或上升趋势很不明显，处于区域比较的劣势地位。

从 2003~2014 年的产业集聚指数来看，所有的产业集聚指数均大于0，除木、竹、苇浆造纸和纸制品、花卉及其他观赏植物种植、经济林产品的种植与采集、林业旅游与休闲服务、木材采运和竹材采运、林木的培育和种植、竹产业产值、油茶产业产值等8个产业的集聚指数小于1外，其他产业的集聚指数均大于1，增长率高于全国平均增长率。依据洪燕真、戴永务的判断标准①，在云南省林业的亚类产业中集群的态势如下：

———————————

① 洪燕真、戴永务：《福建林业产业集群测度实证研究》，《林业经济》2014 年第 5 期，第 84~89 页。

发展阶段的产业集群（区位商小于1，但产业集聚指数大于1）：陆生野生动物繁育和利用、木材加工及木、竹、藤、棕、苇制品（含木、竹、藤家具制造）、木质工艺品和木质文教体育用品制造、非木质林产品加工制造业、林业生态服务、林业公共管理及其他组织服务、林下经济。这些产业虽然现在还没有形成产业集群，但是平均增长速度快于全国平均增长速度，未来有产业集群的态势。

强化阶段的产业集群（区位商大于1，产业集聚指数大于1）：林产化学品制造，林业专业技术服务，茶、桑、果产业。这3个产业已经形成了较强的集聚趋势，而且目前仍在加强。

成熟阶段的产业集群（区位商大于1，但产业集聚指数小于1）：木材采运和竹材采运、经济林产品的种植与采集（其中茶、桑、果处于强化阶段）、花卉及其他观赏植物种植。这3个产业是云南省的传统优势产业，但是2003～2014年产业平均增长速度慢于全国平均增长速度，产业集聚的趋势在减弱。

除了上述产业之外，林木的培育和种植，木、竹、苇浆造纸和纸制品，林业旅游与休闲服务，竹产业，油茶产业都没有形成产业集群，这些产业平均区位商均小于1，且平均增长速度也慢于全国平均增长速度。

2.5　云南省各州市林业产业区位商测度

表7　2003～2014年云南省各州市林业产业产值区位商值

年份	2003	2004	2005	2006	2007	2008	2009	2010	2011	2012	2013	2014	平均	A_{ijt}
昆明	0.14	0.13	0.11	0.10	0.10	0.11	0.11	0.11	0.10	0.11	0.10	0.11	0.11	0.69
曲靖	0.35	0.34	0.28	0.25	0.26	0.33	0.34	0.35	0.32	0.41	0.36	0.41	0.33	1.05
玉溪	0.23	0.19	0.18	0.15	0.15	0.15	0.16	0.17	0.15	0.18	0.17	0.19	0.17	0.62
保山	2.72	2.68	2.34	2.05	2.16	2.24	2.35	1.61	1.41	1.75	1.42	1.45	2.01	0.56
昭通	0.62	0.54	0.50	0.43	0.48	0.51	0.50	0.37	0.34	0.44	0.40	0.45	0.46	0.72
丽江	1.09	0.96	0.85	0.68	0.73	0.76	0.70	0.68	0.60	0.59	0.52	0.47	0.72	0.50
普洱	3.31	3.31	3.22	3.23	3.24	3.65	3.78	4.52	4.21	4.69	3.96	3.77	3.74	1.10
临沧	2.27	2.39	2.05	1.95	2.04	2.31	2.30	1.68	1.42	1.66	1.38	1.31	1.90	0.67
楚雄	0.90	0.76	0.61	0.61	0.76	0.86	0.92	0.63	0.52	0.53	0.43	0.31	0.65	0.22

续表

年份	2003	2004	2005	2006	2007	2008	2009	2010	2011	2012	2013	2014	平均	A_{ijt}
红河	1.05	0.88	0.70	0.60	0.62	0.53	0.59	0.65	0.50	0.73	0.66	0.68	0.68	0.65
文山	0.93	0.76	0.65	0.52	0.50	0.53	0.59	0.89	0.57	0.93	0.93	0.90	0.73	0.99
西双版纳	11.75	10.81	10.21	9.30	9.02	8.04	7.79	9.24	9.64	11.66	9.09	7.45	9.50	0.61
大理	1.20	1.12	1.07	0.95	1.07	1.07	1.20	0.57	0.48	0.61	0.52	0.46	0.86	0.24
德宏	2.28	2.03	1.83	1.49	1.62	1.65	1.68	1.91	1.65	2.68	2.58	2.01	1.95	0.97
怒江	1.70	1.20	0.99	0.68	0.68	0.82	0.86	0.71	0.85	1.50	1.35	1.51	1.07	1.03
迪庆	1.87	1.34	1.13	0.79	0.74	0.75	0.72	0.66	0.75	0.51	0.49	0.88	0.51

由表7可知，2003~2014年，云南省各州市中保山、临沧、西双版纳、德宏每年林业产业区位商值都大于1，产业集聚指数小于1，说明这4个州市的林业产业集群发展已处于成熟阶段，专业化程度高、集群效应明显，具有明显的区域比较优势，是云南省林业产业的重点发展地区，但是目前，这4个地区林业产业的增长速度比全省平均增长速度低。普洱、怒江的平均区位商值大于1，且产业集聚指数也大于1，说明普洱、怒江的林业产业集群处于强化阶段，集群水平与产业增长速度都高于全省平均水平，但2005~2011年其林业产业区位商值小于1，表明怒江的林业产业集群发展不稳定，具有一定的波动性。其余州市平均林业产业区位商值均小于1，说明这些州市的林业产业集群化发展专业化水平低于全省平均水平，不具有区域比较优势，但其中曲靖的林业产业平均增长速度快于云南省的平均增长速度，处于林业产业集群的发展阶段，有集群的趋势。

3 云南省林业产业集群中存在的问题

通过区位商指数对云南省林业产业集群水平进行测度，我们可以发现，云南省林业产业虽然整体上与全国其他省市相比，无论从产值区位商还是就业区位商都处于产业集群的发展态势，但是，也存在着如下问题。

3.1 林业产业集群化发展水平不稳定

从云南省林业产业产值区位商与林业就业区位商值可以看出相同的趋

势，2007～2012 年出现了较大的下降，2013 年开始，区位商又开始上升。这可能有两方面的原因，一方面是云南省的林业产业发展速度相对下降，导致区位商下降；另一方面是由于其他省份林业产业同期发展相对较快，从而也导致了云南林业产业集群水平的下降。但无论是哪方面的原因，这都不利于云南林业产业竞争力的提升。

3.2 林业产业集群的层次较低

由云南省林业三次产业区位商值不难看出，2003～2014 年云南省林业第一产业独大，第二、第三产业的专业化程度较低，没有形成区域比较优势。而第一产业对区域经济的贡献是有限的，若无法形成更合理的产业结构，势必影响未来云南省林业产业的整体竞争力。

3.3 林业各亚类产业发展水平不平衡

从林业内各产业的区位商值来看，2003～2014 年云南省各行业的集群化水平各不相同，经济林产品的种植与采集，木材采运和竹材采运，林产化学品制造，茶、桑、果产业的区位商值均大于 1，已经形成了明显的产业集群现象，集群效应很明显；其次是花卉及其他观赏植物种植、林业专业技术服务，专业化程度较高；而竹产业，木材加工及木、竹、藤、棕、苇制品，木质工艺品和木质文教体育用品制造，木、竹、苇浆造纸和纸制品，陆生野生动物繁育和利用，木、竹、藤家具制造，林业旅游与休闲服务业的产值区位商均小于 1，处于区域比较的劣势地位。从优势行业分布来看，也是大多属于第一产业范畴，而新兴的行业，如林下经济、林业生态服务、陆生野生动物繁育和利用、林业旅游与休闲服务等资源优势还没有体现出来。

3.4 各州市林业产业集群化程度不同

由云南省各州市区位商值与产业集聚指数可知，2003～2014 年，保山、临沧、西双版纳、德宏 4 个州市林业产业集群化水平较高，已经处于成熟阶段；普洱、怒江处于产业集群的强化阶段，曲靖林业产业平均区位商值虽然较低，但其平均增长率超过全省平均水平，有集群发展的态势。

昆明、玉溪、昭通、丽江、楚雄、红河、文山、大理、迪庆等州市林业产业集群化程度较低，处于区域发展劣势地位。

4　云南省林业产业集群化发展对策

由云南省林业产业产值区位商和就业区位商可知，云南省林业产业集群化发展已具有一定规模，专业化水平较高，区域比较优势明显，集聚规模较大。但由前述分析可知，存在云南省林业产业集群水平不稳定、集群层次较低、林业各行业集群水平不均衡、各地区集群水平集群化差异较大等问题，因此，笔者对云南省林业产业集群化发展提出一些发展政策建议，以期提升云南林业产业集群水平，增强云南林业竞争力。

4.1　整合林业产业资源，延伸产业链

云南省林业产业集群效应不足问题，主要是没有做到"以大带小，以小保大"的产业结构发展政策，无法实现产业链的本地延伸。目前，云南省"特色经济林产业、林（竹）浆纸产业、林产化工产业、竹藤产业、野生动物驯养繁殖产业、森林生态旅游业、木材加工产业、非木材产业、观赏苗木产业"九大产业在整个产业中产值的占比较大，而其他小产业产值的占比较小，对集群发展很不利。应以特色产业为核心，延伸产业链条，从整体上提高集群效应。

4.2　优化林业产业集群结构，提升产业集群的层次

目前，云南省处于"大资源、小产业"的原因，主要是因为云南省林业三次产业间结构不合理，林业第一产业发展较集，而第二、第三产业的发展较落后。因此，在三次产业发展中，应调节好林业三次产业的发展，做到稳步发展林业第一产业、大力发展林业第二、第三产业，力求使云南省林业三次产业的发展趋于平衡。

4.3　稳定发展优势产业，重点扶持发展阶段的产业

提升产业整体竞争力，加速产业集群化发展速度，必须使集群内各行

业得到合理的发展，使集群结构趋于合理化发展，做到扶优、扶特、扶强，做大龙头企业，使用科学合理的布局，改善林业产业集群化发展现状。依据林业产业各亚类产业集群水平的测度，应该稳定发展林产化学品制造，林业专业技术服务，茶、桑、果产业，保持木材采运和竹材采运、经济林产品的种植与采集、花卉及其他观赏植物种植等产业的竞争优势，重点扶持陆生野生动物繁育和利用，木材加工及木、竹、藤、棕、苇制品（含木、竹、藤家具制造），木质工艺品和木质文教体育用品制造，非木质林产品加工制造业，林业生态服务，林业公共管理及其他组织服务，林下经济等处于发展阶段的产业。

4.4　合理布局各州市林业产业集群

各州市的集群化发展程度不均衡，部分州市的集群效应尚不明显。应保持保山、临沧、西双版纳、德宏 4 个州市林业产业集群竞争力；强化普洱、怒江林业产业集群水平，大力扶持曲靖林业产业发展，提升其集群水平。昆明、玉溪、昭通、丽江、楚雄、红河、文山、大理、迪庆等州市林业产业集群化程度较低，处于区域发展劣势地位，但与全国相比仍有一定的优势，准确定位林业特色，昆明以林业科技服务、楚雄以野生菌产业、昭通以天麻、文山以三七产业，丽江、大理、迪庆以生态旅游产业为主要特色产业，大力提升各州市的林业产业集群水平。

基于 BP 神经网络的农林复合经营
模式效益评价及预测

李思聪　　罗明灿

西南林业大学经济管理学院

农林复合经营（Agroforestry）是指为了一定的经营目的，在综合考虑社会、经济和生态因素的前提下，在同一土地经营单元上，遵循生态学原理，有目的地将林业与农业（包括牧业、渔业）有机地结合起来，在空间上按一定的时序安排以多种方式配置在一起，并进行统一、有序管理的土地利用系统的集合，是一种充分利用自然的劳动密集型集约经营方式。[1]

人工神经网络类似于人脑神经系统，是一个高度复杂的、非线性动力学系统，是对人脑功能的一种简化和模拟过程，突出特点是具有学习、记忆、容错和自我学习并改进的功能。而 BP 网络是一个多层前馈神经网络的反向传播神经网络。[2] BP 神经网络的发展较为成熟，其中存在大量的输入输出映射模式，便于使用者更好地利用模型分析数据结果。它使用的学习规则是最速下降法，通过反向传播来不断修正网络的权值和阈值，使网络的误差平方和最小，达到最优解。

在实际应用中，人工神经网络模型是通常采用的 BP 网络模型。它通过对训练样本的学习，能自动调节自身的网络结构和参数，从训练样本的学习中获得隐藏在训练样本中的知识，以实现对训练样本的记忆功能，进而对新样本进行预测。本文旨在建立一套适合于农林复合经营模式效益评

---

① 胡荟群：《农林复合经营的发展概况及类型研究》，《安徽农学通报》2011 年第 18 期。

② 苏泽雄、张岐山：《基于 BP 神经网络的企业技术创新能力评价及应用研究》，《科技进步理论》2002 年第 5 期。

价上的模型体系，利用 MATLAB 软件对模型数据加以训练以及优化等，为今后进行 BP 神经网络效益评价提供参考与借鉴。

1　BP 神经网络模型的基本原理

BP 神经网络模型拓扑结构包括输入层（input layer）、隐含层（hidden layer）和输出层（output layer），输入层和输出层一般是由数据和结果确定的，而隐含层一般是由人为设定，可以是一个或多个，运算花费的时间和进度随着隐含层的增加而增加。根据万能逼近理论，只要隐含层的上面节点数越多，网络就可以以任意精度逼近有界区域上的任意连续函数。[①] 其流程表述如下。

结合农林复合经营模式的内涵、概念和评价指标体系，可以将 BP 神经网络模型的企业综合效益评价步骤概括如下。

步骤 1：企业综合效益评价 BP 模型的拓扑结构由三层神经元组成：输入层、隐含层和输出层。首先，把输入层即农林复合模式指标下的相应数据按经济效益、生态效益和社会效益区分并且进行数据标准化。数据标准化就是把所有数据都转化为 [0，1] 之间的数字，其目的就是取消各项数据间数量级差别。本文中采用的主要标准化方法为最大最小法，其函数形式如下：

$$x_k = (x_k - x_{min})/(x_{max} - x_{min}) \tag{1}$$

式中，x_{min} 为数据序列中的最小数；x_{max} 为数据序列中的最大数。其中如果是正向指标就用上述公式即可，若是反向指标（例如经济效益其中的 A1、A2、A3 都是反向数据，就是数据输出值越小越好）则公式可变为

$$x_k = (x_{max} - x_k)/(x_{max} - x_{min}) \tag{2}$$

或者为

---

① 张之兰：《BP 神经网络研究及其在个人信用评估中的应用》，硕士学位论文，中南大学，2012，第 20 页。

$$x_k = 1 - (x_k - x_{\min})/(x_{\max} - x_{\min}) \qquad (3)$$

而输出层就是农林复合经营模式效益评价系统中的输出即为综合效益。

步骤2：对农林复合经营模式下的综合效益评价的 BP 模型神经网络中的连接权值 ω_{ij}、ω_{jk}、阈值 a、阈值 b 和学习因子 η 等进行随机赋值（学习因子决定每一次循环训练中所产生的权值变化量。较大的学习速率会因为每次变化量过大，反复调整达不到预期成果，致使系统崩溃，而小的学习速率虽然在精读上和准确性上大大加强，但是会导致系统训练时间过长，收敛很慢。所以在综合考虑之下，神经网络模型往往会因为要保证系统的稳定性而选取较小的学习速率，学习速率的选取范围为 $0.01 \sim 0.8$）。

步骤3：输入农林复合经营模式下经济效益、生态效益和社会效益各项指标的评价样本集，每个样本集中包括农林复合经营模式下经过标准化处理的基本原始数据，以及相对应的输出目标。输出的目标一般为理想输出，可以选择企业战略规划中的目标值，也可以选择同类企业中较为优秀先进的实际值作为其理想输出。

步骤4：隐含层输出 H 计算和输出层 O 计算。隐含层是由在隐含层内阈值 a 和权值 ω_{ij} 计算得出，其公式如下：

$$H_j = f\left(\sum_{i=1}^{n} \omega_{ij} - a_j\right), j = 1, 2, \cdots, l \qquad (4)$$

式中，l 为隐含层节点数；f 为隐含层激励函数，函数为非线性、可微、非递减函数较为合理，一般取 S 形函数，即为：

$$f(x) = \frac{1}{(1 + e^{-x})} \qquad (5)$$

输出层则是由隐含层输出 H，连接隐含层和输出层之间的权值 ω_{jk} 和阈值 b 得出，其公式如下：

$$O_k = \sum_{j=1}^{l} H_j \omega_{jk} - b_k, k = 1, 2, \cdots, m \qquad (6)$$

步骤5：计算误差值 e，并且根据误差值 e 更新阈值和权值。

$$e_k = O_k - Y_k, \quad k = 1,2,\cdots,m \tag{7}$$

式中，Y_k 为在节点 k 上之前输入的理想输出值。

$$\omega_{ij}^{`} = \omega_{ij} + \eta H_j(1 - H_j)x(i)\sum_{k=1}^{m}\omega_{jk}e_k$$

$$i = 1,2,\cdots,n; j = 1,2,\cdots,l \tag{8}$$

$$\omega_{jk}^{`} = \omega_{jk} + \eta H_j e_k$$

$$j = 1,2,\cdots,l; k = 1,2,\cdots,m \tag{9}$$

式中 η 为学习因子。

$$a_j^{`} = a_j + \eta H_j(1 - H_j)\sum_{j=1}^{m}\omega_{jk}^{`}e_k, \quad j = 1,2,\cdots,l \tag{10}$$

$$b_k^{`} = b_k + e_k, \quad k = 1,2,\cdots,m \tag{11}$$

步骤6：判断算法迭代法是否收敛。若是没有收敛，则是发散，则返回步骤4，重复步骤4至步骤6，通过再训练和对学习因子的调整得到理想的结果；若是收敛则证明 BP 神经网络模型训练完成，得到一个已经训练好的 BP 神经网络，并且得到了权值的值。通过权值，可以明确企业农林复合经营模式下效益的主要影响因素，为企业在合理搭配资源方面提供了主要依据。再通过与同行的优秀企业或者与企业战略规划目标对比，即可明确发展的优先度和发展水平。

在这一评价过程中，还可以在农林复合经营模式效益评价中达到最优解，误差控制在合理范围内的时候，得出在经济、社会和生态效益中各项指标所占据的权值的值。通过已知各个指标的权值，对企业综合效益权重进行分析和排序，可以为企业提供综合效益影响最大的因素即主导因素。得到了这些主要因素指标，企业可以对主导因素和权值比较大的因素指标加以重点提高和改进来提高其综合效益的提升。

2　农林复合经营模式效益评价指标体系的建立

具体指标如表1所示。

表 1　效益评价指标

效益类型	具体指标
经济效益	A1 单位面积劳动力投入
	A2 单位面积固定资产投入
	A3 单位面积非固定资产投入
	A4 单位面积林下种植养殖产量
	A5 固定周期林业产品产值
	A6 短期资金生产力
	A7 长期资金生产力
	A8 资金生产力
	A9 土地生产力
生态效益	B1 光能利用率
	B2 土地利用率
	B3 生物保护性
	B4 涵养水源
	B5 基地生活废物利用率
	B6 单位面积固定 CO_2
	B7 单位面积提供 O_2
社会效益	C1 当地劳动力比例
	C2 环境满意度
	C3 粮食自给度
	C4 薪材自给度
	C5 当地居民恩格尔系数
	C6 当地居民收入

（综合效益）

3　BP 神经网络模型应用

本文以云南省涵轩绿色产业有限公司在大理漾濞的断山基地收集到的近几年相关资料为例，建立了适合于农林复合经营模式的 BP 神经网络模型。本文根据走访漾濞涵轩绿色产业有限公司的断山基地的技术员和当地工作者所收集到的相应数据，以及依据大理州的相关公共网站上的相应数据，得到漾濞涵轩农林复合经营模式的经济效益、生态效益和社会效益

2012～2015 年的原始数据。另外，本文根据漾濞涵轩绿色产业有限公司定下的近期的目标并且结合往年数据，确定出了一个相应的短期数据目标值来作为漾濞涵轩绿色产业有限公司的近期目标值。由于原始数据的数值差距较大，所以利用 BP 神经网络的标准化过程，对于数据进行标准化。A1、A2、A3 和 C5 因为是反向指标，所以进行反向标准化；对其他数据进行正向标准化，其详细数据如表 2 所示。

根据 BP 神经网络分析和上述指标，先对经济效益、生态效益和社会效益进行效益评价。根据效益的相关指标设置学习因子 η 为 0.05，由于输出是以年份为代表（纵向），所以三大效益的输入层都为 5 层、输出层都为 1 层、设置隐含层为 5 层，允许最大训练次数为 1000 次，每间隔 50 次显示一次训练结果，允许的最大误差值为 0.001，动量项系数为 0.9（动量项能有效减小震荡趋势改善收敛性、抑制网络陷入局部极小值）。最后再以三大效益为输入指标，综合效益为输出指标，输入层都为 3 层、输出层都为 1 层、设置隐含层为 3 层，允许最大训练次数为 1000 次，每间隔 50 次显示一次训练结果，允许的最大误差值为 0.001，动量项系数为 0.9 得出最终评价结果。

运用 MATLAB 软件，对 2012～2015 年 4 年的综合效益进行了评价，其结果分别为 0.5538，0.5272，0.5682，0.6009。由此可知 2012～2014 年，涵轩绿色产业有限公司的综合效益能力属于一般中等水平，而在 2015 年的综合效益属于较好水平，其评价结果也与调研所得知的实际情况一致。

另外，根据 BP 神经网络分析，先对经济效益、生态效益和社会效益进行指标评价并且预测。设置学习因子 η 为 0.05，这里由于输出是以指标为代表（横向），输入的原始数据中以 2012～2015 年的数据为实验数据，目标值的原始数据为参考数据，所以经济效益的输入层都为 9 层、生态效益的输入层为 7 层、社会效益的输入层为 6 层以及综合效益为 3 层，输出层都为 1 层，设置隐含层的层数和三大效益相同，分别为 9 层、7 层、6 层和 3 层，允许最大训练次数都为 1000 次，每间隔 50 次显示一次训练结果，允许的最大误差值都为 0.001，动量项系数都为 0.9。其预测结果如表 2 所示。

表 2　数据标准化以及预测结果

效　益	2012 年	2013 年	2014 年	2015 年	预测值	目标值
A1	1	1	0.9998	1	0.9880	0.9992
A2	0.9954	0.9995	0.9992	0.9999	0.9886	1
A3	0.8532	0.9099	1	0.9208	1.0345	0.9994
A4	0.5335	0.5333	0.5333	0.5879	0.5335	0.5916
A5	0.4657	0.4655	0.4655	0.4106	0.4680	0.4081
A6	0.01	0.007	0.0109	0.0112	0.0236	0.0146
A7	0.0167	0.0163	0.0162	0.014	0.0198	0.0162
A8	0.0276	0.0246	0.0285	0.0267	0.0137	0.0312
A9	1	1	1	1	0.9882	1
B1	0	0	0.0572	0.115	0.1571	0.2253
B2	1	1	1	1	0.9929	1
B3	0.9271	0.7229	0.8161	0.7813	0.8563	0.8523
B4	0.3333	0.1798	0.1736	0.1846	0.3338	0.3975
B5	0.5303	0.3258	0.3016	0.4829	0.5936	0.5696
B6	0.0985	0.0226	0	0	0.0510	0
B7	0.1011	0.0246	0.0052	0.006	0.0568	0.0008
C1	0.8	0.75	0.73	0.67	0.8657	0.8
C2	0.912	0.921	0.916	0.921	0.9761	1
C3	0.65	0.43	0.53	0.41	0.6484	0.7
C4	0.65	0.6	0.6	0.75	0.7972	0.8
C5	0.39	0.4	0.45	0.41	0.5258	0.5
C6	0.5	0.6	0.65	0.7	0.8848	0.9

4　结语

本文所采用的 BP 神经网络方法是一种非线性映射方法，并不需要人为来确定相关系数之间的权重关系，这样大大提高了评价以及预测的可靠性，使得评价结果更为有效客观。另外，也可以借助预测值与目标值之间的差值大小来判断各项指标是否偏离目标结果，从而也可以做到有的放矢。尽管 BP 神经网络的评价结果对于所选取的学习样本的质量和数量要求精度很大，随着 BP 神经网络在农林复合经营模式下的进一步发展和研究，相信 BP 神经网络将成为评价和预测农林复合经营模式效益的有效方法。

台湾稻米产业的创新经营

许素华

台湾世新大学

1　前言

台湾稻米是农业的核心作物,不仅提供民众基本粮食,早期是台湾经济发展的重要出口赚取外汇的产业。过去消费者买米是到传统市场或杂货店称斤论重地购买,现随着小家庭盛行,及稻米品种、品牌行销,包装米成为白米商品化的重要里程碑。但是随着稻米产业的竞争激烈,及进口品充斥,本地产稻米产业亟须寻求多元发展及不同市场区隔来吸引消费者,透过创新经营,增加文化元素,体验、服务等功能,以挽回日益减少的米食消费市场大饼。

2　稻米产品创新经营

台湾地区稻米在市场销售上,以等级、品种和有机等来区分开发不同商品,如越光米、台粳九号、益全香米、长米、混合品种、鸭先知一等米等。不同重量包装也开拓不同市场需求,包装设计巧思与配合活动,也增加市场能见度及销售量,如小包装米 300 克作为股东大会纪念品、结婚礼盒的米礼盒等。

产品创新包括小包装米、结婚礼盒、平安米、赠品、米食加工、多品牌多系列,如:联米公司有中兴米、优健长米、池上米、爱的谷粒——故事米礼盒等系列产品；花莲富里乡的稻米产业项目有白米、寿司米、香米、古早味米麸、米礼盒（幸福礼盒、尊爵礼盒、钻石米礼盒）等。新加工产品：米的副产品，增加农会的收益。有机认证的糙米麸，米饼干、米蛋卷，养生粥。另外，搭配休闲农业，体验行程，除了观光碾米厂，还有结合在地民宿，推出套装行程。

3 稻米服务创新经营

服务创新：认养米、有机市集推广、稻作体验、网络交易平台、宅配服务等。

3.1 认养米

3.1.1 台湾预购认养农业的执行与多元发展
3.1.1.1 PayEasy 的"我的一亩田"

PayEasy 是台湾知名的购物网站，自 2002 年起以一年一乡镇的方式，从九二一重建区的信义乡开始，无偿为经济弱势地区从事农特产品行销。自 2008 年起，PayEasy 将关怀角度投向稻米产业。台湾稻农则是台湾第一家百分之百由稻农小额出资所组成的公司。两家公司合作开发的企业认养平台，由 PayEasy 负责建立认养平台，除协助稻农公司草拟"企业认养稻田企划书"与"契作合约书"外，同时也为认养企业规划"稻田一日游"游程；平台建立后，关心农业的企业可用最快、最低风险方式实现认养心愿。即建立"企业"与"稻农"的直接销售管道，在感情上，透过导引企业参访稻田，创造人与土地、人与农业的亲近感，建置以推动"良质米""无毒"的网络世代稻农行销模式。期望农民的收益可以提升，种稻质量可以更上一层楼，稻农经营生态转型；企业可以透过认养方式，获得健康的农产品，企业主透过认养稻田，可以提供员工福利，也可以作企业赠礼，尽到企业社会责任，最后达到企业、农业双赢。

PayEasy 以"我的一亩田"为理念号召个人及企业认养，被《远见》杂志选为 2011 年第七届 CSR 社区关怀类首奖——用创意实践社会责任的企业，协助稻农找客户，减少中间成本，让认养企业或家庭享受优良农产品。

（1）板桥农会的爱心福田

根据板桥区农会网站显示："有机福田 爱心认购"活动以产、制、销的策略联盟模式，结合"契作、公益、认养"行销概念，让社会大众能够参与"爱心福田"的认购行动，所种植的稻作品种为"台梗16号"（台湾好米系列之良质米），经台湾宝岛有机农业发展协会（FOA）辅导认证为有机农业转型期产品。认购办法，"个人认购"及"企业认购"，每一笔认购费用都将提拨5%公益金，作为爱心捐赠，共同关怀社会弱势族群。每一包装单位，可标示认购企业LOGO图案。另外以稻香、米香、庆丰收为主题设计出稻田风情参访、米苔目DIY、草绳制作DIY、晒谷DIY、舂谷DIY等之参访体验活动以及收割体验活动等多项优惠的"加值服务"，将透过民众亲身感受米食的丰富意义与教学乐趣，达到倡导、推广米食之目的。

（2）台湾米部落——丝田水舌的认养米

据合朴农学市集网站显示："丝田水舌"是由孙崇伟夫妇所经营。秉持适地、适种、不施用农药及化学肥料原则，选择符合在地水土的稻种"水稻台农71号香米"，种植雾峰乡六股村三分地，以自制居家厨余堆肥作基础肥料及追肥，初拟"股东参与时间表"，以自然农法方式种植稻米。"丝田水舌"就是"细活"，活是"水"与"舌"的合成，"水"涵括生态、探索与休闲；强调"细活"的价值与态度，让生态、生产、生活和生命的四生体系，展现乐活、慢活与细活的新价值，让人重新找回幸福的感动。一分地会有十个股东，一股一个股东，保证会有20公斤的授权。要求股东能够对田里有所贡献，如除草、捡福寿螺、协助收割、协助插秧等，所以就是透过部落格公布参与时间表，股东认养之，大家共同的劳力付出。透过部落格信息平台让股东随时知道稻米成长情形。

3.2 稻作体验

大木块农场的客制化服务：大木块的稻作体验学习，寒暑假是旺季——提供安亲班客制化活动，课程设计的学习单，依老师的需求设计活动及学习单。不同季节不同主题如自然主题是稻米、行道树等。农场虽没有会员制，回客率高，客群以老师和学校为主，没有接散客，只接团客（20人以上）。此外，也有坐游览车自己找来的银发族，或是基金会、安养院的银发族，活动以静态体验为主。

4 管理创新经营

管理创新：田间管理提高产量、产销专业区、契作户教育训练、外包分装。

4.1 山水米委外包装销售台东米

山水米原以中部稻米产地为主，为销售具特色的花东地区有机米，山水米委托富里米包装生产，商标是山水米会标注产区，颇受消费者欢迎。

4.2 产销专业区

台湾"农粮署"推动"强化良质米产销供应体系计划"积极辅导优良稻米产区，具有行销能力之农民团体或粮商结合辖区内稻农、育苗业者及加工碾制业者等产、制、销资源，建置稻米产销专业区，扩大稻米产业经营规模，专业区农民遵行稻米良好农业规范，导入产销履历验证制度，并实施生态化、安全化、标准化的田间作业、管理及记录制度，从生产到销售严格控管，另办理CAS食米验证，凸显产地及品牌特色并建立永续经营的农业生产环境。

如中兴米的有机米强调自然农法，成立台湾最大产销专业区，采多种品种，与农民契作订保证价格，提高农民收入20%。

5 技术创新与流程创新经营

5.1 技术创新：品种研发、品种引进、省工省时技术

5.1.1 无洗米
无洗米就是应用新技术把对身体有害的物质全部去除。中兴米及三好

米均有引进技术开发此产品。

5.1.2 有机米技术

（1）稻鸭米：三星乡农会利用水稻与稻鸭共栖经营，在完全无农药、不施化肥耕作模式下所生产之有机米。

（2）丝田活水米：以友善土地的种法，称为生态农法，生态农法的标准：第一个不施任何的化学肥料或者是鸡肥料，就是相信种子跟土地的复育能力。不施肥，相信土壤有复育能力和能量，种子会有记忆，种距宽一点不易得病。

5.2 流程创新：产销履历验证或有机认证

斗南镇农会——斗南镇农会农企业 e 化规划与资料管理与成本管控

斗南镇农会于 2004 年建立台湾最早生产履历信息系统示范点，结合 GPS、PDA、GIS、RFID 与条形码技术，建立一套移动式的生产履历记录与查询信息系统，制定出 13 码的 TraceCode 来标示每一笔生产履历，在进行生产履历记录时，利用 GPS 就可以快速得知目前所在田区的相关资料，不用再携带大量纸本来进行查阅。销售时将 TraceCode 标示于产品包装外，消费者可透过 TraceCode 来查询履历。借助这些信息技术，栽培者与管理者可以将重心放置于生产栽培上，让生产过程可追溯化、透明化、标准化与规格化（四化），消费者买的安心，吃的安全（两安），"两安与四化"便是斗南镇农会生产履历系统的使命。

6 文化创新经营

文化创新：户外教学——大木块休闲农场、有机稻场、稻米博物馆——中兴谷堡

6.1 大木块休闲农场——小学生户外教学

农场经营成功关键在于市场定位——学生，专门规划学生的体验学习。学生的体验学习内容规划事先讨论，并参考带团的老师意见。不同的季节，变换不同的课程与活动，插秧季节有插秧的活动，冬季就挖马铃

薯，还有炝窑（地瓜）活动。常态的稻米行程如逢插秧季，插秧→稻米成长→收割→米→饭，米再加工（米食做竹筒饭，肉圆、草籽粿、搓汤圆）等。

6.2　有机稻场

有机稻场是山水米公司秉持"友善大地 健康人生"理念，在 2006 年兴建的一间漂浮在稻田上的大自然教室，以尊重自然、关怀土地、照顾人们为出发点，借由有机稻作示范田，作为环境教育及推广稻米文化的所在。有机——推广有机生产与有机消费的观念；稻——关怀台湾的稻米产业与农人，为稻米产业寻找新出路；场——"做田若坐禅"，故取"道场"谐音同义，大家放慢脚步，一起来学习自然之道，体验玩米生活！

6.3　中兴谷堡——稻米博物馆

"中兴谷堡——稻米博物馆"，是"中兴米"成长历史与传递稻米文化的展场。设有解说员团体导览，让游客参观碾米厂外的示范稻田、了解馆内文物之特色、体验爆米香之乐趣、吃米冰激凌、逛多元品项米与包装米礼盒、米食加工品、精致设计的稻米衍生商品如文具等，致力推广台湾农产知识与稻米文化，让参观者体验做米食的乐趣！让稻米文化不只是稻田耕种、稻谷加工、米食加工，还有很多生活分享与乐趣，促使稻米产业是时尚产业，加入现代感的流行元素。

7　结语

台湾稻米产业多年来一直以生产高产量高质量的食用白米为优先，研发新技术品种减少病虫害为主。但随着消费者食品消费及生活多元享受，稻米产业的创新经营，透过产品创新满足不同目的的消费需求，透过服务创新除让消费者能享受高质量稻米外，也能为有机农业尽一份心力。而流程创新及管理创新使得稻米生产更有效率，稻米产业供应链更群聚而完整。稻米产业的创新经营使得稻农与农会、粮商或品牌商更紧密结合，也为消费者提供更健康、多元、服务体验的稻米生活。

台湾推动产业环境管理策略之历程与检讨

顾　洋* 吴铉智

台湾科技大学化学工程系

1　前言

　　生态环境体系之持续正常运作，是人类生存与发展的基础。随着生活形态的改变与生活水平的提高，人类对环境资源的需求持续增加，使得有限的环境资源濒临枯竭，导致自然环境的破坏与污染。回顾自 20 世纪 60 年代以来国际环境保育理念的发展，反映出人类对经济快速发展造成自然环境破坏的反省。面对近年全球环境保护时代的来临，环境议题已由过去局部性、区域性议题，扩展为全球性的环境议题，环境思潮已成为国际社会的共同认知。环境管理的范畴，也由传统"污染管制"的概念扩及至"资源保育"及"永续发展"的概念。

　　产业发展对人类社会运作及生活方式一直都有深远的影响，产业可借由产品渗透、品牌知名度及公关营销等方式，迅速且深入影响民众的消费行为及生活形态。但是目前全球产业发展都面临严峻的挑战，包括消费市场的快速变化，产业科技的日新月异，使产品生命周期大幅缩短；而且因为经贸国际化、自由化趋势的推动等，全球产业竞争激烈，产业优势经常稍纵即逝。产业相关的环境议题大约从 20 世纪 70 年代开始受到国际社会重视，一方面产业发展引发了许多环境问题；但另一方面产业发展也协助解决许多环境问题。社会对于产业的环境责任也有不同的期望和争议，产

---

　　*　顾洋，台湾科技大学化学工程系，台北市大安区基隆路 4 段 43 号。

业环境管理对于未来永续发展扮演矛盾而关键的角色。

行政机关执行之产业环境保护策略，初期偏重于执行命令管制（Command and Control），要求产业应用管末处理（End - of - pipe Treatment）技术处理其产生之污染，以遵守行政机关制定之环保相关法令规范。① 近年来社会对于产业环保策略的期望，已逐渐转变为全面性之环境管理；但产业在选择推动管末处理或环境管理时，仍各有其不同之考虑。产业于污染产生后才被动进行管末处理，而且可能产生二次污染；但管末处理执行目标明确而单纯，较易为行政机关接受。产业环境管理则是考虑利害相关者（包括消费者、投资者、员工、供应链、国际规范等）所关切在活动、产品、服务各阶段可能发生的各项环境议题，进行全面规划管理。产业执行环境管理之作业程序复杂，牵涉层面广泛，不一定能立即展现特定环境质量的改善。但以前瞻性的眼光来考虑，环境管理的观念已成为产业整合管理及永续发展不可或缺的一部分。

2　台湾推动产业环境管理相关活动之历程

近半个世纪以来台湾的产业发展，对社会经济有具体的贡献，但由于环境资源负荷过高，也造成环境质量的恶化和不断发生的公害争议，显示"环境保护与经济发展兼筹并顾"的乐观期望并不易达成。自 20 世纪 90 年代以来，台湾对于产业环境管理之推广与应用相当积极，污染预防、环保化设计及永续发展等环保理念相继广为倡导。这些宣示性理念的目标，是以工业减废及清洁生产技术，乃至于 ISO 14000 环境管理、绿色工厂及企业永续报告等活动的推动而实践，台湾推动产业环境管理相关活动之历程如图 1 所示。以下将简要说明台湾推动产业环境管理相关活动之实施内容，并期望产业能借由自发性及持续性环境管理工作的推动，从经营理念开始调整规划其环境管理之运作，以期达到永续发展的目标。

---

① 李锦池：《台湾废弃物管理演进及展望》，《对环境资源部的期望（II）》2013 年第 3 期。http：//www. ctci. org. tw/lp. asp？ CtNode = 655&CtUnit = 343&BaseDSD = 7&nowPage = 2&pagesize = 15，最后访问日期：2016 年 1 月 20 日。

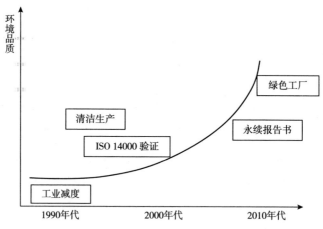

图1 台湾推动产业环境管理相关活动之历程

2.1 推动工业减废的历程

台湾早在20世纪70年代初期即开始相继公告一些污染预防的行政措施，倡导"厂内改善"的观念、抑止或淘汰高污染性工业、鼓励工厂提高资源有效利用及减少污染物排放；诸如限制水银电解槽碱氯工厂的新设与定期淘汰、禁止五氯酚（PCP）工厂新设及关闭既有工厂、辅导硬脂酸镉安定剂制造工厂改以氧化镉替代金属镉条为原料及规定采用低污染之融熔法以替代以往污染性较高之复分解法等。

台湾于1989年成立"工业减废联合辅导小组"，是推动工业污染预防的重要里程碑，开始引进当时国际工业减废（Industrial Waste Minimization）观念，期望产业借由产源减量（Source Reduction）或回收再利用等方式，降低环境污染物的排放总量及危害性。产业可借由一些较简易的厂内操作改善进行工业减废，亦可配合工厂内部既有之其他管理计划活动进行。台湾工业减废执行的工作包括整体减废工作规划，加强倡导与教育，成立事业废弃物交换服务中心，成立资源再生技术服务中心，推动工业减废示范、推广与辅导、减废技术研究，建立技术数据库及人才库，表扬工业减废绩优厂商、团体及个人，举办研讨会及编撰工业减废文件等。台湾于90年代执行工业减废相关措施及计划之绩效成果颇丰，经常受到国际社会的肯定，其后却面临持续推动的瓶颈，主要原因在于工业减废之相关实施程序及方法论方面，没有一致公认的指引或规范，可供产业界作为执行工业减废相关活动之依循，因此无论在时效掌握及实效展现上，均无法与产业需求充分配合，以至于工业减废之执行技术层次不易提升；因此产业环境管理观念，就渐由工业减废进展至更具规划及前瞻性的清洁生产。①

2.2 推动清洁生产的历程

"清洁生产"（Cleaner Production）即为产业面对各项环境保护议题，达成永续发展的重要预防性手段之一，清洁生产的理念 90 年代开始在国际上得到认可，清洁生产定义为：产业应采取整体预防性的环境策略，以减少在生产制造与产品（或服务）消费过程对人类及环境可能的危害。对生产制造过程而言，产业可采取的清洁生产相关计划，包括节约使用原物料与能源、尽可能不用有毒性之原料，并减少有害物质的排放与降低其毒性。对产品（或服务）消费而言，产业可采取的清洁生产相关计划，则是借由执行生命周期概念，使产品从设计规划、原物料取得至制造、消费使用、废弃物最终处置的完整生命周期过程，对环境的影响冲击减至最低。清洁生产相关计划之内涵可包括：减废减毒、无或低污染、最佳能资源效率、安全与健康之工作环境、保护环境之产品及包装等。在开始执行清洁生产相关计划时，产业首先可由产品变更、原料改变、技术、生产制程与操作、管理及循环利用等方面，具体分析以鉴定确认可能推动执行清洁生产相关计划之机会，并经由初步评估、物质平衡计算及确认执行计划等步骤之后，选定最具效益、最可行之清洁生产相关计划，据以执行并进行成效评量。

联合国环境规划署（UNEP）于 1990 年正式提出清洁生产的理念，获得许多国家的支持。其后于 1992 年在巴西举办的联合国环境与发展大会（UNCED）所提交之《21 世纪议程报告》（Agenda 21），确认清洁生产相关计划之推动，为调和各国及国际环境与经济发展的关键策略之一。其后透过联合国环境规划署（UNEP）与联合国工业发展组织（UNIDO）共同推动全球性之"清洁生产计划"（Cleaner Production Program）。自从 1994年开始，UNIDO 支持许多开发中及经济转型国家，推动国家清洁生产中心

---

① 顾洋：《工业减废、清洁生产与 ISO 14000》，《环境管理报导》1997 年第 2 期，第 9~14 页。

计划（National Cleaner Production Center Programme），截至目前全球已有58个国家成立清洁生产中心，推动清洁生产相关计划，而其他许多未接受联合国支持的国家，亦开始成立清洁生产中心并运作相关计划（UNIDO，2015）。联合国并于1998年第五届环境规划署（UNEP）清洁生产高阶咨商会议中，通过《国际清洁生产宣言》（The International Declaration on Cleaner Production）。

台湾系于1995年成立清洁生产中心，扮演推动台湾清洁生产相关计划催化和协调的角色，执行产业清洁生产示范计划，提供产业清洁生产工作信息，并协助产业清洁生产专业人员训练。台湾产业至今已有逾千家厂商导入清洁生产，推动清洁生产已产生具体成效。

2.3 台湾推动 ISO14000 的历程

ISO 14000 是由分别针对组织与产品要求的环境管理相关标准所构成，其系以环境管理系统（EMS）为整体环境管理的核心，以环境稽核（EA）及环境绩效评估（EPE）为组织环境查核之技术工具；对于产品执行成效之查验方面，则包括了用以规范的环保标章（EL&D）及生命周期评估（LCA）与产品标准之环境考虑面（EAPS）等系统，以污染预防及持续改善为其主要的精神。ISO/TC 207 于近年修正其标准架构，相继订定通过环境化设计（ISO 14062）、环境沟通（ISO 14063）、温室气体管理（ISO 14064）等标准，目前并起草生态效益评估（ISO 14045）、物质流成本会计（ISO 14051）、碳足迹（ISO 14067 及 14069）等标准草案（ISO，2010）。此标准架构的修正意味着产业面对温室气体排放管制、环境沟通以及产品环保化设计的诉求，将会越来越明显。台湾鉴于国际经贸活动与环境保护发展之趋势，以及对 ISO 14000 系列环境管理标准的重视与关切，于1996年在原"行政院全球环境变迁政策指导小组"之下成立"ISO 14000 工作分组"，负责统筹各行政单位之横向联系与整体规划工作[①]。截至 2015 年底，台湾通过 ISO 14001 系列环境管理标准的组织近 2000 家。

---

① 林志森、顾洋：《台湾地区推动 ISO 14000 国际环境管理系列标准工作之经验》，第五届海峡两岸环境保护学术研讨会，南京，1998；顾洋：《台湾推动产业环境管理相关活动之回顾》，海峡两岸第十八届中国现代化学术研讨会，2013。

根据台湾环保主管部门的绿色生活信息网显示，为鼓励对环境冲击较低的产品与服务，透过生产制造、供应及需求之市场机制，驱动环境保护潜力，依据 ISO 14024 标准环保标章原则与程序，于 1992 年推动环保标章制度，颁发给同一类产品前 20% ~ 30% 环保表现优良的产品。厂商产品经认可符合环保标章规格标准者，核发环保标章使用证书，厂商可于产品或包装标示环保标章图样。迄今台湾环保标章已涵盖有 14 大类产品类别，超过 100 多种产品项目。另依据台湾环保主管部门的产品碳足迹信息网显示，台湾环保主管部门于 2010 年推动"碳足迹标章"计划，协助厂商建立计算碳足迹相关能力，并让消费者在选购低碳商品时能快速辨识。

2.4　台湾推动绿色工厂的历程

台湾于 2011 年开始推动绿色工厂标章制度，结合台湾行政当局"绿建筑标章"及台湾工业主管部门"清洁生产评估系统符合性判定"之要求，其架构如图 2 所示。绿色工厂标章为自愿性标章，透过标章制度之推动与整合，引导产业永续发展。产业借由标章之申请，广泛纳入环境化设计、绿色管理/社会责任及创新等议题，全面探讨工厂生产体制，掌握未来持续改善方向。

根据台湾"经济部工业局"相关规定，绿色工厂标章资格需同时符合硬件及软件两层面之绿色规格，在工厂厂房建筑物部分，需依台湾当局"厂房类（EEWH - GF）"及"旧建筑改善类（EEWH - RN）"之绿建筑评估手册，分别针对新、旧厂房建筑物取得绿建筑标章。而在工厂生产营运管理部分，则依台湾"经济部工业局"清洁生产评估系统进行评定，如图 3 所示。目前台湾清洁生产评估系统系由制程面的"生产制造"、产品面的"环境化设计"、工厂营运之"绿色管理与社会责任"与"创新及其他"等四大面向之各项清洁生产指标进行评定，如表 1 所示。台湾清洁生产评估系统概分为"一般行业清洁生产评估系统"及"特定行业清洁生产评估系统"两部分。已公告为特定行业清洁生产评估系统之产业，应依特定行业清洁生产评估系统进行符合性判定；无公告特定行业清洁生产评估系统之产业，应依一般行业清洁生产评估系统进行符合性判定。目前已完成半导体（IC 制造）、平面显示器面板业、印刷电路板业（PCB 制造）、光电半导体业（磊晶/晶粒制造）等四行业清洁生产评估系统，未来将针对其他行业分别建置绿色清洁生产评定基准。

据绿色工厂标章信息网公布，截至 2015 年底，台湾已颁发 35 张绿色工厂标章及 70 张清洁生产合格证书。执行效益包括：节电 6.2 亿度、节水 4400 万吨、二氧化碳减量 67 万吨、废弃物减量 3.2 万吨、节省 33.5 亿元新台币。此外透过获证厂商所属行业别分析，在推动初期符合绿色工厂标章及清洁生产判定之厂商皆以电子零组件制造行业占比最高（60% 及 50%），显示在国际环保规范发展趋势及国际绿色供应链的要求下，厂商发展绿色工厂及清洁生产的意愿相当积极，而随其他行业别产业亦开始关注与参与。[①]

绿色工厂标章（台湾"经济部工业局"）
绿色工厂：整合绿建筑与清洁生产之系统化机制，致力于降低工厂厂房于建造、运作，以及产品产制生命周期各阶段之能源消耗与环境冲击，提升产业与产品之环境友善性，以符合产业低碳化之目标

建筑工程	清洁生产
绿建筑标章（台湾内政当局） 为生态、节能、绿化、基地保水、日常节能、二氧化碳减量、废弃物减量、室内环境、水资源、污水垃圾改善等10项内涵 评价系统： EEWH-GF：适用建筑及既有建筑 EEWH-RN：适用既有建筑更新	清洁生产证书（台湾"经济部工业局"） 工厂营运过程中致历练于降低对环境冲击，包括资源节约、绿色制程、污染物管控、环境友善设计、绿色管理与社会责任、创新思维及其他清洁生产作法等8项内涵 评估系统： 一般行业：适用所有无特定行业评估系统之产业 特定行业：适用该特定行业别产业

图 2 台湾推动绿色工厂标章之架构（台湾"经济部工业局"，2013）

---

① 汤奕华、王朝民、曾香斐、王义基：《绿色工厂标章制度推动现况与案例介绍》，绿色工厂与永续产业专辑，2014。

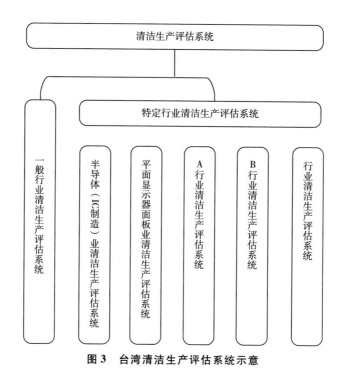

图 3　台湾清洁生产评估系统示意

2.5　台湾推动企业永续报告的历程

企业的非财务信息揭露在 1999 年开始在台湾出版，台湾企业永续发展协会于"环境绩效说帖"揭露其 13 家会员公司在环保、工安卫、人权及公司治理等面向的信息。其后"经济部工业局"于 2000 年起执行企业非财务信息揭露辅导及改善相关计划，协助企业完成制作企业永续报告书。台湾《远见》及《天下》杂志以非财务/永续信息揭露作为考虑，相继于 2005 年举办"企业社会责任与企业公民奖"。

台湾"永续能源研究基金会"于 2008 年起每年举办"台湾企业永续报告奖"（Taiwan CSR Awards），图 4 为台湾企业永续报告之运作机制，撰写企业永续报告需先针对信息用户（关切公司产品、活动及服务运作之各利害相关人）及其关切议题汇整相关信息，依据国际报告撰写准则（如 GRI G4 等）进行企业永续报告书的制作。验证方面，则可透过第三方验证机构根据国际验证标准（如 AA 1000）进行查证，取得合格的查证声明书，亦可自行或委托第三方以 GRI 提供之自我检核工具为评定所出版报告的水平①。根据台湾"永续能源研究基金会"统计，2015 年共计有 90 家企业报名参加报告奖活动，8 年来累计 138 家企业参与，其年总营业额与台湾 2014年 GDP 比值为 86.25%，可知参与企业在台湾经济贡献程度高，分布范围广，亦可显见"台湾企业永续报告奖"在台湾企业永续领域之重要性②。

表 1　一般行业及特定行业清洁生产评估系统指针
架构（台湾"经济部工业局"，2013）

评估系统		一般行业	特定行业		指标类型
			半导体业（IC 制造）	平面显示器面板业	
		三阶指标	三阶指标	三阶指标	
生产制造	能资源节省	原材料使用量 *	单位产品原物料使用量	单位投入基板面积废弃物生产量	
		再生原料使用率	—	—	
		能源消耗量 *	单位产品能源消耗量 *	单位投入基板面积能源消耗量 *	
		能源回收率	—	—	
		水资源耗用量	单位产品水资源耗用量 *	单位投入基板面积水资源消耗量	
		废水回收率	废水回收率	废水回收率	
		事业废弃物生产量 *	单位产品事业废弃物生产量 *	单位投入基板面积事业废弃物生产量 *	
		事业废弃物回收再利用率	单位废弃物回收再利用率	单位废弃物回收再利用率	
		温室气体排放量 *	单位产品温室气体排放量	单位投入基板面积温室气体排放量	
	绿色制程	厂房流程管理有效性	厂房流程管理有效性	厂房流程管理有效性	
		采用清洁生产制程技术 *	采用清洁生产制程技术 *	采用清洁生产制程技术 *	

---

① 申永顺、胡宪伦、简又新：《国际企业永续报告之发展趋势及台湾推动现况》，证券柜台，公司推动企业社会责任的进程与策略，2012，http：//www.tpex.org.tw/web/csr/content/resource.php，最后访问日期：2016 年 2 月 20 日。
② 台湾"永续能源研究基金会"：《典范与标杆：2015 台湾企业永续奖颁奖典礼专刊》，2015。

续表

评估系统		一般行业	特定行业		指标类型
			半导体业（IC制造）	平面显示器面板业	
		三阶指标	三阶指标	三阶指标	
生产制造	污染物生产及管理末处理功能	事业废弃物妥善处理*	事业废弃物妥善处理*	事业废弃物妥善处理*	定量指标
		管末处理设备能力及设备异常处理机制	管末处理设备能力及设备异常处理机制	管末处理设备能力及设备异常处理机制	
产品环境化设计	环境友善设计	采用物资节约设计*	采用物资节约设计*	采用物资节约设计*	定性指标
		采用节能设计*	采用节能设计*	采用节能设计*	
		采用零件易拆解设计	—	—	
		采用废弃物减量设计	采用废弃物减量设计	采用废弃物减量设计	
		采用可回收再利用设计	采用可回收再利用设计	—	
绿色管理及社会责任	绿色管理	危害物资管制措施*	危害物资管制措施*	危害物资管制措施*	
		通过国际管理系统认证	通过国际管理系统认证	通过国际管理系统认证	
		自愿性温室气体制度之导入*	自愿性温室气体制度之导入*	自愿性温室气体制度之导入*	
		与利害关系沟通*	与利害关系沟通*	与利害关系沟通*	
		绿色供应链管理*	绿色供应链管理*	绿色供应链管理*	
		绿色采购管理	绿色采购管理		
			环境会计	环境会计	
			环保法规符合性	环保法规符合性	
	社会责任	员工作业环境	员工作业环境	员工作业环境	
		永续资讯之建置与揭露*	永续资讯之建置与揭露*	永续资讯之建置与揭露*	
		绿色经验成果分享促进	绿色经验成果分享促进	绿色经验成果分享促进	

续表

评估系统		一般行业	特定行业		指标类型
		三阶指标	半导体业（IC 制造）	平面显示器面板业	
			三阶指标	三阶指标	
创新及其他	创新思维	去物质化创新做法			定性指标
		去毒化创新做法	去毒化创新做法	去毒化创新做法	
		去碳化创新做法	去碳化创新做法	去碳化创新做法	
		其他促进环境永续创新做法	其他促进环境永续创新做法	其他促进环境永续创新做法	
	其他	自行举例	自行举例	自行举例	

注：＊为核心指标。

台湾"金融监督管理委员会"（金管会）督导台湾证券交易所股份有限公司（证交所）及台湾证券柜台买卖中心于 2010 年发布"上市上柜公司企业社会责任实务守则"及"上市上柜公司诚信经营守则"，促进台湾上柜公司完善企业非财务信息揭露，落实企业永续发展，证交所并于 2014 年公告"上市公司编制与申报企业社会责任报告书作业办法"，依据证交所"上市公司产业类别划分暨调整要点"规定属食品工业、化学工业与金融保险业者，以及依据"证券交易法"第三十六条规定，餐饮收入占其全部营业收入之比率达 50% 以上与股本达新台币 50 亿元以上之上柜公司，自 2015 年起将强制要求编制企业社会责任报告书。台湾证交所于 2014 年加入世界交易所联合会（World Federation of Exchanges，WFE）永续工作小组，期望借此将台湾企业社会规范与国际接轨，加速台湾企业社会责任实践的发展①②。

3 台湾推动产业环境管理相关策略之回顾检讨

台湾目前中小企业数所占企业总数的比例高达 90% 以上，中小企业之经营运作灵活，可以面对客户对产品及服务的多样性要求；但因其分布广

---

① 台湾"证券交易所"：《上市公司编制与申报企业社会责任报告书作业办法》，2015。
② 台湾"证券交易所公司治理中心"：《企业社会责任简介》，2016，http://cgc.twse.com.tw/，最后访问日期：2016 年 4 月 13 日。

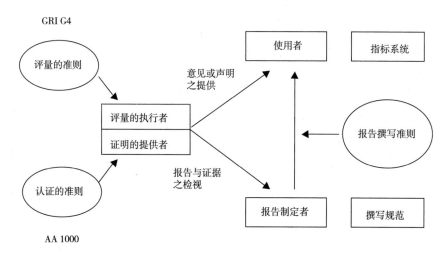

图 4　台湾企业永续报告之运作机制示意

泛，相关环境问题一直较难以掌握。因此如何将整合性的相关环境管理理
念，推广落实到中小企业实为迫切课题。回顾以往推动产业环境管理相关
策略过程，其可能遭遇的挑战，大致可归纳为包括来自产业内部与外部的
阻力，以下仅就这两部分的阻力与改善对策分述如下。

3.1　来自产业内部之阻力与改善对策

来自产业内部之阻力是指产业自身本质上的限制，造成产业不易推动
环境管理相关计划因素，包括来自产业高阶管理阶层及组织的阻力，产业
内部阻力的改善重点为产业经营观念、内部管理与组织架构的调整，这些
产业内部阻力可借产业高阶管理阶层实施环境管理相关计划意愿的坚持，
或外界相关机构（如政府单位、专业机构、社会团体等）的鼓励与支持而
加以排除。

3.1.1　来自产业管理阶层之阻力与改善对策

产业推动环境管理相关计划时，来自管理阶层的阻力通常与其对于环
境管理相关计划的认知及坚持的态度有关，许多产业管理阶层并不一定具
备充分的环境管理相关的基础知识与管理实务知识，因此习于产业目前之
运作执行模式，较少考虑采用更前瞻的环境管理相关计划，以降低产业之
环境污染及操作成本，提升本身产品质量及产业形象。

3.1.2　来自产业组织之阻力与改善对策

由于环境管理相关计划之执行内容，可能涉及产业制程操作，因此若环境管理相关计划执行不当，极可能会影响产业操作的产能及质量。况且产业可能在推动环境管理相关计划之组织规划及执行经验都较为不足，这些因素都会使产业内部不同部门、层级的员工表现相对被动甚至于不愿意配合。因此内部沟通经常是产业推动环境管理相关计划面对的最主要挑战之一，透过强而有效的协调沟通以及倡导，产业应可以将内部有关于各种环境议题的意见进行有效的整合，并规划完善妥适之推动计划。

3.2　来自产业外部之阻力与改善对策

产业外部阻力是指来自产业本身所能控制的范围之外，造成产业不易推动环境管理相关计划的因素，来自产业外部之阻力可分为技术执行阻力与法规执行阻力两类。

3.2.1　技术执行阻力与改善对策

产业对于如何自外部选择并引进适当、适用之环境管理执行技术、方式及效益评估工具，与计划之成熟度以及产业高阶管理阶层之判断关系密切。此外落实产业供应链管理，进行上下游原物料或服务的供应及采购之配合，亦是影响产业推动执行环境管理整体环境绩效最为直接的因素之一。

3.2.2　法规执行阻力与改善对策

法规执行阻力系与环境管理相关法规的妥适性及执行落实程度有关。以现况而言，期望产业能够全面自发地实施环境管理相关计划并不切实际，若无法积极有效的相关法规支持，产业很可能会降低其推动执行环境管理相关计划的意愿。台湾于 2002 年通过所谓"环境基本法"，更将工业减废、清洁生产、节约资源等预防策略纳入，以减低环境负荷，并达永续发展之目的，加上环境影响评估有关规定的实施及废弃物清理有关规定、水污染防治有关规定等的修正，环境保护标章推动使用作业有关规定的全面实施等，亦皆以达成污染预防和永续发展为目标而订定执行。但台湾环保相关法规对于产业污染管制之要求，目前大致仍是以环境污染之管末排放管理管制为主，因此有时即使有具明显环境效益的环境管理相关计划，也可能未必能吸引产业愿意推动执行。因此未来如何能将环境管理产业等理念纳入环保相关法规，应为政府环保主管机关之考虑方向。

执行环境管理相关计划的各项阻力，也有可能同时来自产业内部及外部。将产业推动环境管理相关计划的执行阻力来源作适当的分析与分类，可有助于政府及产业高阶管理阶层进行相关政策或策略的设计与拟定。

4　结论

产业的发展有赖于洁净而安全的环境，台湾历年来推动各项产业环境管理相关计划的成果相当丰硕，长期以来经常被认为是亚太地区推动产业环境管理相关计划之典范。面对产业环境管理相关议题之发展面向日渐广泛（包括气候变迁、环境化设计及绿色贸易等），未来推动产业环境管理相关计划的相关运作方式，已经面临"调整观念、调整脚步、重新出发"的关键。

实施产业环境管理相关计划的目的，在于调整过去被动反应（Reactive）的态度，改以主动前瞻（Proactive）的方式，因应各种环境相关议题。产业界应认知环境管理理念确为产业经营之核心考虑，环境管理相关计划的推动，可以提高环保相关绩效及经营效率，提升产业竞争力及产业形象，建立产业永续经营发展的基础。

第四编

国家公园建设与生态旅游

云南省国家公园建设存在的难题与解决对策

赵俊臣   李 娅

云南省社会科学院 西南林业大学经济管理学院

至目前，云南省是我国建有国家公园最早最多的省份。已经建成的国家公园在保护自然生态环境、科研、旅游等方面取得了显著成效。但是建设过程中也碰到一些难题，需要及时破解。

1 云南省是全国建有国家公园最多的省份

1.1 国家公园的概念及发展历程

国家公园最早起源于美国。1872 年，美国建立了世界第一座国家公园——黄石国家公园。经过 140 多年的实践，国家公园作为自然保护与可持续发展的典范，受到世界各国推崇，成为国际主流的保护地模式。如今已在全球 225 个国家和地区建立了 3 万余个国家公园。国家公园典型而完整的生态系统，为生态旅游、科学研究和环境保护提供了良好的条件和丰富的资源。

国家公园的发展分为三个阶段：第一阶段是 19 世纪末，美国设立了一批标志性的国家公园，其理念不久便传播到了加拿大、澳大利亚和新西兰等国。第二阶段为 20 世纪前半期，欧洲国家开始应用国家公园理念，在瑞典、意大利、罗马尼亚、希腊、西班牙、冰岛、爱尔兰和瑞士先后设立了国家公园。与此形成对照的是，欧洲一些殖民国家此时并未在本土设立国家公园，如英国、法国、比利时等国，而是在亚洲或非洲殖民地设立国家公园。第三阶段是第二次世界大战结束后，国家公园理念在全球范围内传播，几乎每一个国家都对外声称拥有自己的国家公园。前两个阶段，国家公园的定义还拘泥于传统美学、休憩与旅游及功利主义的价值，第三阶段增加了自然保育和生态系统功能。

1.2 云南是我国国家公园建设最早、建成最多的省份

2005 年前后，美国大自然保护协会中国部最早把国家公园理念引进我国，为云南省政府和地方政府提供了从国家公园立法、组织机构建设、信息管理、资源调查和社区参与等多角度、全方位的技术支撑。

截至目前，云南省已先后建立了迪庆普达措（2006 年）和梅里雪山（2009 年）、丽江老君山（2011 年）、西双版纳热带雨林（2009 年）、普洱太阳河（2011 年）、保山高黎贡山（2011 年）、红河大围山（2012 年）、临沧南滚河（2015 年）等 8 个国家公园。经评估，8 个国家公园森林生态服务功能价值高达每年 797.3 亿元。按照规划，2020 年前，云南将建成 12 个国家公园。

2015 年，国家已选定北京、吉林、黑龙江、浙江、福建、湖北、湖南、云南、青海等 9 省市开展国家公园体制试点，试点时间为 3 年。同时，国家发改委和美国保尔森基金会签署《关于中国国家公园体制建设合作的框架协议》，双方在国家公园试点技术指南、美国等国的国家公园案例研究、试点地区国家公园管理体制和政策实证研究、国家公园与保护地体系研究以及机构能力建设等方面开展具体合作。

1.3 云南省建设国家公园的主要做法与成效

1.3.1 明确省林业厅作为管理主体

鉴于云南省内国家公园全部是在自然保护区基础上设立，必须按照国家林业局的要求进行试点工作，省政府常务会议进行了专题研究，明确云南省林业厅作为国家公园的主管部门，成立了云南省国家公园管理办公室。省财政每年安排 200 万元专项资金，用于国家公园的专项工作补助，从旅游发展基金中对新建的每一个国家公园给予不少于 1000 万元资金补助。

1.3.2　制定了系列地方性政策法规

2008 年 9 月，云南省林业厅与省政府研究室共同完成了《云南省国家公园发展战略研究》，完整地提出了云南省国家公园建设试点的战略构想。随后，省政府出台了《关于推进国家公园建设试点工作的意见》，印发了《国家公园申报指南》和《国家公园管理评估指南》等政策性文件。为了实现国家公园的依法管理，在省级层面启动了《云南省国家公园管理条例》的起草工作，并列入了《云南省十二届人大常委会立法规划》的一类项目和省政府 2014 年立法计划的预备项目。各地也结合实际推进国家公园建设立法工作，丽江老君山和迪庆普达措两个国家公园实现了"一园一法，依法管理"。

1.3.3　完善技术标准

编制了《云南省国家公园发展规划纲要（2009—2020 年）》，用以指导全省的国家公园建设工作稳步推进。经国家质量监督检验检疫总局备案，云南省质量技术监督局发布了《国家公园基本条件》《国家公园资源调查与评价技术规程》等 8 项地方推荐性标准，指导国家公园试点建设工作规范、有序地推进。

1.3.4　坚持科学决策

为了增强政府决策的科学性，省政府成立了国家公园专家委员会开展国家公园决策咨询，对规划和重点项目进行评审论证、对技术规范和标准进行审查，对相关管理工作提出意见和建议，开展生物多样性影响评价，为国家公园的规划、建设和管理提供技术支撑。省林业厅及有关部门也组织开展了国家公园生态补偿、特许经营等一系列研究和探索，为制定管理政策提供了科学的依据。

1.4　云南省国家公园建设取得的主要成效

云南省通过开展国家公园建设试点，填补了我国地区保护地体系空白，创新了生物多样性保护管理体制，全面提升了生态保护、科研教育、旅游观光和社区发展功能，实现了生态效益、社会效益、经济效益协调发展。

1.4.1　强化了生态保护

多年的实践充分证明，国家公园的本质属性就是一种保护地模式。云南省建立的 8 个国家公园，使生态保护面积增加了 32.8 万公顷。在依法划定的国家公园区域内，用不到 5% 的面积开展生态旅游，促进了对95% 区域的全面保护。根据监测结果，6 年来，国家公园内从未发生过森林火灾，自然资源保持完整和稳定，地表水环境质量均保持在 I 类水质，环境空气质量保持在一级，8 个国家公园森林生态服务功能价值高达 797.3 亿元/年。与开展建设试点前相比，国家公园内的生态状况有了明显改善。

1.4.2　带动了社区经济发展

截至 2013 年年底，全省 8 个国家公园累计接待游客 2165.18 万人次，旅游收入达 22.35 亿元。其中，普达措国家公园游客量和旅游收入比建立国家公园前分别增长 102% 和 463%，西双版纳国家公园分别增长22% 和 110%。8 个国家公园每年用于社区补偿和社区项目扶持的直接资金投入达 2600 多万元；周边居民开展相关经营活动获得的收入每年达2200 多万元，从事相关管护工作获得的工资性收入每年达 3000 多万元，居民收入成倍增长，许多地方从远近闻名的"穷山沟"变成人人向往的"金窝窝"。

1.4.3　促进了社区和谐稳定

国家公园建设为当地居民提供了巡护、导游等工作岗位 1169 个，昔日的伐木工和牧民变成了国家公园工作人员。普达措国家公园还设立了生态补偿资金，公园内及周边居民每年每户可获得 3000~15000 元不等的补偿。藏区群众切身感受到了建设国家公园带来的实惠，主动参与国家公园森林防火和林政案件查处工作，消除了民族隔阂，促进了和谐稳定。同时，建设国家公园也增强了当地少数民族的自豪感，促进了民族团结和边疆稳定。

1.4.4　传播了生态文化

公园布局了科普教育设施，对冰川、森林、湿地、野生动物、生物多样性等知识进行宣传推广。到云南国家公园参观的科学考察工作者和游客无不被大自然的美景所感染，也受到了生动的生态教育，珍爱自然、保护自然的意识明显增强。国家公园的建设理念得到公众认可和接受，其成为传播生态文明理念、推动生态文明建设的重要基地。

通过开展国家公园建设试点，不仅使当地居民相信了"绿水青山"就是"金山银山"，增强了建设生态、保护生态的自觉性，更使广大游客感受到自然之美、生态之美、和谐之美，向社会大众传播了生态文化知识，增强了生态文明意识，为推进生态文明建设营造了良好的环境。

2　云南省国家公园建设存在的主要难题

2.1　管理体制有待理顺

主要是国家层面的体制不顺。目前，我国已大致形成九大类自然和文化遗产地管理体系，其面积占国土总面积的近 20%。这些自然和文化遗产地的管理权限，分散于住建部、国家林业局、环保部、国土资源部、国家海洋局、国家旅游局等。其中，风景名胜区和国家城市湿地公园由住建部管理，国家森林公园和国家湿地公园由国家林业局管理，文物保护单位由国家文物局管理，国家地质公园由国土资源部管理，水利风景区由水利部管理，A 级旅游景区由国家旅游局管理。而国务院下属机构中，没有一个部门能综合管理所有的中国国家公园。

2.2　认识上存在不少误区

一些开展试点工作的地方政府，更多的是看中了国家公园品牌的经济效益，试点情况既不规范，也不公益。一些地方政府及领导将国家公园简单地等同于旅游开发项目，忽视了国家公园保护、宣教等其他方面的功能，错误地把国家公园理解为一个旅游区，片面地将多年积累的旅游效益条件归功于建立国家公园，而忽视了自然保护区几十年来对生态景观的有效保护。甚至有的州市将建设国家公园视为"简化建设项目审批程序"的突破口，希望绕开相关的法律法规，对国家公园内涉及的自然保护区资源利用和风景名胜区规划建设项目，以国家公园管理机构审批代替相关法规中规定的由国务院或者是国家层面的自然保护区管理机构审批的程序。

2.3　国家公园缺乏基础研究和技术支撑

云南省内国家公园以及自然保护区，除碧塔海省级自然保护区和西双版纳国家级自然保护区外，其他区域的资源本底基本上不清楚。虽然老君山在1996年组织过涉及4州市的4个县的初步综合考察，梅里雪山也在美国大自然保护协会的支持下开展过专项调查，但在各个国家公园的筹建过程中，没有组织生物、生态、文化、宗教、社会经济等方面的专家，专门开展针对国家公园的全面的综合科学考察。国家公园的保护和管理技术性强，多学科交叉，在开展国家公园的建设活动中，没有建立相应的科技支撑体系，直接影响了国家公园的保护、开发和经营质量。

2.4　国家公园的总体规划有待规范

云南省内的国家公园都是在自然保护区基础上改名而来，因而总体规划一般都沿用自然保护区＋旅游区的模式，其中对旅游开发的内容进行了非常详细的规划，而对保护、宣教和社区发展的规划内容停留在表面，此外，规划的省级评审过程不规范。还有，几乎所有的规划都没有进行土地权属和土地类型的评估，给决策和管理留下潜在矛盾。

2.5　国家公园内涉及大量的集体林地亟须明晰

云南省内的国家公园中亟须明晰的集体林地占总面积的比例，西双版纳国家公园内12.54%，老君山国家公园内60%，碧塔海保护区内20%，梅里雪山国家公园内数据目前还不确切。此外，整个老君山由于涉及4州市的4个县，还存在插花林地的情况。林权制度改革后，当地林农的维权活动将为国家公园的管理带来一定的问题和困难。

2.6　国家公园从业人员素质有待提高

由于各国家公园管理机构刚刚成立，从业人员多对国家公园内资源情况不够熟悉，对资源保护和管理的相关知识学习不够，保护意识较差，旅游知识讲解仍停留在大众旅游的层面，没有达到国家公园内生态旅游解说"知识性、科学性、高品质、高品位"的要求。

3　若干对策建议

3.1　建议尽快成立国家公园管理局

中央明确提出建立国家公园体制，这就预示着要解决多头交叉、管理错综复杂的局面。被世界多数国家所认可的美国国家公园管理体系，管理人员一律由国家公园管理局任命、调配，有固定员工和临时员工的区别，一般要求有较高的学历，统一着装，配备先进设备，以保证国家公园的资源保护和服务质量。

在中央没有明确建立国家公园管理局之前，云南省按照现有体制继续建设并完善已有国家公园，并积极争取新建更多的各类型国家公园。

3.2　明晰产权，保护划入国家公园的集体林所有者、承包者和经营者利益

国家公园的核心内涵是自然性、国有性和公益性。有种意见（如国家林业局局长）认为，当前我国适宜建立国家公园的地区主要分布在经济社会发展滞后的山区林区，当地政府和人民群众发展经济的愿望比较强烈。如果国家公园内的自然资源为当地政府或者群众所有，在经济利益驱动下，极有可能造成自然资源过度开发，不符合建立国家公园的目的。为此，国家公园建设管理应以中央或省级政府为主，园内自然资源归中央或省级政府所有，做到谁所有谁负责、责权利相统一。如果采纳这种意见，一是势必由国家财政付出一笔天文数字的钱，因而是没有可操作性的；如果国家不出钱，显然行不通。

我们的意见是，尊重当地农民集体所有权和农户承包权以及实际经营者的经营权，把这些权利折算成股份，建立股份型的国家公园，定期给股份所有者分红。

3.3 科学规划，当前要特别兼顾当地林农的利益

在我国，所有的规划都要求是科学规划，但是实践证明有不少规划不是科学的。作为国家公园规划的科学性，一是要符合国家公园的内涵要求；二是要确保国家公园合理布局，不能凡是自然保护区就可以建，设立的标准是要符合国家主体功能区定位，主要设立在禁止开发区和限制开发区；三是要积极借鉴国际经验和通行规则，按照世界自然资源保护联盟确定的标准，国家公园的面积应不小于 1000 公顷，且是具有优美景观并需要保护的特殊生态或特殊地形。

3.4 加快立法工作，慎提"一园一法"

国家公园建设需要依法进行，但是国家立法有个实践经验积累的过程。在国家立法没有出台之前，地方立法可以先行。例如，云南省就可以加快《云南省国家公园管理办法》立法，也可以根据民族自治条例，由国家公园所在地政府制定针对各国家公园的管理办法，待条件成熟后，可通过国家层面的法律法规，形成完整统一的法律制度。在此，我们不同意现在流行的"一园一法"的提法。因为，既然是国家公园，就必须实行统一的法律。法律不统一，很容易造成各行其是，违背建立国家公园的宗旨，而且还容易导致地方官员腐败。

3.5 拓宽国家公园投资渠道

解决国家公园大规模的资金投入需求，总的要求是建立多渠道、多形式的资金投入机制，充分吸引相关科研机构、非政府组织、民间团体、社区、企业等的管理资源和资金投入。但是国家公园毕竟是公益事业，应以国家投入为主，中央财政一定要保证投入，特别是保护性设施应以政府投入为主，经营性设施可以采取"特许经营、管理分离"的方式，鼓励社会与企业投入。在中央的投入没有彻底解决时，可以利用生态公益林的补偿政策，解决一些国家公园建设资金方面的急缺问题。

3.6　提高从业人员素质

提高从业人员素质，要从两方面进行：一方面对现有人员，通过培训班、研讨会和实地考察相结合的方式，大力开展培训教育，提高他们的业务水平。另一方面对新进入人员，要通过公务员招考、招聘等方式，积极引进全日制本科以上学历相关专业人才，尽量覆盖国家公园管理需要的各个学科，改善人才队伍结构。

台湾三芝区民宿旅客住宿满意度分析

黄濒仪　欧阳利姝　陈亦婷

台北中国文化大学经济学系

1　前言

随着国民收入提高，国民休闲方式逐渐改变。根据台湾"交通部观光局"网站调查显示，2009 年国人在台湾旅游率为 93.4%，平均每人旅游次数为 4.85 次，平均每次旅游天数为 1.49 天，旅游住宿方式选择民宿的占 5.1%，相较于 2008 年国人在台旅游率提升了 0.9%，平均每人旅游次数提升了 0.04 次，住宿方式选择民宿则提升了 0.1%，由 2008 年的 480.9 万人次增加为 2009 年的 499.7 万人次。人次的增长也伴随着许多商机，旺季观光地区住宿总是一房难求，因此吸引不少业者纷纷投入经营民宿的行列，截至 2011 年，台湾共有 3236 家民宿，房间数达 12289 间。

民宿大量成立，竞争也越来越激烈，如何才能吸引游客进住成为业者最苦恼的问题。业者必须了解：旅客重视的是什么，旅客入住后是否满意，以及如何进一步提高旅客再游或愿意推荐他人投宿，以维持高度的评价，使其能永续经营，这是重要的课题。

新北市三芝区别具特色，每到 2、3 月，全长 66 公里道路的两旁樱花树盛开，10 月盛产茭白笋，区公所举办"三芝乡美人腿节"，吸引不少观光客前来造访，目前已有 17 家民宿。三芝区民宿的研究非常缺乏，本文将针对三芝民宿进行研究，提供民宿业者未来改善经营方式之参考。

本文经由问卷调查了解游客对于选择三芝区民宿的因素，并借由问卷资料分析探讨：游客选择入住民宿的动机、游客选择民宿时重视的主要因素、游客住宿后的满意度、是否再次选择此间民宿入住以及上述入住民宿的动机、重视的因素、满意度之间的关联性。

2　民宿的起源、特性与台湾民宿发展现况

台湾民宿始于 20 世纪 80 年代之"垦丁国家公园"，主要是解决观光地区住宿供需不平衡的问题。郑健雄指出台湾地区民宿是由于观光风景游乐区的兴起，每到假日往往发生住宿设施供不应求的状况，于是当地居民将家中空闲的房间约略整修后，提供给游客住宿，民宿的雏形就此应运而生。[①] 截至 2011 年 4 月，台湾有 3236 间民宿，合法民宿占 89%，花莲（807 家）、宜兰（576 家）、南投县（574 家）居前三名。

3　研究地区现况及调查方法

三芝区位于新北市，台湾西北部地区，面积为 65.9909 平方公里，背山面海，是由小观音山、菜公坑山、烘炉山、面天山等向西北方喷发的火山碎屑所形成。海岸线长度约 7.3 公里，其地形特征由麟山鼻至沙仑湖均为岩砂混合岸砂岸，侵蚀与堆积参平，潮间带宽广，尤其是俗称"咾咕"的藻礁，最具特色。根据台湾"交通部观光局"网站统计显示，全区共有17 家民宿成立。

3.1　问卷设计

参考国内外有关民宿之研究，问卷设计为封闭式问卷，内容包含六大面向：旅游动机、重视度、满意度、旅客消费特性、再游意愿与社经背景，各大面向分别由数个细项所构成。本研究以各面向下之细项为影响因子，分别进行旅游动机、重视度、旅客消费特性与社经背景对旅客是否满意之 Logit 回归分析。

---

① 郑健雄、吴干正：《度假民宿管理》，全华科技图书有限公司，2004。

所询问的变项，若有强弱排序，皆采用李克特综合尺度（Likert Scale），分为 5 个尺度，分数 1、2、3、4、5 分别代表"非常不同意、不同意、普通、同意、非常同意"，"非常不重视、不重视、普通、重视、非常重视"或"非常不满意、不满意、普通、满意、非常满意"。以下分别就各面向进行说明。

旅游动机包含：未曾住过民宿借此机会体验一下、住民宿可以更了解当地特色、民宿附近有吸引人的风景、住民宿追求流行、民宿提供当地个人化旅游行程、可以认识新朋友、可增进同行亲朋好友的感情、民宿给人放松心情的感觉、民宿环境较亲近大自然、民宿给人在家自在的感觉、民宿让人体验不同的感受、民宿价格较便宜、住民宿可以增加旅游经验、与民宿老板交谈能使人增广见闻、相较于观光旅馆，民宿服务更亲切、民宿提供当地特产，共 16 项。

民宿重视度与民宿满意度面向询问项目相同：地理位置（交通便利性）、周围的道路指引、住宿环境的舒适性、安全性、四周的风景、是否提供停车场、接待人员的服务态度、室内的设备、早餐、住宿价格、建筑外观特色、代为安排的套装行程、是否提供接送服务、是否提供休闲设备、周遭的宁静度、室内装潢设计、停车方便且离住宿位置近、内部家具齐全、盥洗用具充足、提供宁静旅游景点、提供结合当地产业 DIY 活动，共 20 项。针对此 20 项满意度所得分数，本研究定义满意指标为 ≥（<）25 分时，Y1 = 1（0），表示满意（不满意）。Y1 将作为旅游动机、投宿前重视度、消费特性、社经背景对满意度影响之 Logit 回归分析的应变数。

消费特性包含：住宿多久、本次同游人数（包含自己）、同行的旅游同伴、主要搭乘的交通工具、得知民宿信息的管道、本次住宿的房间定价（每人每晚）、是否第一次到三芝区旅游、旅游的主要目的为何、主要参观景点、理想民宿之价格，共 10 项。

社经背景包含：性别、年龄、职业、居住地区、婚姻状况、个人每月所得，共 6 项。

3.2 抽样方法及样本说明

研究地区以新北市三芝区的红桥民宿、衫夏民宿及塔卡的家，3 家民宿作为研究对象。问卷抽样期间为 2011 年 4 月 4 日至 2011 年 5 月 13 日，共 41 天。研究者先将各 60 份问卷面交民宿业者，委托业者进行问卷发放。本研究共发放 200 份问卷，实际回收问卷为 183 份，回收率 91.5%，无效问卷 21 份，实际有效问卷 162 份。

4　实证分析

本节首先进行整合性说明，其次进行是否满意此次民宿住宿经验进行 Logit 回归分析，以了解三芝区旅客投宿民宿前的旅游动机、重视度与社经背景如何影响满意度，以作为业者改善经营方式之参考。

4.1　旅客特性与社经背景

抽样旅客之消费特性显示，选择民宿的旅客，超过半数是首次到三芝区、以三芝区为主要参观景点、经由网络搜寻取得民宿信息、仅居住一夜、以自备小客车为交通工具、与家人或朋友出游、为 2 ~ 4 人的团体。房价 801 ~ 1200 元的旅客数居冠占 42.59%，1201 ~ 1600 元其次占 26.54%。社经背景统计资料显示，未婚（68.52%）、居住地在北部（74.69%）的旅客占多数，男女性别占比大约各半，21 ~ 30 岁的旅客居多（47.53%），学生和服务业工作者各占 35.8%。根据样本分配信息，提高网络曝光度，提供便利的停车点与设施，较为平价的民宿价格，应该能吸引年轻族群来访三芝区；若能联合出资提供接驳车，或许可提升非北部地区或靠大众运输工具旅游的旅客人数。

4.2　满意度与重视度

旅客对选择民宿前的重视度及住宿后的满意度显示：民宿旅客最重视的前两项为"民宿的安全性"与"接待人员的服务态度"；最不重视的两项为"民宿业者提供结合当地产业 DIY 活动""民宿是否提供接送服务"。

民宿旅客对住宿后的满意度中，满意度高的前两项为"民宿的安全性""民宿环境的舒适性"；满意度较低的两项为"民宿业者提供结合当地产业 DIY 活动""民宿是否提供接送服务"。

每一项满意度都比重视度低,除了"民宿代为安排的套装行程",其平均满意度为 3.599,高于平均重视度 3.519,民宿业者应对其他项目进行改善。

4.3 是否满意民宿的影响因子

为了解各面向对满意与否的影响,以便未来宣传或设计旅游方案参考,采用各面向之细项对 Y1 进行 Logit 回归分析,将最佳估计结果分别列于表 1 至表 4。系数为正(负)者,代表该变项之特性或强度增强可提升(降低)满意的可能性。

由表 1 可得知:以前未曾住过民宿借此机会体验一下、住民宿是为了追求流行、民宿提供当地个人化旅游行程、住民宿可增进同行亲朋好友的感情、民宿有给人放松心情的感觉、民宿能让我体验与日常生活不同的感受、民宿价格较便宜、相较于观光旅馆民宿服务更亲切等 8 项,均可显著提升整体满意的可能性。

由表 2 得知有民宿的安全性、民宿室内的设备、民宿室内装潢设计、停车方便且离住宿地近、民宿业者提供宁静旅游景点 5 项,重视度项目对整体满意度有影响。越重视民宿室内装潢设计的旅客,对整体满意的可能性越低;越重视其他特性的旅客,对民宿的满意可能性则越高。

表 1 对满意度有显著影响的旅游动机项目

变量名称	B	S.E	显著性
以前未曾住过民宿借此机会体验一下	1.785	0.611	0.007
住民宿是为了追求流行	1.800	1.056	0.088
民宿提供当地个人化旅游行程	1.539	0.688	0.025
住民宿可增进同行亲朋好友的感情	1.809	0.868	0.037
民宿有给人放松心情的感觉	1.792	0.916	0.050
民宿能让我体验与日常生活不同的感受.	1.891	0.719	0.009
民宿价格较便宜	1.609	0.740	0.030
相较于观光旅馆民宿服务更亲切	1.591	0.776	0.040

注:B 为系数,S.E 为标准误,应变数为 Y1。

表 2　对满意度有显著影响的重视度项目

变量名称	B	S. E	显著性
民宿的安全性	2. 201	1. 119	0. 049
民宿室内的设备	2. 081	. 883	0. 018
民宿室内装潢设计	− 1. 757	. 915	0. 055
停车方便且离住宿位置近	− 1. 439	. 917	0. 117
民宿业者提供宁静旅游景点	1. 980	. 739	0. 007

注：B 为系数，S.E 为标准误，应变数为 Y1。

表 3　对满意度有显著影响的消费特性项目

变量名称	B	S. E	显著性
住宿天数	− 1. 051	0. 539	0. 060
同游人数（包含自己）	− 0. 790	0. 369	0. 032
主要搭乘交通工具（自备小客车）	1. 714	0. 808	0. 034
得知民宿住宿信息的主要管道（网络）	− 2. 282	0. 896	0. 011
本次住宿的房间定价（每人每晚）	− 0. 480	0. 351	0. 172

注：B 为系数，S.E 为标准误，应变数为 Y1。

由表 3 得知有住宿天数、同游人数（包含自己）、主要搭乘交通工具（自备小客车）、得知民宿住宿信息的主要管道（网络）、本次住宿的房间定价（每人每晚）等 5 项消费特性对整体满意度有影响。除了采用自备小客车的旅客，可提高整体满意的可能性外，住宿天数越多、同游人数越多或由网络取得民宿信息的旅客，整体满意的可能性都较低。

由表 4 得知有性别（女性）、年龄（20 岁以下）、居住地区（北部）、婚姻状况（未婚）、个人每月所得（40001～50000 元新台币）等 5 项社经背景项目对整体满意度有影响。20 岁以下的年轻人对民宿整体满意的可能性较高，女性、北部、未婚与月所得较高（40001～50000 元新台币）族群对民宿整体满意的可能性较低。

表 4　对满意度有显著影响的社经背景项目

变量名称	B	S. E	显著性
性别：女性	− 1. 100	0. 693	0. 113
年龄：20 岁以下	3. 071	1. 596	0. 054

变量名称	B	S.E	显著性
居住地区：北部	－1.962	0.976	0.044
婚姻状况：未婚	－1.168	0.776	0.134
个人每月所得 40001～50000 元新台币	－2.194	1.110	0.048

注：B 为系数，S.E 为标准误，应变数为 Y1。

5　结论与建议

本文以问卷调查资料进行实证研究，分析选择投宿三芝乡民宿之旅客的旅游动机、重视度、满意度及是否推荐朋友，作为民宿业者改善经营之参考。主要结论如下。

（1）旅客的性别比例大致相同，多为 21～30 岁、以大学生及从事服务业、未婚、北部收入较低的旅客居多。

（2）旅客多以网络得知信息、与朋友开车前往、投宿一夜、住宿之价格为 801～1200 元新台币（每人每晚），出游目的为踏青，促进身心健康。

（3）影响旅客满意度的因素有：未曾住过民宿借此机会体验一下、民宿提供当地个人化旅游行程、可增进同行亲友的感情、民宿给人放松心情的感觉、民宿能体验与日常生活不同的感受、民宿价格较便宜、相较于观光旅馆民宿服务更亲切、住民宿是为了追求流行等。

（4）对整体满意度有影响的重视度项目：民宿的安全性、室内的设备（室内装潢设计）、停车方便且离住宿地近、民宿业者提供宁静旅游景点等。

（5）住宿后的满意度中，最满意的为"民宿的安全性"，最不满意的为"民宿业者提供结合当地产业 DIY 活动"。

（6）除了"民宿代为安排的套装行程"，旅客住宿后的满意度大多低于其重视度，显示民宿业者还有改善的空间。

旅游形态逐渐改变，为避免假日人潮拥挤，民众渐改为较邻近的地区为旅游地点。旅客选择民宿之前五项重视因素有：民宿的安全性、接待人员的服务态度、民宿内部家具齐全、盥洗用具充足、民宿周遭的宁静度、住宿价格。根据这些重要因素，本文提出两点改善建议，供民宿业者参考。第一，旅客重视民宿安全性，若要使旅客愿意投宿，业者可针对安全设备做加强，并且在网页上详细描述所加强的设备措施。第二，民宿若要吸引首次入住之旅客需要告之安全性、服务态度、内部用品、附近宁静度及合理价格，使旅客能安心安全地享受度假乐趣。

三芝区以往并不广为人知，近期因季节性农作物，才吸引游客纷纷前往，未来业者可共同维护当地自然环境及发展结合当地特产之体验活动，提供多样化套装行程及增添其丰富性，一定能吸引更多游客入住三芝区民宿。

理想的国家公园低碳旅游：以"阳明山国家公园"为例

黄濒仪

台北中国文化大学经济学系

1 前言

根据世界旅游组织全球旅游计量表（United Nations World Tourism Organization World Tourism Barometer）统计，国际旅客（过夜的游客）2014年的总数为 11.38 亿人次，观光旅游业是现今世界最具活力与潜力的产业之一，但旅游中的交通运输、住宿及其他相关活动所造成的二氧化碳排放占全球二氧化碳总排放量的 4% ~6%，且随着大量游客涌至，生态环境难免受到破坏。要改革传统的观光行为，联合国世界观光组织所揭橥的永续观光发展系指"增进与保护环境，符合人类基本需求，满足现代与后代观光需要，并且改善全人类的生活质量"。《联合国全球观光旅游伦理法则》勾画出观光发展和旅游部门不同利益相关者的基本原则，旨在最小化观光对环境和文化遗产的负面影响，同时最大化观光在促进永续发展、减轻贫困和增进国与国之间理解的利益。

身为地球公民，观光旅游产业界及旅客都有责任和义务去推广及实践低碳的绿色旅游，优先以低碳的交通方式安排游程，提供对环境友善及具环保观念的住宿或游憩地点，并运用在地小区人力及餐饮等资源，漫游体验当地生态人文，由山野乡林的生态旅游，转变成更强调"节能减碳"的精神，去享受体验"生态人文"的游程，更进一步包含社会公益或绿色游教育的碳平衡活动。

"阳明山国家公园"受到台湾地区有关规定的严格保护，得以维持完整的生态体系与自然优美的环境，再加上便利的交通与完善的步道系统及公共设施，是台北市民最易亲近的宝地，是民众体验自然、登山强身之处，更是学子充满惊奇之旅的户外教室，正是大台北地区最佳的户外环境教育场所，因此本文以"阳明山国家公园"为例，擘画理想的国家公园低碳旅游形态。

文章首先说明低碳旅游的缘起，第二节定义何谓低碳旅游，第三节介绍美丽的"阳明山国家公园"，第四节规划理想的国家公园低碳旅游方案，最后提出结论与建议。

2 低碳旅游

低碳旅游是指在旅游活动中，尽量减少碳足迹、降低温室气体排放量。即以低能耗、低污染为基础的绿色旅行，融入在地自然、生态、景观及人文等内容。业者之低碳旅游行程规划，应符合销售之旅游行程中，包含一条两天一夜以上并以低碳旅游为主题之行程，需达自评表80%以上项目符合（见表1），且低碳旅游行程符合以下规范：（1）有4小时以上之旅游行程不使用运输工具（不含大众运输工具及自行车）。（2）行前向参与旅游行程之旅客宣传自备清洁盥洗用品（如牙刷、牙膏、毛巾、洗发乳、沐浴乳及护发乳）及环保杯。（3）行前向参与旅游行程之旅客宣传餐饮使用非一次用餐具或自备餐具。①

"台湾绿色旅游协会"（Green Tourism Association of Taiwan，GTAT），对绿色旅游的定义：旅客以对环境冲击最小的旅游形态，秉持"节能减碳"的

---

① 银级环保旅行业须符合上述标准及全年参与低碳旅游行程之旅客人数达300人以上，并于一条低碳旅游行程规划中，至少包含一处当地政府或各机关所推荐的环保、生态或低碳之旅游场所，旅游时间至少2小时。金级环保旅行业全年参与低碳旅游行程之旅客人数达500人以上。于3条低碳旅游行程规划中，均至少包含一处当地政府或各机关所推荐具环保、生态或低碳之旅游场所，旅游时间至少2小时。同时建立环保宣传规范，低碳旅游行程之随车服务人员（导游）应于行程开始前，依低碳旅游自评表之内容传达旅游行程包含低碳做法及个人节能环保之要求。

精神，享受"生态人文"的游程体验。并提出绿色旅游在食、衣、住、行、育、乐、购的七项主张及一项建议：（1）食：有机当季——用餐以环保有机与当季在地食材为原则，力求降低土地污染及减少运输的耗费。（2）衣：轻便舒适——穿轻便环保功能服装，舒适透气，以便行李减量，降低运送清洗，减少能耗。（3）住——节能在地，住有环保节能概念，且优先使用在地建材及在地员工的绿色旅馆。（4）行——公共低碳，旅游期间优先选择大众运输、单车健行、低碳节能的交通工具。（5）育：尊重自然——尊重大地，不去违反自然的旅游地，以环保3R（Reduce、Reuse、Recycle）的精神与旅游地共处。（6）乐：关心体验——走入山海城乡、小区聚落、农场森林、田野湿地去关心环境生态及人文风情。（7）购：当地特产——购买旅游当地农特产品及工艺纪念品，以增加当地业者收益，又可以减少运输耗能。（8）公益：碳补偿——可在游程中加入有益于降低碳排的活动如公益植树、奖励措施、绿色教室等以具体行动推动绿游及环保观念等。

表1 低碳旅游自评

项 目	说 明	符合情形
食	1. 用餐以蔬食与在地食材为原则，不食用保育类动物，降低土地污染、生态破坏及减少运输的耗费	□符合 □不符合
	2. 用餐食物中减少罐头或其他包装过多的饮食	□符合 □不符合
	3. 宣传旅客餐饮使用非一次性餐具或自备餐具	□符合 □不符合
	4. 全程不主动提供包装饮用水，得由旅客自行取用	□符合 □不符合
衣	1. 宣传穿着轻便具环保功能的服装，以舒适透气为诉求，便于清洗，减少耗能	□符合 □不符合
	2. 宣传减量所携带的行李，以降低运输车辆的能耗	□符合 □不符合
住	1. 至少选择一家当地政府或各机关推荐的绿色、低碳或环保旅馆住宿	□符合 □不符合
	2. 宣传连续住宿同一间房时，不更换床单及毛巾	□符合 □不符合
	3. 宣传旅客使用自备清洁盥洗用品（如牙刷、牙膏、毛巾、洗发乳、沐浴乳及护发乳）	□符合 □不符合

项　目	说　明	符合情形
行	1. 安排以单车、火车、高铁或健行之低碳节能旅游行程	☐符合 ☐不符合
	2. 提供参与旅游行程人员到达集合地点之大众运输指引或接驳运具，减少自行开车情形	☐符合 ☐不符合
育	1. 旅游行程中以不严重冲击自然环境场所为主	☐符合 ☐不符合
	2. 纳入旅游场所在地人员作为导引及解说，提供周遭自然环境、在地文化、文化资产之相关信息与解说给游客，并适时宣传碳足迹概念	☐符合 ☐不符合
乐	1. 走入山海城乡、小区聚落、农场森林、田野湿地，关心环境生态及人文风情	☐符合 ☐不符合
购	1. 纳入购买旅游当地农特产及工艺纪念品，增加当地业者收益，减少运输能耗	☐符合 ☐不符合
	2. 纳入购买绿色产品之旅游行程，以增加绿色产品的市场推广	☐符合 ☐不符合

注：以上自评结果为80%（达13项）以上符合时，始为低碳旅游。

资料来源：台湾环境保护主管部门。

国家公园负有保存物种、吸收二氧化碳、调节并平衡气候之重大机能，更具有宣传教育与推广的责任。台湾国家公园针对全球气候变暖，具有充分掌握全球暖化与环境变迁之趋势、维护所有可降低暖化现象之自然资源、树立减缓温室气体调适暖化之典范、结合小区与民众了解全球暖化对环境资源之冲击等四项重要任务。而"阳明山国家公园"拥有独特的火山地质景观，且肩负北台湾重要水源涵养、空气滤净、阻绝噪声、水土保育的任务。又紧邻人口稠密的台北市，也扮演"都会国家公园"的重要角色。这片山清水秀的园地，每年吸引上千万游客，若能成功推动低碳旅游，定能有效减少碳排放量。

3　"阳明山国家公园"　简介[①]

"国家公园"，是指具有国家代表性之自然区域或人文史迹。自 1872

---

① 整理自 http：//www. ymsnp. gov. tw/index. php？ option = com_ content&view = article&id = 18&gp = 0&Itemid = 231。

美国设立世界上第一座国家公园——黄石国家公园（Yellowstone National Park）起，迄今全球的国家公园已超过 3800 座。台湾自 1961 年开始推动国家公园与自然保育工作，1972 年制定相关管理规定之后，相继成立垦丁、玉山、阳明山、太鲁阁、雪霸、金门、东沙环礁、台江与澎湖南方四岛共计 9 座国家公园。

"阳明山国家公园"于 1985 年 9 月 16 日成立，位处台北盆地北缘，东起磺嘴山、五指山东侧，西至向天山、面天山西麓，北迄竹子山、土地公岭，南迄纱帽山南麓，面积约 11338 公顷。行政区包括台北市士林、北投部分山区，及新北市淡水、三芝、石门、金山、万里等区之山区；海拔高 200～1120 米。园内目前设立梦幻湖、磺嘴山及鹿角坑 3 个生态保护区，着力于栖地物种的保护与复育，除弥足珍贵的特殊地形生态之外，更担起调节北台湾都会人的休闲重任。

3.1 火山活动与地形地质

以大屯火山群为主体的"阳明山国家公园"，地质构造多属安山岩，区域的火山活动持续了 200 多万年，共形成了 20 多座火山，大约在 20 万年前纱帽山出现后，喷发活动才停止下来，目前的火山地景都是后火山活动的遗迹，包括锥状、钟状的火山体、火山口、火口湖、堰塞湖、温泉以及硫黄喷气孔等，构成本区独特的地质地形景观。园区内最高峰七星山（标高 1120 米）是一座典型的锥状火山，由火山喷发的熔岩流和火山碎屑交互堆积形成；钟状火山的代表则是纱帽山，是由较黏稠的熔岩流以缓慢的速度堆积形成。喷气孔与温泉主要分布于北投至金山间之"金山断层"外围。区内的大油坑、小油坑、马槽、大磺嘴等地，都可见到强烈的喷气孔活动；而分布于园区内顺着断层裂隙涌出的多处地热温泉区，远近驰名。除了四散分布大大小小的喷气孔，以及喷气孔周边黄色的黄磺结晶，与气势磅礴、雾气蒸腾的地热之外，火口湖与断层，亦是火山区内最典型的景观特征。

园区海拔高度为 800～1200 米，但地势起伏依然剧烈，山脉、溪谷、湖泊、瀑布、平顶、盆地等各种地形交杂，呈现丰富的景观变化。特殊的矿床、岩层，壮观的瀑布（著名的瀑布有绢丝瀑布、大屯瀑布、枫林瀑布等），及呈放射状向四方奔泻的溪流，亦成为"阳明山国家公园"重要的景观资源。

3.2　植物

维管束植物种类含部分栽培的驯化种多达 1359 种。整体植物社会受火山地质及东北季风之影响深远，冬季的低温、高湿特质，造成部分原本栖生于 2000 米中海拔的植物，如台湾龙胆、昆栏树在此有海拔分布的"北降现象"。植物景观大致可分为水生、草原及森林植被三大类：水生植被以火口沼泽地、贮水池为主要分布区，而以水毛花、针蔺、荸荠、灯心草等较为常见，"台湾水韭"更为台湾特有种，且仅生存于本区的七星山东坡。包箨矢竹及白背芒为本区草原景观之主要植被，广见于海拔 600 米以上地区。森林植被则以樟科植物为优势种，如红楠、大叶楠等，其他如杨桐、昆栏树、墨点樱桃亦极为常见，人工造林树种则以相思树、柳杉、枫香、黑松、琉球松等数量较多。随着季节的更替，本区的植物亦会更换多变的外衣，值得慢慢品味。

3.3　动物生态

"阳明山国家公园"多样的地形及繁茂的植被，提供了各种动物绝佳的觅食、活动和栖息场所，进而孕育了丰富的动物群聚。根据调查，目前园区至少有哺乳动物 34 种、鸟类 123 种、两栖类 22 种、爬虫类 53 种、鱼类 22 种、昆虫类 662 种，以及其他无脊椎动物数千种。本区的中型哺乳动物以赤腹松鼠、台湾野兔、鼬獾及台湾猕猴族群数量较多，白鼻心、穿山甲与麝香猫仅偶可见之，而台湾猕猴、台湾大蹄鼻蝠与台湾小蹄鼻蝠更是台湾特有种。

以鸟类来说，除低海拔常见的粉红鹦嘴、绣眼画眉、竹鸡和五色鸟等优势鸟种外，少见的台湾特有种——台湾蓝鹊于区内不难见到。每年秋季的 10 月及春季的 3 月，因为候鸟过境的关系，是本区鸟种最丰富的月份，尤以白腹鸫最为易见；属夏候鸟的家燕在每年的 4 月至 9 月，则常见于冷水坑、小油坑地区。

在两栖类中，以台北树蛙、泽蛙、长脚赤蛙、盘古蟾蜍等族群量较大。爬虫类中，则以黄口攀蜥、丽纹石龙子、赤尾青竹丝、花浪蛇、红斑蛇及青蛇等较为常见。

阳明山地区每年春、夏季之 5 ~ 8 月，常见绚丽斑斓的蝶群出现在不同类型的环境，尤其各山顶草原区之青斑蝶类，更常成百上千地随着气流日日重复上演着群蝶飞舞的壮观景象；除了斑蝶类外，引人注目的凤蝶在本区内亦有多量分布，而以大凤蝶、大红纹凤蝶、乌鸦凤蝶和黑凤蝶较为易见。夏日的蝉、秋夜的螽斯和其他数以千计的昆虫，更丰富了"阳明山国家公园"的生物多样性。

3.4 人文古迹

阳明山昔称草山，由于紧邻台北盆地，开发历史甚早，在历经凯达格兰族、汉人、荷兰、西班牙、日本等文化迥异族群之洗礼后，遗留下极具多样性的文化轨迹。重要人文史迹有大屯山的硫黄开采史、鱼路古道等。硫黄是台湾最早发现而且被广泛使用的矿物，由于极具经济价值而成为重要的贸易品。早期硫黄是制造火药的主要原料，因此，硫黄矿产甚丰的阳明山区发展史乃并随硫黄的开采而展开。据记载，明时，商人即以玛瑙、手镯等物品和本区少数民族换取硫黄。清康熙年间，探险家郁永河曾渡海来台考察硫黄产地，足迹达北投行义路、阳投公路纱帽桥间之大磺嘴硫气孔区；康熙以至同治，因恐民间私制火药，曾下令严禁私采，甚至定期烧山，对私采者课以重刑，直至光绪年间，刘铭传上奏，硫黄开采改为官办，才再度开禁。采硫开禁后，七星山一带成为主要产硫中心，汉人亦因此逐渐北移，进而开发大屯山山脚及其周围。除此，客家人，福建泉、漳二州人民先后进入本区，辟茶园、种蔬果，农业活动因此兴盛。日据时期，日本人在此广植黑松、相思树、枫香等，并开辟温泉，兴建公共温泉浴室，为本区观光资源利用之始。俗谚"草山风、竹子湖雨、金包里大路"的"大路"，指的就是早期金山、士林之间渔民担货往来的"鱼仔路"，这条古道除了体现早期农业、渔业社会的生活风貌之外，也是从事生态旅游、自然观光的理想步道。今日，阳明山区的传统农业活动已趋没落，代之而起的是极具产业观光功能的花卉栽培等精致农业。

3.5　理想的国家公园低碳旅游

色彩缤纷的各种杜鹃与漫山遍野的绯寒樱，一扫隆冬的阴霾、单调，而将大地装点得分外动人。夏季在西南季风的吹拂下，午后偶有雷阵雨，雾雨初晴时，山区常可见"虹桥跨立山谷"的景致，使雨后的阳明山更加亮眼。当秋季来临的 10 月份，白背芒形成一片随风摇曳的花海；稍晚，枫红点缀枝头，树叶片片金黄，交织成一幅盛名远播的"大屯秋色"。冬季时因受东北季风影响，阳明山区经常寒风细雨，低温高湿，云雾弥漫，别具一番景致；若遇强烈寒流来袭，七星山、竹子山、大屯山一带偶可见白雪纷飞，成为瑞雪覆盖的银白世界，四季为都市客编织出绮丽的游憩乐园，这也就是"阳明山国家公园"每年吸引千万游客的美丽秘方。

平均每日约 12900 人次到访，如此庞大的游客量恐将造成生态环境与文化资源的冲击，国家公园管理处面对观光旅游快速成长所带来的游憩压力，拟订生态旅游路线之选线原则、解说教育及小区合作等生态旅游规范及行动计划，建立民众与小区居民对环境的正向态度，让观光旅游转变为对环境负责的生态旅游。"阳明山国家公园"提供相当仔细的游憩信息网页，游客若善加利用即可展开低碳旅游。

园区之生态旅游路线包含：顶山石梯岭之旅，七星山之旅，金包里大路之旅，面天山之旅，龙凤谷之旅，春季花乡之旅，夏季赏蝶之旅，秋季赏芒之旅，冬季温泉之旅。以七星山之旅为例介绍以下信息。[①]

1. 建议路线分（1）休闲路线：冷水坑游客服务站→林荫步道→七星公园→梦幻湖→小油坑地质景观区→箭竹林步道→小观音站停车场，本路线为平路、缓陡坡、急下陡坡等路况，全程约计 4.5 公里。（2）登山路线：冷水坑游客服务站→林荫步道→七星山东峰→七星主峰→小油坑地质景观区→箭竹林步道→小观音站停车场，本路线为平路、急上陡坡、急下陡坡等路况，全程约计 6.4 公里。有心脏病、高血压患者、膝盖受伤者等不宜。

---

① 整理自 http：//www. ymsnp. gov. tw/index. php？ option ＝ com＿ content&view ＝ article&id ＝ 5&gp ＝ 0&Itemid ＝ 141。

2. 景点介绍：（1）梦幻湖：观察湖中珍贵植物。（2）小油坑地质景观区：体验小油坑的磅礴气势。（3）箭竹林步道：有经过 50 年以上才开花一次的箭竹生态。（4）七星山东峰：平等里、卫星雷达站、擎天岗尽入眼帘。（5）七星主峰：台北盆地最高山（海拔 1120 米），峰顶一级三角点视野宽阔，眺望金山、大台北盆地一览无遗。

3. 建议携带物品：（1）必备：背包、水壶（1000 毫升以上）、简餐、轻便雨衣。（2）视个人而定：相机、望远镜、个人药品、登山杖（或长把雨伞）。（3）一颗愉悦的心，垃圾请带下山。给地球一个"爱"。

4. 交通信息：（1）去程：A. 剑潭捷运站或士林捷运站→小 15 →冷水坑游客服务站；B. 剑潭捷运站或士林捷运站→红五→ 108 游园公交车。（2）回程：A. 游园公交车 108 →红五或 260 公交车→士林或剑潭捷运站；B. 皇家客运→士林或剑潭捷运站；C. 游园公交车 108 →小 9、230 →北投捷运站→新北投捷运站；D. 216、218、266 公交车。

步道探访包含①：大屯山系，七星山系，擎天岗系及人车分道系统，擎天岗系分为绢丝瀑布步道、金包里大路（鱼路古道）、擎天岗环形步道、顶山·石梯岭步道、坪顶古圳步道，以绢丝瀑布步道为例网站信息有：步道简介（包含步道路程及高低落差图）：菁山路登山口→绢丝瀑布→观景平台→擎天岗游客服务站，全长约 2.2 公里，平均坡度 5°，步行时间约需 1 小时 30 分钟。另有步道图，游憩景点，交通信息，动植物生态及解说牌。

乐活单车游路线计有②：阳投公路（I），阳投公路（II），中正山产业道路，101 甲县道，竹子湖产业道路，至善路 3 段—擎天岗枫林桥—风柜口等 6 线。以阳金公路为例，提供的信息包括路线介绍，路线旅程表（见表 2），景观照片及周边景点。（1）路线：阳金公路复兴桥→仰德大道→中山楼→阳明山公交车总站→小油坑→马槽桥→金山市区。（2）路线分级：C（困难级）。（3）总长度：约 32.5 公里，其中爬坡长度约 14.3 公里（复

---

① 整理自 http：//www. ymsnp. gov. tw/index. php？option = com_ linemap&view = linemap&id = 5&Itemid = 133。

② 整理自 http：//www. ymsnp. gov. tw/index. php？option = com_ bicyclemap&view = bicyclemap&id = 9&Itemid = 135。

兴桥→仰德大道→中山楼→阳明山公交车总站→小油坑）。（4）爬坡高差：约海拔 751 米。（5）平均坡度：5.3%。（6）平均路宽：约 7 米。（7）骑乘所需时间：约 160 分钟（以每小时 6～20 公里时速计算）。（8）爬坡骑乘所需时间：140 分钟（以每小时 6 公里时速计算）。（9）叮咛：山上气候变化大且部分路段陡峭，请结伴骑乘并注意安全。

表 2　阳金公路乐活单车游路线旅程

位置	累积里程（公里）	高度（米）	路宽（米）	注意事项
复兴桥	0	366	13	起点
华兴中小学	3	116	7	—
山仔后	6.5	379	—	—
中国丽致饭店	7.6	373	—	—
中山楼	8.6	421	12	—
阳明山公交车总站	8.9	420	—	—
国家公园游客中心	10.1	520	7	—
竹子湖派出所	11.9	670	—	—
小油坑	14.3	787	—	—
马槽桥	18.6	609	—	—
天籁小区	26.6	249	—	—
金山市区	32.5	37	—	终点

另有阳明书屋线，七星公园线，大屯自然公园，箭竹林步道线，七星山连峰线，七星山主峰线，二子坪线，擎天岗线，石梯岭线，梦幻湖线，金包里大路（鱼路古道）等推荐旅程。以阳明书屋线为例①：（1）路线经过——阳明山公交车总站→国家公园游客中心→中兴路→阳明书屋→阳明公园→草山行馆→阳明山公交车总站。（2）简介内容——①路程距离：游客中心沿着人车分道到阳明书屋，经阳明公园再到草山行馆，最后到阳明山公交车总站，路程约为 5 公里；②步行时间：约为 70 分钟；③沿途路况：先沿着人车分道的森林小径，其中有一段约 100 米的陡坡，会与公路交会。跨到对面沿中兴路继续前进，经过阳明书屋的门口，一路可达阳明

---

① 整理自 http：//www.ymsnp.gov.tw/index.php? option = com_ routes&view = routes&catid = 393&gp = 0&Itemid = 475。

公园有名的花钟，路况皆为柏油路；④沿途特色：A. 体验人车分道的生态环境，B. 若时间充裕，可在阳明书屋多作停留，参观其中的服务站的展示内容、影片介绍或聆听文史资料的解说，C. 经过阳明公园则可深入观察其中，发现造园设计手法及生态特殊之处。

由以上的说明可知，游客只要能充分利用国家公园所提供之信息，衡量自己的体能，时间及气候，就能利用大众运输工具、单车或健行开始低碳节能旅行。

表3 台北市北投区（大屯里、泉源里、湖田里、湖山里、开明里）农特产品

	大屯里	泉源里	湖田里	湖山里	开明里
赏枫	—	—	—	12～1 月	—
山茶、茶花	—	—	—	10～12 月	—
樱花	—	—	—	1～3 月	—
杜鹃花	—	—	—	1～5 月	—
海芋	—	—	1～5 月	3～5 月	—
紫阳花	—	—	5～6 月	—	—
橘柑	1 月	12～4 月	1～3 月	1～3 月	—
杨梅	5 月	6 月	5 月	5 月	—
平地水蜜桃	5 月	5 月	5 月	5 月	—
草莓	—	1～5 月	—	—	—
桂竹笋	—	3～4 月	—	—	—
绿竹笋	5 月	5～10 月	—	—	6～7 月
高丽菜	—	12～4 月	7 月	1～3 月	—
白萝卜	—	12～4 月	—	1～3 月	—
山药	—	—	—	9 月	—
时令青蔬	全年	全年	全年	全年	全年

资料来源：http：//www.ymsnp.gov.tw/index.php？ option = com_ content&view = article&id = 105&gp = 0&Itemid = 169。

表4 新北市（淡水区、三芝区、石门区、金山区、万里区）农特产品

	淡水区	三芝区	石门区	金山区	万里区
甘薯	—	7～9 月	8～9 月	8～10 月	8～10 月
芋头				9～10 月	

续表

	淡水区	三芝区	石门区	金山区	万里区
茭白笋	—	9~11月	9~10月	10~12月	10~12月
山药	—	9~3月	—	—	—
剑笋	—	—	4月	—	—
桂竹笋	—	—	4~5月	—	—
绿竹笋	—	—	6~7月	—	—
花蟹、三点蟹	—	—	2~3月	—	—
毛蟹	—	—	9~10月	—	—
西瓜	—	7~8月	—	—	—
茶籽油	全年	—	—	—	—
盐卤豆腐	全年	—	—	—	—
铁观音茶	—	—	全年	—	—
石花	—	—	5~6月	—	—

资料来源：http://www.ymsnp.gov.tw/index.php? option = com_ content&view = article&id = 105&gp = 0&Itemid = 169。

民以食为天，民众上阳明山除了踏青外，总是喜欢吃野菜、放山鸡，宜进一步推广游客用餐以蔬食与利用在地食材（表3、表4为园区周边农特产品）为原则，减少食物运输里程。不食用保育类动物，自备餐具或不使用一次性餐具。

4　结论与建议

观光客不是人类学家而是一般消费者，消费者所关心的是身心是否快乐，常忽略伦理规范、观光的永续，出现违法的（illegal）、不留意的（careless）行为，例如另通往阳明山的仰德大道在例假日及连续2日以上之法定假日对无通行证之自用小客车于8时至15时进行上山管制，14时至18时进行下山管制，希望游客多利用公共运输系统，除避免交通拥堵，更可降低碳排放量。民众利用台北等公交车的APP，可以规划路线及查询公交车到站时间，比自行开车更方便。比如为配合阳明山花季、竹子湖海芋季，台北市交通局发布详细的公共运输路线及转乘信息，为鼓励民众搭乘公共运输工具上山，福林公园地下停车场提供转乘公交车上山之民众当

日当次停车前 3 小时免费之优惠措施，且延长公交车行驶路线，方便假日
由四面八方涌入的游客，但民众因田园或温泉餐厅无公共运输工具直接抵
达，仍选择自行开车。又如区内八烟聚落水中央及其农村风情吸引广大游
客热爱，但陆续衍生游客影响聚落居民生活、生产空间等情事，以及外来
团体进入聚落经营游程等问题。若八烟地区能于保有自然风貌的同时，亦
能自主营运成为国家公园内生活、生产、生态、生命兼具之四生示范小
区，是多么美好的风景。

　　如何改变民众行为？愿意从食、衣、住、行、育、乐等生活化的面向
作改变，能为调适气候暖化尽一份心力，国家公园宜推动符合生态旅游精
神之生态旅游服务业，让民众体会生态之美，及生态的价值，以环境解说
教育推广全球暖化之观念与调适策略，并与企业、地方团体或小区合作，
培训居民参与永续经营之事务，推动小区节能减碳活动，将节能减碳的观
念通过教育倡导深植每个人心中，以改善温室气体之排放。让民众愿意优
先以低碳的交通方式安排游程，选择提供对环境友善及具环保观念的住宿
或游憩地点，并运用在地小区人力及餐饮等资源，漫游体验当地生态人
文，共同为全球环境质量的改善及生态栖地的保存尽一己之力，美丽的大
自然，值得我们进一步去发掘与珍惜保存。

中国观光客对台湾经济的产业波及效果评估：投入产出分析的应用

李见发

台湾朝阳科技大学财务金融系

黄宗煌

台湾环境与资源经济学会暨台湾综合研究院

洪振义 *

台湾朝阳科技大学财务金融系

1 前言

从 20 世纪 70 年代中期起，中国实施经济的改革开放，吸引了大量的国际资金流入。中国每年的经济成长率超过 10%，仅次于美国，成为世界第二大经济体。同时，随着经济的成长，中国人民收入大幅提升，国外旅行的人数也逐年攀升，中国人的旺盛消费力广受世界各国的重视。

中国是当前国际观光游客人数成长快速的国家，根据中国旅游研究院（China Tourism Academy）研究显示，2011 年中国出境旅游人数达到 6500 万人次，出境旅游消费突破 500 亿美元，2012 年推估出境旅游人数将会更进一步增加至 7840 万人次，旅游消费将达到 800 亿美元水平。

海峡两岸在经济上紧密结合，台湾的贸易出口额超过 40% 是依赖中国大陆市场。因此，中国大陆对台湾的影响力日益深远。台湾自 1991 年起开放中国大陆专业人士来台湾访问，包括学术、体育、宗教、经贸等交流活

---

* 洪振义，台湾朝阳科技大学财务金融系，台中县雾峰乡吉峰东路 168 号，E - mail：hcyih@ cyut. edu. tw，电话：+886 - 4 - 23323000 ext. 4304，传真：+886 - 4 - 23742333。

动，2002 年 1 月 1 日起逐步开放留学或永久居留权。2008 年 3 月台湾领导人选举，国民党胜选，政权轮替，大陆与台湾之间的关系获得改善。同年 7 月，台湾有关当局对两岸旅游政策有了转变，大幅取消对中国大陆的旅游限制，放宽旅游范围。其有两个目的：第一个目的是进一步扩大两岸人民的交流；另一个目的是能够为台湾创造经济效益。同年 9 月爆发美国雷曼兄弟投资银行的倒闭，掀起全球性的金融危机，台湾经济遭受严重打击，国际经济因素加速了台湾对中国大陆的旅游开放。

台湾的旅游政策调整后，来自中国大陆的旅游人数逐年增加。2008 年下半年，入境台湾的大陆旅游人数为 329204 人，2009 年增加为 972123 人。到了 2010 年与 2011 年更进一步突破百万人，分别为 1630735 人、1784185 人，根据台湾"观光局"统计的资料，2010 年第一季中国大陆来台湾的人数超过其他国家和地区来台湾的旅游人数，中国大陆来台人数成为台湾最大的旅游人口数。2011 年 6 月台湾的旅游政策再度放宽，开启个人的自由旅行方式。随着旅客人数的增加，以及旅游模式的多元化，使台湾对于中国大陆旅客来台湾所造成的效益有诸多的评价与期待，不同单位的发布数据都有不同的宣称与期待。

台湾对来自中国大陆旅客的研究主要以旅游意象、旅游动机、旅游满意度以及旅游行程的规划等议题上。另外，也有少数的研究只停留在社会文化与政治层面的探讨，缺乏中国大陆旅客的观光对台湾经济影响的相关研究。基于中国大陆旅客在台湾全体旅游市场的比重大幅增加，加上至今的研究对于中国大陆旅客产生的经济效益少有的实证分析，故本文将以产业关联波及模型分析中国大陆旅游观光的经济效果。

台湾是一个小型开放经济体，一直以来贸易出口扮演经济成长的引擎角色。世界金融危机之后，台湾贸易大幅度减少，经济成长呈现停滞状态，观光旅游所带动的产业成长成为台湾政策转变的一种尝试。所以，中国大陆旅客的增加对台湾经济的影响也越来越明显，特别是对台湾旅游相关产业的发展有重要的影响。

然而具体上，究竟对中国大陆旅游政策的调整对台湾的经济产生多大的影响？能够创造多少台湾的就业人数？由于台湾缺乏这方面的文献，所以本文的研究目的是透过实证分析中国大陆旅游政策的转变对台湾经济所产生的影响。

2　文献回顾

中国出境旅游始于 1983 年开放广东省居民到香港探亲，1984 年更扩大为全国性的探亲旅游，但是旅费必须由海外的亲属负担，所以出境旅游并不多。1990 年，中国旅客出境转为自费性的观光旅游，出国观光人数也逐年增加。因此，在这方面的相关研究也从 90 年代之后期才受到重视。

早期对中国的国外旅游文献中，Yue 和 Pauline，Qiu 和 Qu，Qu 和 Lam，Cai 等，Qiu 和 Lam 皆以亚洲地区的研究为主，包含中国香港、新加坡、马来西亚、泰国等。这些论文推论中国未来海外旅游将会有更惊人的增长。1984 ~ 1994 年，中国内地到中国香港的旅游人数年均增长 24.6%。在消费能力上，也从 1993 年之总消费金额 80 亿港元增长到 1994 年的 106 亿港元。另一方面，透过新加坡、马来西亚、泰国的旅游，分析中国旅客的旅游行为及社会经济特性①。

2000 年以后，随着中国经济的成长与所得的提升，中国出境旅游的相关研究数量也随之增加，研究内容偏向在中国出境管制政策、观光旅游的行为模式以及旅游市场规模大小的实证分析，这方面的文献有 Carey 和 Law，Kim 等 ②。

---

① Y. Wang, and P. J. Sheldon , "The Sleeping Dragon Awakes: The Outbound Chinese Travel Market," *Journal of Travel & Tourism Marketing* 4 (1996): 41 – 54; H. Z. Qiu, and H. Qu , "The Trends of China's Outbound Travel to Hong Kong and Their Implications," *Journal of Vacation Marketing* 2 (1996): 373 – 381; H. Qu, and S. Lam , "A Travel Demand Model for Mainland Chinese Tourists to Hong Kong," *Tourism Management* 18 (1997): 593 – 597; L. A. Cai, C. Boger and J. O'Leary , "The Chinese Travelers to Singapore, Malaysia, and Thailand: An Unique Chinese Outbound Market," *Asia Pacific Journal of Tourism Research* 3 (1999): 2 – 13; H. Z. Qiu, and T. Lam , "An Analysis of Mainland Chinese Visitors' Motivations to Visit Hong Kong," *Tourism Management* 20 (1999): 587 – 594.

② C. Goh, and R. Law , "Modeling and Forecasting Tourism Demand for Arrivals with Stochastic Nonstationary Seasonality and Intervention," *Tourism Management* 23 (2002): 499 – 510; S. S. Kim, Y. – Z. Guo and J. Agrusa , "Preference and Positioning Analyses of Overseas Destinations by Mainland Chinese Outbound Pleasure Tourists," *Journal of Travel Research*, *Available*: 2005, < http://jtr.sagepub.com/cgi/content/abstract/44/2/212 > , (acessed on 2005/03/15/).

Cai 等、Soo 等针对中国旅客在美国的观光目的做分析①，Huang 和 Hsu 以面谈方式分析中国旅客，大部分认为香港是购物天堂，购物是游香港的主要动机。② 联合国世界旅游组织（United Nations World Tourism Organization，UNWTO）的研究也分析中国旅客在国外的消费形态与观光市场，UNWTO 研究显示购物是中国旅客旅游中最受欢迎的行程，购买的物品则以当地名特产为主，并讨论中国旅客对欧洲的旅游意识。③ Wang 和 Wen 以 2008 年台湾开放大陆旅客的观光签证之后，评估经济效益，认为开放大陆旅客对台湾的经济带来正向的经济收益。④ 两年的开放期间，总计产生 596 亿元新台币的观光收入，增加台湾地区生产总值有 1092 亿元新台币，总共增加 52943 人/年就业机会。

Liu 等应用的产业关联波及模型和就业创造模型，来探讨大陆游客对台湾的就业市场影响，以及探讨对旅游相关产业的影响程度。⑤ Li 等与 Chien 等发现，就业系数，收入份额的比例，最终需求的生产诱发依赖度是导致餐旅业间波及效果的差异的关键因素。⑥ Hong 等发现，根据航运管制解除带来的经济波及效果，大陆游客的旅游消费将对未来台湾经济至关

① L. A. Cai, X. You, and J. T. O'Leary, "Profiling the U. S. – Bound Chinese Travelers by Purpose of Trip," *Journal of Hospitality Marketing & Management* 7 (2001): 3 – 16; S. C. Jang, L. Yu and T. Pearson, "Chinese Travelers to the United States: A Comparison of Business Travel and Visiting Friends and Relatives," *Tourism Geographies* 5 (2003): 87 – 108.

② S – S. Huang, and C. H. C. Hsu, "Mainland Chinese Residents' Perceptions and Motivations of Visiting Hong Kong: Evidence from Focus Group Interviews," *Asia Pacific Journal of Tourism Research* 10 (2005): 191 – 205.

③ United Nations World Tourism Organization (UNWTO), "Chinese Outbound Tourism," (Madrid, Spain: UNWTO, 2003), pp. 31 – 122; United Nations World Tourism Organization (UNWTO), "The Chinese Outbound Travel Market with Special Insight into the Image of Europe as a Destination," (Madrid, Spain: UNWTO, 2008), pp. 47 – 54.

④ S – M. Wang, and P – C. Wen, "The Economic Effects of Chinese Tourists on Taiwan Economy," *Prospect Quarterly* 11 (2010): 133 – 175.

⑤ C. H. Liu, C. Y. Hong and J. F. Li, "An Industry – Related Spillover Analysis of the Impact of Chinese Tourists on the Taiwanese Economy," *Tourism Management* 36 (2013): 423 – 425.

⑥ C. H. Liu, C. Y. Hong and J. F. Li, "An Industry – Related Spillover Analysis of the Impact of Chinese Tourists on the Taiwanese Economy," *Tourism Management* 36 (2013): 423 – 425; C. M. Chien, C. Y. Hong and J. F. Li, "Spillover Effects of Tourism Policy Changes on Hospitality Industries," *Global Journal of Business Research* 8 (2014): 111 – 124.

重要。① 台湾经济不仅在贸易方面依赖中国大陆，且大陆游客的消费也是不可忽视的一环。Lo 等（2014）根据 Leontief 和 Miyazawa，以有效税率的观点，估计在运输政策转变后，将增加间接税收，个人所得税与企业所得税。②

上述文献重点在中国出境旅游的成长与消费的行为模式。而 Wang 和 Wen 也只仅作了初步的经济效果推估③，无法观察大陆旅客对台湾整体经济的影响，本文以产业关联波及模型推估大陆旅客对台湾产生的经济波及效果，同时也计算这些波及效果所产生的就业变化。

3 模型建立

分析大陆旅客对台湾的经济效果时，首先界定大陆旅客的消费内容；而在推估大陆旅客对台湾产生的就业效果时，应先计算出各产业的雇用系数。

3.1 大陆旅客的消费主要形态与消费金额

分析期间从 2008 年 7 月台湾对大陆旅游政策开放起，至 2011 年的 12 月 31 日为止，总共 3 年 6 个月。依据台湾观光主管部门的资料，大陆旅客来台湾的人数分别为 329204 人（2008），972123 人（2009），1630735 人（2010）以及 1784185 人（2011）。而大陆旅客的消费形态以购物支出之零售部门的 50.67% 为最多，其次分别为住宿服务的 29.15%，餐饮服务的 6.68%，陆上运输的 6.38%，以及茶叶的 6.33%。大陆旅客偏好购物的旅

① C. Y. Hong, J. F. Li, K. C. Chiou and M. M. Lo, "The Tax Revenue Effect from Change in Tourism Policy toward Chinese People," *Empirical Economics Letters* 13（2014）: 881 – 886.

② M. M. Lo, G. L. Tang, C. Y. Hong and J. F. Li , "The Taxation Effects of Tourism under A-viation Deregulation in a Small Open Economy," *Global Journal of Business Research* 8（2014）: 85 – 96; M. M. Lo, G. L. Tang, C. Y. Hong and J. F. Li , "The Taxation Effects of Tourism under Aviation Deregulation in a Small Open Economy," *Global Journal of Business Research* 8（2014）: 85 – 96; K. Miyazawa, *Input – output Analysis*, Tokyo: NIKKEI Com（in Japanese, 2002）.

③ S - M. Wang, and P - C. Wen , "The Economic Effects of Chinese Tourists on Taiwan Econo-my," *Prospect Quarterly* 11（2010）: 133 – 175.

游形态，这与 Cai 等，UNWTO，UNWTO 等论文的研究结果相同。①

本研究模型以表 1 作为推算基础，数据包含大陆旅客历年平均每天的消费金额与总消费金额，总消费金额是以旅游平均天数 5 天为计算基础。②

表 1　大陆旅客消费金额

单位：美元，万美元

时间	2008 年 7 ~ 12 月	2009 年	2010 年	2011 年
每人每天消费金额	213. 10	232. 11	246. 23	236. 48
总消费金额	29560	103828	182117	195984

资料来源：台湾"行政院观光局"资料。

3.2　旅游相关产业的定义

依产业关联表的分类与旅游消费比较密切相关的产业，本文所涵盖的旅游相关产业有餐饮服务，住宿服务，陆上运输，电信服务，保险，旅行服务，艺术、娱乐及休闲服务，零售等部门。本文将估算大陆旅客对台湾产生的经济总效果，并进一步分析对旅游相关产业的影响，以观察未来台湾休闲旅游产业的发展趋势。

3.3　产业关联波及模型

产业关联波及模型的主要特色是可以分析产业之间的相互影响程度。在波及过程当中，可以分为直接波及效果与间接波及效果，而间接波及效果又有第 1 次波及效果、第 2 次波及效果、第 3 次波及效果……本文将推估至第 2 次间接波及效果。③

---

① L. A. Cai, You, X. and J. T. O'Leary, "Profiling the U. S. – Bound Chinese Travelers by Purpose of Trip," *Journal of Hospitality Marketing & Management* 7（2001）：3 – 16; United Nations World Tourism Organization（UNWTO）, "Chinese Outbound Tourism,"（Madrid, Spain：UNWTO, 2003）, pp. 31 – 122; United Nations World Tourism Organization（UNWTO）, "The Chinese Outbound Travel Market with Special Insight into the Image of Europe as a Destination,"（Madrid, Spain：UNWTO, 2008）, pp. 47 – 54.

② 依据台湾观光部门资料，大陆旅客停留台湾期间的平均值为 5 天。

③ 依据产业关联波及模型的推估，第 2 次间接波及之后的效果已经逐渐减小，对整体的经济影响没有太大作用，故本文仅有推估直接波及效果、第 1 次间接波及效果与第 2 次间接波及效果。

输入规模水平受台湾经济需求大小的影响，故本研究实证分析采用竞争输入型①（competitive import type）的产业波及模型。

由产业波及模型之供需均衡方程式可写成

$$\sum_{j=1}^{n} x_{ij} + F_i^d + E_i = X_i + M_i, i = 1,2,\cdots,n \tag{1}$$

在式（1）中，x_{ij} 为产业部门的中间交易额；F_i 为 i 部门的最终需求额，由国内需求 F_i^d 与国外需求 E_i 所组成；X_i 为 i 部门的生产额；M_i 为 i 部门的输入额。可以将式（1）改为式（2）

$$\sum_{j=1}^{n} a_{ij} X_j + F_i^d + E_i = X_i + M_i, i = 1,2,\cdots,n \tag{2}$$

其中，$a_{ij} = \dfrac{x_{ij}}{X_j}, i、j = 1,2,\cdots,n$ ，a_{ij} 为 j 产业生产 1 个单位时，必须投入 i 产业的量，称为产业的投入系数（input coefficient），因为代表产业的生产技术，所以也称为产业的技术系数（technical coefficient）。

M_i 的定义如下

$$M_i = m_i \left(\sum_{j=1}^{n} a_{ij} X_j + F_i^d \right), i = 1,2,\cdots,n \tag{3}$$

输入系数可以写成

$$m_i = \frac{M_i}{\sum_{j=1}^{n} a_{ij} X_j + F_i^d}, i = 1,2,\cdots,n \tag{4}$$

由式（2）与式（3）可以得出

$$X_i - (1 - m_i) \sum_{j=1}^{n} a_{ij} X_j = (1 - m_i) F_i^d + E_i, i = 1,2 \tag{5}$$

将式（5）以行列（matrix）表示，竞争输入型的产出基本模型如下

$$X = [1 - (1 - \bar{M})A]^{-1} [(1 - \bar{M})FD + E] \tag{6}$$

其中，A 为 $n \times n$ 的投入系数行列（input coefficient determinant）

$$A = \begin{bmatrix} a_{11} & K & a_{1n} \\ M & O & M \\ a_{n1} & K & a_{nn} \end{bmatrix} \tag{7}$$

---

① 竞争型产业关联模型是将进口商品与国产商品视为同性质的竞争关系。

I 为单位行列（identity matrix）；为输入系数的对角行列（diagonal matrix）；而 $(1 - \bar{M})$ 代表台湾产业的自给率，其对角行列可以表示如下

$$\bar{M} = \begin{bmatrix} m_1 & A & 0 \\ M & O & M \\ 0 & K & M_n \end{bmatrix} \qquad (8)$$

$$1 - \bar{M} = \begin{bmatrix} 1 - m_1 & A & 0 \\ & M & O & M \\ 0 & & O & 1 - m_n \end{bmatrix} \qquad (9)$$

以上为扣除出口之后，台湾消费支出与投资的最终需求的行列；E 为输出的纵行列（column vector），可以表示如下

$$E = \begin{bmatrix} E_1 \\ M \\ E_n \end{bmatrix} \qquad (10)$$

$[1 - (1 - \bar{M})A]^{-1}$ 为 Leontief 逆矩阵（Leontief inverse），又称为 Leontief 乘数（Leontief multiplier）。假设大陆旅客来台湾观光旅游不会对出口产生影响的情况下，本文的研究模型的建立如下。

产业关联波及模型：

直接效果：$(1 - \bar{M})\Delta FD_1$

直接效果为岛内最终需求增加额（ΔFD_1）与自给率（$1 - \bar{M}$）乘积，即

$$(1 - \bar{M})\Delta FD_1 \qquad (11)$$

第 1 次间接波及效果：

推估第 1 次间接波及效果需要求出岛内生产诱发额，即

$$\Delta X_i = [1 - (1 - \bar{M})A]^{-1}[(1 - \bar{M})\Delta FD_1] \qquad (12)$$

第 2 次间接波及效果：

$$\Delta X_2 = [1 - (1 - \bar{M})A]^{-1}[(1 - \bar{M})CcW\Delta X_1]$$

计算第 2 次间接波及效果时，先计算出雇用者所得率（W）。产业 j 的

雇用者所得率为 j 产业的粗附加值（crude value added）之中的雇用者所得（v_j^w）除以该产业的总投入额 X_j，可以用式（13）表示

$$W = [\, w_1 w_2 \cdots w_n \,]\,, w_j = \frac{v_j^w}{x_j}, j = 1, 2, \cdots, n \tag{13}$$

由式（14）可以计算出诱发之雇用者所得为

$$W \Delta X_1 \tag{14}$$

而新增加之消费支出为：

$$\bar{c} W \Delta X_1 \tag{15}$$

为 2009 年、2010 年、2011 年平均消费倾向的平均值。因此，各产业第 2 次增加之最终需要增加额为

$$\Delta FD_2 = C \bar{c} W \Delta X_1 \tag{16}$$

其中 C

$$C = \begin{bmatrix} C_1 \\ \vdots \\ C_n \end{bmatrix} \begin{bmatrix} FD_{(c)1} \div (\sum_{k=1}^{n} FD_{(c)k}) \\ \vdots \\ FD_{(c)n} \div (\sum_{k=1}^{n} FD_{(c)k}) \end{bmatrix} \tag{17}$$

第 2 次间接波及效果：

$$\Delta X_2 = [\, 1 - (1 - \bar{M}) A \,]^{-1} [\, (1 - \bar{M}) C \bar{c} W \Delta X_1 \,] \tag{18}$$

经济波及总效果：

$$(1 - \bar{M}) \Delta FD_1 + \Delta X_1 + \Delta X_2$$

由式（11）、式（12）与式（18）可以推估经济波及总效果，如式（19）所示：

$$(1 - \bar{M}) \Delta FD_1 + \Delta X_1 + \Delta X_2 \tag{19}$$

（2）就业创造模型：

$$\Delta L_i = [\, (1 - \bar{M}) \Delta FD_1 + \Delta X_1 + \Delta X_2 \,] * H_i$$

雇用系数是以台湾行政当局主计处公布的各产业就业人口总数与产业关联表中各产业总生产值推估而得。

L_i 为生产时的必要劳动力的投入，H_i 为雇用系数的对角行列（diagonal matrix），以式（20）表示。

$$H_i = \frac{L_i}{X_i} \tag{20}$$

其中

$$H_i = \begin{bmatrix} h_i & A & 0 \\ M & O & M \\ 0 & K & h_n \end{bmatrix}, h_i = \frac{L_i}{X_i}, i = 1, K, n。 \tag{21}$$

以式（22）可以估算大陆旅客消费所引发的就业人数变化：

$$\Delta L_i = [(1 - \bar{M})\Delta FD_1 + \Delta X_1 + \Delta X_2] * H_i \tag{22}$$

4 实证结果

本节实证分析可分为两部分，第一部分是总体经济的波及效果，第二部分为旅游相关产业的经济效果，并利用各产业的雇用系数推估就业的创造人数。

4.1 总体经济的波及效果

在旅游开放之初，由表2的估算可知大陆旅客在台湾的总消费金额为29560万美元（直接效果），第一次经济波及效果增加了16004万美元，第二次波及效果提高为16580万美元，岛内产生的总波及效果共增加了44022万美元。之后，随着大陆旅客人数的快速增加，由直接消费所引发的经济总效果也呈现大幅提升。经济总效果在2009年与2010年分别为154632万美元、271227万美元，到了2011年已经达到291879万美元的规模。而在就业方面，2008~2011年增加的就业人数分别为5362人、18833人、33034人、35549人。

表 2 大陆旅客的经济效益

单位：万美元，人

项目 年份	(1) 直接效果	(2) 第 1 次 波及效果	(3) 第 2 次 波及效果	(4) =(1)+(2)+ (3) 总波及 效果	(5) 雇用者所得 诱发额	(6) 粗附加值 诱发额	(7) 就业增加
2008	11438	16004	16580	44022	34608	18988	5362
2009	40178	56215	58239	154632	121561	66697	18833
2010	70473	98602	102152	271227	213220	116988	33034
2011	75839	106110	109930	291879	125896	229455	35549
合计	197928	276931	286901	761760	495284	432128	92778

注：2008 年的计算时间为 7～12 月。

另外，雇用者所得诱发额与粗附加价值（crude value added）诱发额分别从 2008 年的 34608 万美元和 18988 万美元，到了 2011 年分别提高到 125896 万美元和 229455 万美元水平。台湾对大陆旅游开放以来，雇用者所得诱发额总共增加 495284 万美元，粗附加值（crude value added）诱发额总共也增加了 432128 万美元。

整体而言，在本论文研究期间，大陆旅客来台湾所产生的总波及效果为 761760 万美元，这个金额相当于台湾 2011 年 GDP 的 0.183%，同时，所创造的总就业人数为 92778 人。这对当前低迷的台湾经济来说，大陆旅客带来旺盛的消费力所引发的经济效益至为重要，对近年来失业率不断攀升有缓和的效果。

4.2 旅游相关产业的经济效益

表 3 为历年旅游相关产业的经济效益。整体而言，以购买的零售部门与旅馆的住宿服务占大陆旅客消费比例最多，故产生的经济效益也较大。2008 年的旅游相关产业的经济效益为 23219 万美元，其中的零售部门为 11667 万美元最多，住宿服务居第二位，也达 6613 万美元。到 2011 年，零售部门与住宿服务的经济效益依然最大，金额规模分别扩大为 77349 万美元与 43843 万美元。这两个部门所累积的经济总效益，分别占旅游相关产业全体的 50.25%、28.48%，金额分别为 201871 万美元和 114424 万美元。而旅游相关产业的总经济效益共创造 401771 万美元。

　　另外，其他的旅游相关产业中，餐饮服务与陆上运输一开始分别只有1972万美元、1721万美元的规模，随着大陆旅客的增加，到了2011年的经济规模都超过11000万美元。而电信服务、保险服务与艺术、娱乐及休闲服务的经济效益较小，开放至今所累积的金额分别为11117万美元、7486万美元与2966万美元。

表3　旅游相关产业的经济效果

单位：万美元

部门 年份	(1)	(2)	(3)	(4)	(5)	(6)	(7)	合计
2008	1972	6613	1721	642	432	171	11667	23219
2009	6927	23227	6046	2257	1520	602	40978	81557
2010	12151	40741	10604	3959	2666	1056	71877	143053
2011	13076	43843	11411	4260	2868	1136	77349	153943
合计	34126	114424	29782	11117	7486	2966	201871	401771

　　注：(1) 餐饮服务，(2) 住宿服务，(3) 陆上运输，(4) 电信服务，(5) 保险服务，(6) 艺术、娱乐及休闲服务，(7) 零售部门。2008年的计算时间为7~12月。

　　台湾在20世纪80年代自由化与国际化的市场开放之下，经济结构产生了变化，制造业的比例逐渐降低，服务业呈现递增的趋势。旅游相关产业随着居民所得的提升而有显著的增长，从大陆旅客对台湾的经济波及效果证实了这样的结果，旅游相关产业的经济效益占总效益的52.74%。对就业市场的影响也同样成果显著，旅游相关产业所产生的就业创造占总增加就业人数的66.87%，这可以从表4得知。

表4　旅游相关产业的就业创造

单位：人

部门 年份	餐饮服务	住宿服务	陆上运输	电信服务	保险服务	艺术、娱乐 及休闲服务	零售部门	合计
2008	298	1474	188	24	58	7	1537	3588
2009	1047	5178	659	84	206	21	5399	12594
2010	1835	9082	1155	148	360	38	9470	22089

续表

部门 年份	餐饮服务	住宿服务	陆上运输	电信服务	保险服务	艺术、娱乐 及休闲服务	零售部门	合计
2011	1975	9774	1244	159	388	41	10191	23771
合计	5155	25509	3246	416	1013	107	26598	62043

注：2008 年的计算时间为 7~12 月。

2008 年增加的就业人数只有 3588 人，到了 2011 年就超过 23000 人，增长了 5.6 倍。从产业部门来看，还是以零售部门与住宿服务创造就业人数为最多，在 3 年 6 个月中总增加的就业人数 62043 人当中，这两个部门分别增加了 26598 人与 25509 人，分别占旅游相关产业的 42.87%、41.12%。

5　结论

台湾是以贸易为导向的小型经济体，经济成长容易受到国际景气的影响，特别是 2008 年金融危机爆发以后，出口呈现衰退，失业率大幅攀升，岛内经济持续低迷。有鉴于此，政府以开放大陆旅客来台湾旅游观光，希望提升景气，创造就业机会。然而，台湾对这样政策调整所产生的经济效果究竟有多少，并不明确。基于此，本文透过产业关联波及模型与就业创造模型分别推估经济规模和就业增加人数，并分析旅游相关产业的影响程度。本文得出以下几点结论。

（1）经济总效果创造了 761760 万美元，其中雇用者所得诱发额与粗附加价值诱发额分别增加 495284 万美元、432128 万美元。

（2）所创造的总就业人数为 92778 人，缓解了台湾失业率不断攀升的压力。

（3）旅游相关产业的经济效果相当显著，其总经济效果为 401771 万美元，占整体经济波及效果的 52.74%，以零售部门的 201871 万美元与住宿服务的 114424 万美元为最多。

（4）旅游相关产业就业人数增加了 62043 人，其中以零售部门与住宿服务创造就业人数最多，分别增加了 26598 人与 25509 人。

　　这次旅游政策开放产生的经济波及效果是短暂的，无法根本解决台湾的经济问题，唯有永续经营旅游产业，方能创造长期的经济效果，台湾在这方面尚未建构完善。因此，台湾在未来旅游观光产业的质量上需要更进一步提升，对整体的旅游深度也必须加强。

DIY 绿屋顶及其环保与减碳效益

高正忠[*]

台湾交通大学环境工程研究所

1 传统绿屋顶及其效益与缺点

由于绿屋顶具有诸多效益，故已受到国外重视及推广，绿屋顶一般包括植被层、土壤基质层、过滤层及排水层等，在分类上依生长介质层之厚度一般区分为薄层（extensive）型与密集（intensive）型两种[①]，表1比较了两种绿屋顶的优缺点，薄层型绿屋顶介质厚度一般为 10～15 厘米，而密集型则大于 15 厘米。密集型绿屋顶由于乘载重量重且需要设置灌溉和排水系统，因此材料、水资源及成本均较高，且系统较复杂。因此较重、较高单价的新建筑才较适合设置，而不太适合一般建筑采用。[②] 薄层式绿屋顶则较

---

[*] 高正忠，台湾交通大学环境工程研究所，30010，新竹市大学路 1001 号。电话：（03）573 - 1869，传真：（03）573 - 1759，E - mail：jjkao@ mail. nctu. edu. tw。

[①] A. Spala, H. S. Bagiorgasa, M. N. Assimakopoulos, Kalavrouziotis, J. D. Matthopoulos, G. Mihalakakou, "On the Green Roof System. Selection, State of the Art and Energy Potential Investigation of a System Installed in an Office Building in Athens, Greece," *Renewable Energy* 33 (2008): 173 - 177; L. Kosareo, and R. Ries, "Comparative Environmental Life Cycle Assessment of Green Roofs," *Building and Environment* 42 (2006): 2606 - 2613.

[②] C. Y. Jim, and S. W. Tsang, "Biophysical Properties and Thermal Performance of an Intensive Green Roof," *Building and Environment* 46 (2011a): 1263 - 1274; C. Y. Jim, and S. W. Tsang, "Modeling the Heat Diffusion Process in the Abiotic Layers of Green Roofs," *Energy and Building* 43 (2011b): 1341 - 1350.

适合一般建筑采用，包括旧建筑亦适用，故本研究主要针对薄层型绿屋顶。

表 1　薄层型与密集型绿屋顶之优劣比较

	薄层型绿屋顶	密集型绿屋顶
优点	1. 载荷较轻，适合大范围种植 2. 低维修费、灌溉与排水系统较简单 3. 技术门槛符合大众，而且适合创意改造 4. 水资源、材料和能源成本较低	1. 较好的植物和生物多样性 2. 有较好的景观效果和植物层次较丰富 3. 有较好的隔绝效果
缺点	1. 局限许多植被物种，缺乏生物多样性，介质厚度浅薄 2. 保水力相对较差	1. 承载重量重、且需要设置灌溉和排水系统，因此材料、水资源及成本较高 2. 系统较复杂，专业度需求高

注：整理自锡瑠环境绿化基金会（2009）；Peck et al.，（1999）。

有关绿屋顶所带来的效益，Kim 等及其他不少研究均指出其可隔热降温，且可因此节能[1]；Susca 等则进一步提出绿屋顶由于增加反射率，且植物可以行蒸散作用降低周围温度，因而可减缓城市热岛效应；Wong 等提到绿屋顶的寿命约为传统裸屋顶的两倍[2]，Rowe 提到传统裸屋顶寿命大约为 20 年[3]，Kosareo 和 Ries 则指出绿屋顶的平均寿命大约为 45

---

[1] J. M. Kim, T. H. Hong and C. W. Koo, "Economic and Environmental Evaluation Model for Selecting the Optimum Design of Green Systems in Elementary Schools," *Environmental Science & Technology* 46（2012）：8475 – 8483；T. H. Hong, J. M. Kim, and C. W. Koo, "LCC and LCCO$_2$ Analysis of Green Roofs in Elementary Schools with Energy Saving Measure," *Energy and Building* 45（2012）：229 – 239；N. H. Wong, Y. Chen, C. L. Ong, and A. Sia, "Investigation of Thermal Benefits of Rooftop Garden in the Tropical Environment," *Building and Environment* 38（2003）：261 – 270.

[2] N. H. Wong, Y. Chen, C. L. Ong, and A. Sia, "Investigation of Thermal Benefits of Rooftop Garden in the Tropical Environment," *Building and Environment* 38（2003）：261 – 270.

[3] D. B. Rowe, "Green Roofs as a Means of Pollution Abatement," *Environmental Pollution* 159（2011）：2100 – 2110.

年①；Bianchini 和 Kasun 则曾评估绿屋顶的房价、减碳、休憩空间、降低洪水、增加生物栖地等效益②；Kim 等比较不同植物类型对于碳的减量效果③；Fisher 等指出绿屋顶可截留降雨及延迟雨水径流，且可抵免雨水费（Stormwater fee）④；Berndtsson 则进一步指出绿屋顶因减缓径流，可减轻雨水下水道负荷⑤；Speak 等曾针对不同物种的绿屋顶量测其改善空气质量的效益⑥；Earth Pledge Foundation 则指出屋顶绿化亦为供欣赏的艺术作品。⑦Veisten 等指出可降低噪声产生。⑧ 综合上述及其他相关研究，绿屋顶具有下列效益。

隔热降低室内温度及减少使用空调与其负荷，具有节能效益；除了节能可减碳，植物的光合作用及固碳能力亦均可减碳；截留雨水减轻排水系统的负荷；遮蔽太阳光降低每天建筑物屋顶温度波动幅度，保护屋顶延长其寿命；减少热岛效应；吸收空气污染物，收集粉尘微粒，减少空气污染；减少传递噪声；增加绿覆盖面积；增加休憩开放性空间，提升生活质

---

① L. Kosareo, and R. Ries, "Comparative Environmental Life Cycle Assessment of Green Roofs," *Building and Environment* 42 (2006): 2606 – 2613.

② F. Bianchini, and K. Hewage, "Probabilistic Social Cost – benefit Analysis for Green Roofs: A Lifecycle Approach," *Building and Environment* 58 (2012): 152 – 162.

③ J. M. Kim, T. H. Hong, and C. W. Koo, "Economic and Environmental Evaluation Model for Selecting the Optimum Design of Green Systems in Elementary Schools," *Environmental Science & Technology* 46 (2012): 8475 – 8483.

④ D. C. Fisher, C. D. Whitehead, and M. Melody, "National and Regional Water and Wastewater Rate for Use in Cost – benefit Models and Evaluations of Water and Efficiency Programs," *Lawrence Berkeley National Laboratory*, 2008, http://www. escholarship. org/uc/item/0q0365tx (accessed on 2013/08/28).

⑤ J. C. Berndtsson, "Green Roof Performance towards Management of Runoff Water Quantity and Quality: A Review," *Ecological Engineering* 36 (2010): 351 – 360.

⑥ A. F. Speak, J. J. Rothwell, S. J. Lindley, and C. L. Smith, "Urban Particulate Pollution Reduction by Four Species of Green Roof Vegetation in a UK City," *Atmospheric Environment* 61 (2012): 283 – 293.

⑦ Earth Pledge Foundation, L. Hoffman, and W. McDonough, *Green Roofs: Ecological Design and Construction*, 2005.

⑧ K. Veisten, Y. Smyrnova, R. Klæboe, M. Hornikx, M. Mosslemi, and J. Kang, "Valuation of Green Walls and Green Roofs as Soundscape Measures: Including Monetised Amenity Values Together with Noise – Attenuation Values in a Cost – benefit Analysis of a Green Wall Affecting Courtyards," *International Journal of Environmental Research and Public Health* 9 (2012): 3770 – 3788.

量；改善景观，绿化建筑，增加建筑物价值。①

由于绿屋顶具有上述多元效益，故在国外已有一些国家推动中，在岛内亦在起步中。唯即使是薄层绿屋顶，在岛内亦受限老旧建筑乘载能力及价格，导致民间接受意愿仍不高，推广不易，传统型绿屋顶在台湾推动主要有以下几个缺点。

（1）建置较花时间人力；

（2）土壤基质较重，老旧建筑不见得能承载；

（3）防水措施的要求较严谨；

（4）设置后不易移动，维护上亦较困难；

（5）夜间影响散热；

（6）不易维护原屋顶层。

由于上述原因，导致传统绿屋顶在岛内的接受度还不高，本研究因而开发接受度较高且成本效益较佳的新型轻空透气型与 DIY 绿屋顶，改善绿屋顶的设置便利性、重量、价格、维护方便与接受度，并与一般屋顶及传统绿屋顶进行比较分析。

2　轻空透气型绿屋顶

为了解决传统绿屋顶在岛内推广时所遭遇的问题，本研究开发了轻空透气型绿屋顶，且所开发的绿屋顶亦实际建置模场及进行监测与实验分析，国外已有进行一些绿屋顶模场实验分析，由于降温节能效能较为重要，故一般会监测环境、叶面、土壤、表面与室内温度及热通量、日照辐

① K. L. Getter, D. B. Rowe, G. P. Robbertson, B. M. Gregg, and J. A. Andresen, "Carbon Sequestration Potential of Extensive Green Roofs," *Environmental Science Technology* 43（2009）: 7564 - 7570; E. Oberndorfer, J. Lundholm, B. Bass, R. R. Coffman, H. Doshi, N. Dunnett, S. Gaffin, M. Köhler, K. K. Liu, and B. Rowe, "Green Roofs as Brban Ecosystems: Ecological Structures, Functions, and Services," *Architectural Science* 57（2007）: 823 - 833; N. H. Wong, Y. Chen, C. L. Ong, and A. Sia, "Investigation of Thermal Benefits of Rooftop Garden in the Tropical Environment," *Building and Environment* 38（2003）: 261 -270; C. Feng, Q. Meng, and Y. Zhang, "Theoretical and Experimental Analysis of the Energy Balance of Extensive Green Roofs." *Energy and Buildings* 42（2010）: 959 -965; 李京澄:《绿屋顶之降雨截水能力分析》，硕士学位论文，台湾交通大学，2010。

射量，亦通常会监测湿度、雨量、风速风向、土壤含水率等，本研究因而建置了一些模场，采用日照计、温度遥测线、气象站、热偶线、数据记录器、红外线热像仪、土壤水分计（EC5）及水位计等进行监测，且以远程计算机监控及撰写自动化程序传送数据，以供后续分析用。[①]

本研究所开发的轻空透气型绿屋顶是新型绿屋顶，表 2 所列为轻空透气型绿屋顶与传统薄层型绿屋顶的优缺点比较，在建置方式、材料、成本、灌溉、维护、接受度等方面预期较传统薄层型绿屋顶有优势。轻空透气型绿屋顶有别于传统薄层型绿屋顶，此种屋顶在建置与人力材料较传统型便利且具弹性，亦比传统薄层型绿屋顶轻，且由于轻空透气型绿屋顶是采用模块式建置，因此维护方面亦较传统薄层绿屋顶更便利且具弹性，而且较容易防漏水，在蓄水上亦较佳，技术亦较简单且人力需求少，预期成本效益高于传统薄层绿屋顶。

表 2 轻空透气型与传统薄层型绿屋顶比较

项目	轻空透气型绿屋顶	薄层型绿屋顶
建置方式	模块化 可先把模块做好再组装 组装容易且迅速	铺整层的介质 必须现场施工 较花时间，人力需求较大
材料	水盆或宝特瓶、无纺布、附加电路板、植物、土壤	土壤、植物、蓄排水板、防水层、过滤层、阻根板
成本	1500～2000 元/米^2	2800～8000 元/米^2
维护	区块组装式，容易维护及移动，具弹性，变动弹性高	整片维护，不易变动及移动，维护困难度较高，防水要求较高，且不易维护原屋顶层
屋顶表面受潮防漏水	不易受潮 容易观察及维护，不易漏水	容易受潮，须注意防漏 不易观察及维护防水层

[①] A. Teemusk, and U. Mander, "Temperature Regime of Planted Roofs Compared with Conventional Roofing Systems," *Ecological Engineering* 36（2010）：91 - 95；W. N. Hien, T. P. Yok, and C. Yu, "Study of Thermal Performance of Extensive Rooftop Greenery Systems in the Tropical Climate," *Building and Environment* 42（2007）：25 - 54.

续表

项目	轻空透气型绿屋顶	薄层型绿屋顶
蓄水	水盆或宝特瓶内蓄水	蓄排水板中的蓄水层
接受度	技术简单、需人力少	技术与人力需求相对大
隔热能力	一般差异不大 但通风条件好时轻空透气型会更佳	
夜间散热能力	散热较好，透气性佳	散热较差，夜间室内会觉得闷热

本研究开发的轻空透气型绿屋顶主要由作者及林昌庆与李昭翰先生共同合作开发，共开发了以下 3 个版本：（1）网架版，（2）水盆版，（3）宝特瓶版。以下一一说明之。

图 1 为网架版的轻空透气型绿屋顶，主要是与桃园大溪高中合作建置，该高中亦因而获奖，唯该版本有一些限制，只能种植爬藤类植物，所能种的植物种类较受限制，由于此限制，其应用范围较小。虽然此版本有一些限制，但此版本的实验过程让本研究团队发现其具有以下优点：（1）建置较容易；（2）较轻且价格低于传统绿屋顶；（3）不必做防水措施；（4）设置后仍很容易移动，维护上亦方便。可以改善传统绿屋顶的一些缺点，因而持续开发后续版本的轻空透气型绿屋顶。

图 1　网架式轻空透气型绿屋顶

　　图 2 为实际建置的场景，包括在台湾交大两个建筑物屋顶上的建置①，以及由合作的林昌庆与李昭翰先生在新竹民富小学屋顶上的实际建置。与传统的薄层型绿屋顶不同，下方采用水盆，该水盆即为前一版装土壤基质栽植用的盆子，但在此版本中改为蓄水用。每平方米两个，其上放置两个附加电路板，然后水盆中放入引水的导水线至附加电路板上方供培育植物用，附加电路板上方铺导水的无纺布，其上放置植物包，植物包下方以褙胶的魔鬼毡固定在导水层上，植物包中则放土壤基质培育植物。

图 2　水盆版轻空透气型绿屋顶实际建置场景

　　图 3 为实际建置的场景，包括在台湾交大两幢建筑物屋顶上建置②，左为大宝特瓶版，右为小宝特瓶版，中为由合作的林昌庆与李昭翰先生在新竹南隘小学屋顶上的实际建置。主要是把水盆换成回收宝特瓶，此版本可大量再回收利用宝特瓶，可节省成本亦可提高环境效益。

---

　　①　陈泓翔：《中空式绿屋顶降温实验分析》，硕士学位论文，台湾交通大学，2014。
　　②　黄士铭：《宝特瓶中空式绿屋顶隔热降温实验分析》，硕士学位论文，台湾交通大学，2015。

图3 宝特瓶版轻空透气型绿屋顶实际建置场景

与传统绿屋顶比较，轻空透气型绿屋顶具有以下优点：无须加强防水：(1) 水主要是由植物基质吸收或是进入下方容器中储存，除了下大雨，一般只有少量会落在屋顶表面；(2) 大雨多余溢流雨水仍很容易由屋顶表面流出，不会积水；(3) 下方透气层由于空气流通，不会受潮；(4) 下方由于有中空层，很容易检视屋顶表面的情形。建置时间短：(1) 不必覆土；(2) 不必防水；(3) 模块式建置。维护便利：(1) 模块化设计；(2) 容易移动；(3) 容易检视；(4) 维护方便且容易。隔热效果更佳：(1) 透气的空气层亦能增加隔热的效果；(2) 若通风良好时效果更佳。夜间散热效果佳：(1) 夜间散热可由中空层散掉，不会如覆土式把热闷住；(2) 由于植物层不像原裸屋顶那么热，原裸屋顶会吸热，因屋顶未暴露在阳光下，故不会那么热，若通风，散热效果会更好。重量较轻：(1) 未全面覆土；(2) 不必加防水层。回收雨水再利用：可收集雨水，除非是大雨，大部分落在绿屋顶的雨水都能收集，亦减轻下游雨水系统之负荷。

本研究开发的轻空透气型绿屋顶虽然改善了传统绿屋顶的诸多缺点，但仍有以下缺点：

需要专业人士建置；由于人力成本不低，虽然轻空透气型的成本已比传统绿屋顶低，但由于仍需要专业人士协助建置，故成本仍较高；不适合种植需水较多的植物（含蔬菜等）；回收雨水量仍不算多：一平方米只放48个宝特瓶，低于水盆版，推广及应用上因而仍颇受限制，又由于需要专业人士协助，一般民众的接受度可能不高。基于上述原因，本研究因而继续开发了更容易推广的DIY绿屋顶。

图4 DIY绿屋顶示意

3 DIY 绿屋顶

图4为目前已制作的板型基盘示意图（亦有其他形式，但其他形式目前只用3D打印，尚未实际制作），以下简要说明各部分：最上方是植物，其下是土壤基质，盆件底层有一层可导水的无纺布，除了导水亦有阻根的作用；然后是盆件，是一个分离式的套件（另有一种较小植物杯版本，但尚未制作）；基盘四周有连接件供扩充，其上有沟槽导水进入下方的回收宝特瓶；引水条放入落水孔至回收宝特瓶内，靠毛细作用引水上来供植物生长。

目前已制作25厘米×25厘米版本的基盘，此版本每平方米可放置64个宝特瓶，大或小的宝特瓶均适用。图5左边为分离式套盖及组装宝特瓶之情形。目前只制作台湾较常用的规格，未来推广至国际上时会再制作更多规格。图5右边为基盘正反面及组装套盖之情形。图6为借由基盘四周的扣件扩充，加入引水条之后的情形。再如图7所示加上无纺布及盆件或植物杯即可种植植物（包括蔬菜）。

图5 基盘及分离式套盖组装情形

图8所示除了左上为引水条使用情形，其他为盆件之示意设计，为3D打印的雏形版，并非最后定稿版（近期即将制作），但大盆件已确定是15厘米高，小盆件10~12厘米高，且能采用较薄且较便宜的材质制作。

DIY绿屋顶除了具有轻空透气型绿屋顶所有优点及效益，更具有以下

图 6　基盘扩充及放入引水条情形

图 7　放上无纺布及盆件或植物杯之使用情形

图 8　盆件雏形设计

特点：可自行 DIY 组装，建置时间更短，维护更便利，不必专业人力即可维护。可种更多植物：由于盆件有 15 厘米高，故可种的植物更多，包括不少蔬菜均可栽种。未来亦将开发不同版本套盖，以适用于更多宝特瓶。弹性布置，亦很容易变动。DIY 绿屋顶的环保与减碳效益则在下一节详细说明。

4　DIY 绿屋顶之环保与减碳效益

DIY 绿屋顶的环保效益除了节能减碳之外，有以下环保效益：

（1）大量"原型再利用"宝特瓶

台湾一年宝特瓶回收重量约 9.6 万吨，若全部以 600 毫升的瓶子计约 45 亿个。[①] 事实上，全世界都有类似的问题。虽然已有不少再利用渠道，包括再制成袋子、毛毯等，但这些再利用渠道都需要用到二次能源与制程才能再制成其他用品，事实上，原型再利用是最环保的回收再利用方式，尤其是用在环境有益的地方，更增加其环境效益，DIY 绿屋顶即是实现"原型再利用"的最佳回收再利用方式。

（2）可截留回收再利用更多雨水

可收集雨水，除非是很大的雨，否则，大部分落在绿屋顶的雨水都能收集，供植物生长，亦减轻下游雨水系统之负荷。目前的版本每平方米用了 64 个约 600 毫升容量的回收宝特瓶，以台湾过去三年的时雨量分析，约可回收再利用雨水七成以上，若是用大宝特瓶建置，回收量会高很多。但由于台湾的大宝特瓶用量较少，未来亦将开发每平方米用 100 个小宝特瓶，预计可提高雨水再利用率至八成以上。

（3）无污水问题

传统绿屋顶会有雨水排出，故会带出一些污水，而 DIY 绿屋顶由于大部分水都被宝特瓶贮留，不会溢流，故被带出的污水很少。

传统绿屋顶的下列环保效益亦仍然适用于 DIY 绿屋顶：减少热岛效

---

① 台湾"环保署资管会"：《资源回收各年度回收量》，2016。http：//recycle. epa. gov. tw/Recycle/，最后访问日期：2016 年 4 月 24 日。

应；吸收空气污染物，收集粉尘微粒，减少空气污染；减少传递噪声；增加绿覆面积；增加休憩开放性空间，提升生活质量。

（4）改善景观，绿化建筑，增加建筑物价值

至于 DIY 绿屋顶的减碳效益的机制与传统绿屋顶类似，主要来自节能及植物固碳作用，节能主要来自隔热及减缓热岛效应的降温作用，降低室内温度，减少室内空调所耗用的能源。依本研究的实测数据显示，建置绿屋顶在夏天可降室内温度 2～4℃，依林容安之估计，6～9 月若以降 3℃ 计算，则约可节电 3.39 度/平方米[①]；根据台湾电力公司公布的电力温室气体排放系数显示：2014 年电力温室气体排放系数为 0.521 千克二氧化碳当量每度，则约可减碳 1.77 千克二氧化碳当量；植物的固碳作用则依植物不同而不同，若以一般绿屋顶常种的景天科植物，则每平方米可以减碳约 1.375 千克二氧化碳当量，故估计 DIY 绿屋顶的减碳量约为每平方米 3.145千克二氧化碳当量。由于 DIY 绿屋顶比传统绿屋顶有更好的降温效果，故预期减碳量会更高。

5　结论

虽然传统绿屋顶具有诸多效益且有助于改善都市化一些问题，亦是台湾各城市颇需建置的设施，但由于传统绿屋顶在台湾推广时会有防漏要求、老旧建筑无法承重、影响夜间散热及维护较困难等缺点，导致接受度仍不高。本研究因而开发了一系列轻空透气型绿屋顶，轻空透气型绿屋顶可改善传统绿屋顶的缺点，但仍然需要专业人力建置，故本研究进一步开发了老少咸宜的 DIY 绿屋顶，其除了具有传统绿屋顶及轻空透气型绿屋顶的优点与效益，更具有可自行组装 DIY、不必专业人力即可维护、可大量再利用回收宝特瓶及回收再利用更多雨水等特点，加上其节电及减碳的效益，预期民众的接受度会大大提高。

---

① 林容安：《薄层绿屋顶成本效益分析》，硕士学位论文，台北科技大学，土木与防灾研究所，2013 。

滇台国家公园经营效果比较及系统评价研究

柴先琳　　　　罗明灿　　　　刘良力

江西旅游商贸职业学院　西南林业大学　台湾开南大学

1　问题的提出

国家公园是指那些陆地或海洋地方，它们被用来为当代或子孙后代保护一个或多个生态系统的生态完整性；排除与保护目标相抵触的开采或占有行为；提供在环境上和文化上相容的、精神的、科学的、教育的、娱乐的和游览的机会。国家公园的主要管理目标是保护生态系统和提供游憩机会。[①]

如何科学评价国家公园在经营过程中的综合效果，值得系统研究。本文选取云南香格里拉普达措国家公园和台湾玉山国家公园作为研究对象，通过选取相关评价指标，对两个国家公园的保护、游憩、科研、教育和社区经济发展功能进行了对比计算，对综合经营效果进行了系统分析。

2　研究区域概况

香格里拉普达措国家公园是我国第一个由地方立法机关成立的国家公园，位于云南省迪庆藏族自治州香格里拉县东 25 公里处，2007 年 6 月 21 日正式开放。"普达措"藏语意为神助乘舟到达湖的彼岸。普达措国家公园位于滇西北"三江并流"世界自然遗产中心地带，由国际重要湿地碧塔海自然保护区和"三江并流"世界自然遗产红山片区之属都湖景区两部分

---

①　徐国士等：《国家公园概论》，明文书局股份有限公司出版社，1997。

构成，总面积约 30000 公顷。

玉山国家公园（Yushan National Park），是台湾地区的第二座"国家公园"，成立于 1985 年 4 月 10 日，总面积多达 105400 公顷，也是台湾地区面积最大的一个国家公园。涵盖的行政区域包括南投县、嘉义县、高雄县以及花莲县。园区位居台湾本岛中央地带，地理位置独特，奇峰兀立，雄伟壮丽，为台湾高山少数仍保存原始风貌之地区。

3 研究方法分析

本文对国家公园的效果评价采用唐芳林等构建的《国家公园效果评价指标体系》，将方案层指标按照功能划分为保护、游憩、科研、教育和社区经济发展 5 个功能指标，构成准则层。[①] 5 个准则层的功能指标又隶属于目标层（国家公园评价指标体系），从而构建了以功能为导向的国家公园评价指标体系（见表 1）。

表 1　国家公园效果评价指标体系

评价对象	评价因素	总权重	评价因子
国家公园 效果评价（A）	保护功能（B_1）	0.5590	自然环境的特殊性（C_1） 珍稀濒危动植物（C_2） 植被类型数量（C_3） 人文资源保护（C_4） 景观多样性（C_5） 生物多样性（C_6） 保护设施设备的完善度（C_7）
	科研功能（B_2）	0.1070	科学研究项目（C_8） 对外合作项目（C_9） 资料库/信息库的建设（C_{10}） 科研机构（C_{11}） 研究基地（C_{12}） 科研设施设备的完善度（C_{13}）

---

① 唐芳林等：《国家公园效果评价体系研究》，《生态环境学报》2010 年第 12 期。

续表

评价对象	评价因素	总权重	评价因子
国家公园 效果评价（A）	游憩功能（B_3）	0.2210	环境容量（C_{14}） 旅游人数（C_{15}） 旅游收入（C_{16}） 游憩产品的丰富度（C_{17}） 旅游目的地的可达性（C_{18}） 游憩及服务设施完善度（C_{19}） 游憩资源的等级（C_{20}）
	教育功能（B_4）	0.0542	教育展示内容的多样性（C_{21}） 解说载体的多样性（C_{22}） 教育设施的完善度（C_{23}） 教育方式的多样性（C_{24}）
	经济发展功能 （B_5）	0.0588	带动当地经济发展（C_{25}） 完善社区功能和结构（C_{26}） 收入/支出比值（C_{27}） 建设成本（C_{28}）

4　研究结果

根据文献《国家公园效果评价指标体系》研究中的评价因子权重[①]，并通过专家打分法（滇、台各选 15 位专家），将表 1 中的 5 项功能、28 项评价因子分别为普达措国家公园和玉山国家公园打分（打分标度及含义见表 2），计算结果见表 3、表 4、表 5、表 6、表 7。

表 2　评价因子得分标度及含义

标　度	含　义
0	表示该评价因子实际效果极差

---

① 唐芳林等：《国家公园效果评价体系研究》，《生态环境学报》2010 年第 12 期。

续表

标　度	含　义
1	表示该评价因子实际效果差
2	表示该评价因子实际效果一般
3	表示该评价因子实际效果良好
4	表示该评价因子实际效果好
5	表示该评价因子实际效果非常好

4.1　保护功能

表3　保护功能评价因子得分

总权重		评价因子	单权重	普达措各因子得分	普达措总得分	玉山各因子得分	玉山总得分
保护功能	0.5590	自然环境的特殊性	0.1866	5	2.71428	5	2.71428
		珍稀濒危动植物	0.2706	5		5	
		植被类型数量	0.1165	5		5	
		人文资源保护	0.0831	5		5	
		景观多样性	0.0753	5		5	
		生物多样性	0.1235	5		5	
		保护设施设备的完善度	0.1444	4		4	

4.2　科研功能

表4　科研功能评价因子得分

总权重		评价因子	单权重	普达措各因子得分	普达措总得分	玉山各因子得分	玉山总得分
科研功能	0.1070	科学研究项目	0.2669	4	0.3718	5	0.4715
		对外合作项目	0.2077	4		4	
		资料库/信息库的建设	0.1400	2		5	
		科研机构	0.0882	3		4	
		研究基地	0.1572	3		4	
		科研设施设备的完善度	0.1400	4		4	

4.3　游憩功能

表5　游憩功能评价因子得分

	总权重	评价因子	单权重	普达措各因子得分	普达措总得分	玉山各因子得分	玉山总得分
游憩功能	0.2210	环境容量	0.0882	4	0.9299	4	0.4994
		旅游人数	0.2063	5		2	
		旅游收入	0.2515	5		0	
		游憩产品的丰富度	0.0723	3		2	
		旅游目的地的可达性	0.1507	2		2	
		游憩及服务设施完善度	0.1074	4		4	
		游憩资源的等级	0.1236	5		5	

4.4　教育功能

表6　教育功能评价因子得分

	总权重	评价因子	单权重	普达措各因子得分	普达措总得分	玉山各因子得分	玉山总得分
教育功能	0.0542	教育展示内容的多样性	0.3976	3	0.1535	5	0.271
		解说载体的多样性	0.1988	3		4	
		教育设施的完善度	0.1672	2		4	
		教育方式的多样性	0.2364	3		4	

4.5　经济发展功能

表7　经济发展功能评价因子得分

	总权重	评价因子	单权重	普达措各因子得分	普达措总得分	玉山各因子得分	玉山总得分
经济发展功能	0.0588	带动当地经济发展	0.4782	4	0.2595	3	0.1978
		完善社区功能和结构	0.1080	4		3	
		收入/支出比值	0.2321	5		1	
		建设成本	0.1817	5		1	

普达措国家公园效果值＝4.4290，玉山国家公园效果值＝4.1540。

5 结果分析及讨论

5.1 功能效果存在不同的差别，各有特点

普达措国家公园和玉山国家公园在经济发展功能、游憩功能、教育功能、保护功能的效果都存在一定的差别。形成这种现象的主要原因：一是普达措国家公园所在的香格里拉县属于边远贫穷地区，人均收入低，收入来源单一，但普达措国家公园的庞大客源为带动当地的经济发展做出了重要的贡献，旅游收入占当地居民收入的重要部分；而玉山国家公园所在的地区，人口分布较少，且玉山国家公园因不收取门票，较少开发旅游资源，致使其旅游收入少，社区居民也较少参与公园的资源开发与经营，因此玉山国家公园的建立对当地的经济发展功能较低。二是普达措国家公园和玉山国家公园都是严格按照国际 IUCU（自然保护国际联盟）对国家公园的定义而严格建立和运营的，国家公园的首要功能就是为当代及子孙后代保护一个或多个完整的生态系统，保存大自然物种基因库的功能，供世世代代使用，所以滇台两地这两个最具代表性的国家公园在保护功能方面得分最高，差别最小，正说明两地目标一致。三是普达措国家公园在注重保护功能的同时，游憩功能和经济发展功能较强，但是科研功能和教育功能相比玉山国家公园而言，则相对较弱，这与两地所处的地理环境和社会经济环境有极大关系。在今后的发展中，普达措国家公园应一方面继续坚持带动当地经济发展及生活水平的提高为目标，另一方面需加强科研力量和教育功能，从而实现公园的良性发展及良好的社会、经济及生态效益。

5.2 探索科学的综合评价指标体系

从目前国内外的研究现状来看，对国家公园的评价研究大多是从经济价值的角度进行评价研究的，而对国家公园自身综合效果的系统评价研究相对较少。需要从指标体系建立、评价方法、理论与实践等方面加强研究。

图书在版编目（CIP）数据

绿色经济发展与政策研究文集／罗明灿，黄宗煌，
赵乐静主编.-- 北京：社会科学文献出版社，2017.9
（云南省哲学社会科学创新团队成果文库）
ISBN 978 - 7 - 5201 - 0731 - 0

Ⅰ.①绿…　Ⅱ.①罗…　②黄…　③赵…　Ⅲ.①绿色经
济－经济发展－中国－文集　Ⅳ.①F124.5－53

中国版本图书馆 CIP 数据核字（2017）第 088070 号

·云南省哲学社会科学创新团队成果文库·
绿色经济发展与政策研究文集

主　　编／罗明灿　黄宗煌　赵乐静
副主编／李　谦　李　娅　苏汉邦

出 版 人／谢寿光
项目统筹／宋月华　袁卫华
责任编辑／孙以年

出　　版／社会科学文献出版社·人文分社（010）59367215
　　　　　地址：北京市北三环中路甲 29 号院华龙大厦　邮编：100029
　　　　　网址：www.ssap.com.cn
发　　行／市场营销中心（010）59367081　59367018
印　　装／三河市东方印刷有限公司

规　　格／开本：787mm×1092mm　1/16
　　　　　印张：25　字数：391 千字
版　　次／2017 年 9 月第 1 版　2017 年 9 月第 1 次印刷
书　　号／ISBN 978 - 7 - 5201 - 0731 - 0
定　　价／98.00 元